歡

古今中外的情慾故事

殷登國——著

序言

本書誠摯地獻給古今中外所有的色情藝術創作者。這個紛擾苦難、爾虞我詐的世界，因為有你們熱情真誠奉獻一生的創作成果才稍堪留戀，也因此讓這個大千世界更多彩多姿、情趣盎然。

在此，我代表本書的所有讀者，向你們致上最崇高的敬意。

作者殷登國謹誌於加拿大蒙特婁

二〇二四年初夏

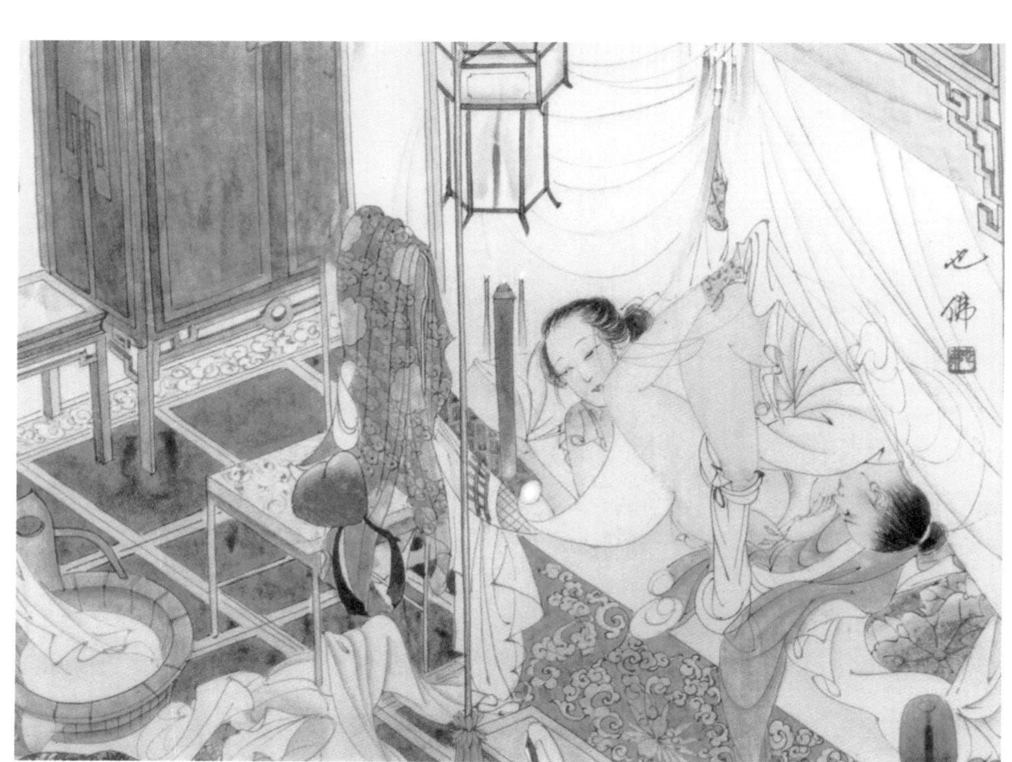

目錄

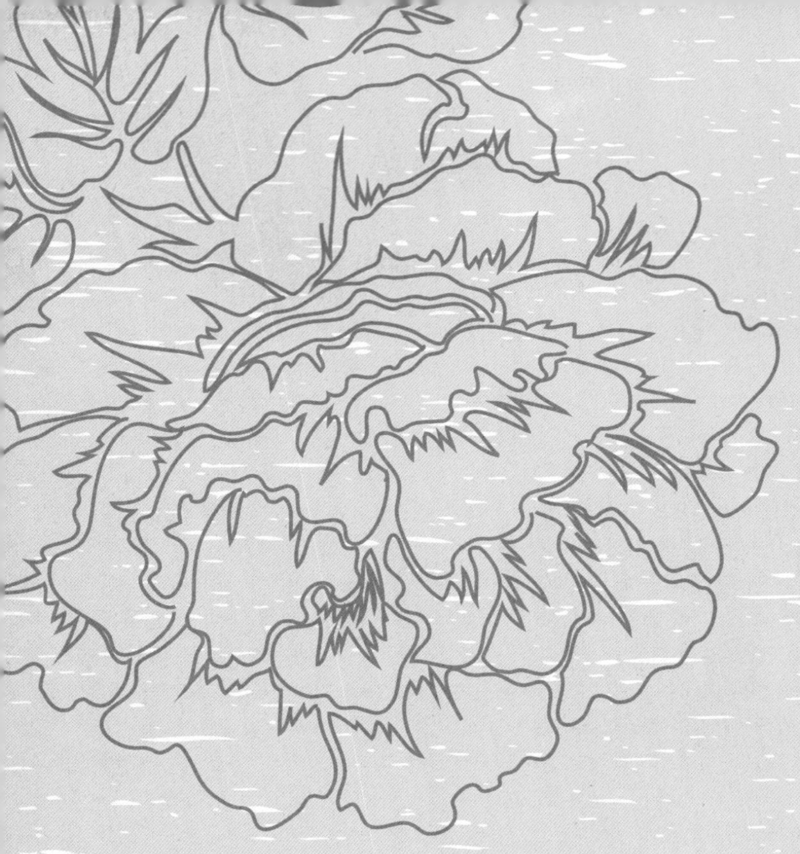

卷一　食色性也

飲食與男女

吃東西和做愛是人生兩大基本需求，所以孔子說：「食、色，性也。」其實吃東西填飽肚子滿足食慾和做愛填飽生殖器官滿足性慾，兩者間有驚人的相似處，更常常手牽手的相偕登場，為人們製造雙倍的歡樂，也引起世人的評論，成為熱門話題。

秀色可餐增進食慾

前一陣子，台中市的水果業者為了促銷產品，找廣告公司設計點子，把水果放在幾近全裸的女模特兒身上，讓來賓們隨意取用試吃，結果應邀的政要貴賓大感尷尬，遲遲不敢下手，後來還引來婦女團體的抗議，說此舉是貶抑女性、物化女性。

台中這家廣告公司的「餿點子」一點也沒有創意，全是模仿大陸的「人體宴」。二〇〇四年四月五日《世界日報》上有一則「昆明人體宴　女大學生當餐盤」的新聞說：「雲南昆明一家日本料理餐廳，請來兩名女大學生充當料理的餐盤，把美食放在她們身上讓客人取用。」

當餐盤的女大學生可是經過了嚴格的挑選：「身高一百七十公分以上，身體健康苗條（不能有狐臭異味），皮膚白淨光滑（可以刺激食慾）」；在充當餐盤之前也要做一番特殊處理：「早上九時先進行半小時以上的鹽巴沐浴，再進入冰室降溫，然後躺在餐桌上，以各種鮮花、石頭、貝殼、樹枝環繞周遭，再將美食放在她們的身體上面」。

雲南昆明黃土坡海屯路這家日本料理餐廳「和風村」的人體宴也不是自創的新點子，把女體當餐盤，讓食客邊吃邊想入非非的創意來自日本。十年前，日本就流行把各種生魚片放在全裸女子的身上，用筷子夾著吃了；充當餐盤的女子還必須是處女，日本男人認為處女具備內在的純情與外在的潔淨，能激發食客的食慾，達到法國人用餐前祝語Bon appétit（祝好胃口）的效果。這種觀念又源自古代中國男人迷信處女對男子健康大有補益的「處女癖好」。

日本人發明女體盛

我在十多年前就在日本影片中看到好色的日本人將女體充當盤子盛放食物的噱頭了，這種把食物與色情密切結合的作法有個特殊的名稱叫作「女體盛」。

在二〇〇五年九月出版的《浮世與春夢》一書中，作者劉達臨有一段文字介紹日本的「女體盛」說：

> 女體盛是日本人自己創造的，從事女體盛的女子也稱為『藝伎』，挑選和訓練她們的要求是非常嚴格的。首先，必須是處女，因為日本男性認為只有處女才具備內在的純情和外在的潔淨，最能激發客人的食慾。其次，要容貌姣好、皮膚白皙光潤、身材勻稱，體毛少，不能太瘦，太瘦則缺乏性感。血型最好是A型，日本人普遍認為具有A型血液的人性格平和、沉穩、有耐心，最適合從事這種職業。
>
> 女體盛藝伎工作前必須經過嚴格的訓練，訓練方法是女子仰臥，全裸體，在身上放六個雞蛋，四個小時內身體必須紋絲不動，雞蛋也仍在原位不動，眼睛不能左顧右盼，有人還不停地朝她身上灑涼水，如果有一枚雞蛋掉下來，計時器立即歸零，訓練必須重新開始。
>
> 女體盛藝伎經過訓練合格時，才被允許實行服務，這種服務稱為「上菜」。上菜前要經過九十分鐘的淨身，把體毛除盡，身體反覆擦洗。淨身時不能使用任何帶香氣的肥皂和浴液，香水更是絕對禁

> 止使用，因為香氣會影響壽司的純正味道，並掩蓋了少女身上天然的體香。
>
> 女體盛藝伎上菜的地方也就是客人吃喝享受的地方，必須布置得十分古雅，……上菜時，女體盛一絲不掛地躺在房屋中央，擺好固定姿勢，整個人好像一只潔白的瓷盤。她的頭髮被拆散，呈扇形攤開，並綴以花瓣，有人在她的陰部等處飾以樹葉或花瓣，乳頭按客人的要求或掩或露。工人從廚房裡端來一大盤各式壽司，快捷地擺放在女體盛的身上，一刻也不得耽誤，因為日本人認為壽司只有在剛做好時才最有味。……按照傳統，在女體盛身上擺放壽司有所講究，……如鮭魚能給人以力量，就放在心臟部位，旗魚有助消化，放在腹部；扇貝和鯉魚能增強性能力，就放在陰部……。

從上面的引述可知，台灣和大陸的人體宴其實是模仿日本人的女體盛而做法較不講究罷了。

在昭和五十五年（一九八○）九月十五日增刊出版的祕藏版《SM緊縛美女寫真集》中，有八頁十六幅由日人山崎無平所繪的性虐繪畫，當中一幅繪著一名全裸的少女被四肢吊縛、雙腿大張地坐在木板地上，身後一裸男雙手抓著她的長髮、一腳踏在她右邊乳房上，用腳趾戲弄其乳頭，面前兩個衣冠楚楚的男子盤腿而坐，一人持碗喝酒，看著另一人用筷子夾生魚片要去少女的陰戶間沾一沾，像沾山葵醬似的，再放入口中。

我想，讓女人像睡美人似地平躺在餐桌上充當盛放生魚片的餐盤，這是檯面上假斯文的吃法，山崎無平的這幅畫，才是日本人私底下的「女體宴」，才是他們真正的吃法吧！

女體美食密不可分

把食物與女體作緊密的結合，最著名的例子當屬一九九七年底跳樓自殺的六十四歲的日本導演伊丹十三所拍攝的《蒲公英》（*Tampopo*）。

伊丹十三在八○年代所拍的《蒲公英》大意是一位寡婦所經營的破舊簡陋的拉麵店生意清淡，在許多男人的協助下，最後終於門庭若市，打敗堅強對手「大三元」拉麵館。這個主題觀眾鮮少關心，大家津津樂道的反倒是劇中有一對男女在高級飯店的房間裡，用客房服務人員送來的各種食品進行各種性行為。

這段總共只有一百秒鐘的畫面出現在片子進行了二十五分鐘時，只見穿著整齊的飯店服務生推著精美的餐車來到一二六八房敲門，男主角役所廣司穿著白色西裝、頭戴一色寬沿牛仔帽把門打開，讓侍者把餐車推進房，順著侍者的眼光，鏡頭帶到床上，床上是妖媚的女主角宮本信子，正一絲不掛地靠坐在床頭，左手拉著白色的床單掩遮裸身，右手舉臂撫髮，風情無限。

侍者走出門後，女主角用手指勾勾，做一個「過來呀」的動作，男主角把帽子一扔，就撲到了床上。男的俯首要吻女的，女的笑著扭開臉，再湊上唇去要吻男的，快貼唇時又嗯哼一聲縮回去，挑逗著男人，男人把臉對準，壓下去，壓實了吻著，而後舔嚙她的耳朵、舔吮她的腋窩，像在吃一道美食，女主角閉眼承受著。

鏡頭一轉，男子從餐車上取來胡椒瓶，往女子右乳的乳頭上灑黑胡椒，只見女子的乳房顫抖了一下，男的又拿切半的檸檬往乳房上擠汁，像要吃煙燻鮭魚似的，而後俯首去吮吃她的乳房。女子仰頸擺頭，星眼迷朦，表情陶醉。

鏡頭又轉，只見女子用左乳地去沾盛放在水晶碗中的鮮奶油，送到仰躺的男主角口中，衣衫整齊的男子張嘴吮吃著，像吃奶油蛋糕。

鏡頭再轉，只見兩人側臉面對面躺著，蜂蜜從女子伸指遮掩的紅唇上端緩緩流下，像極了女人動情時陰戶流溢的愛液，男人湊上去伸舌舔食。

最後，男子往一只玻璃碗中倒了些紅葡萄酒，抓起蓋在餐盤中的兩尾活草蝦放進酒碗中，再倒扣在女子的小腹上，只見蝦子受到酒精的刺激，小腳齊動、活蹦亂跳，女人被搔癢得發出冶蕩的大笑。

一共五小段戲，拍得用心而有創意，伊丹十三不愧是著名的導演，和西洋電影《愛你九周半》中，男主角用冰塊去撫弄被矇眼的女主角的乳房，同樣令人印象深刻；後來許多情色片中紛紛仿傚，給矇眼的女主角吃草莓、吃冰淇淋，讓她舔吮塗滿巧克力醬的陽具，在裸女身上倒牛奶或紅酒，而後恣意舔吮，或往女人的陰戶裡插香蕉、塞紅棗、李子……，都是把食物和性愛糾纏在一起來增添情趣的最佳例子。

女人私處也吃水果

把女人陰唇當成另一張嘴巴，除了吃「肉」之外也吃水果，是古今中外許多色狼都想到試過的情色花招。

明朝蘭陵笑笑生《金瓶梅詞話》第二十七回「李瓶兒私語翡翠軒　潘金蓮醉鬧葡萄架」中，西門慶就曾把龜頭大小的黃李子往他的五妾潘金蓮陰戶中塞了玩，再挖出來吃：

> 西門慶見潘金蓮脫得上下沒條絲，仰臥於袵蓆之上，腳下穿著大紅鞋兒……，便將她兩條腳帶解下來，拴其雙足，吊在兩邊葡萄架兒上，……向水碗內取了枚玉黃李子，向婦人牝戶內（扔去），一連打了三個，皆中花心，……又把一個李子放在牝內，不取出來，又不行事，急得婦人春心大亂、淫水直流。……西門慶睡了一個時辰，睜開眼醒來，看見婦人還吊在架下，兩隻白生生腿兒，蹺在兩邊，興不可遏，……向婦人道：「淫婦，我丟與妳罷！」于是先摳出牝中李子，教婦人吃了……。

當代日本畫家原田維夫木刻套色版畫《自刻繡像金瓶梅》中，有一幅描繪西門慶坐在涼墩上，手執黃李子朝全身赤裸雙腳高吊牝戶大張的潘金蓮私處扔去，臉上露出「命中花心」的得意笑容，刻畫入微，只可惜把女體刻繪成黑色，雖具特色卻不夠美，若用線條勾勒成白色的女體，就更悅目了。

西門慶把小老婆牝戶中的李子摳出後，教潘氏自己吃了，是一種謔侮的手法，嫌她私處不乾淨，所以不吃（事實上，在一百回《金瓶梅詞話》中，只有十多次女人替男人吮咂陽具或吃尿的描述，西門慶一次也沒吃過女人的私處）；但是明朝中末葉時，卻流行以處女之月經煉「紅鉛」給男人滋補身體，或把紅棗塞入處女陰戶中過夜，以為浸泡了陰水的紅棗對男人大補，次晨男子再將此「陰棗」吃下肚，而後與處女行房，採陰補陽，以為可以延年益壽，都不嫌女性私處不潔。

民初人姚靈犀《思無邪小記》是一本談風月的札記小品，彙集了古人詩詞或筆記小說中談性說愛的資料而略加

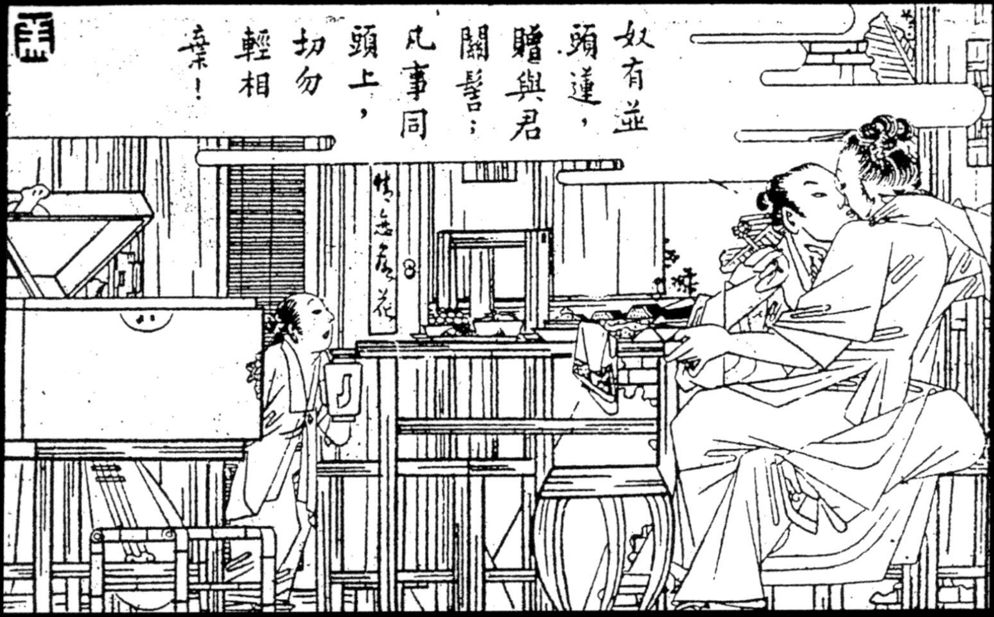

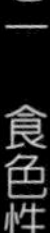

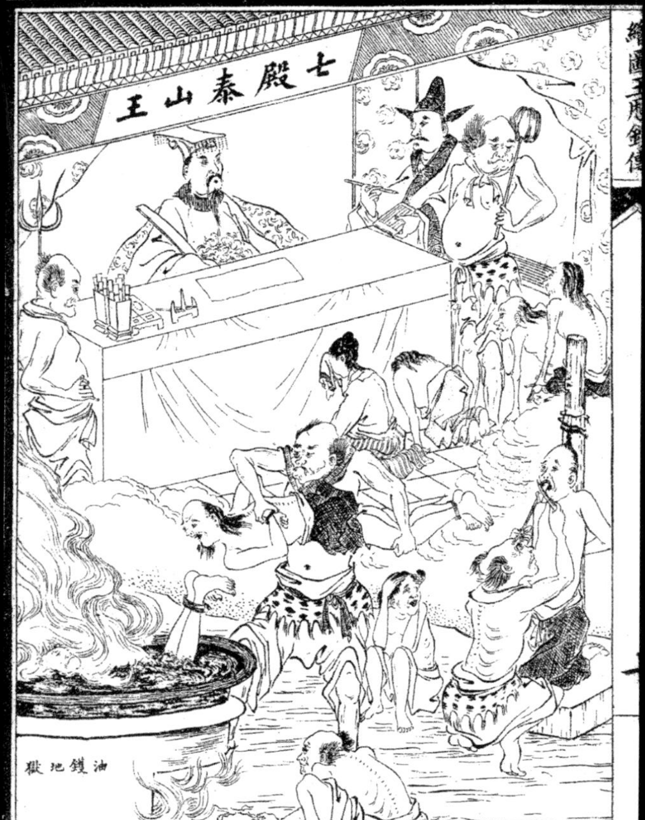

上：西門慶、潘金蓮幽會雲雨前先吃「戰飯」。（民初女畫家關山美《金瓶梅全圖》）

下：把乾棗塞入女人陰戶當威爾剛來吃的男人，死後要在陰間受此酷刑。（清刊《繪圖玉曆鈔傳》）

註解說明，全書共三百七十八則，長的如第二二三則有十六頁，細述二十四開的春宮冊頁的每張春畫；短的只有一行，如第一四三則云：「古人之好男色者，祝氏『猥談』中紀之甚詳。」又如第一一二則：「浙中呼外腎為卵。」則只有短短七字而已。在書中提到古代中國人把棗子塞入女人陰戶中當補品吃之事有三處。第二七五則說：「黑棗，暮納之牝，晨咀之口，此採補之出於人為者也。」

另外第二九三則引自拙庵撰《嘗棗記》說：

> 有某大老者，後房多寵人，粉白黛綠，列屋而居，爭豔鬥媚，各不相讓。大老年近古稀，貌似童子，周旋其間，雨露均霑，無竭蹶之虞，此何故耶？後耳其親信某君所言，方知大老日食陰棗七枚，故能夜御十女，老當益壯，採陰補陽，雖屬旁門左道，不可為法，然其效果常有出人意料之外者，不可以無稽之談視之也。大老所用女僕，為數十四，均年輕貌美，以重資雇來，每晚以乾紅棗七枚，分置於七人（陰戶中），女僕分兩班，隔日一易，川流不息。棗經浸潤一宵，次晨取而食之。女僕經六個月後，即遣之歸家，無不面黃肌瘦，精神萎靡，休養數月，始復原狀；體弱之人，有因而致死者……。

陰棗有無滋補壯陽之效，要待醫師化驗，此處暫且存疑，但是為了在女人面前逞威風，有些男人是不會嫌髒穢的把陰棗吃下肚，而且這樣的男人還不少，所以《思無邪小記》第十八則還提到流通甚廣的善書《玉歷寶鈔》中警告此輩的話，說：「凡在陽世煉食紅鉛、陰棗、人胞……酒服紅鉛及婦人陰中之棗，胞臍之類，豈不更壞人心？但食此等穢物，則口舌與婦人之陰戶無異，雖在世多般行善，若誦經咒，非獨無功，且有大罪，冥王斷難寬貸。凡聞此勸者，速宜戒之，否則宜付七殿泰山王，發交各種地獄，受諸般刑苦。」姚靈犀的結語是「既有此說，則世人定有行之者焉。」

陰棗是否髒穢，是件沒有共識、沒有定論的事，反正給愛情沖昏頭的人，情人的一切都是潔淨美好的，潘金蓮、王六兒等婦人連西門慶的尿都肯吃了，哪有什麼衛生上的問題呢？

我還看過日本情色片中男優往女主角私處塞各種蔬果

如小黃瓜、胡蘿蔔、香蕉、茄子……的，只不過是塞了好玩，滿足男人淫虐女性的癖好，並不是塞一塞沾陰水來吃的。在昭和五十九年（一九八四）四月十五日由日本大洋圖書公司出版的《戀縛秘寫館》一書中，有一組由日本異色攝影大師荒木經惟企畫拍攝的作品《剃毛》，書中一共刊登了九張照片，當中有一幅就是讓被縛後剃淨恥毛的女模特兒把屁股翹高，用胯間的另一張嘴巴吃香蕉的光景。由於陰毛剃淨了，女人陰唇就更像嘴巴，吃起形似男陽的香蕉時，會帶給施虐的男子更強烈的視覺刺激，從而激起更高的性慾。

女人身體是道美食

在男人眼中，女人是一道可以盡情享用的美食。當一個年輕美麗、身材姣好、皮膚白皙的女人全裸或穿著性感的內衣褻褲躺在你的面前，用飢渴的眼神望著你的時候，只要你是男人，只要你還是個正常的男人，你能不做出最原始而自然的反應，撲上去盡情飽餐一頓嗎？

因為豐滿婀娜的女體是一道可口的美食，所以才會有「秀色可餐」的說法，所以才流行把做愛說成是「炒飯」，所以在做愛時才會出現許多像吃東西的動作，像舔、吮、嚙、咬……，所以熱戀中的男女才會忘情地說：「我想吃妳。」、「恨不得一口把妳吞下肚。」

美女是男人眼中的一道美食，滿足男人情慾飢渴的珍饈。昭和四十八年（一九七三）二月號的《S＆M蒐藏家》雜誌上，有四幅彩色的繪畫《喜多玲子的世界》，當中一幅畫裸女雙手反綁於四方形屋柱旁，右腳被吊縛抬高，張開的私處被裸女口中咬著的細紅繩末端吊掛的長方形紙條遮住了，遮羞紙上寫著「御進物」，也就是「貢品」的意思，是貢獻給男人的一道美食。男人在吃了矮方几上的生魚片、味噌湯、碗裡的佳餚米飯，喝了方几旁的兩壺清酒後，就請繼續享用綁在柱子上的這道美味吧。

因為女人身體是道美食，所以男人拼命舔吃，在色情文學中，常有男主角將全裸女主角從頭到腳親吻個遍的描述，這個「吻遍女子全身」的意思當然隱喻男子也吮吻了女人的私處。

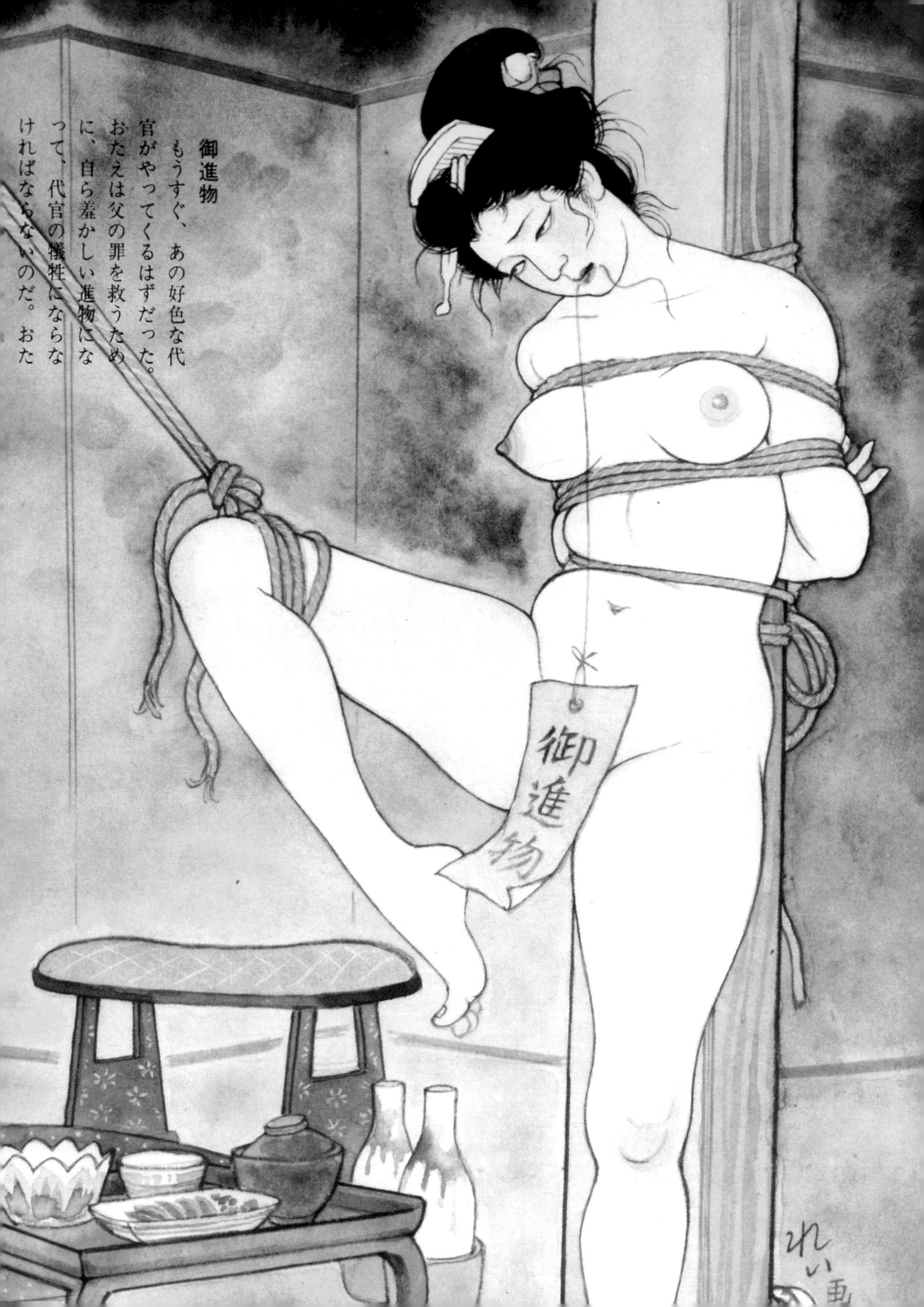

御進物

もうすぐ、あの好色な代官がやってくるはずだった。おたえは父の罪を救うために、自ら羞かしい進物になって、代官の犠牲にならなければならないのだ。おた

男子舌耕大快朵頤

男人吮吃女人私處，正式的名稱是「口交」，俗稱「舌耕」、「嘗春」、「舔盤」、「舔鐺」、「舔桃」或「吹笙」。

《思無邪小記》中提到一首佚名者所寫的舔盤打油詩，白話諧趣，描摹生動，抄引如下：

越舔越希奇，居然舐過臍；
全憑三寸舌，捲入兩重皮；
味在酸鹹外，聲聞吮咂時；
較諸呵卵者，猶覺討便宜。

詩之腹聯對仗工整，令人嘆賞，末兩句說比起吃男陽的「呵卵」，似乎「舔盤」還要更划算些，這筆帳不知是怎麼算的，得到這個結論，但「呵卵」或「舔盤」都是做苦工，做的人殊少樂趣，純為取悅被呵被舔者，只有在被呵被舔者發出動人的呻吟聲時，呵舔之人才稍覺安慰，有些戲弄得逞的快感而已。

孔子說：「雖小道，必有可觀焉。」一點不錯，有人就因舔陰之技高人一籌而留名青史。民初人柴小梵《梵天廬叢錄》卷十四說：清穆宗同治皇帝寵幸一個色藝雙全的男伶叫十三旦，他在戲台上演花旦，下了台就脫褲子讓皇帝肏屁股，一時矜貴無比，到了六十多歲，已是齒豁髮禿的老翁了，一施粉黛穿紈羅，又立刻成了婷婷嫋嫋十三歲的小姑娘（真是人妖）。十三旦到老了還讓北京有錢的蕩婦包養著，因為他「善舐婦人陰部，當之者魂飛骨軟，故獨得婦女歡心」。

世人皆知女人替男子口交稱「吹簫」，知道男人替女人口交稱「吹笙」的卻少之又少。笙是一排竹管紮在一起，有一只吹管連著，那一排扁平的竹管就因為平滑如女陰，而讓古代中國人藉吹笙來形容男子舔女陰的動作。這個典故出自清朝乾嘉年間的色情章回小說《桃花豔史》，書中第三回說：「劉氏笑道……給我吹笙。姜夠本聽說『吹笙』二字，遂即起來把劉氏的兩腿分開，將陰戶往上高聳，姜夠本伸進舌尖，咂得劉氏癢麻異常，叫兒叫乖，情聲不絕。」

日本人認為女性是供男人享用的食物。（1973年2月號的《S & M蒐藏家》雜誌刊《喜多玲子的世界》）

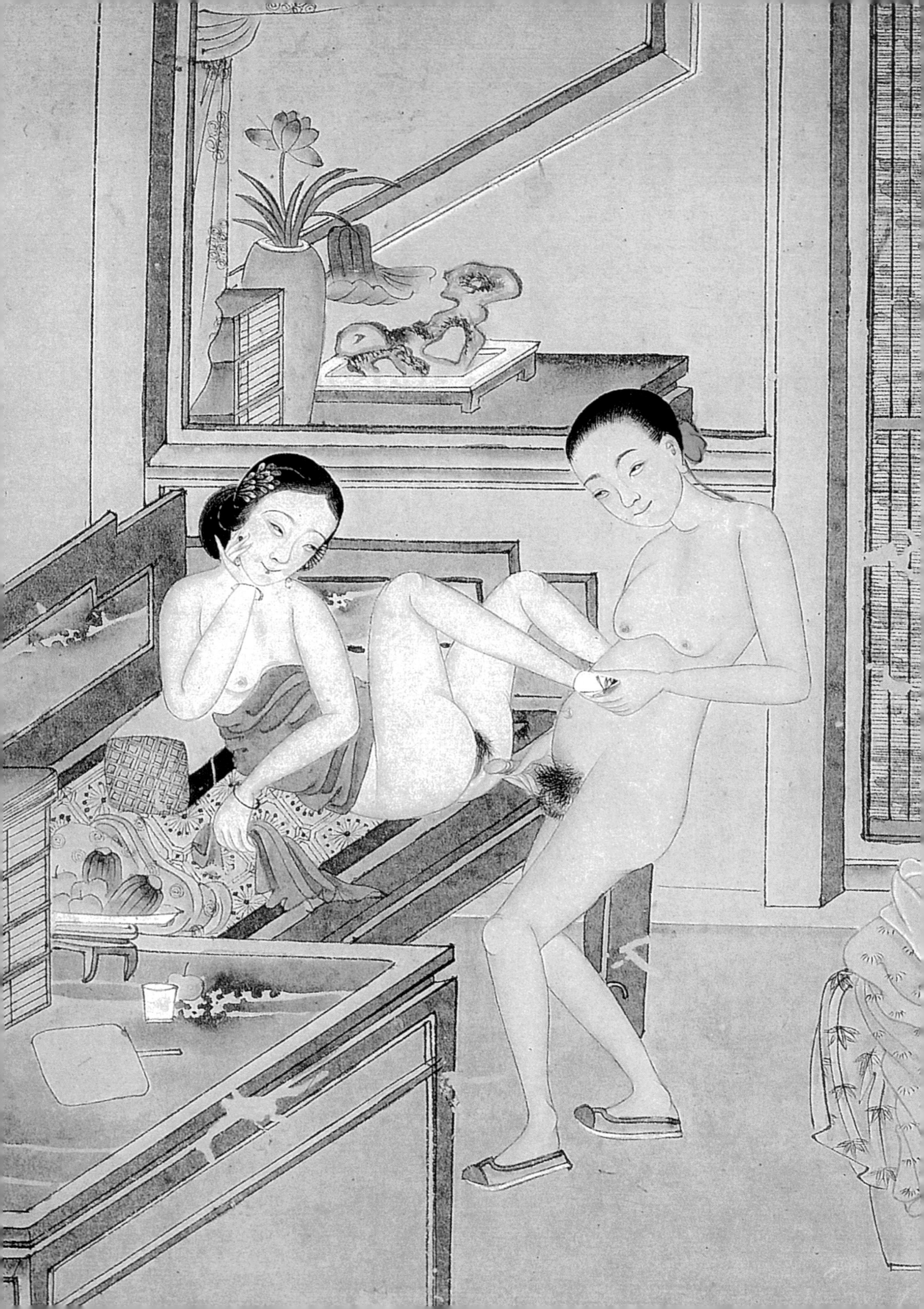

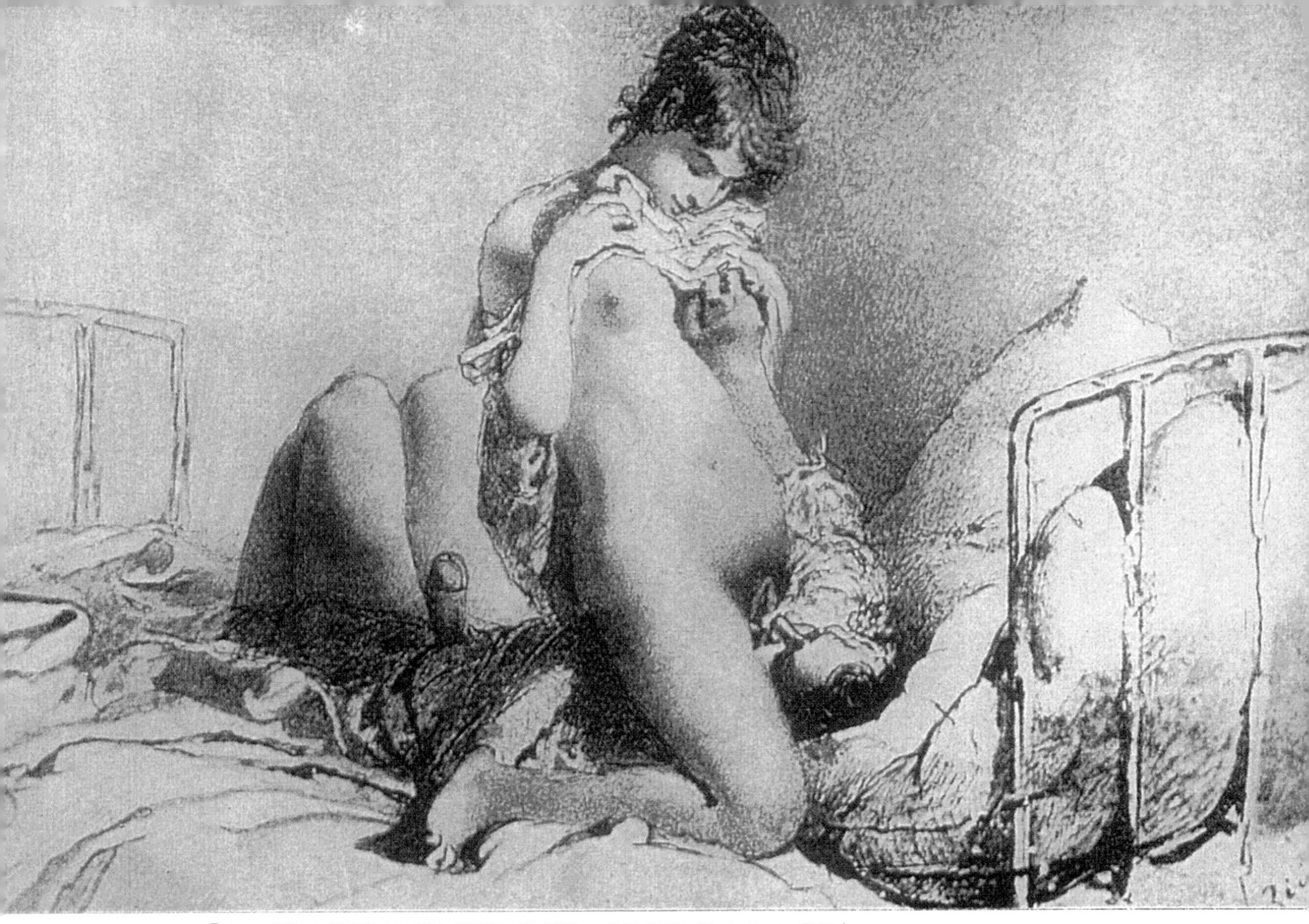

▌左：西洋人做愛時也把女陰當美食來吃。（1911年Mihaly Zichy作品）
▌右：做愛時，看似男子主動攻擊，實際上卻是把美食往女人口中送入。（清中葉佚名春畫）

男人可口女人想吃

在女人眼中，男人也是一道可口的食物。做愛時，男人把陽具往女人身體內搗送，看似採取主動攻擊，實則是把美食往女人口中送，是女人在吃男人，哪裡是男人玩弄女人呢？所以每回性愛，最終總是男人先射精喊停，投降了事；如果還要付錢給女人，就是雙料的冤大頭了。

女人吮吃男人的陽物，很像舔食冰棒或熱狗，稱「吹簫」實在有些不妥，因為根本沒有「吹」的動作，不是演奏樂器；可是一個不恰當的形容詞，竟也被中國人勉強使用了好幾百年，而且還彷彿成了這樁事唯一的形容詞了，真奇怪，不如直接稱「舔卵」或「吮屌」為宜。

男女歡愛時，女人不光是下體像在吃東西，嘴巴忘情的囓咬也真的毫不留情，像要把男人全吃下肚才甘心似的，民國初年知名女作家蘇青的名言「飲食男，女人之大慾存焉。」真是深刻描繪出事實的真相。

淫食不分關係曖昧

飲食與性愛的密切關係還有許多，像中國老祖先說「飽暖思淫慾」；吃飽了，不做愛，做個啥呢？男女做愛前先到一家羅曼蒂克的餐廳吃些滋補助興的大餐，這頓飯有個特殊的名稱叫「戰飯」。清乾隆年間的章回小說《株林野史》第七回就說：「二人用過戰飯，即將樓房門緊閉，脫得渾身淨光……。」

有時候，在吃「戰飯」時，那一頓大餐的菜名就令人想入非非。二○○三年冬季，北京有家餐廳推出一道道香豔的菜色，客人可點「金屋藏嬌」（炒熟的雞蛋用番茄片蓋著）、「玉女脫衣」（去皮的小黃瓜）、「勾勾搭搭」（黃豆芽炒綠豆芽）、「男歡女愛」（清蒸雌雄大閘蟹）、「如膠似漆」（拔絲蘋果），最後來一道甜點「包二奶」（做成乳房狀的包子，內餡用奶酥和煉乳），邊吃邊意淫，成了道地的「淫食文化」。

還有些餐廳與妓業緊密結合，像湖北有家餐廳的女服務生都是可以帶出場做愛的，客人進門，她們掛著有號碼姓氏的識別牌，送上「菜譜」，正面是清蒸龍蝦三十八元、油爆鱔段四十二元、珍珠丸子二十六元、糖醋瓦塊魚二十元等等，另一面則是一號劉小姐一百元、二號張小姐一百二十元、三號陳小姐一百五十元……，客人看中意了，先吃正面的正宗湖北菜，再點反面的小姐當做飯後甜點，飽暖思淫慾嘛！

難怪旅館也可以叫飯店，飯店也可以叫旅館，那是一個既提供飲食又提供做愛場地的地方，兩者的關係是孟不離焦、焦不離孟；難怪許多旅館的大廳會有許多流鶯坐在沙發上等待做生意的機會，出現「群鶯亂飛」的景象。

約會共餐猶如前戲

在今日歐美，男女在餐廳約會共餐，如果女子無意與男方上床，便會要求各自付帳；如果同意男子買單，就表示願意跟男的到旅館「續攤」。日本的情形大致也是如此，日本女孩在跟男子約會用餐三次後，如果男子還沒有進一步的要求、沒有肌膚之親，還是個彬彬有禮、保持距離的「紳士」，女方會以為這是一種對她沒有興趣的暗示，立刻打退堂鼓，不再和他約會共餐。劉黎兒在〈食色物語〉一文中說「大抵日本男人將用餐算成前戲的一部份」，想想看，一個男人跟妳前戲了半個小時、一個小時卻不辦正事，而且一連三次都是只有前戲、沒有真正的肉帛之戰就結束約會，那女孩情何以堪？

劉黎兒在〈胃袋情人〉一文中也說：「日本男人在勾引女人時，喜歡請吃飯，認為兩人面對面或並肩用餐，意味著性行為前戲的猥褻關係，如果依弘兼憲史的說法是可以『看見對方的黏膜』（把嘴唇的蠕動幻想成陰戶）……，他們尤其喜歡請半生未熟的女人上壽司店，坐在吧台前拉近關係，而和已上過床的女人上烤肉店。」說明了用餐與做愛的關係多麼密不可分。

情侶用餐時，準備餐後獻身的女方心安理得地讓男方付帳，這種有趣的現象在日本女作家林真理子的長篇小說《禁果》中有一段精妙的譬喻：「古時候男人為自己的女人外出狩獵，餵飽自己喜歡的女人應算是一種崇高的行為。」

為什麼在約會做愛前不先飽餐一頓呢？男女約會若一見面就相偕直奔旅館的大床，未免太顯飢渴，要不然就是可以支配的相處時間太短，來不及好整以暇地先吃一餐，像匆促到無暇前戲就硬插進去一樣，總是美中不足。

男女約會在做愛前該浪漫地共餐，在用餐後該雲雨巫山共赴陽臺，這種觀念在古代中國也早就出現了。清乾隆年間佚名所撰「株林野史」第十二回說：「羅愛奇……背著爹娘買酒買肉與荷花吃了，到了晚間，荷花假意相辭，被愛奇一把拉住道『白吃我東西嗎？』遂把荷花抱到床上，解去衣服雲雨起來……。」看起來吃人的不但嘴軟，不再有批評對方的資格，連身子都會軟，沒資格拒絕對方的性需求呢！這叫作「飯債肉償」。

烹飪做愛殊途同歸

情色作家肚兜在二〇〇二年出版的《肚兜私密事》一書中，有一篇令人激賞的文章〈烹飪和做愛有什麼地方相同？〉當時我看了此文，就想寫一篇引經据典、綜述古今中外的類似文章；出於疏懶怠惰，直到今天才將本文〈飲食與男女〉寫出，在結束文章之前，容我將肚兜那篇文章的論點做摘要的介紹。要說明的是，因為怕讀者誤會「肚兜」是女人的內衣，我才在這位年輕女作家的名字前冠上了「情色作家」一詞。

肚兜在列舉烹飪與做愛的相同之處如下：

一、兩件事情都可以在廚房做，但大家還是喜歡偶而在不一樣的地方做這兩件事情，像在特別的日子上餐廳或到野外烤肉；就像偶而喜歡到賓館換換氣氛，或是玩玩野外遊戲。

二、需要求新求變。就像雖然我喜歡吃紅燒豬腳，但是天天吃還是會膩；而做愛，如果一直和同一個人用同一種方式，也會覺得乏味。

三、這兩件事情一旦處理不好，都有可能造成嚴重損失。菜燒焦了沒關係，但房子燒了可就嚴重了；正如同做愛不避孕，小心十八年後你的「產物」上法院求償一千萬。

四、做愛和烹飪雖然都有專書介紹技巧，但是那些真正善於此道的人，常常是無師自通的。

五、通常兩者都要花點成本，而且花錢愈多就愈享受。吃陽春麵在三流旅社休息，就比不上五星級餐廳外加五星級旅館。

六、兩者的表現都要用嘴。要知道一道菜好不好吃，得用舌細細品嘗；若想知道在床上的表現怎樣，從床上反應（呻吟叫春）以及事後的評語也可以知道。

七、做愛和烹飪，都牽涉到器具的使用技巧，挑選適當的廚具和與自己食量相當的食器，需要精準的眼光和品味。

八、無論做愛或烹飪，外國貨總是比較難買到，大部份的人還是愛用國貨。不過，嘗過外國貨之後，就會發現其實舶來品也不見得合口味。

九、烹飪與做愛都會製造出一些產品。烹飪的產品是為了吃下肚，做愛的產品雖然也可以吃，卻常常一丟了事，因為有人覺得不好吃。

十、烹飪與做愛都可以單獨或兩個以上的人合力完成，兩個以上的人也都不拘同性或異性。

十一、兩者都需要經驗的累積。老師傅的手藝讓人嘗到食物最美的滋味；做愛也靠累積經驗才能有更美好的演出。

十二、兩者都沒有時間或次數的限制，想吃就烹飪吧，想做愛就做吧。

最後，我還想到楊光中在《性、愛、女人》一書中說：「一個男人的真正性格，常常表現在餐桌和眠床之上。」想到劉黎兒在《黎兒流》一書中說：「吃本身與做愛十分類似，每天只吃便利商店便當的人，結果也只能談省事的愛情；吃飽就好的人，大抵做愛也只是射精便了事的。」

看來，美食家、擅於烹飪者多半也是沉溺性慾、追求性愛享樂的登徒子呢！

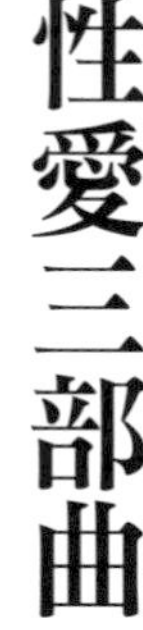

性愛三部曲

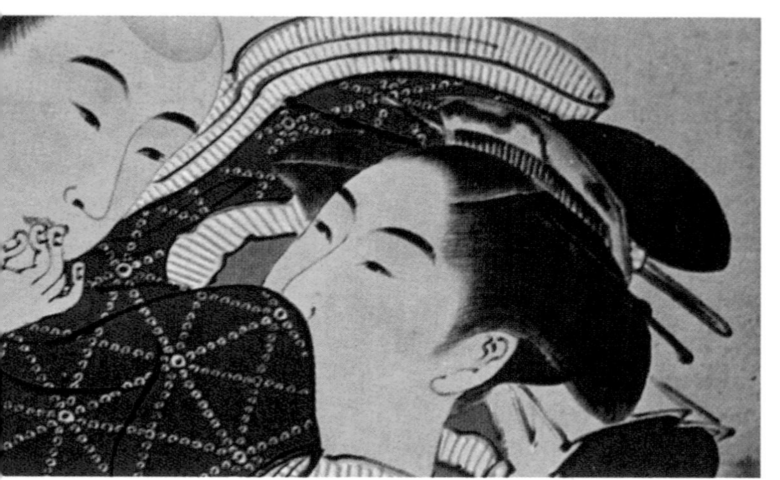

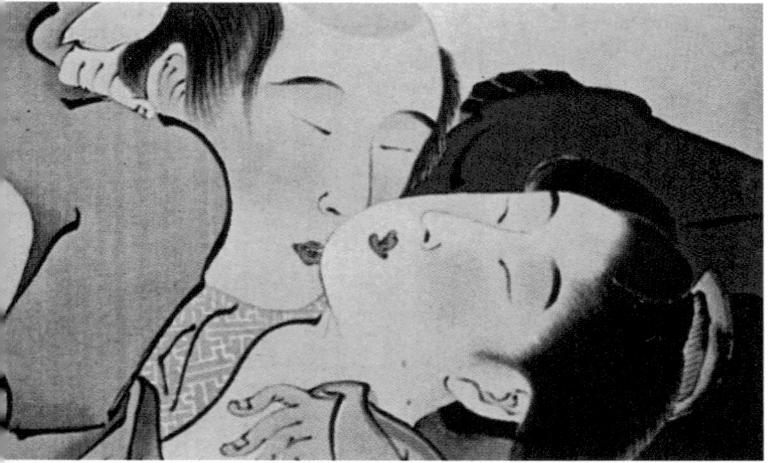

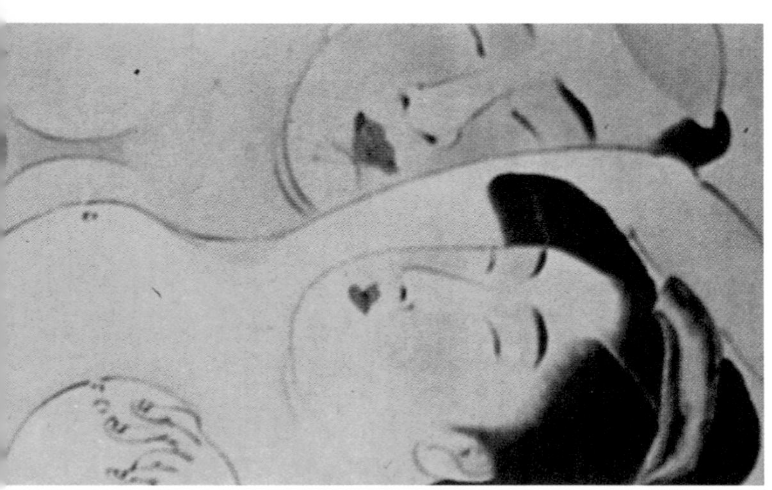

上是前戲，男子用龜頭磨擦女陰；中是正戲，女子歡極瞇眼勾腳；下是後戲，兩人相互依偎說話。（19世紀晚期日本浮世繪三連作）

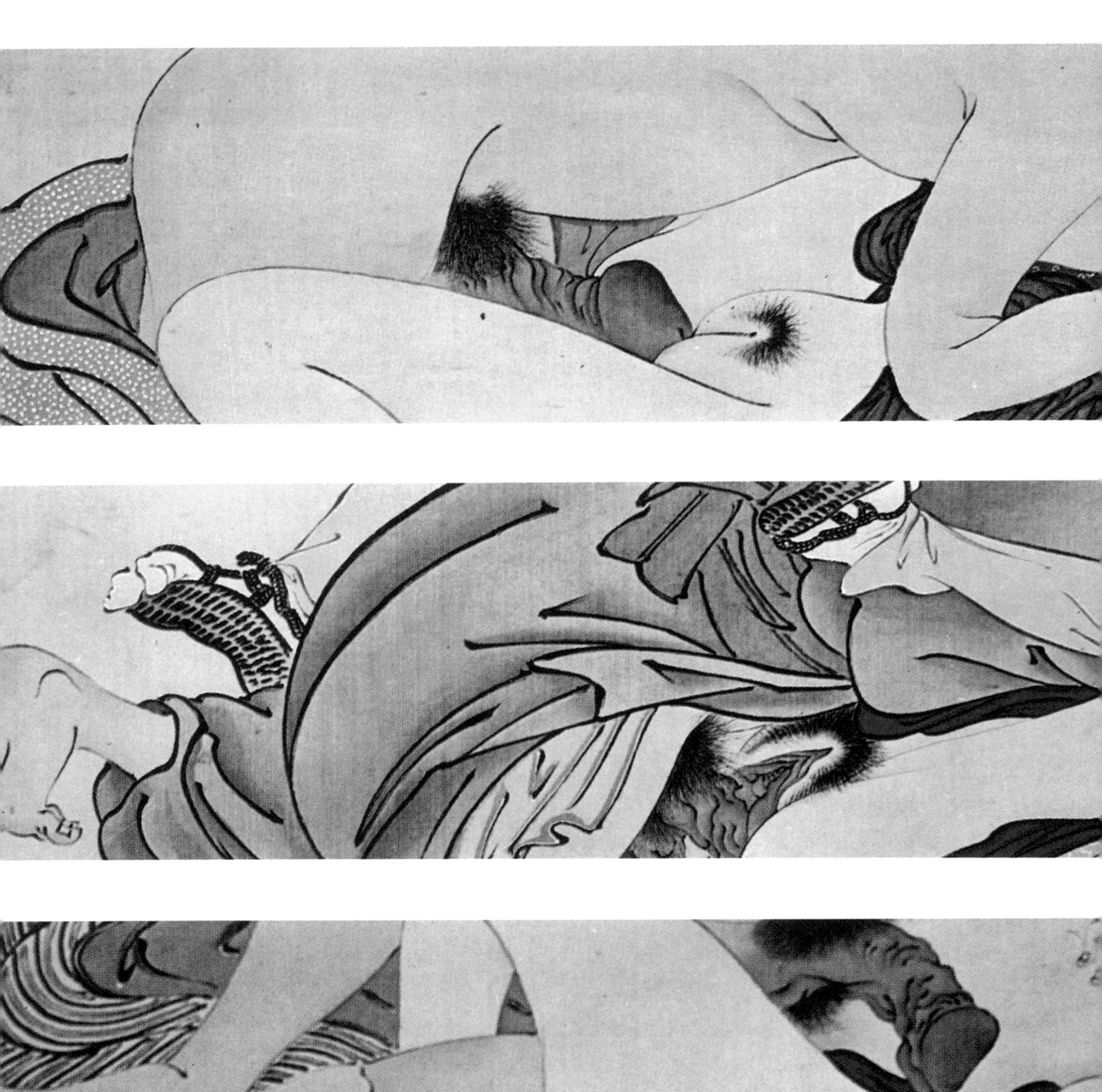

性愛如果可以分段的話，就分成三段：前戲、正戲與後戲。

男女性器官結合之前的擁吻愛撫和口交舔吮，稱之為「前戲」；性器官結合至男子射精的抽送搗弄稱為「正戲」；射精之後至男女分開的情話綿綿調笑嬉謔稱為「後戲」。

許多男人以為只有正戲才是性愛，完全忽略了前戲與後戲的存在，牝戶還是乾的，就吐一口吐沫硬行插入，剛一射精就匆匆拔出，甚而轉身一腳把女人踢下床。

其實前戲、正戲和後戲缺一不可，組合成完整的性愛三部曲。香港女作家張小嫻《在天涯尋覓你》一書中，說她曾經問一位台灣女孩子：「妳最喜歡性愛三部曲的哪一部分？」她很認真地說：「前面、中間、後面。」

性愛三部曲猶如西餐中的開胃菜（生菜沙拉）、正餐（牛排）和餐後甜點（焦糖布丁）。少了開胃菜，正餐就吃得不香；吃完正餐不吃甜點，又意猶未盡，三者缺一不可。

性愛三部曲又好像中國人過年的除夕、春節和元宵。沒有除夕的準備年菜、大掃除、貼春聯……，醞釀過年的

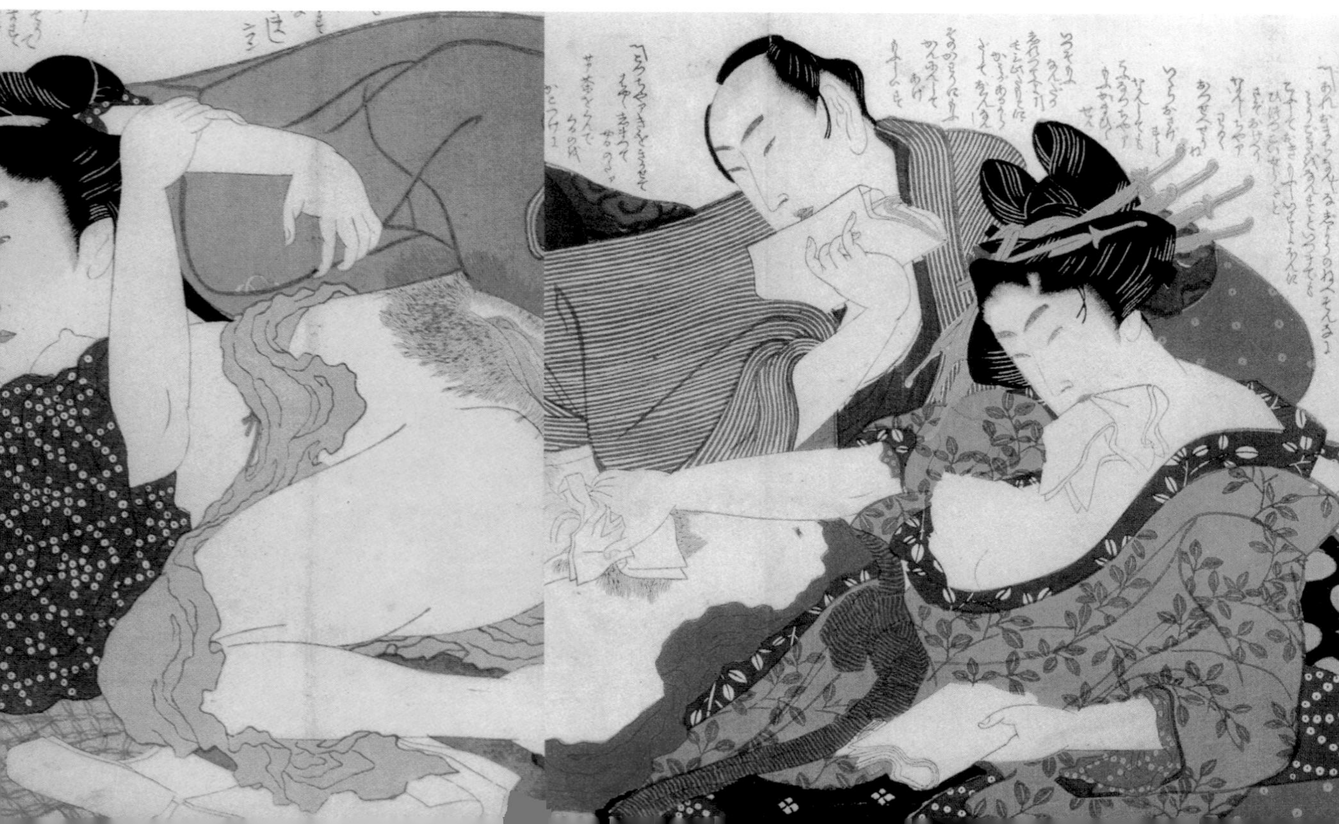

氣氛，又怎會有歡樂的春節呢？而歡樂的時光消逝得特別快，中國人的元宵節正像性愛結束後的後戲，給沉浸在歡樂滋味中的人一個回味的機會。

你吃西餐時，一定不會只要牛排、不要開胃菜和餐後甜點；你過春節時，一定不會只要春節，不要除夕和元宵；所以你做愛時，一定不能忽略了前戲和後戲。

那個認真地說「前面、中間、後面」都喜歡的台灣女孩，真是誠實得可愛。

世界上許多民族都知道前戲對性愛的重要。在中國，湖南長沙馬王堆三號漢墓出土的竹簡上，已說「男女做愛應該先愛撫，男子用手從女子手腕撫摸起，再順著臂肘兩旁而抵達腋窩，再經肩膀，愛撫頸部，而後繞頸撫弄一周，下經鎖骨外側下方的缺盆穴撫摸到乳房，而後越過胸窩下抵恥骨，摸弄陰戶、觸撫陰蒂，使女子全身舒暢愉悅，等她淫水流出弄濕了大腿，男子才慢慢將陽具挺入……。」

這是兩千一百多年前的文獻，說明中國人多早就懂得性愛之前戲了。

完成於西元二世紀至五世紀，也就是一千六百至一千九百年前的印度古典性學祕笈《愛經》（Kama-Sutra）

▌左：男子以手指探女陰之前戲。（日本浮世繪大師葛飾北齋《喜能會之故真通》）
▌中：男女交歡之正戲。（葛飾北齋浮世繪《ついの雛形》）
▌右：男子射精後，婦人以草紙幫他拭淨之後戲。（葛飾北齋浮世繪《ついの雛形》）

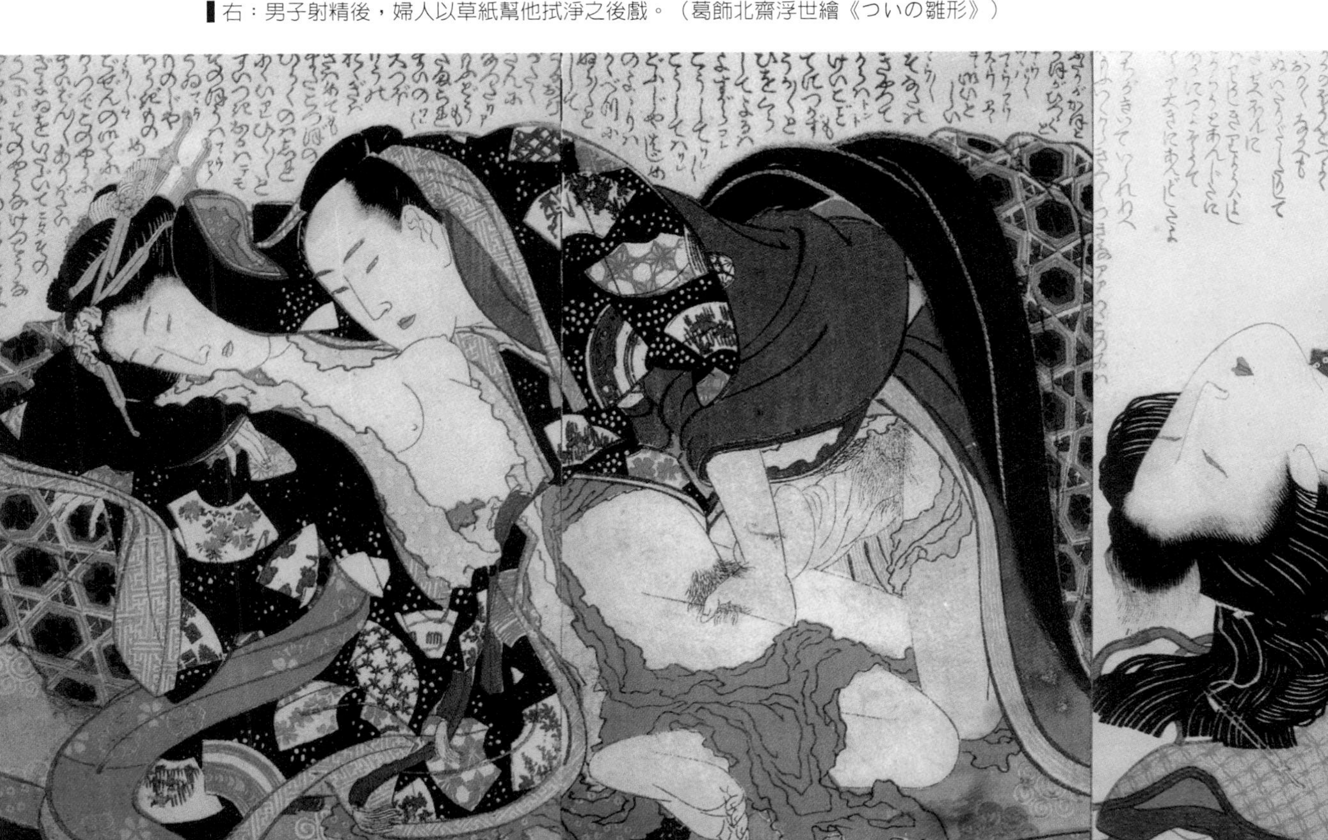

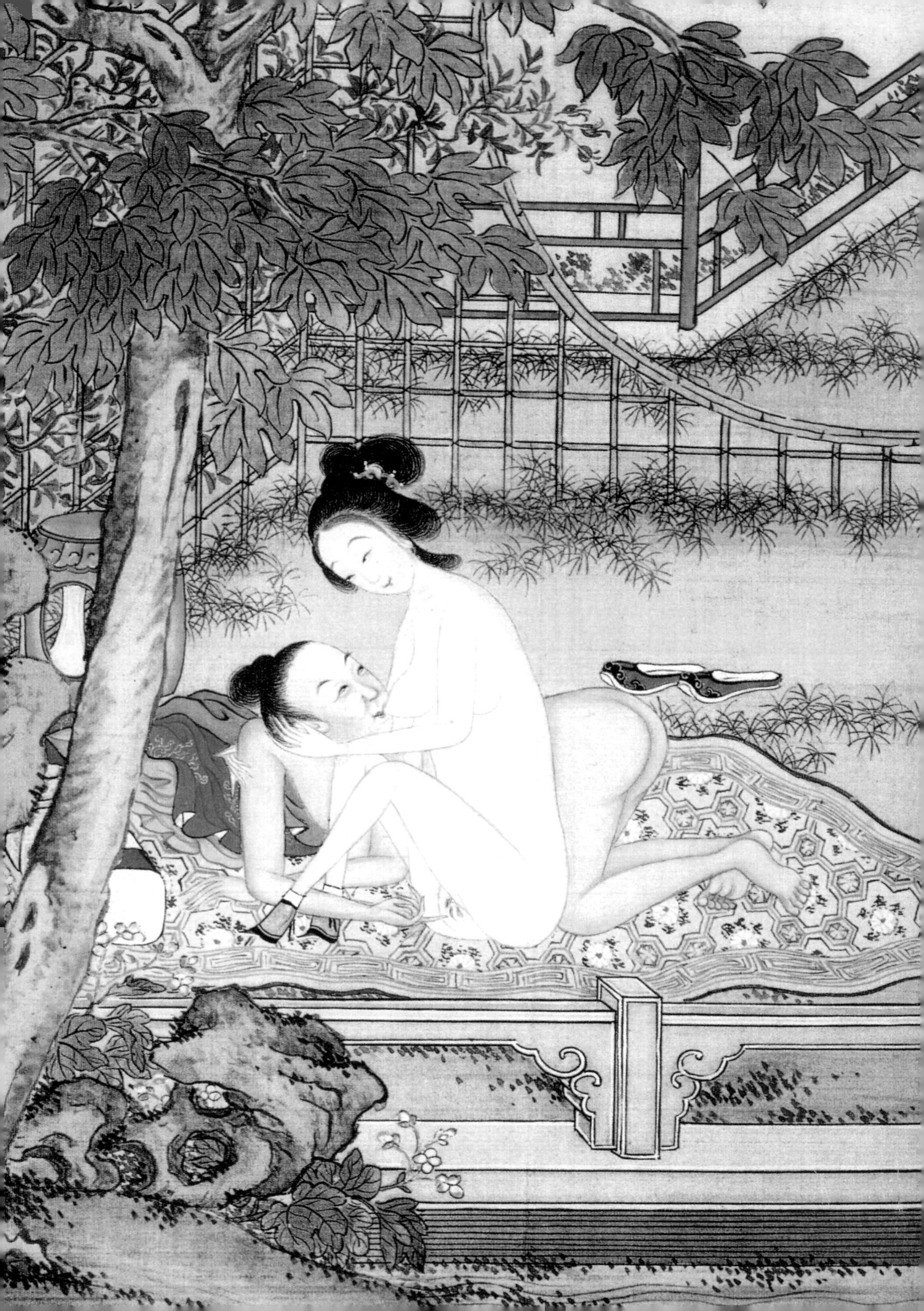

▍右頁：前戲就是手口並用，對女人全身上下做溫柔細膩的愛撫。（清初春畫）
▍上：描繪情人喝酒調情相互愛撫，一場性愛正戲即將上演。（19世紀末印度春畫）
▍下：男子在做愛前溫柔地親吻女子胸脯作為前戲。（18世紀印度春畫）

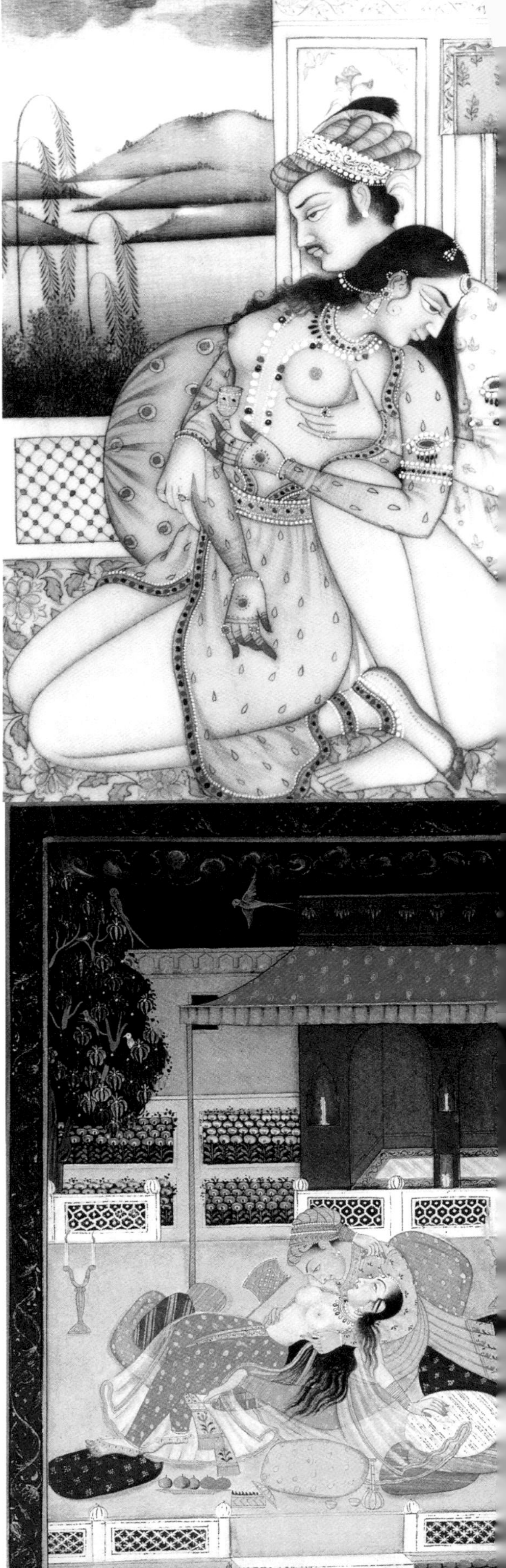

中，也說：「在男女歡好之前，男的要先把房間布置好，配以鮮花，撒些香水，而後才把女子迎進屋，而後請她吃些點心，隨意喝點酒。男人應該坐在女子右方，兩人並肩而坐，撫弄她的秀髮、觸摸她的衣結或鈕扣，而後用手溫柔地擁抱她，並與她談些有趣的話題，或談些稍帶顏色的猥褻的故事，如果她喜歡音樂，可以合唱一曲，或合奏其它樂器，等到女的完全被愛情所迷惑、被情慾所支配時，就可以開始性交了。」

法國人也很重視前戲，法國男人尤其擅長以舌頭舔吮女人私處，挑起女人的性慾，所以男子替女性口交特稱為「法國式接吻」。

日本人也很擅於前戲，往往用手指掏弄女人陰戶，就能讓她們獲得高潮而噴出愛液，這種情況特稱為「潮

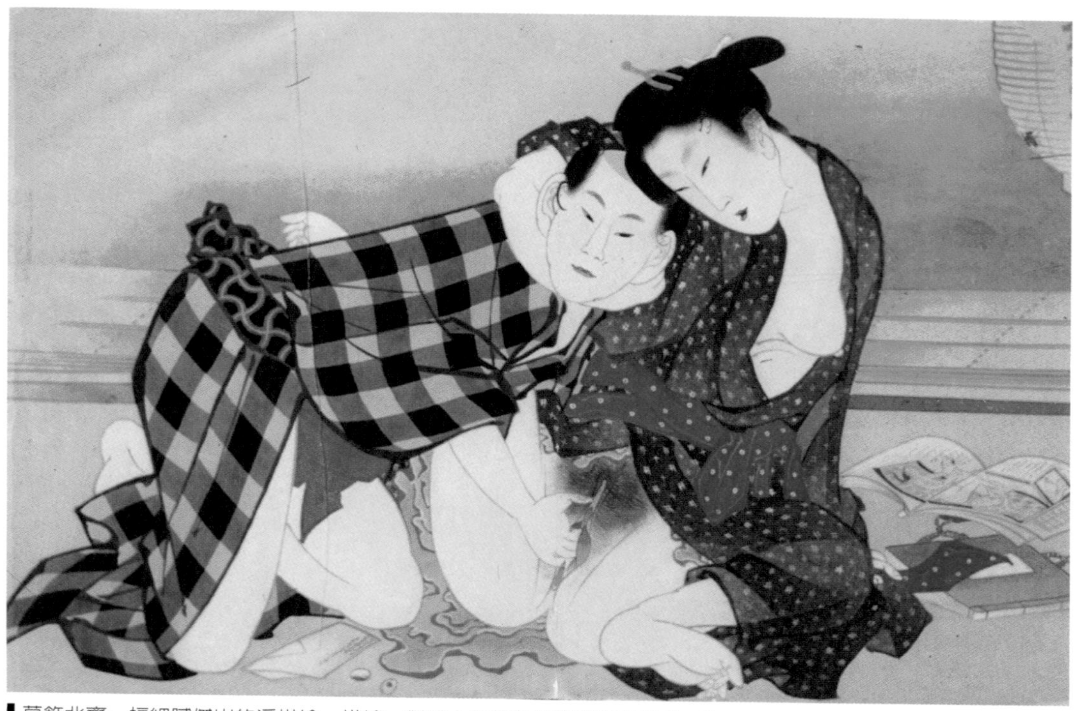

▌葛飾北齋一幅細膩傑出的浮世繪，描繪一對情人在看過香豔春宮後熱情愛撫前戲。

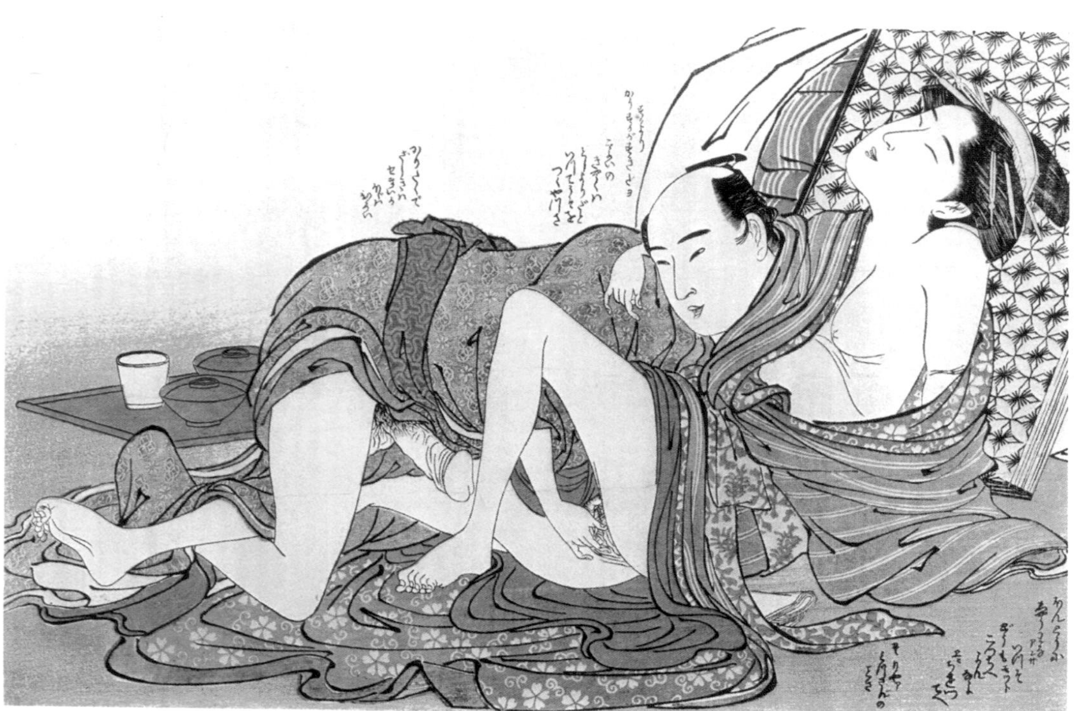

▌男子指挑女陰、女子樂極瞇眼、前戲正熱烈上演中。（18世紀末日人勝川春潮浮世繪）

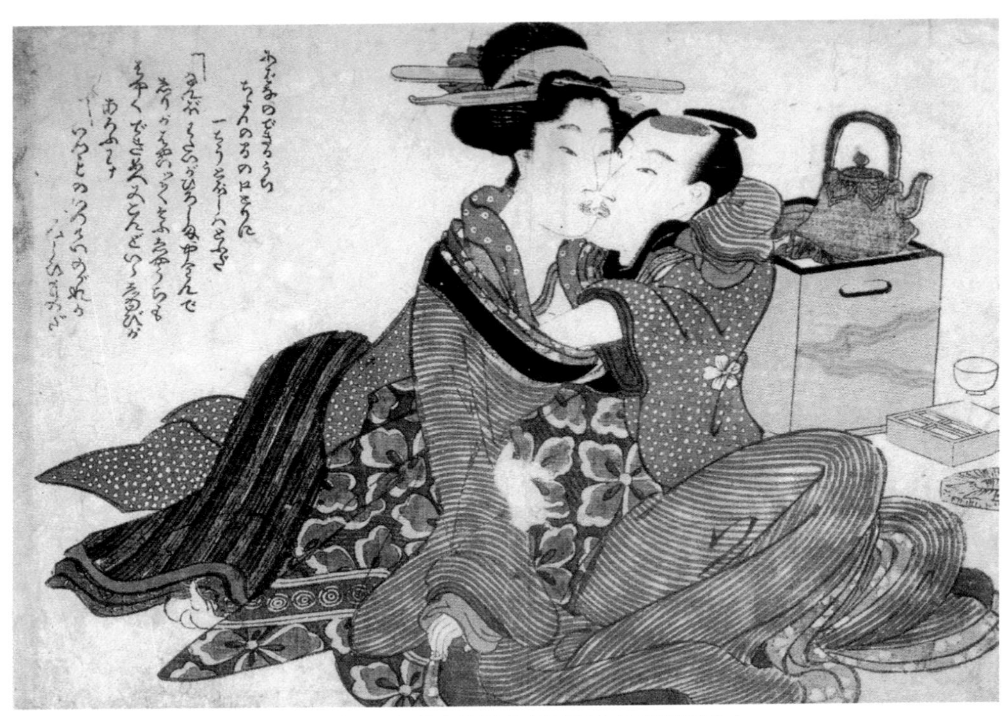

▌男子與藝妓做愛前先擁吻摸奶。（1810年日人菊川英山浮世繪《二世物語》）

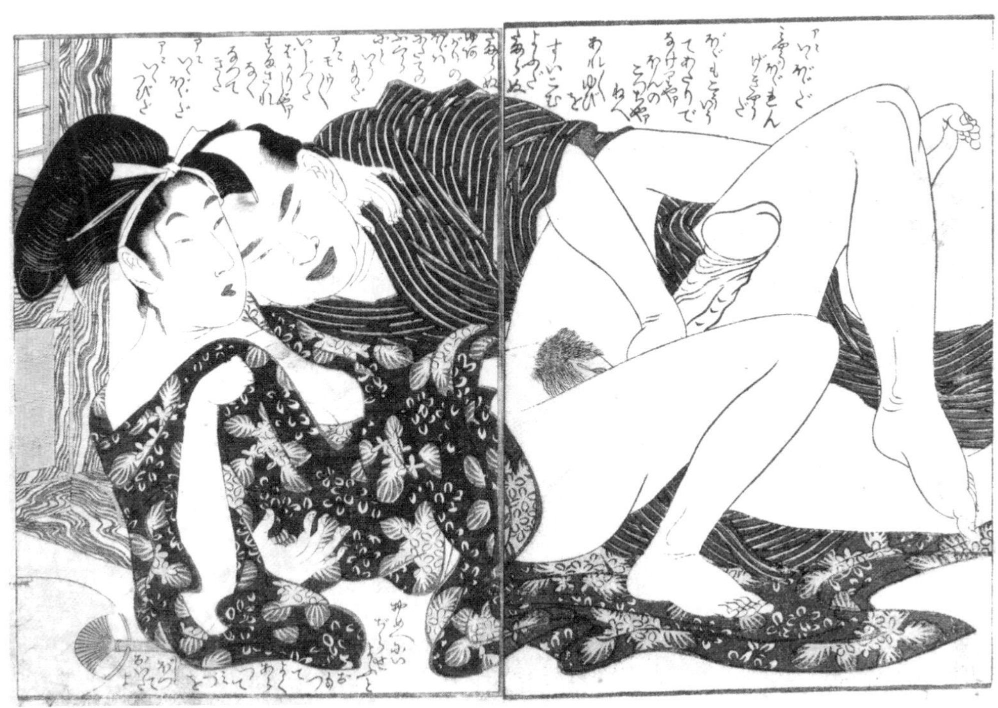

▌男子與婦人做愛以撫弄陰戶為前戲。（1803年日人喜多川歌麿繪《繪本笑上戶》）

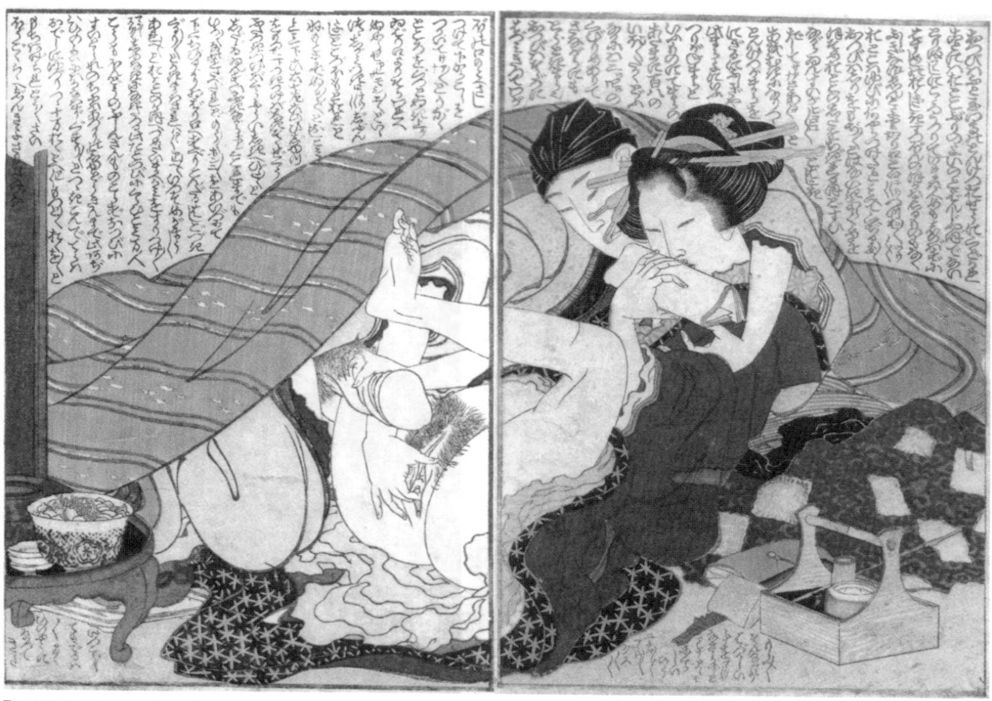

情侶做愛前，男子先以指挑弄女子陰戶以為前戲。（日人喜多川歌麿《萬福和合神》）

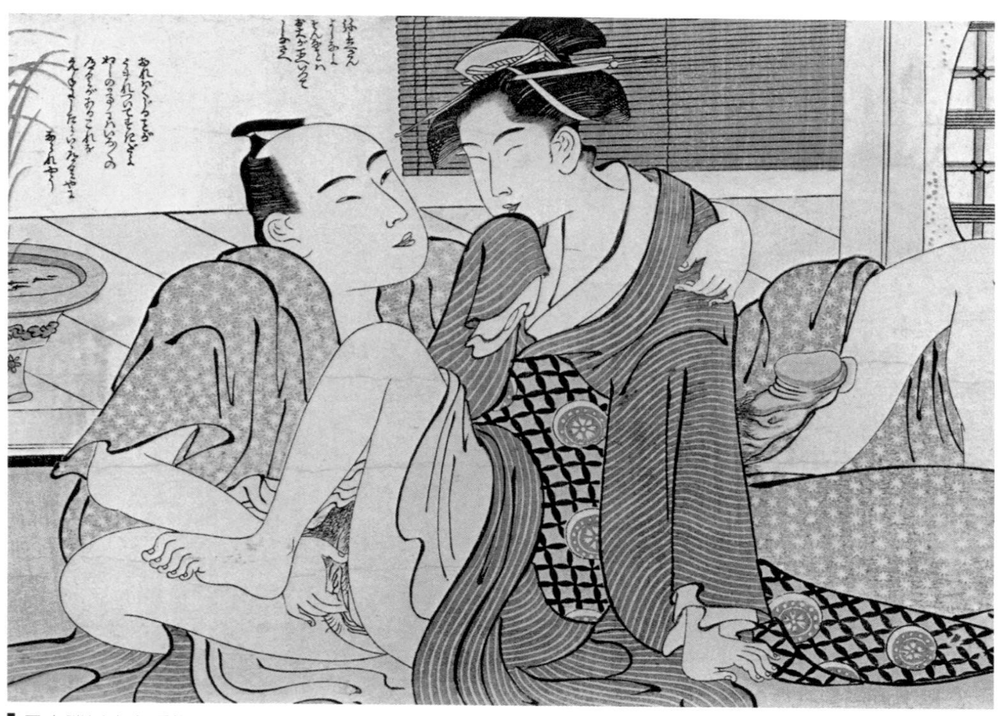

日人勝川春潮浮世繪。

吹」。只不過有些日本人的前戲太過殘忍，把女人綁起來，用電動假陽、皮鞭、滾燙的蠟淚淫虐女性，這樣的前戲，恐怕不是所有的女性都能欣然接受的吧！

正戲講究的是性姿勢與性技巧。如何選擇女人所喜歡的姿勢交合，在進出時如何變化角度方位和輕重緩急，使女性獲得最大的滿足，可是需要高人指點，才能事半功倍的。

中國人做愛時常說要「九淺一深」，其實這是過於簡略的說法。除了九淺一深外，也可以五淺一深、三淺一深或一淺一深地隨意變化。除了插入的深淺外，還有快慢的變化、輕重的變化和角度的變化，排列組合一番，就變化無窮了。

前述湖南長沙馬王堆三號漢墓出土的竹簡上，已提出「十修」之說，也就是男子抽送的十種變化：一是向陰戶上方刺入；二是向陰戶下方插入；三是向陰戶左方刺入；四是向右方刺入；五是速度加快的快刺；六是速度放慢的慢刺；七是每一刺的間隔時間拉長的希（稀）刺；八是每一刺之間隔縮短的數（頻）刺；九是淺刺；十是深刺。

十修是可以任意組合、變化無窮的，比如九下向左的淺慢刺配合一下向右的深快刺；九下向上的淺快刺配合一下向下的深慢刺；五下快刺慢抽配合五下慢刺快抽；一下快刺快抽配合一下慢刺慢抽等等，真是運用之妙、存乎一心，如何能不讓女人欲仙欲死、婉轉求饒呢？

唐人白行簡〈天地陰陽交歡大樂賦〉中，對男子正戲時的做愛技巧也有很精彩的描述，說「女伏枕而挺腰，男据床而跪膝，玉莖乃上下來去、左右揩挃。陽峯直入，邂逅過於琴絃（陰道一寸深處），陰幹斜衝，參差磨於穀實（陰道五寸深處）；莫不上挑下刺，側拗傍揩，臀搖似振，屌入如埋，暖滑焞焞，含吮深深。或急抽，或慢磨，淺插如嬰兒含乳，深刺似凍蛇入窟。扇簸而和核欲吞，衝擊而連根盡沒，乍淺乍深，再浮再沉……。」

我想男人在與女性做愛時，只要照著一千三百年前白居易弟弟白行簡的指示，保證能讓女人獲得很大的滿足。

關於性姿勢，世界各民族都有許多大同小異卻名稱不一的花樣，每種姿勢的長短優劣是個值得探討的題目，限於篇幅，此處只能暫時略而不談。

一般男子多半沒有「後戲」的觀念，以為射精的那一剎那，性愛便結束了，立刻抽身而起，各自擦拭乾淨，便算了事。

我們看前引唐人白行簡〈天地陰陽交歡大樂賦〉中，在描述完男子變化多端的性技巧之後說：「女乃色變聲顫（叫床），釵垂髻亂，慢眼而橫波（眼神）入鬢，梳低而半月（下巴）臨肩；男亦迷茫兩目、攤垂四肢，精透子宮之內，津流丹穴之池（牝戶）。於是玉莖以退（拔出陽具），金溝（陰唇）未蓋（微張），氣力分張，形神散潰，髓精（精液）尚濕，傍黏晝袋（睪丸）之間，蹁汁（淫液）猶多，流下尻門（女子肛門）之外。侍女乃進羅帛、具香湯，洗拭陰畔、整頓褌襠，聞花香而換服，攬寶鏡而重粧……。」一副「拔出卵袋不認人」的無情模樣。

因為中國傳統觀念以男人為主，不懂後戲對女性之重要，直到晚近女權主義大興，女性地位與男子平等了，才開始講究起「後戲」來。可是男人不懂什麼是「後戲」，以為射精之後還要以回軟的陽具再抽送幾百下，稱之為「後戲」，哪是如此呢？

「後戲」是有鑒於男陽熱得快、冷得快，女陰卻升溫也慢、降溫也慢，當男人已經結束時，女性還在慢慢降溫，如果迅速抽離，便會讓女性覺得空虛不適，所以男人在射精後，不要立刻拔出，應把陽具泡在陰道中回暖，並同時溫柔地親吻女性，說些甜言蜜語，直到女子覺得精液流出牝戶，要弄濕床褥了，要男人趕緊起身善後，才抽出陽具，並以紙巾替女性溫柔地擦拭，說些調侃戲謔的話，或倒杯熱牛奶或熱茶來給女性解渴，充分展示男子的溫柔體貼，此之謂「後戲」。

前引印度《愛經》中已提到「後戲」說：「事畢之後，這一對愛人難免嬌羞，不要面面相覷，應分別走進浴室，洗淨後回到原來的座位，吃些點心，男的可以用手把香油塗在女子身上，而後用左手摟抱她，甜言蜜語地用右手拿酒杯送到她嘴邊，或給她喝些開水，吃些甜點或鮮果汁、肉湯、麥片粥……這是性交的結束。」由此可見印度在二、三世紀時已很尊重女性。

古代中國也有少數男人對女性特別溫柔，做完愛之後還不自覺地要「後戲」一番，像清朝康熙年間一位無名氏寫的十六回《巫山豔史》，就有四處述及「後戲」。

第二回說蘇州長州縣書生李芳是個花花公子，偷姦家僕李旺之妻秋蘭時：「兩人綢繆不已，見日上紗窗，方把龜頭頂緊花心，猛抽了一陣，才一洩如注。公子叫快不覺，停了半晌，起身揩拭。秋蘭整髮穿衣，公子勾了香肩，親個嘴道：心肝，夜間早來，我在此等妳……。」李芳射精後停了半晌才拔出，又親吻秋蘭，這就是後戲。

同書第六回說李芳與表姐聞玉娥偷情：「李芳……一口氣數百抽，狂頓了一陣，陽物跳了幾跳，不覺洩了；玉臂輕勾粉項，朱唇咂吐丁香，恩恩愛愛，交股而睡。」洩精後擁抱親吻，交股而眠，這就是後戲。

同書第八回說李芳偷姦友人梅悅菴之妻月姬：「李芳……盡力攮了百十餘抽，懸空一操，一洩如注，兩下溫存了半晌，撫玩移時，各自抽身……。」「溫存半晌，撫玩移時」，更是標準的後戲。

同書第十回說月姬失身於李芳後，又拉小姑梅素英下水，姑嫂兩人一同與李芳做愛，最後李芳把精液射在素英牝戶中：「於是雨散雲收，兩下摟住了，愛如珍寶，咘緊嘴唇，又將舌尖含咂一回，方才揩拭，側身交股……。」

《巫山豔史》的作者無名氏一再描述後戲，可見他是很懂如何取悅女性的溫柔男子，這在只把女人看作煉丹的「鼎器」、只注重如何「採陰補陽」、損人利己的大男人主義的古代中國，真是難能可貴啊！

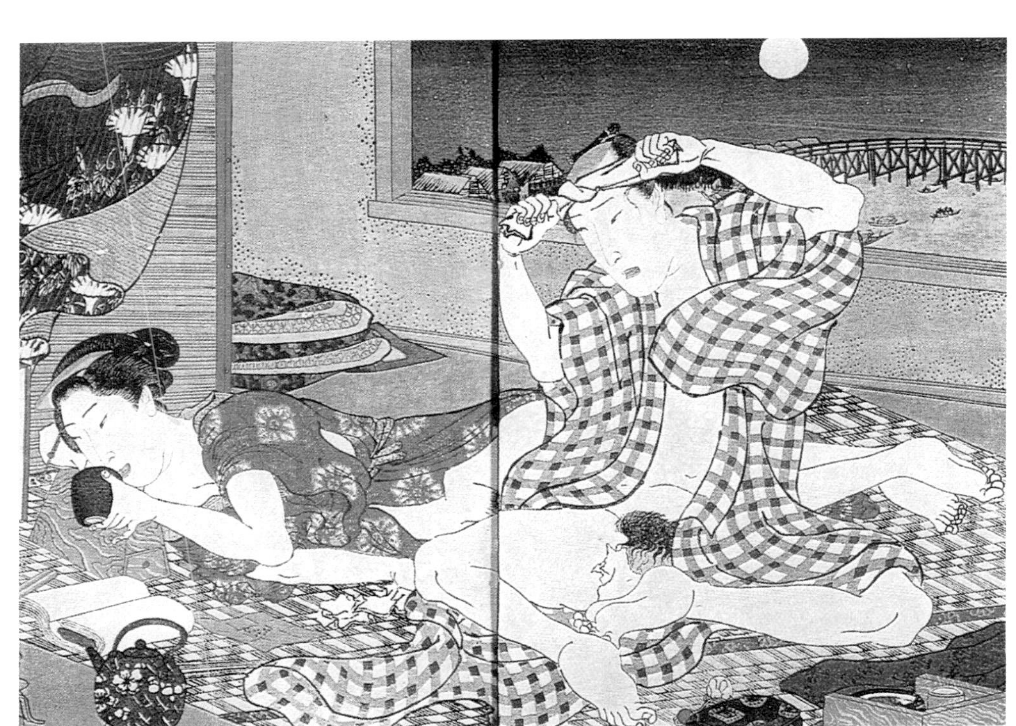

一對情侶做愛完事後各自忙碌，了無後戲。（歌川國芳繪）

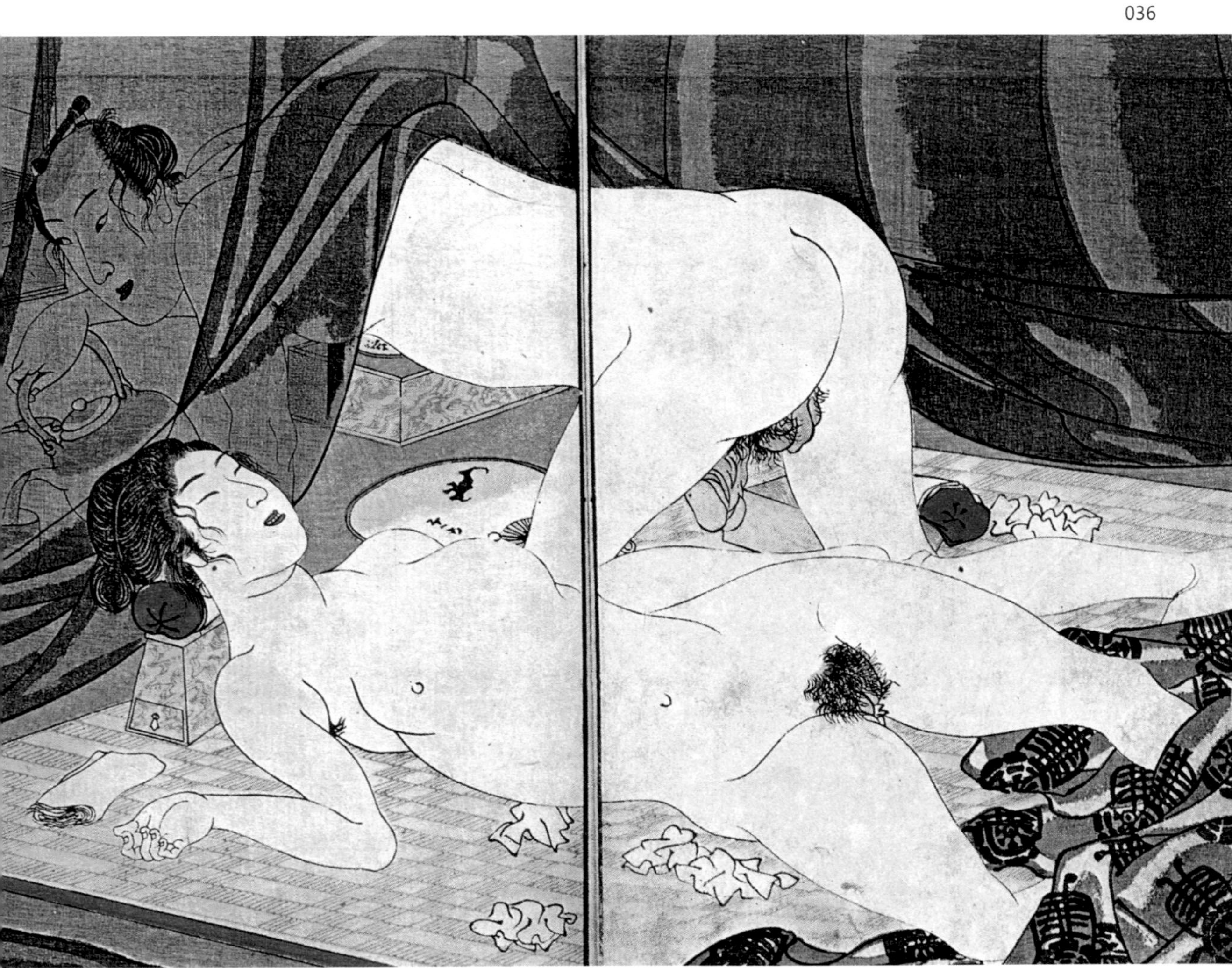

▌性愛之後戲包括射精後轉身替口渴的愛人倒一杯茶。

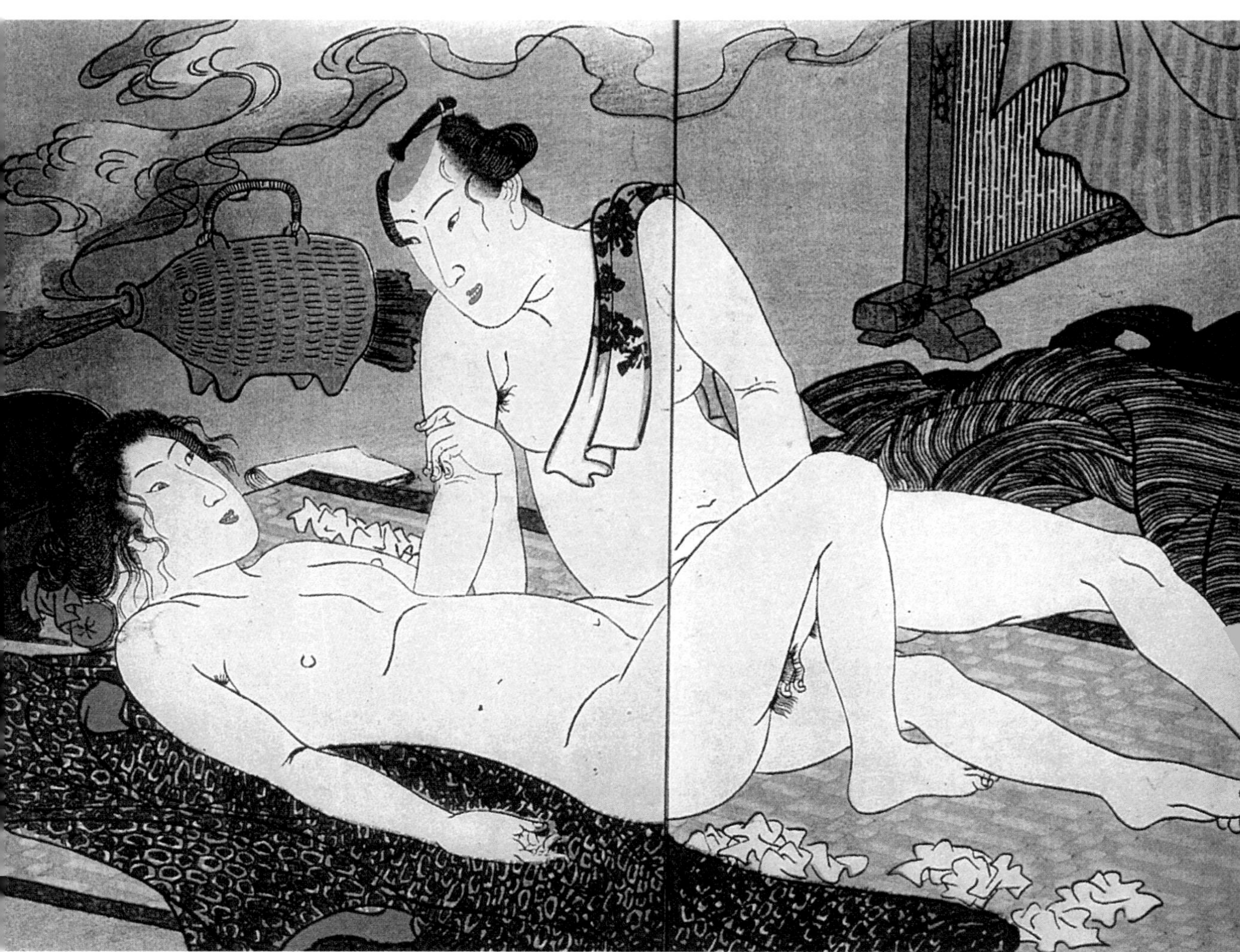

▌做愛射精後，要替對方拭淨下體，說些溫柔的話。（19世紀上半葉日本歌川國芳《吾妻文庫》）

舌吻

二〇〇四年四月中旬，報端刊載了一則頗具警世意味的風月新聞。

據《聯合報》基隆訊，在基隆市以臨時工維生的三十四歲林姓男子，四月十四日在基隆火車站邂逅等火車的三十多歲方姓女子，上前搭訕，以介紹看鬼屋為名，將她騙到中山二路一處供臨時工居住的三層樓空屋內，意圖強暴方女。

當林姓男子在二樓露出猙獰面目，把舌頭伸入方女口中時，方女狠狠咬住他的舌頭不放，並拖著他往屋外走，一直步下

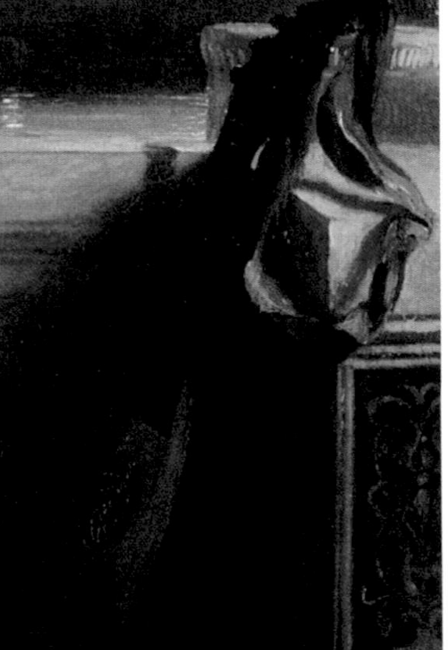

舌吻之前先要用綿綿情話哄動少女春心。（1837年William Dyce油畫*Paoloand Francesca*）

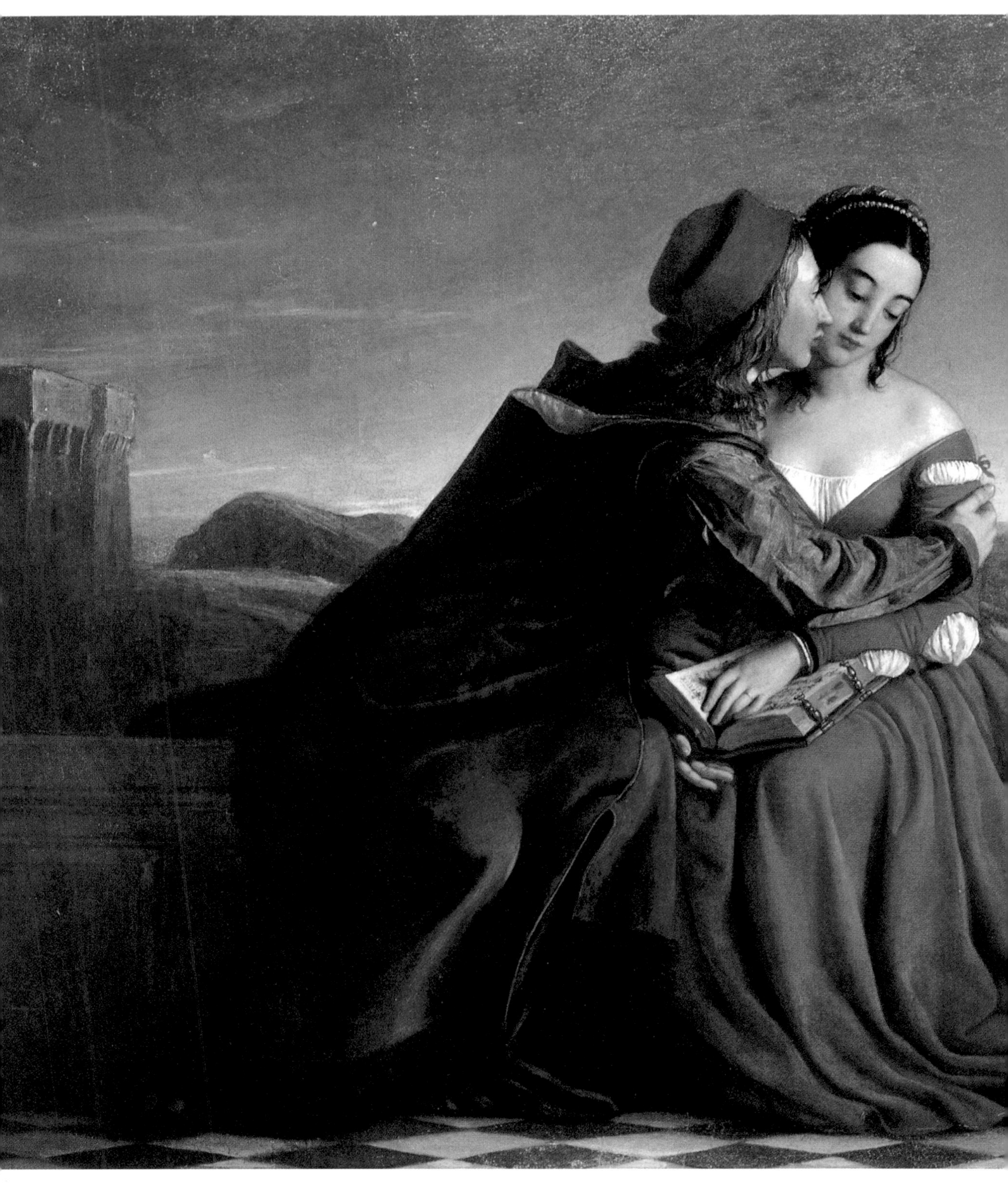

樓梯拖到一樓。林男急於脫身，用力推開女方，結果舌頭被女方咬斷，忍痛倉皇逃去。事後林男在親戚陪同下重回現場，找到自己三公分長的斷舌，趕到基隆長庚醫院，想做手術接回，惜因舌斷過久，已失去功能，只有放棄一途了。

男子在接吻時把舌頭伸入女方口中，俗稱「濕吻」，是一種情慾熾烈、亟欲將陽具插入女體的前兆。在兩唇初接時，只有相互磨擦吮吻的動作，隨著情慾亢奮，男人就忍不住要用舌尖硬闖女人的牙關，把舌頭伸進她口中胡攪蠻纏，以示情不可遏，而女子肯張口接受對方的舌頭時，下面的嘴巴也已經做好接納男陽入侵的準備了。

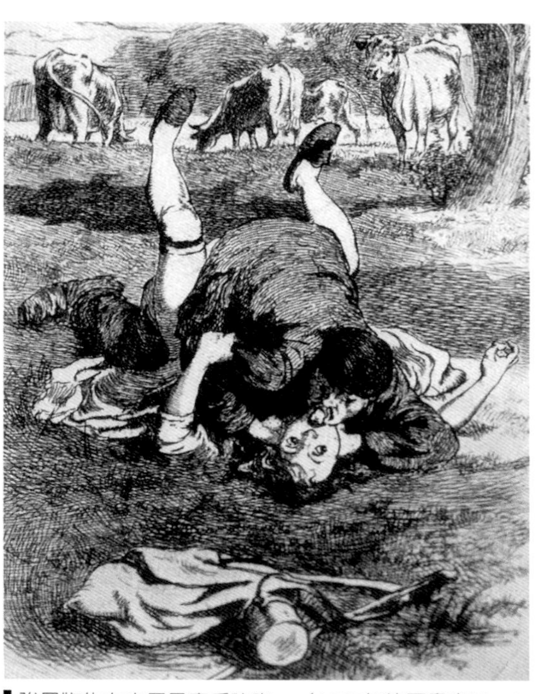
強暴牧牛女之男子索舌吮吻。（1907年德國畫家Martin Van Maele 繪）

濕吻是性交的前奏，在男歡女愛的過程中，具關鍵性的指標意義，這也是為什麼林姓男子在強暴方女前要做這個動作。可惜他忘了一件事情：牙齒比舌頭硬，強暴女性時不可以把柔弱的舌頭伸入對方的利齒間，那樣的風險太大。

撇開強暴的特殊狀況不談，一般情侶在交往過程中，總免不了通過濕吻這一關，才能進展到性具的密合。情侶在四目相接、情投意合而開始交往後，先是手牽手，而後是摟肩環腰，再來就是親吻，由吻頰、吻唇而探舌濕吻。通過濕吻儀式後，便有探手撫弄乳房、摳弄私處的動作，最後在天時、地利、人和的三個因素配合下，男女肉體合而為一。

這是人類求偶尋歡的本能動作，不待教而後能，因此濕吻的出現應該非常久遠，甚而早在有歷史記載之前就已經有濕吻之事了。

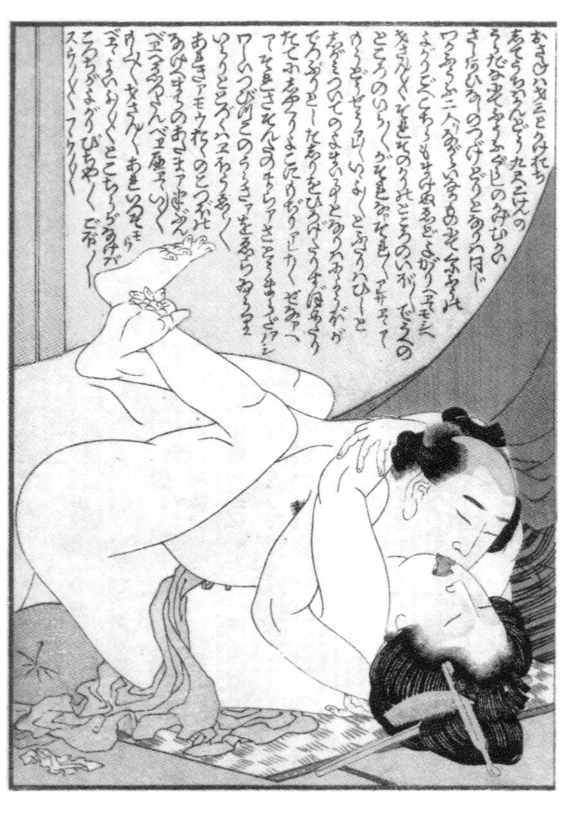

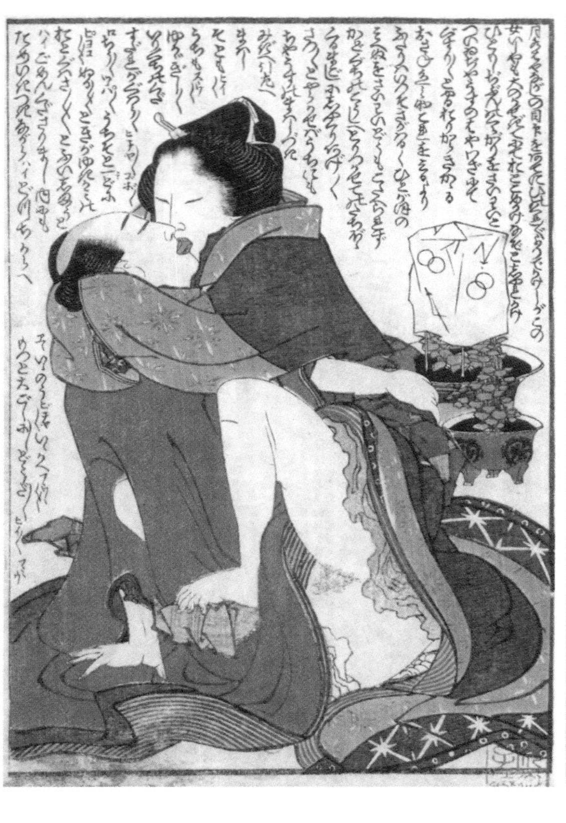

左：男女濕吻情景。

右：男女裸身做愛熱情濕吻。（日本春畫大師葛飾北齋《萬福和合神》春畫冊頁）

甲骨文中不知道有沒有表示接吻的動詞，但是在周朝人著的《易經》中已提到「濕吻」了。《易經》中的「咸卦」裡，有「咸其輔、頰、舌」，咸是感之意，就是「吻她的嘴唇、親她的臉頰、舔她的舌頭」之意。

用舌頭舔情人的舌頭，當然是濕吻了，說明在周朝時，中國人已懂得濕吻之滋味。西洋人認為濕吻是法國人發明的，稱之為「法國式接吻」（見美國人摩雷斯《吻的藝術》一書），真是井蛙之見。周朝時還沒有法國呢，遑論法國式接吻？

也許有人不同意《易經》中「咸其舌」的解釋，說那是現代學者如郭沫若、潘光旦等人想歪了，那我們可以找其他的證據，說明中國人自懂濕吻，不待法國人來教。

南北朝時的性學醫籍《素女經》談到做愛實戰技巧時說：「臨御女時，先令婦人放平安身，屈兩腳，男入其間，銜其口，吮其舌。」說男人在肏女人時，要先把她身子仰天放平，把她兩腿彎曲打開，自己壓到她兩腿之間，用唇舌含住她的嘴巴，吮吻她的舌頭。

西元五世紀的南北朝時，中國人已懂得做愛時要「銜其口、吮其舌」了，西方的法國還是沒出現，還只是野蠻

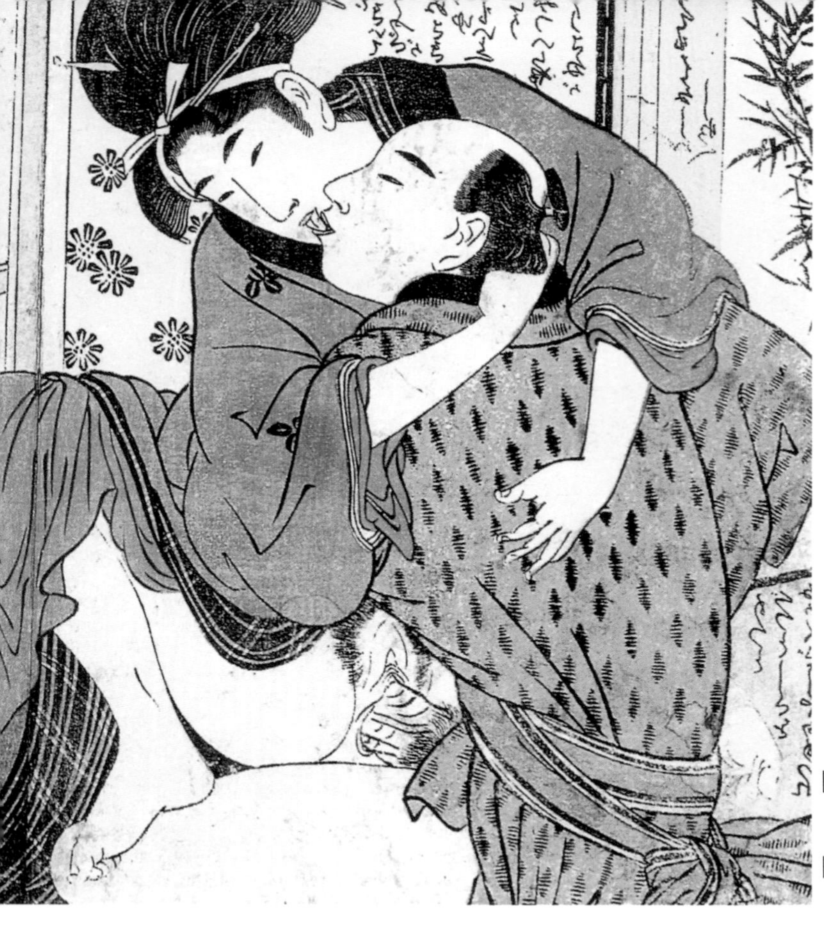

左：男女接吻情景。（1788年日本浮世繪大師喜多川歌麿《歌枕》）

右：交合中的男女吮舌為歡。（日本浮世繪春宮畫）

的高盧人而已，遑論法國式接吻？

唐朝文人白行簡的〈天地陰陽交歡大樂賦〉，其中有一段提到男子做愛技巧說「舌入其口，屪（屌）刺其心（花心），濕澾澾、鳴欏欏（形容交合時的聲響），或即據（男陽上挑），或即捺（男陽下按），或久浸而淹留（深埋不動），或急抽而滑脫……」

白行簡是中唐詩人白居易的弟弟，生於西元七七二年之後，卒於西元八二六年，而法國的出現是十三世紀末以後的事情，中國人在九世紀初寫成的〈天地陰陽交歡大樂賦〉中已說男女交歡要「舌入其口」了，西方還沒出現法國呢，遑論法國式接吻？

唐末五代至北宋間完成的性學祕笈《洞玄子》一書中也大談包括濕吻在內的接吻藝術說：「凡初交會之時，男坐女左、女坐男右，兩口相嗎（笑貌），男含女下唇，女含男上唇，一時相吮，茹（吞）其津液，或緩嚙其舌，或微齚（咬）其唇……。」這是西元十世紀時的文獻，法國依舊尚未誕生。

元朝時的文人商挺有一首散曲，用女子的口吻描述閨房之樂說：「煞是你箇寃家勞合重（勞駕而至），今夜裡

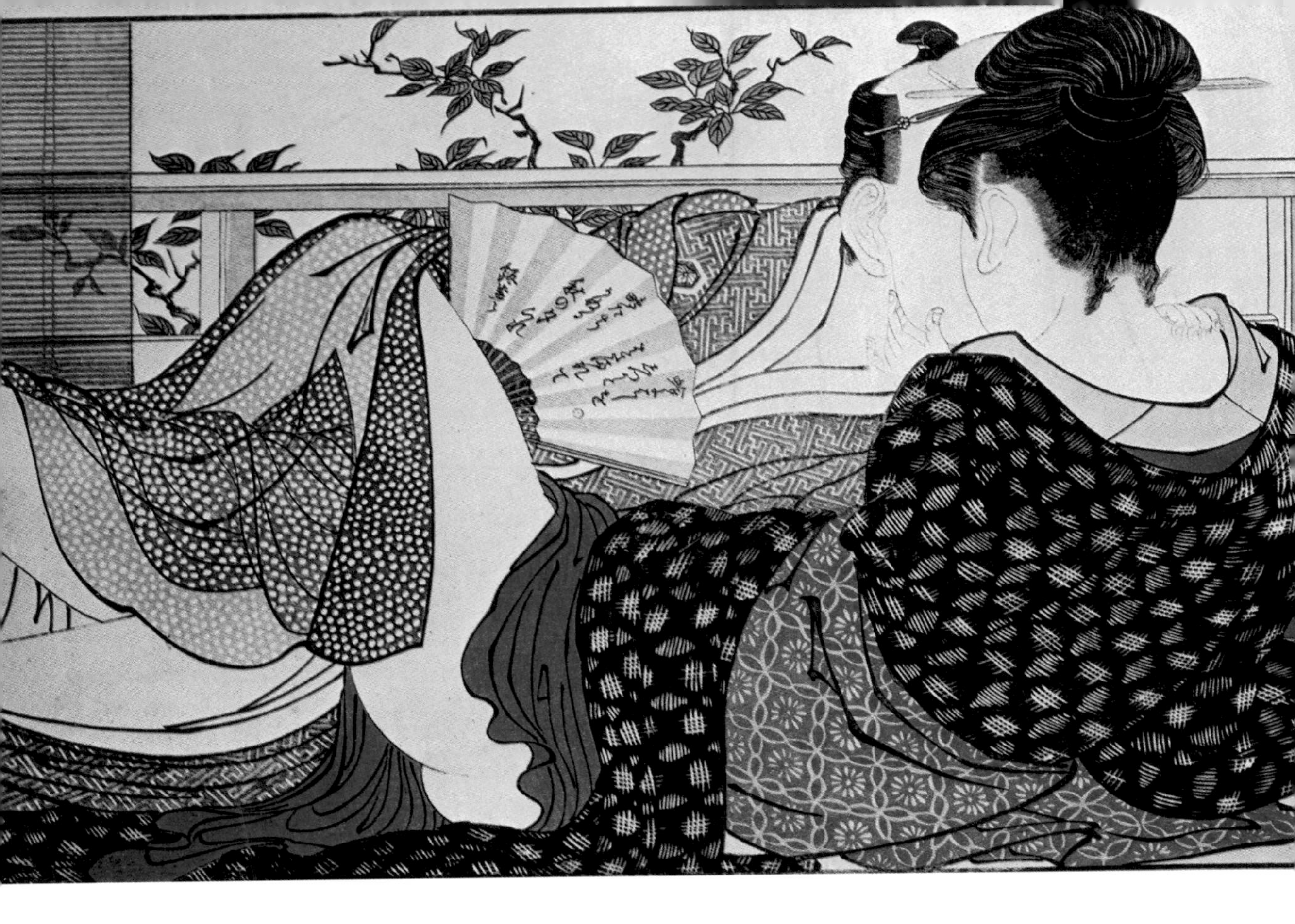

效鸞鳳；多情可意種，緊把纖腰貼酥胸。正是兩情濃，笑吟吟舌吐丁香送。」末句說女孩笑瞇瞇地把丁香嫩舌吐送給情郎，正是情濃時的情不自禁之舉。

明朝風流小說《金瓶梅詞話》中也頗多濕吻的描述，如第五十九回說西門慶把妓女鄭愛月兒摟在懷中，兩人「一遞一口兒，飲酒咂舌，無所不至。」也就是男的用嘴餵女的一口酒，把酒哺到對方口中時順便吮咂她的舌頭；而後換女的餵男子一口酒，哺酒時也順便吮咂他的舌頭一番。

又同書第六十七回說西門慶的小老婆潘金蓮含了一嘴自己嗑的瓜子仁兒，在吻西門慶時哺給他吃，兩人邊吃邊咂了一回舌頭，只覺甜唾溶心、脂香滿唇。

可見濕吻在明朝時又發展到與哺酒、哺瓜子仁兒一併進行的花樣了。

清人曹去晶章回小說《姑妄言》中，也頗有濕吻的描述，如第六回說陰氏與情郎金鑛幽會時，「忙伸舌頭到他口中，互相咂了一會」；第七回說戲子胡可慥調戲牛質妻子荀氏身邊的丫環紅梅，「摟她親了個嘴，定叫她吐過舌頭來咂了咂，才放了手。」

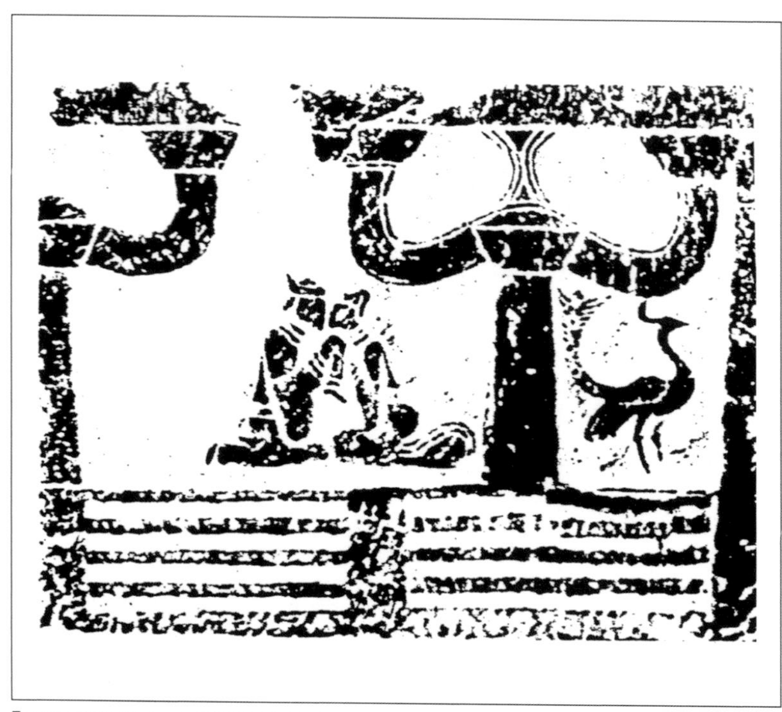

四川榮經縣出土石棺浮雕秘戲圖是中國最古老的接吻畫。

從圖片資料來看，四川榮經縣出土的東漢石棺上，已有一男一女盤腿而坐，男的手撫女子下頷，正作親密接吻狀的浮雕。

此外，民國七十八年八月間，山東一座東漢墓中，也有男女接吻的石碑浮雕。畫中男子裹巾幘、穿長衫，兩女子均頭戴花釵、穿長裙，一前一後與男子對立於幃帳前；前面的女子上身前傾，與男子雙臂互擁作親吻狀，後面的女子則將手臂放在接吻女子的肩上，三人狀甚親密，讓人想起《孟子》一書上所說的「齊（山東）人有一妻一妾而處室者」。

可惜這兩幅吻畫看不出是乾吻還是濕吻。

傳世的春畫中也頗有一邊抽送、一邊接吻的描繪，可是多半也看不出有沒有咂弄舌頭，只有清朝中葉的一套絹本春畫中，有一幅畫男女席坐於太湖石前，女子顯然年紀比男的大，是熟女勾引在室男，一邊摟著少男的肩膀，貼臉上去把香舌伸入少男口中，一邊伸手去握住少男勃起的陽具，引導那話兒來到自己大張的牝戶中；圖中之吻是百分之百的濕吻。

清人李漁《肉蒲團》第三回說男主角未央生的新婚妻子玉香受道學父親的影響，十分保守古板，從來不肯和丈夫濕吻，未央生便去畫舖買了春宮圖回家與妻子一同觀賞，好打動她的春心。玉香果然看到一半就春心盪漾，急著要上床睡覺；書上說：「未央生知道她急了，就摟住親嘴。往常親嘴，把舌頭送過去，她的牙門還緊閉不開；若要她伸（舌頭）過來，一發不能夠了。做過一月夫妻，還不知舌長舌短。此番才靠朱唇，那尖而且嫩的舌頭，不知不覺已度過兩重牙門來了……」

女人肯和男人濕吻，表示她真愛對方，所以在情色片中見到陷入肉慾狂歡的女主角把舌頭伸給壓在她身上的男人時，特別容易讓觀者也跟著動情。正因為濕吻是愛的表現，而花錢嫖妓只是交易行為，不牽涉到感情，所以一般妓女總是不肯讓客人吻她，要把嘴唇的貞潔保留給她自己心愛的情人。

夫妻之間如果只有做愛、沒有接吻，也表示彼此間的愛情已十分淡薄，濕吻之有無竟是愛情濃淡的指標呢。

按：當代小說家於梨華小說《雪地上的星星》裡有一段話說得很有哲理：「如果你不能決定是不是要和某一個女孩子好，吻過以後就會知道了。」的確，男女相擁吻時能夠「舌唾交融」，表示彼此從內心深處接納對方，能吻得讓人神魂顛倒，就能肏得讓人魂飛魄散，舌吻之功能大矣！

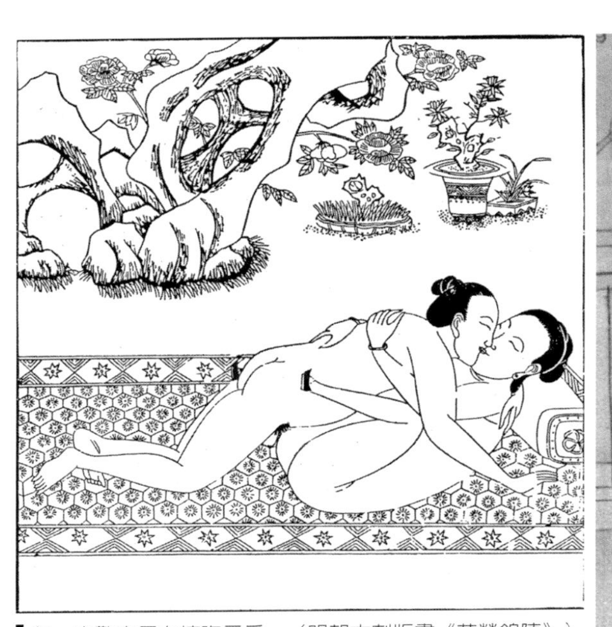

左：交歡之男女擁吻示愛。（明朝木刻版畫《花營錦陣》）
右：交合中的男女熱情擁吻。（明朝絹本春畫）

饑渴的女人

報載一位二十多歲、個性保守的少婦，在生完孩子之後，性慾竟像脫韁的野馬，無時無刻都想要與男人交歡，變成了「一夜七次娘」，讓原本自認性能力超強、一向勇猛善戰的丈夫也大感吃不消，只有高掛「免戰牌」；少婦無奈，只有轉而向醫師求援。台安醫院婦產科主任陳思銘研判，少婦在生完頭胎後，可能因產後憂鬱症引起了性愛強迫症，因為經檢查發現生理一切正常，只有轉向精神醫師求助，希望經由藥物及心理輔導來降低性慾需求。

性慾飢渴、需索無度的女人，在古時候有個隱含譏嘲的專有名詞叫「花癡」，說她的「花」（性器官）貪得無厭，好像瘋子白癡一樣。另外還有一個更難聽的名稱，說

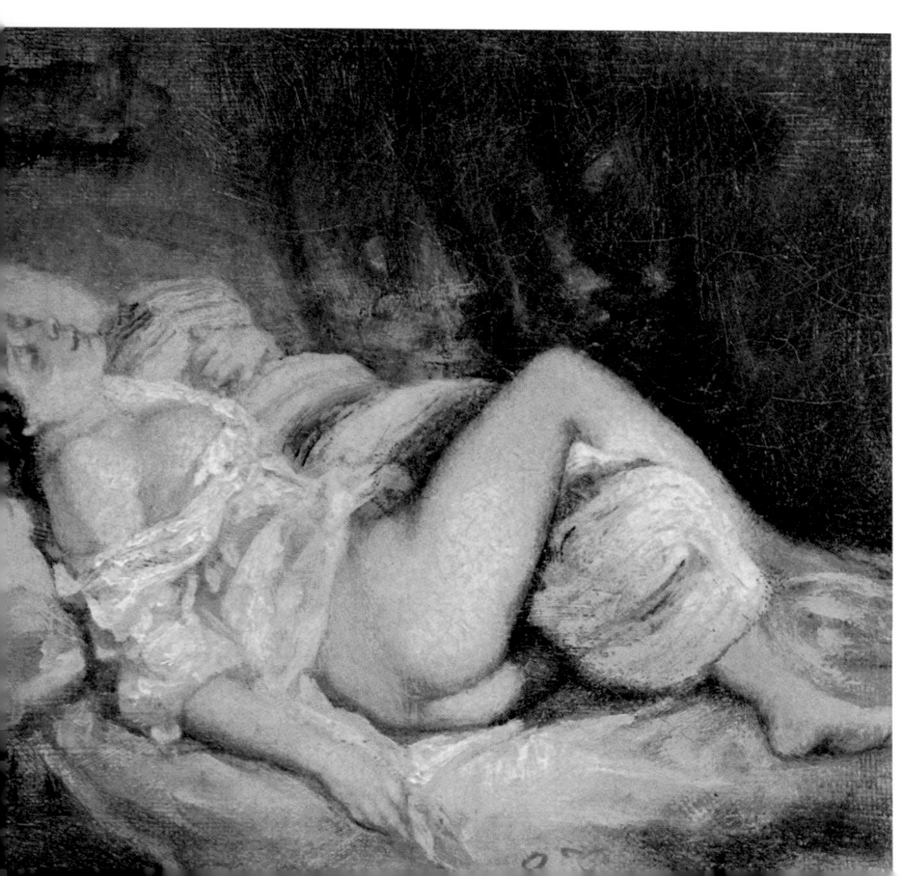

性慾旺盛的女人叫「淫婦」，因為普通的一個男人是無法滿足她們的，她們只好暗中勾引其他男人，合眾男之力來滿足自己的性需求，便成了「淫蕩無恥的婦人」。

同樣的性慾旺盛要找許多異性來滿足飢渴，男人被稱為「風流浪子」或「登徒子」，看不出貶意來，還有些欽羡的味道；女人卻要被罵成「淫婦」、「花癡」，真是太不公平了。

可是，這是老祖宗保護男性的一種巧妙措施。因為在性慾方面，女性強過男性太多，女性可以夜夜春宵、夜夜獨戰群雄而應付裕如、不以為苦，男性如果不借助壯陽藥，絕無法像女性那樣驍勇善戰。光從一般妓女每天接客十幾人乃至幾十人是稀鬆平常之事，而妓男只能應付一、兩個有錢的老女人，就捉襟見肘、左支右絀，就可知箇中差異。難怪去年十二月中旬一則報導說「日本AV男優常因操勞過度而受傷」，卻不見有關AV女優因做愛頻繁而不支的報導。何況在影片中，幾乎都是一名AV女優獨戰好幾名AV男優呢！報導說AV男優平均一個月射精七十次，這個數目和每個月要接客好幾百次的妓女差太多了。

▌左：性飢渴的少女做春夢而遺精。（日本浮世繪中期大師鈴木春信作品）
▌右：女性飢渴的情慾。（18世紀末法國油畫家Jean Honoré Fragonard《春夢》）

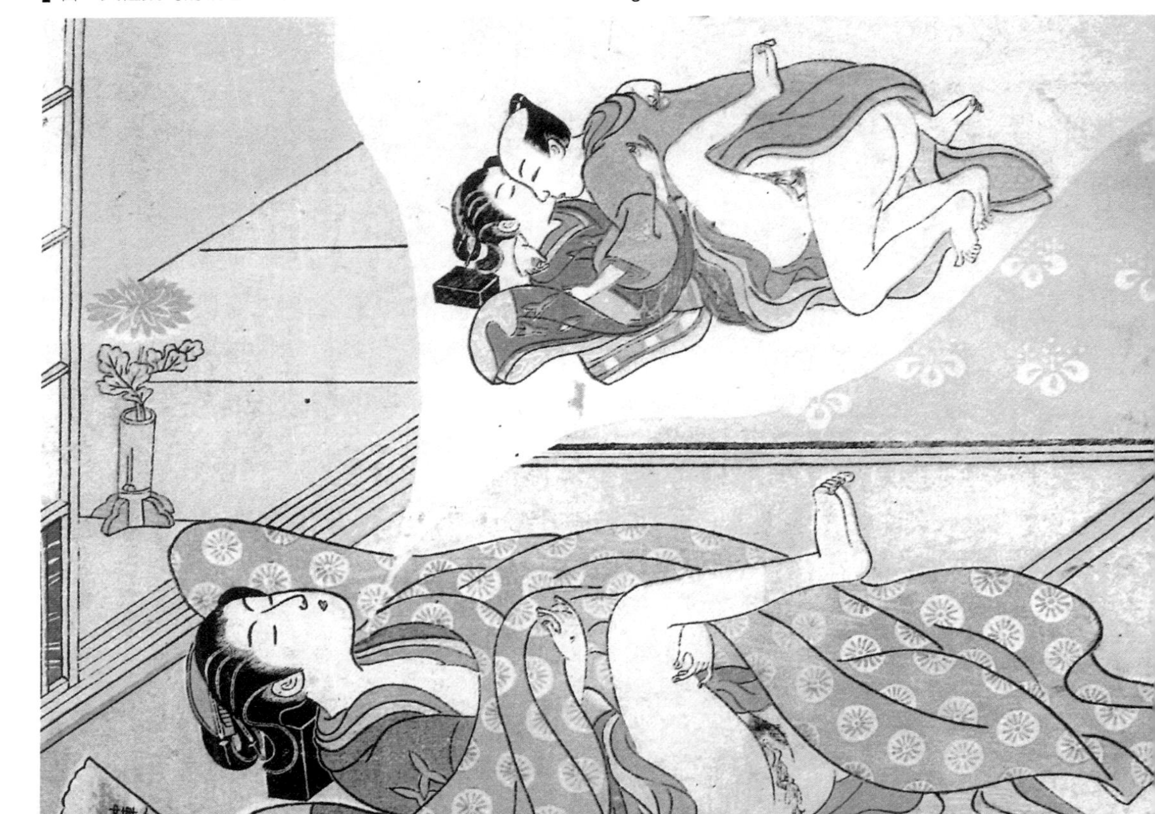

正因為性慾上女強於男，所以上帝把做愛的主動權交給男人，男人有能力勃起了，才能讓女性享用；如果做愛的主動權在女方，女性又性慾旺盛，那男人還有命嗎？男人是靠著「不舉」來應付需索無度的女性哪！感謝慈悲的上帝。而聰明睿智的古聖先賢也用輿論道德的力量來壓制女性的性慾，說女性要自我克制慾念，不要成為放縱情慾、需索無度的「花癡」，也不可以作主動向男人求歡的「蕩婦」，男人要求時才可以配合，男人如果不要求，女人絕不可以主動獻媚，逼男人做愛，如果那樣，就是無恥的「淫婦」，是「騷貨」，是「潘金蓮」。

看我們老祖宗在保護性能力上的弱者——男人時，是多麼的用心良苦。

一般而言，女性也都能遵循社會規範、努力克制壓抑自己的情慾，絕不

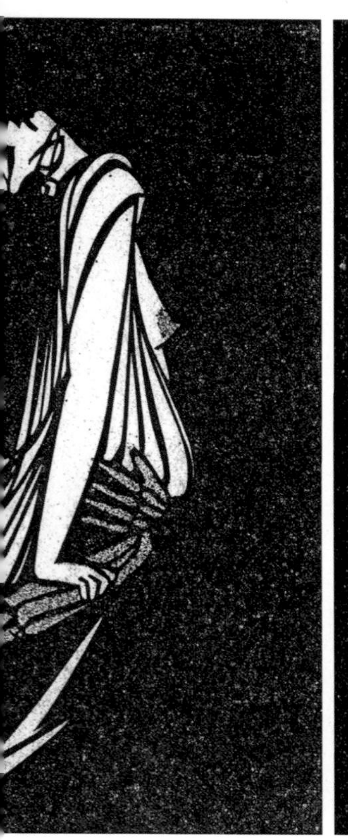

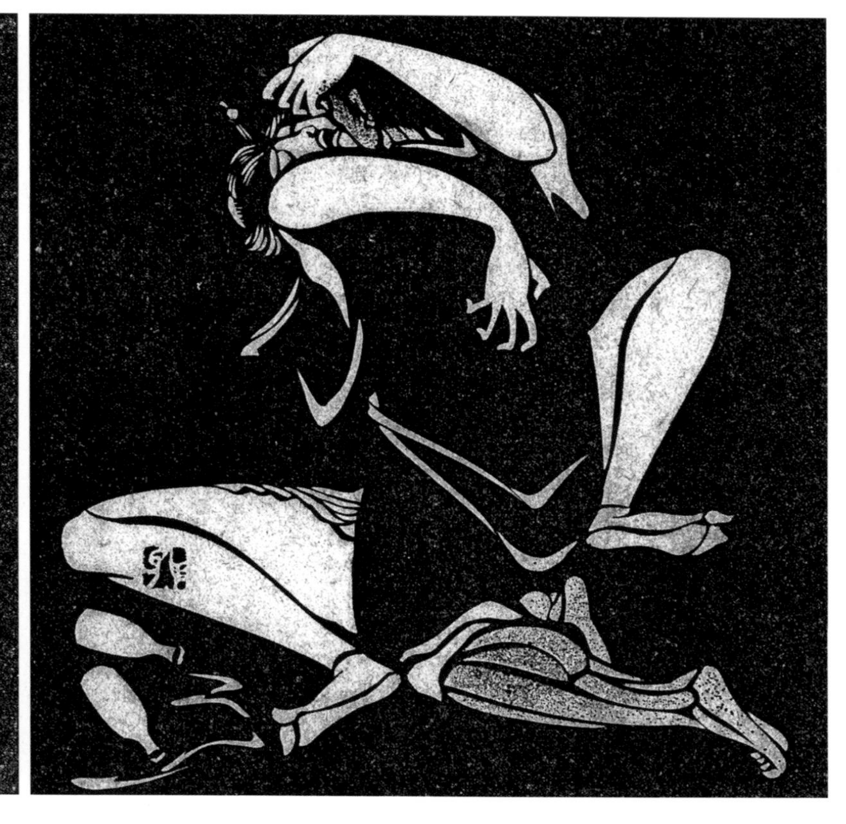

主動向男人求歡，彷彿是「性冷感」似的，可是一旦男人性慾高漲了、勃起挑釁了，那女性可就「正中下懷」了，保證每次都能輕鬆應戰，把男人殺得棄甲曳兵而走、有輸無贏。

但是有一般就有例外，古今中外總有少數女性克制不了自己天賦的情慾，成了醫師口中的「性愛強迫症」患者，也就是古時人們所稱的「花癡」、「淫婦」，結果變成了社會大眾茶餘飯後譏笑的對象。

清人采蘅子《虫鳴漫錄》一書卷一說：

> 馮仲新告訴我，有一回住在某旅舍，旅舍老闆娘年紀將近六十歲左右，忽然就發瘋似地把身上的衣服全脫光了，要到街市上找男人；旅館裡有三個年輕的夥計，

▌日人宮田雅之為《河間婦傳》所作之剪紙噴彩插畫，由左至右：
發病的老闆娘只有性慾滿足後才能恢復正常。
旅舍老闆娘花旋瘋發作時會自動脫光衣裙拉男子做愛。
河間婦企圖掙脫陌生英俊男子的糾纏。
食髓知味的河間婦捨不得與情夫分子。

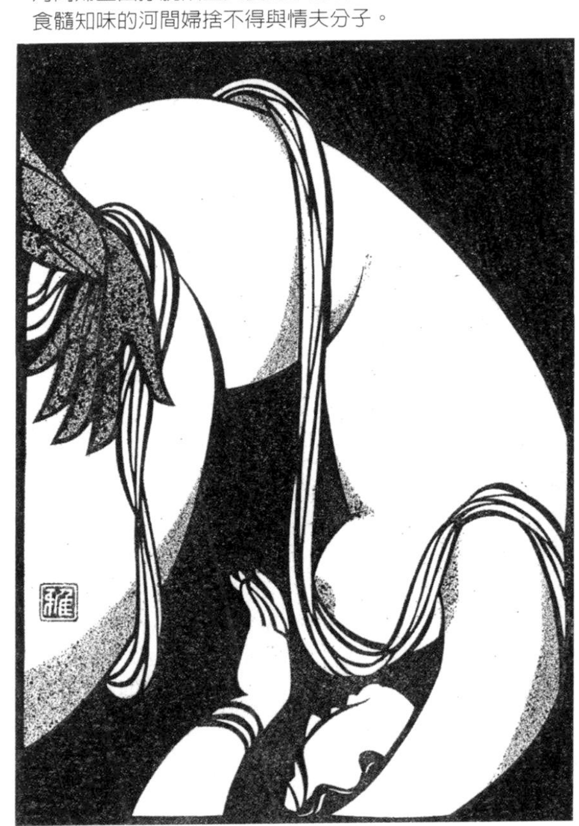

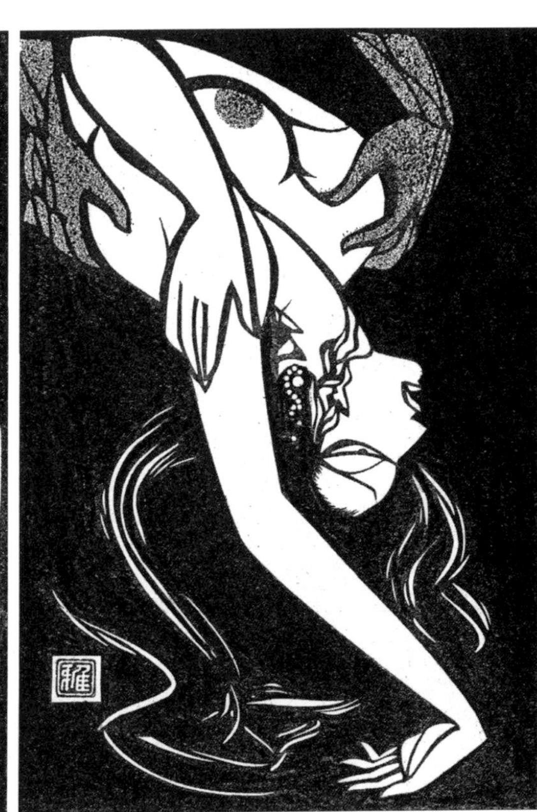

趕緊上前拉住老闆娘，把她簇擁進臥房裡。他好奇地悄悄上前窺視，赫然看見三個年輕人正輪番與老闆娘做愛。過了好久，姦淫完畢，老闆娘自己把衣服穿回身上，走到櫃臺後，神情安靜，好像什麼事也不曾發生過似的。後來聽人說：這位老闆娘生了一種名叫「花旋瘋」的病，病發時一定要跟許多人做愛才能恢復正常，那三個年輕的夥計就是預備治病的。如果沒有健壯的少男輪番上陣、滿足她的性慾，她就會跑到街上亂拉男人交媾。

除了上述清朝時的案例，唐朝時還有一個更著名的花癡，那就是唐人柳宗元筆下的河間婦。

柳宗元在〈河間婦傳〉一文中說：在河間之地有一個淫婦，為了隱晦她的姓名，姑且稱她為河間婦。河間婦原本是個很貞潔的女性，小姑獨處時，一向深居簡出，不理惡少勾搭；結婚後，更嚴守婦道，潔身自愛，甚而與公公保持距離，只恭謹地孝順婆婆。

河間戚里的小人們看不慣她的作風，想盡辦法要破壞她的名節，幾次邀她乘車出門兜風嬉遊，都被她堅拒了。後來這些人說想看看她的禮節儀度，想效法她，才邀請她出遊，河間婦還是不肯。她婆婆把她訓斥了一頓，硬要她跟大家出門去兜風，她只有低頭上車了。

大隊車馬來到街市上，有人說城市南邊一座佛寺，有位姓吳的大畫家正在畫壁畫，何不去欣賞欣賞！也不徵得河間婦的同意，就把車子往佛寺開去。入寺各處遊觀後，她被請入一間淨室享用素饌，脫鞋登蓆就坐後，河間婦忽然聽到屏風後傳來一聲男子的咳嗽聲，就驚跳而起，赤腳奪門而出，召侍從駕車馳歸，自覺遭受羞辱，一連哭了幾天，再也不肯與陌生人打交道了。

邀她出遊的小人們前來謝罪說，屏風後面的人是幫忙燒菜的男工，她誤會了。但她不肯接受解釋，又過了一年多，才稍稍同意出遊，但每次都一定要拉著婆婆作伴才肯去，於是便跑了不少風景名勝區遊玩。

一回，人們把她婆婆支開，帶她到一間飯館用餐，河間婦看那飯館門戶洞開、光線敞亮，又沒有閒雜人等，才肯由丫環陪著進入，哪知一群惡少已先躲在北邊牆壁外。河間婦坐在蓆子上，拉下竹簾，正欣賞店中一個歌女唱歌時，忽然闖進一個容貌英俊、陽具偉岸的男子，抱著她就要強姦。河間婦又哭又叫，丫環卻幫著陌生男子來抓住她的雙手，一邊勸她、罵她，又笑她不解風情。河間婦掙扎得用盡力氣，又見男子英俊非常，便放棄了抵抗，任男子為所欲為。

兩人從蓆榻上玩到房間裡，河間婦快活極了，竟化被動為主動，慶幸自己有此奇遇；兩人從中午玩到黃昏，惡少們說飯菜準備好了，先來吃吧！河間婦說：「那有空吃飯啊！」

天黑了，車夫在外頭喊說：「該回家了。」河間婦說：「我不回去了，死也要和他在一起。」大家沒辦法，只好留她與情夫一起過夜。

第二天，丈夫騎馬來接河間婦，河間婦拒不見面，雙方相持不下，又過了一天，河間婦才哭著與情夫海誓山盟後，依依不捨地跟丈夫回家去。她回家後，也不看丈夫一眼，想了一條毒計把他害死後，召情夫來家裡宣淫。

過了一年，情夫對她厭膩了，就召來一群長安無賴，晨昏出入她家，恣意交媾。河間婦還不滿足，又在城西南角開了間酒店，自己坐在樓上窺看，凡是酒客中年輕力壯、鼻大身粗、容貌英俊、善於酒戲者，就先讓貼身丫環去把中意目標勾搭上樓後，自己再裸身上陣，交歡時還要瞥眼樓下，深怕錯過了其他目標。

河間婦就如此縱淫了十多年，最後因髓竭而死，成為千古第一花癡。

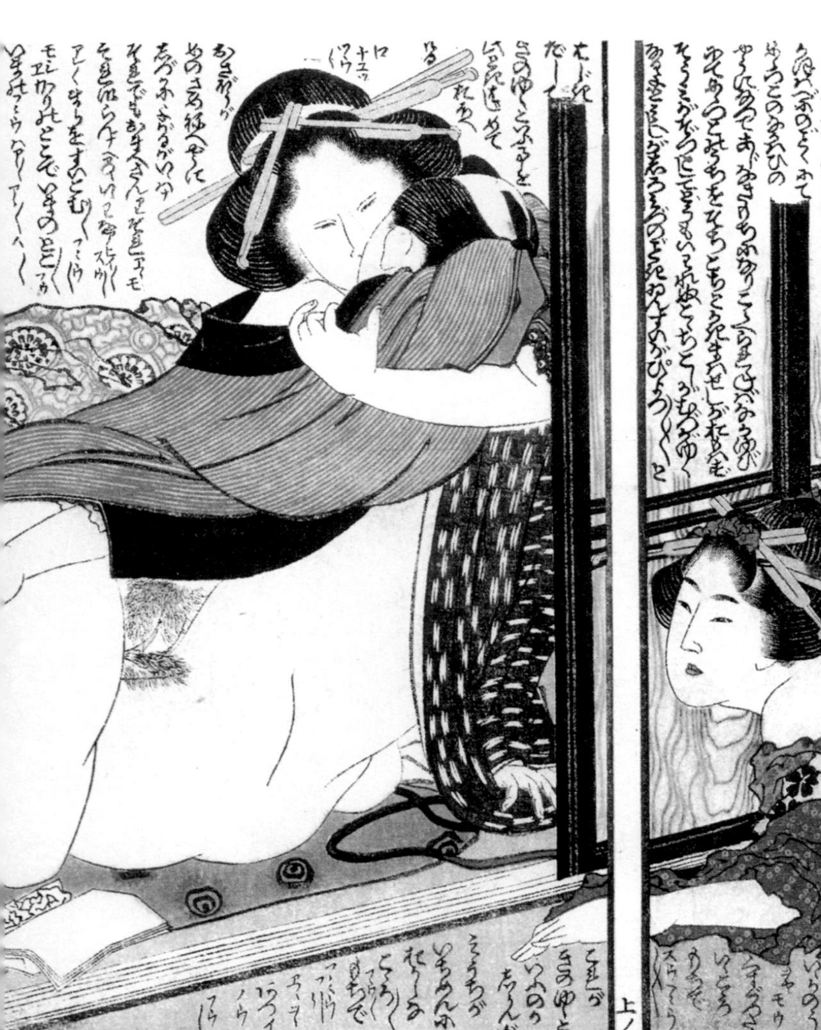

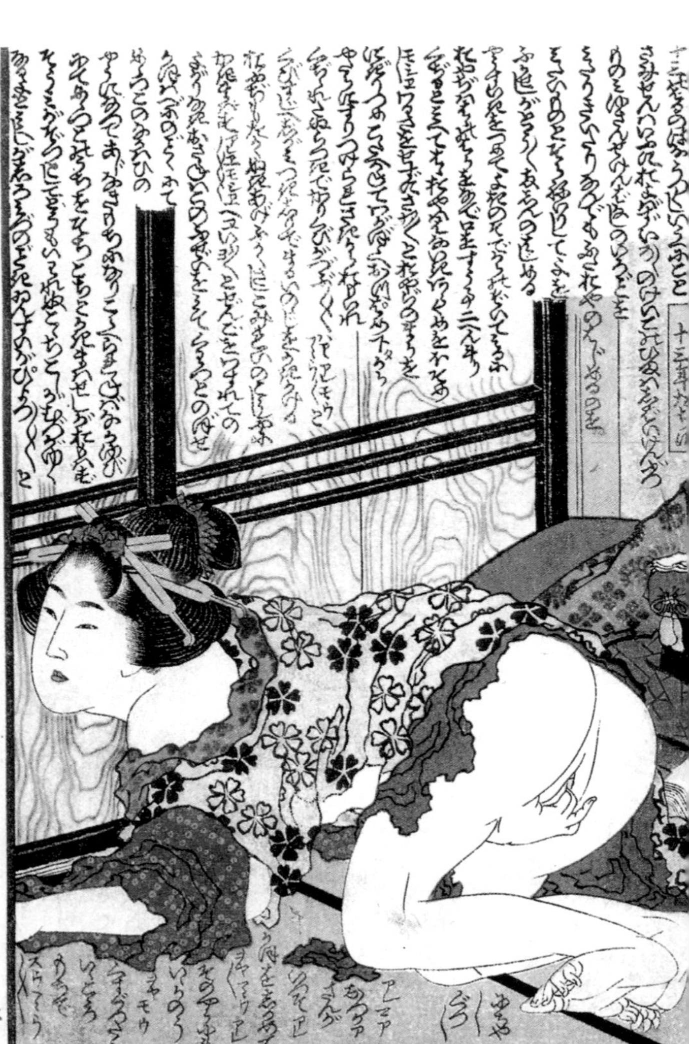

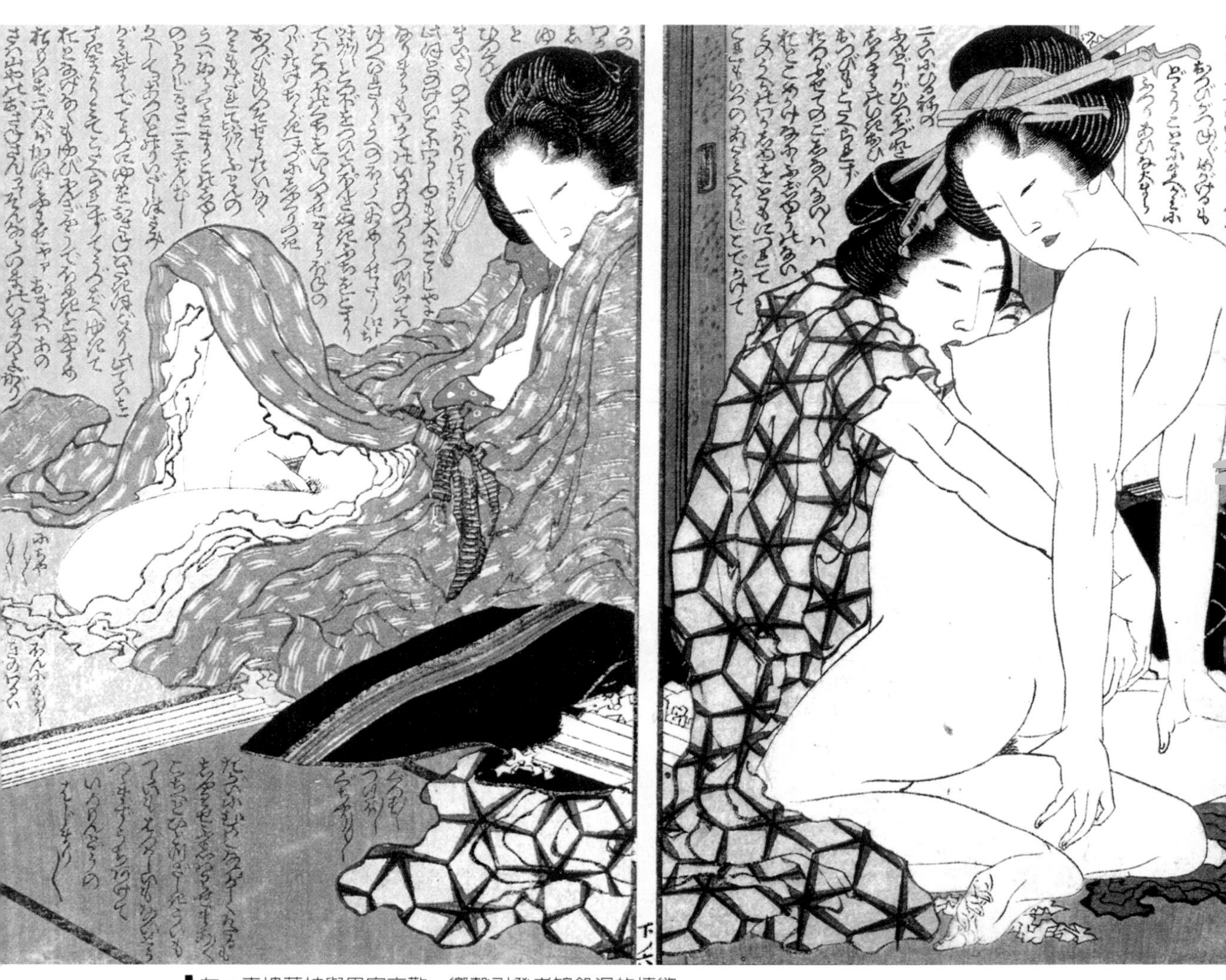

▍左：青樓藝妓與恩客交歡，響聲引發老鴇飢渴的情慾。

▍右：十三歲的少女偷窺父母做愛，春心盪漾，忍不住用手指滿足自己飢渴的情慾。（日本浮世繪大師葛飾北齋浮世繪版畫《萬福和合神》）

風流男女假正經

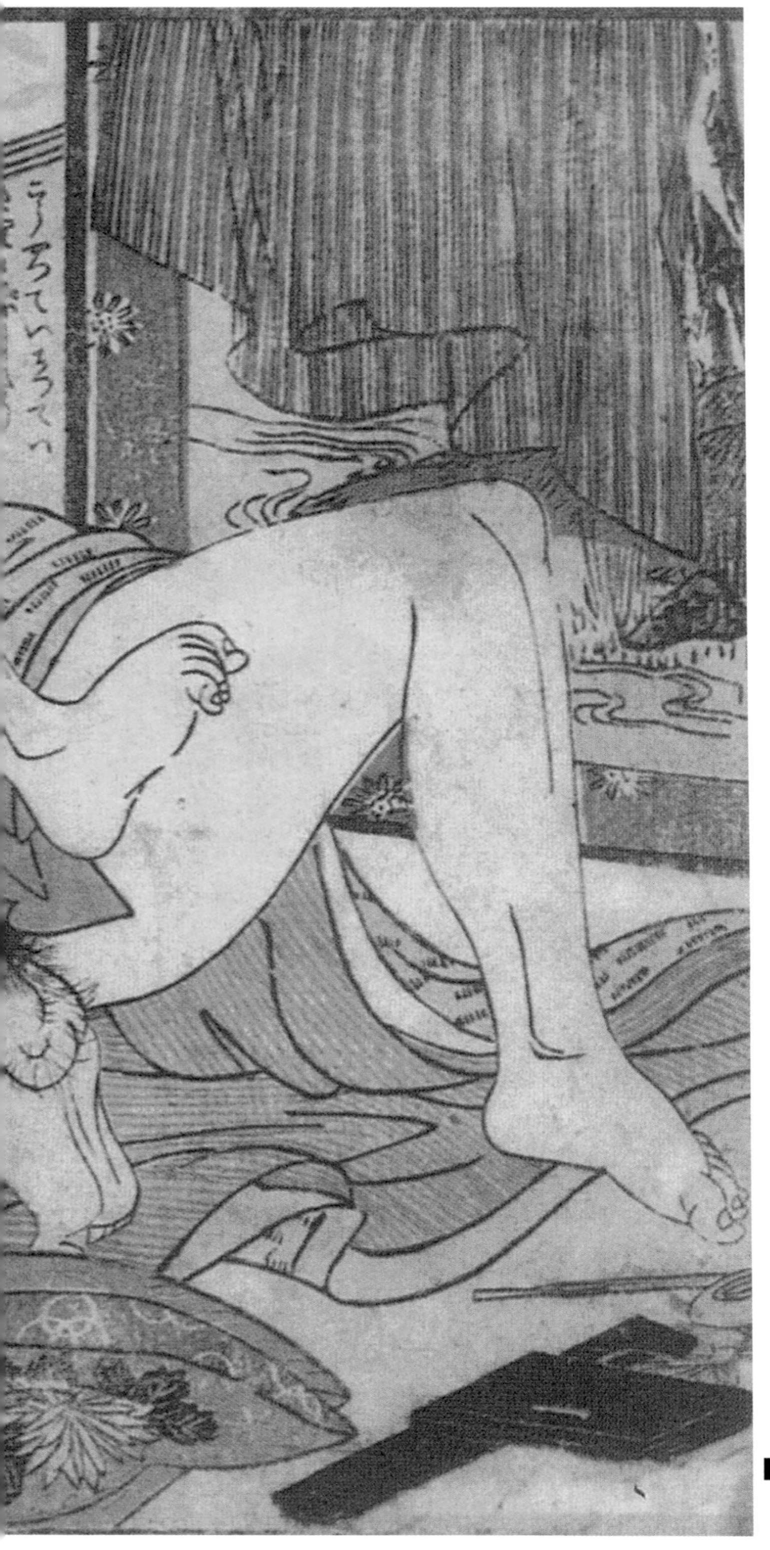

這對戀人是在看信還是做愛呢？（日本浮世繪大師喜多川歌麿《道行戀濃婦登佐男》豔本插圖）

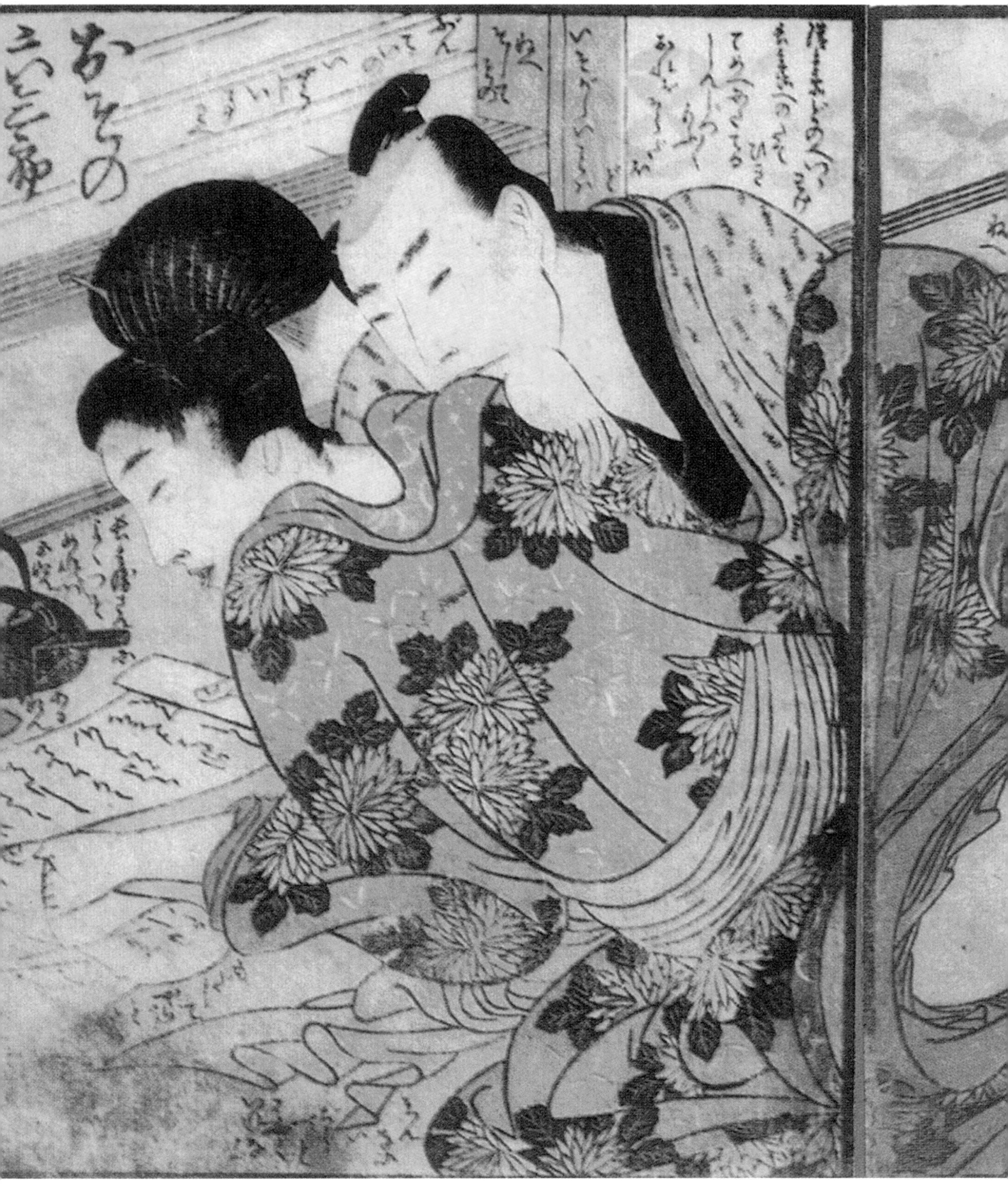

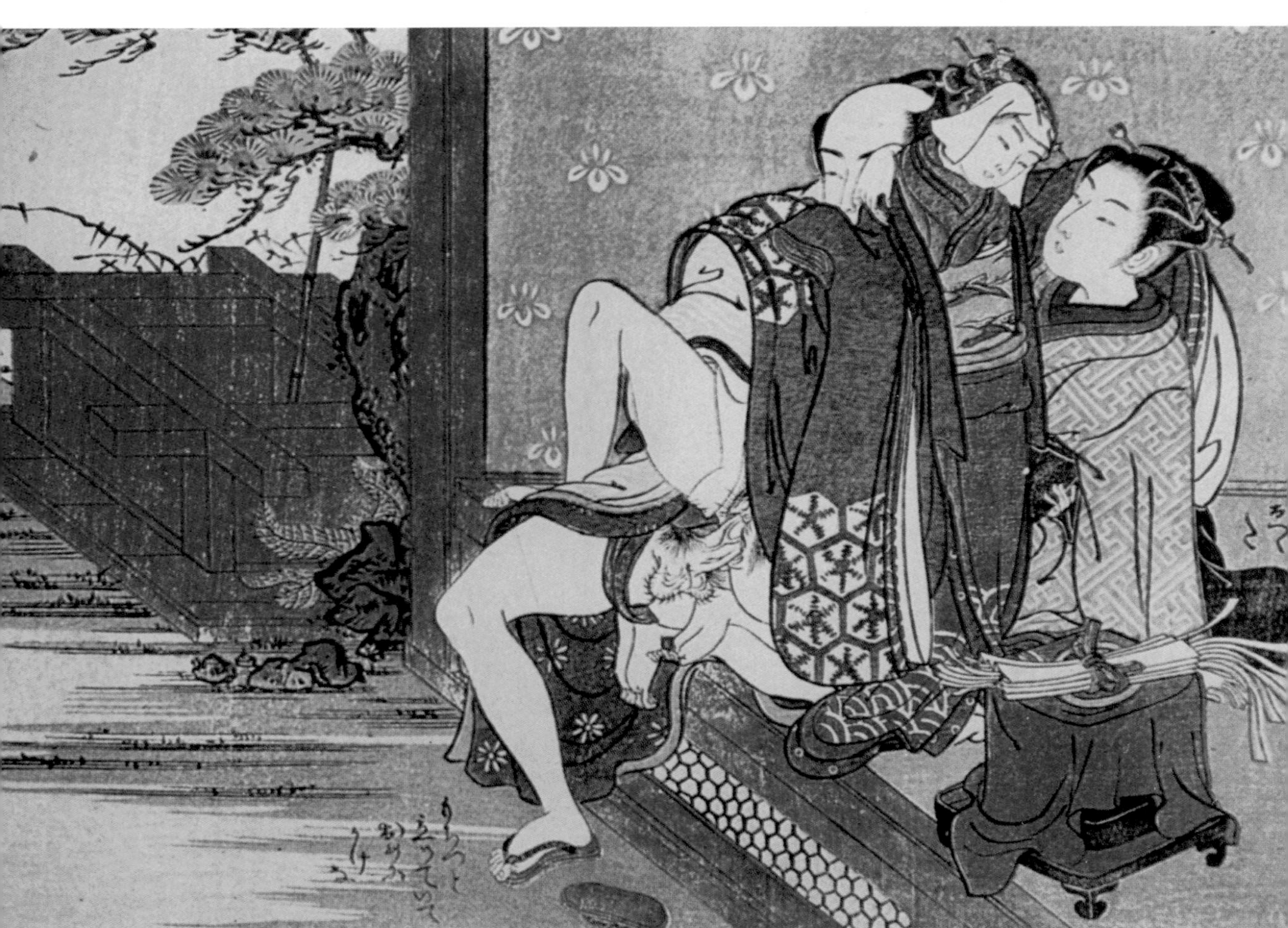

▌描繪夫妻正在做愛，妻子還假正經跟小女兒講童話故事。（日本浮世繪大師鈴木春信作品）

假正經就是明明不是個正經的人物，偏要擺出很嚴肅的模樣；古代中國稱作「假撇清」，台語稱之為「假仙」，就是故作莊嚴假扮神仙之意。

人不是神仙。雖然人的臉孔很像神，可是有一個慾望強烈的屁股，會突然想要拉屎撒尿、要放屁、要做愛，時時有渴盼滿足的慾望，如何能扮演好神仙的正經角色呢？

可是人又愛面子，不願意在大庭廣眾下把屁股的慾望露出來，拚命用各種方式去遮掩，就成了假正經。

表面上正經、骨子裡風流，就是假正經；表面上正經、暗地裡風流，就是假正經。這樣的例子在古今中外的書中畫上，都可以看到一些，那種忸怩作態的模樣，很令人發噱。

明人蘭陵笑笑生《金瓶梅詞話》裡，武大郎的老婆潘金蓮嫌丈夫又矮又醜，看上了武松，安排酒筵以話撩撥；如果武松好色，潘金蓮早紅杏出牆了，可是武松不做偷姦嫂嫂的亂倫勾當，這事情只好告吹。後來她失手用叉桿打到西門慶，西門慶一見潘金蓮就愛上她了，請開茶坊兼拉皮條的王婆設法撮合。王婆便假借潘金蓮巧手替她縫製壽衣為名，把她請出家門，來到茶坊樓上，再讓西門慶假意來訪，不期而遇，又安排酒筵讓兩人有單獨相處的機會，好讓西門慶施展勾引的手段。

假如潘金蓮是貞潔的婦人，那她在西門慶面前倒可以正經到底，可是她早向英俊的武松示愛過了，是個水性楊花的婦人，誰規定她不會愛上英俊的西門慶呢？西門慶其實大可一見面就吐露衷情，要潘金蓮脫衣上床，她絕對不會拒絕的；結果他緩緩施出「挨光十計」時，潘金蓮卻還在那兒扮貞婦假正經。看作者如何描述潘金蓮假正經的模樣：

> 這婦人見王婆去了，倒把椅兒扯開一邊坐著，卻只偷眼也看。西門慶坐在對面，一徑把那雙涎瞪瞪的眼睛看著她，便又問道：「卻才倒忘了問得娘子尊姓？」
>
> 婦人便低著頭帶笑的回道：「姓武。」
>
> 西門慶故做不聽得，說道：「姓堵。」
>
> 那婦人卻把頭又別轉著，笑著低聲說道：「你耳朵又不聾。」
>
> 西門慶笑道：「呸，忘了！正是姓武。只是俺

清河縣姓武的卻少，只有縣前一個賣炊餅的三寸丁姓武，叫做武大郎，敢是娘子一族麼？」

婦人聽得此言，便把臉通紅了，一面低著頭微笑道：「便是奴的丈夫。」

西門慶聽了，半日不做聲，呆了臉，假意失聲道屈。婦人一面笑著，又斜瞅他一眼，低聲說道：「你又沒冤枉事，怎的叫屈？」

西門慶道：「我替娘子叫屈哩！」

……這婦人一面低著頭弄裙子兒，又一回咬著衫袖口兒，咬得袖口兒格格駁駁的響，要便斜溜他一眼兒。

只見這西門慶推害熱，脫了上面綠紗褶子道：「央煩娘子替我搭在乾娘護炕上。」

這婦人只顧咬著袖兒別轉著，不接他的，低聲笑道：「自手又不折，怎的支使人？」

西門慶笑著道：「娘子不與小人安放，小人偏要自己安放。」一面伸手隔著桌子搭到床炕上去，卻故意把桌子一拂，拂落一隻筯（筷子）來。卻也是姻緣湊著，那隻筯兒剛落在金蓮裙下。西門慶一面斟酒那婦人，婦人笑著不理他。他卻又待拿筯子起來，讓她吃菜兒，尋來尋去不見了一隻。這金蓮一面低著頭，把腳尖兒踢著，笑道：「這不是你的筯兒！」

西門慶……蹲下身去，且不拾筯，便去她繡花鞋頭上只一捏。那婦人笑將起來，說道：「怎這的囉唣，我要叫起來哩！」

西門慶便雙膝跪下說道：「娘子可憐小人則箇。」一面說著，一面便摸她褲子。

婦人叉開手道：「你這廝歪纏人，我卻要大耳刮子打的呢！」

西門慶笑道：「娘子打死了小人，也得箇好處。」于是不由分說，（將潘金蓮）抱到王婆床炕上，脫衣解帶，共枕同歡……。

潘金蓮打從踏進王婆家碰見西門慶時，就有心跟他風流了，卻一直假正經，要打要罵歪纏不休的西門慶，只不過她一直笑著，無意中洩露了她心底的意思。明人馮夢龍輯蘇州山歌三百首，第一首就是〈笑〉：

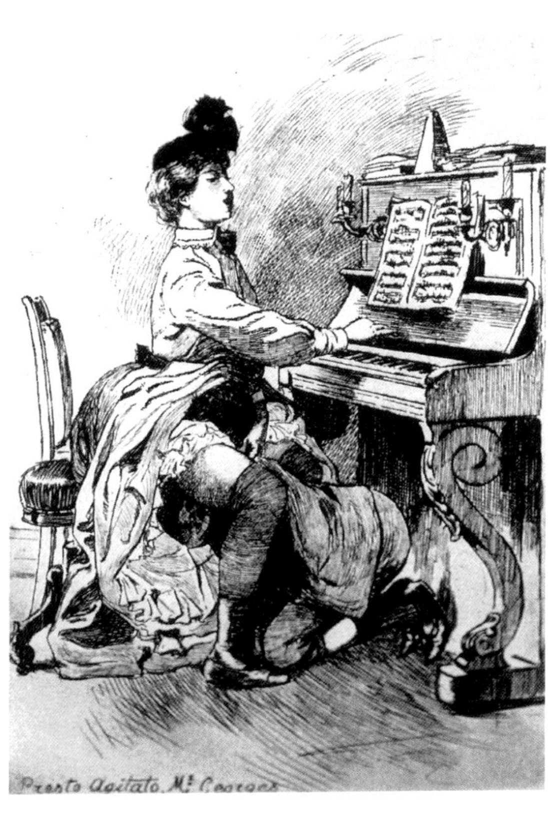

▌左：《布偶戲》。
▌右：《彈鋼琴》。（德國Martin Van Maele 銅版畫）

東南風起打斜來，好朵鮮花葉上開。
後生娘子家沒要嘻嘻笑，多少私情笑裡來。

西門慶若聽過這首山歌，一開頭就可以抱假正經的潘氏上炕了，那需用這麼多口舌心機？

還有的女子假裝要做某件事，其實目的是為了另一件事，因為害羞，只好用假裝做某件事來遮掩。比方說，明明是要去看廟裡年輕的和尚，卻假裝要去給菩薩燒香，於是就有了「燒香望和尚，一事兩勾當」的俗諺；又比方說明明是想看看年輕英俊的內科醫生，又不方便逕自跑去看，便假裝自己肚子痛，去掛那位醫生的病號，可以面對面地說說話，一解相思之苦。這些都可算是骨子裡風流假正經的例子。

民初時有一首流行於江南一帶的民歌〈看情郎〉說：

小小扁擔擔鈎長，挑起扁擔到西塘；
家中還有半缸水，不是挑水為看郎。

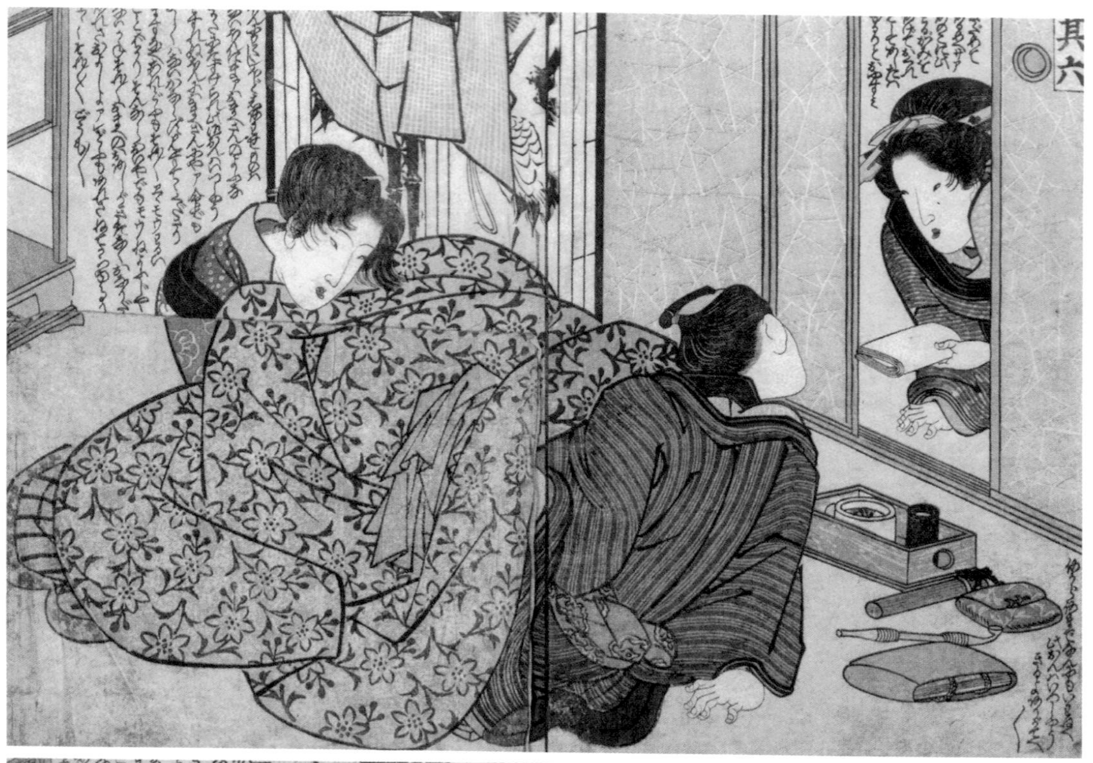

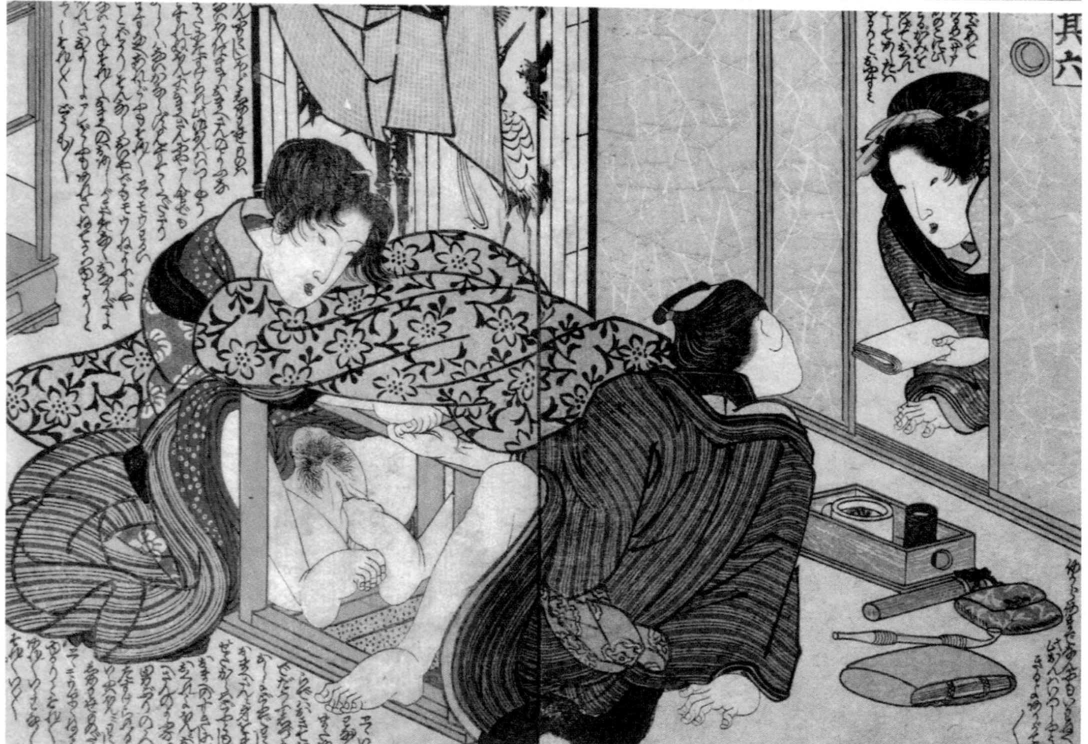

日人歌川豐國《色道三組盃》之一、之二。

也是相同的例子。

在古代中國的春畫中，也有不少描述女人假正經的佳作。有一幅清中葉人仿明中葉傳為仇英畫的絹本彩畫，描繪丈夫拉著妻子的手，要她進房去敦倫，妻子故作正經，推三阻四，手指著庭園一角說秋菊開得正盛，應該待在花園裡欣賞才是。

另一幅清朝中葉淡彩水墨畫（陳慶浩先生收藏），畫男子性慾勃發，脫了褲子要和妻子做愛，妻子卻顧左右而言他，指著一旁太湖石邊的芭蕉說：「老公，你看，有隻雞棲在芭蕉樹上哩！」這就是典型的假正經。

在歐洲，德國畫家梅耶（Martin Van Maele）於一九〇〇年為色情小說所作的插畫中，有一幅《布偶戲》描繪一個民俗女藝人正在搬演布偶戲時，同團的男友趁機從身後搞她，玩起「隔山搗火」來了。台前觀眾正聚精匯神地觀賞布偶戲時，誰曉得幕後同時上演著另一齣好戲。那操弄布偶的女藝人不是假正經是什麼？

梅耶另一幅繪於一九〇七年的《彈鋼琴》，畫盛妝的少女正在練琴時，她的指導男老師卻跪到她胯間開始舌吻口交起來；少女坐得端端正正的，面上表情專注地練著琴，一副凜然不可侵犯的神態，誰知道這全都是假正經呢！

日本浮世繪畫師歌川豐國在文政八年（西元一八二五年）繪刊的半紙本《色道三組盃》冊頁中，有兩幅連環畫，一幅描繪男子和小姨對坐在被子兩頭閒話家常，男子的老婆不放心，從隔壁主臥室拉開紙門來察看，卻看不出有何破綻來，丈夫對妻子說：「沒什麼呀，我只和妳妹妹在聊天哩！」

另一幅是掀開暖桌（稱「炬燵」）被子的光景：兩人手勾手相互傳情，男子的右腳大拇趾已伸進少女的私處裡面了。

這才真是風流男女假正經。

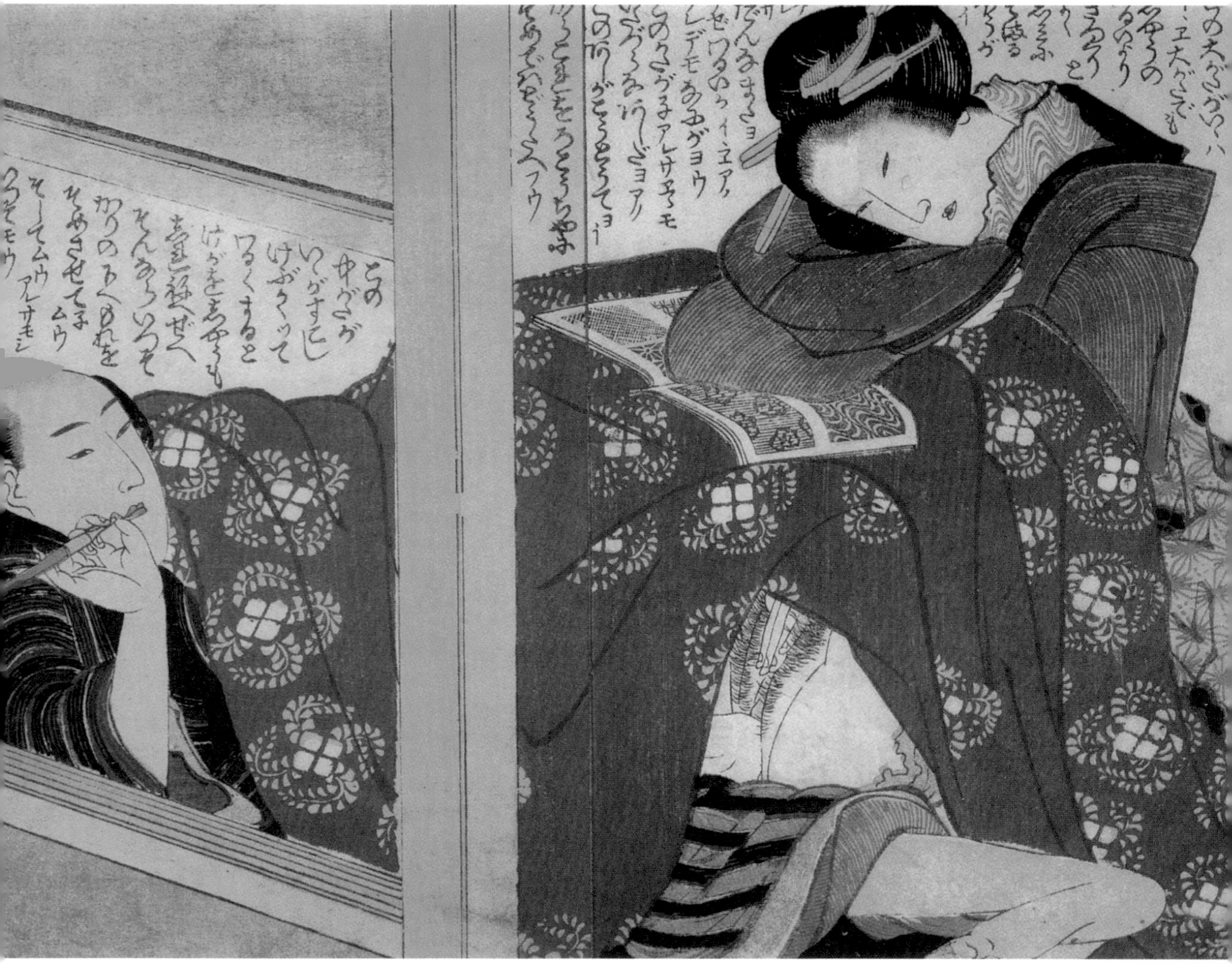

一對情侶，男的在吸煙斗，女的在看書，掀開暖桌（炬燵）的被子，原來正在做愛呢！（日人葛飾北齋浮世繪《喜能會之故真通》）

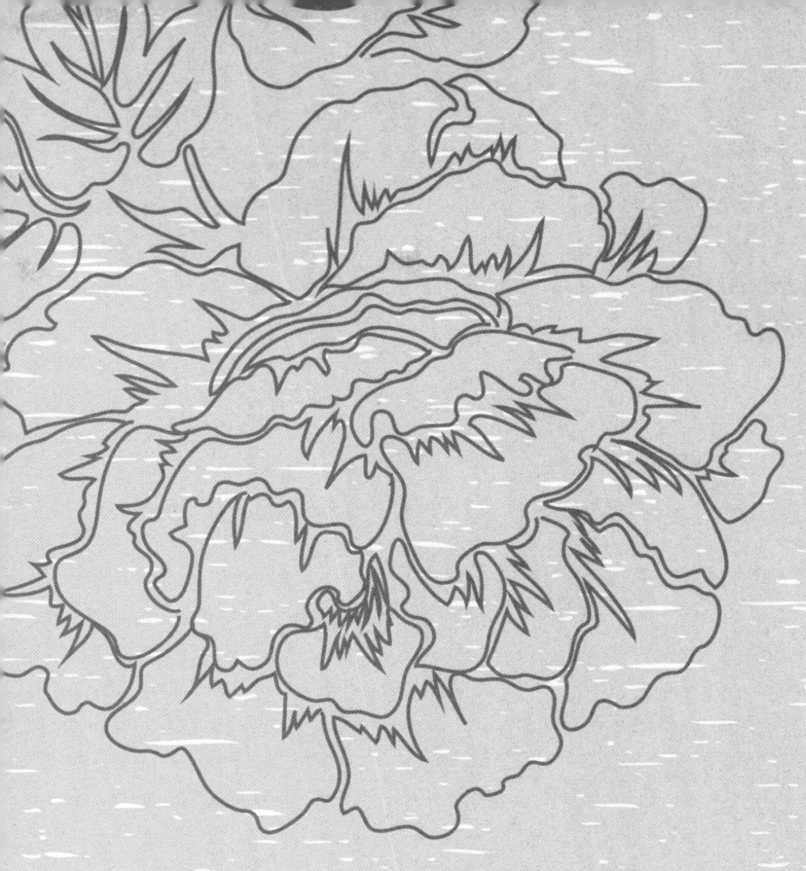

卷二　偷窺的快感

女人忙時好偷香

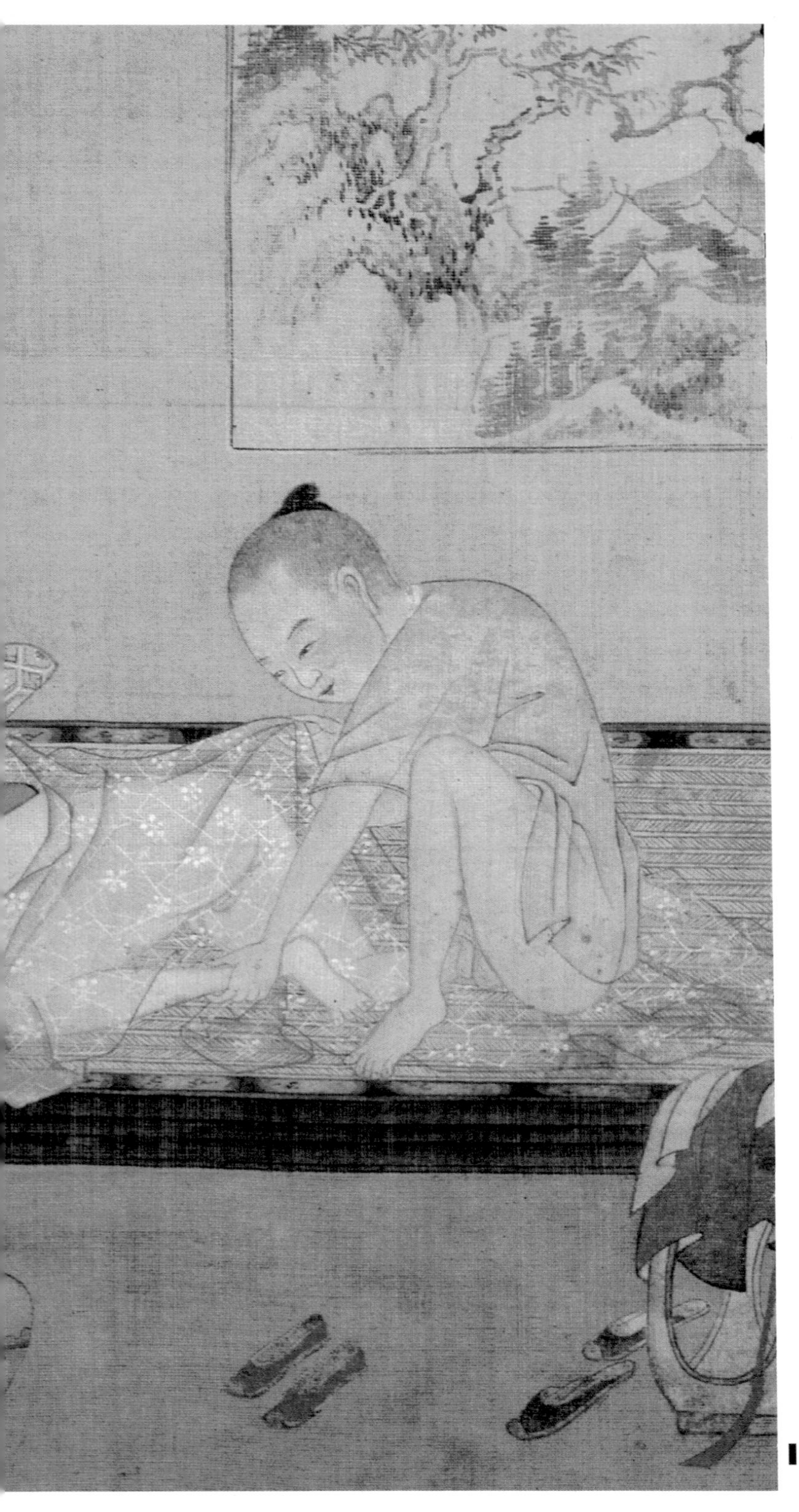

男子趁婦人午睡不防時偷香。（明代絹畫）

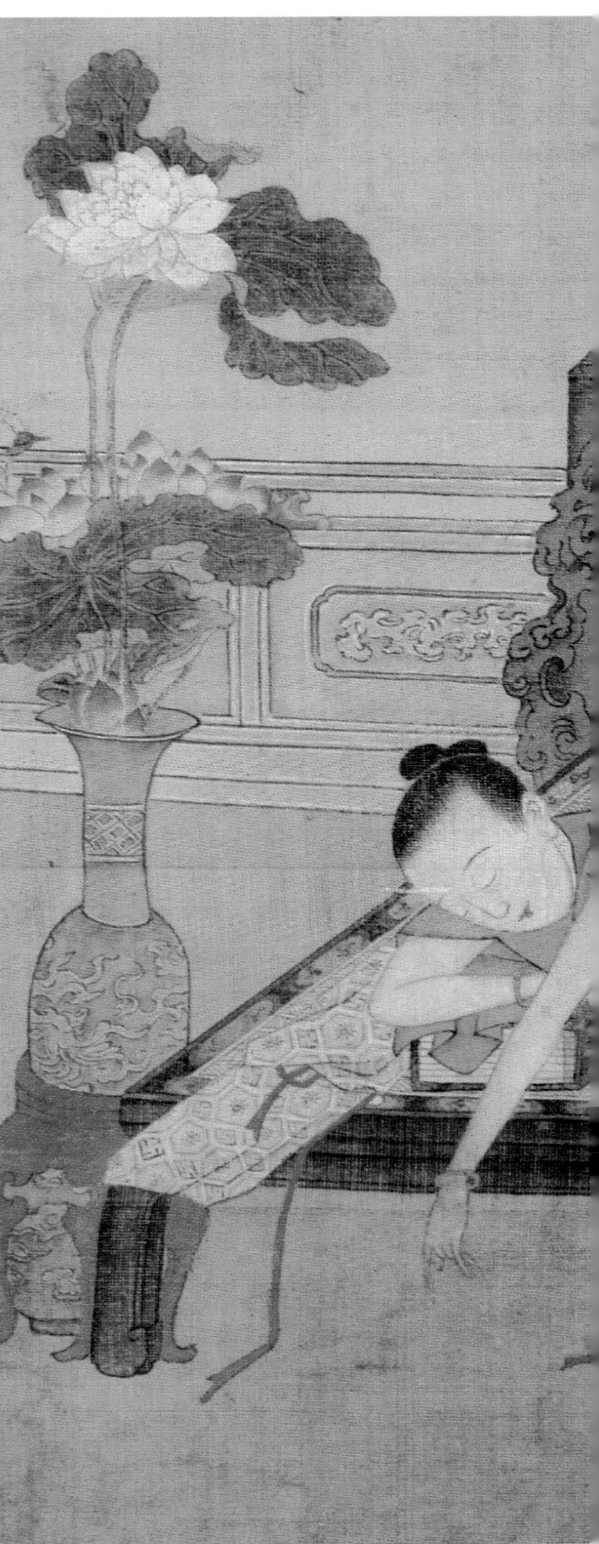

「趁人之危」是句俗語，就是利用別人危難或忙不過來的時機對他下手，做些占便宜的事；女人常有危急可趁之機，聰明男子千萬別錯過。

比方說，趁女孩子兩手十指剛塗好指甲油、還沒有乾的時候，上下其手大吃豆腐。她若伸手抗拒，那辛辛苦苦塗了半天的指甲油就會碰壞掉了，前功盡棄，所以她只能逆來順受、照單全收，你愛在她身上幹什麼，就幹什麼好啦，包管順心如意。

女孩在化粧的時候最缺乏抵抗力，比如塗口紅啦、畫眉毛啦、洗頭髮或梳頭髮的時刻，是男人調戲她的最佳時機，好色之徒都懂得在這些時刻下手，包準大有斬獲。

清朝時流行於山東濟南的一首馬頭調俗曲〈玉美人〉，就唱敘情郎如何利用女朋友梳頭的大好良機摟肩索吻瞎胡鬧，結果得以趁心如意：

玉美人兒才十六，

挽了挽烏雲，欲梳油頭，
露出了鮮紅的兜兜雪白的肉，
勾惹得年輕的玉郎望上湊，
手扶著肩膀，要吃個舌頭。
佳人便開口：
「哎喲！你莫要瞎胡摟，
梳罷油頭，再去風流。」
「哎喲——」玉郎說：
「這陣慾火實難受。」
木梳往桌案上丟，
哎喲！顧不得兩手油，
垂下帳慢，落下金鈎。
哎喲！他二人重入羅幃把佳期湊。
二人到了情濃處，
口對著香腮，
叫聲「乖乖」又叫聲「肉」。

日本浮世繪成熟期的繪畫大師喜多川歌麿（西元一七五三至一八〇六年）的作品中，有

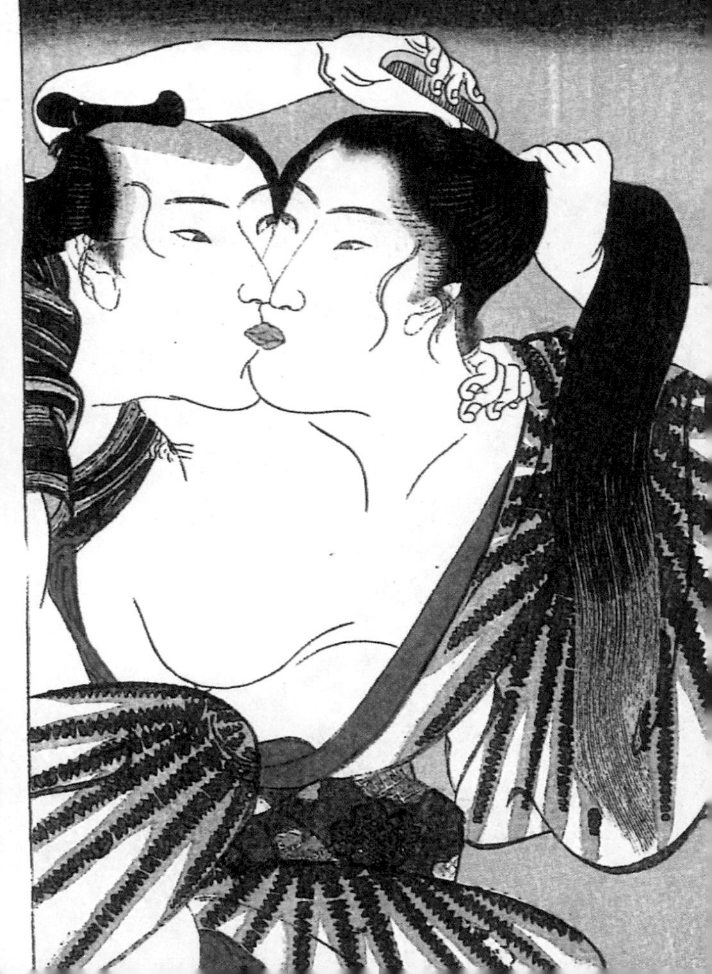

一冊橫本折帖《繪本夜密圖婦美》，刊行於西元一八〇一至一八〇三年間，當中有一幅就描繪美麗的婦女正解開髮髻俯首浸洗一頭烏黑的長髮時，情人從背後欺身而上，伸出右手來探摸她的私處，日本婦女為了方便小便，穿和服時裡面都不穿內褲的，所以一摸就到，食指中指無名指就往裡頭塞了。美婦吃了一驚，忙伸右手去推，已經來不及了。

歌麿還有一幅類似的作品，描繪好色的男人正伸出右手去掏摸一個對鏡梳頭的半裸婦女的牝戶。婦人右手握著長髮、忙不過來，左手卻被男子用左手反拗到背後，於是她的私處便成了不設防之地，任人撫弄摳摸。

日本浮世繪末期的大師歌川國芳，在西元一八三三年所作的三冊大本折帖《豔勢喜雜誌》裡，也有一幅耐人尋味的傑作，描寫一個遠道而至的男子（門外油紙傘和木屐暗示），坐在門邊，一臉正經地欣賞女朋友晨起梳妝、對鏡塗口脂，右腳卻不老實地悄悄伸去探戲愛

▌左：妓院龜奴趁藝妓忙於簪髮之際突襲強暴。（日本浮世繪名家柳川重信作品）

▌右：登徒子趁溫泉女侍忙於梳頭時強姦得逞。（歌川國芳江戶豔本《吾妻文庫》插畫）

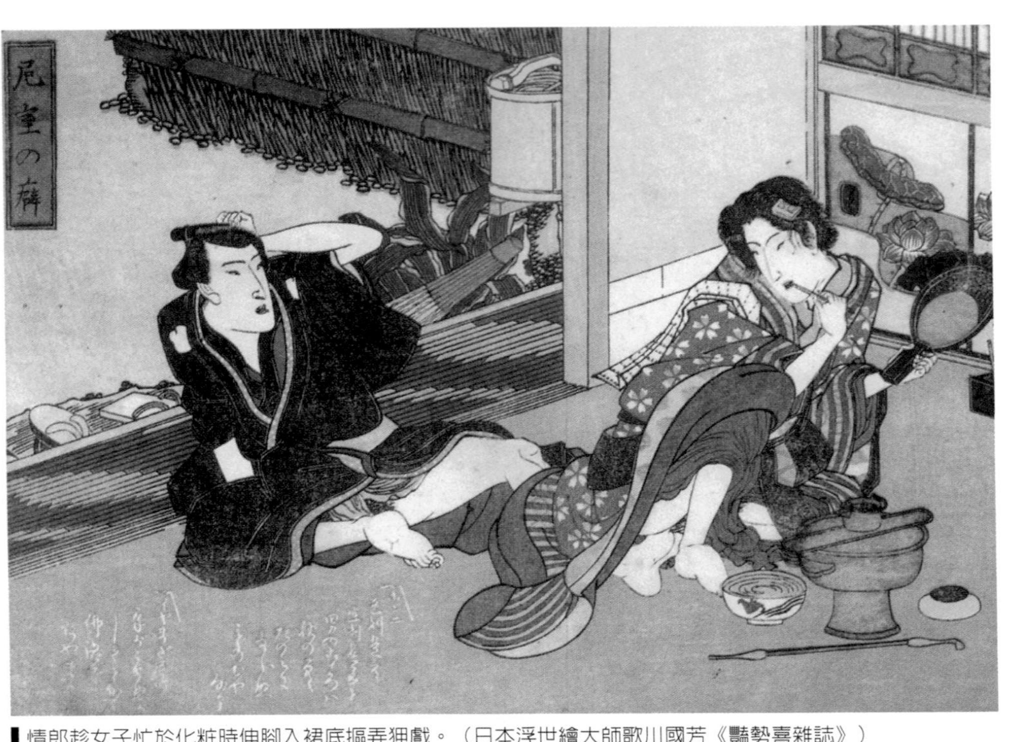

▌情郎趁女子忙於化粧時伸腳入裙底摳弄狎戲。（日本浮世繪大師歌川國芳《豔勢喜雜誌》）

人的牝戶。女孩稍一亂動，口紅就畫壞了，只有忍癢回頭狠狠瞪情郎一眼。情郎還用左手抓頭，裝出一副無辜的模樣呢！真是會趁人之危的大色狼。

此外，趁女孩子喝醉酒，或熟睡的時候，悄悄爬上身去為所欲為，女孩子在昏醉中哪能抵抗，當然只能任由你上下撫摸、盡情玩弄了。

清朝人華廣生輯集的流行歌曲集《白雪遺音》裡，有一首滿江紅調的俗曲，描寫一個喝醉的女孩，醒來時才知被別人趁機占了便宜，惱恨不已。曲詞說：

昨夜酒醉睡朦朧，醒來時裙帶寬鬆，
不由奴仔細思量暗拍胸，必有個緣故在其中。
枕邊不見香羅帕，一雙花鞋各分西東，
烏雲亂抖，髮鬢蓬鬆，解開放的鈕扣露出奴的胸。
還有一件蹊蹺事，好好的褲子染鮮紅，
倒叫奴難猜難解這奇逢，急的奴耳紅面赤懷恨在心中。

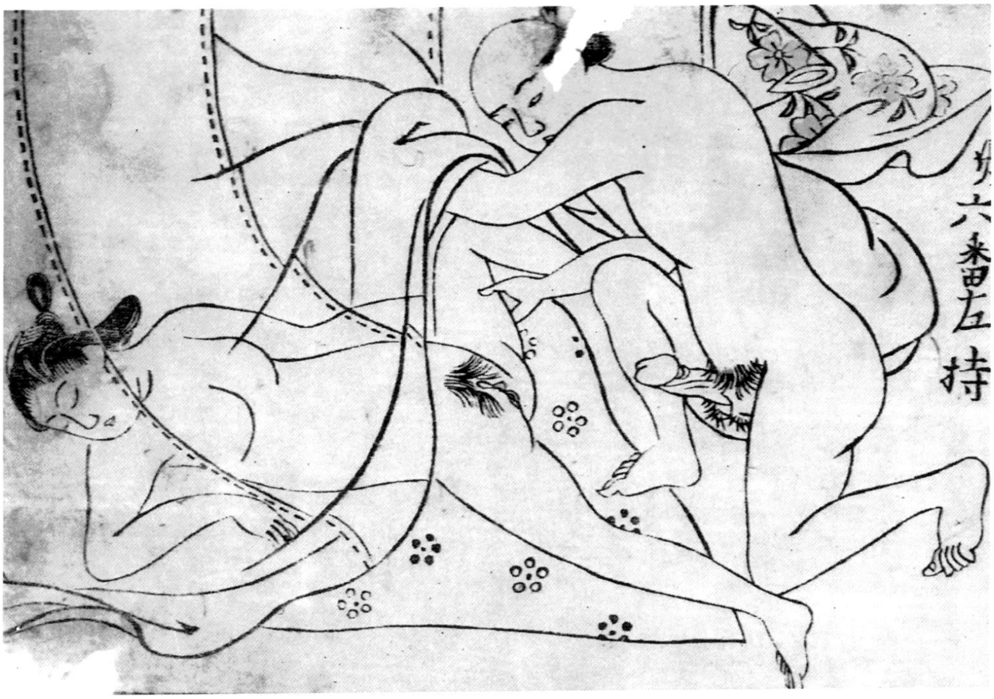

▍男子趁女人熟睡時偷姦。（18世紀初日人西川祐信作品）

連是誰趁人之危奪走了她寶貴的童貞都不知道，值得記念的初夜在醉夢中就過去了，豈能不讓她惱怒萬分呢？

利用女孩熟睡之際毫無抵抗力的大好時機一逞獸慾，在古代中國或日本的春畫中都有描繪。陳慶浩博士收藏的清中葉淡彩春宮冊頁中，就有一幅是風流男子趁女孩擁抱竹夫人躺在竹榻上午睡的時候，從後方悄悄掩至，準備霸王硬上弓。為了儘速攻陷城池、直搗黃龍，他把自己先脫得一絲不掛，免得到時候又要脫別人、又要脫自己，兩頭忙不過來。由此可見這小子年紀雖輕，卻是個偷香老手呢！

日本浮世繪畫師磯田湖龍齋在西元一七七二年至一七八〇年間完成的紅摺半紙本《閨の睦言》中，也有個全身赤裸，只在腰下纏個相撲選手的兜襠布的男子，正掀開一個熟睡少女身上蓋的花被，打算趁機把女孩搞定。

此外，喜多川歌麿在西元一八〇一至〇三年間完成的三冊半紙本《繪本笑上戶》中，也有一幅描繪一位少女夏日午後趴在榻榻米上小睡，被一個風流男子瞧見，知道機不可失，就悄悄爬上去，輕輕掀起她和服的下襬，露出女孩豐滿的屁股，準備挺陽而入，來個「隔山搗火」。等少女驚覺時，肉棍已然插入，一切都太晚了。反抗嗎？敵人

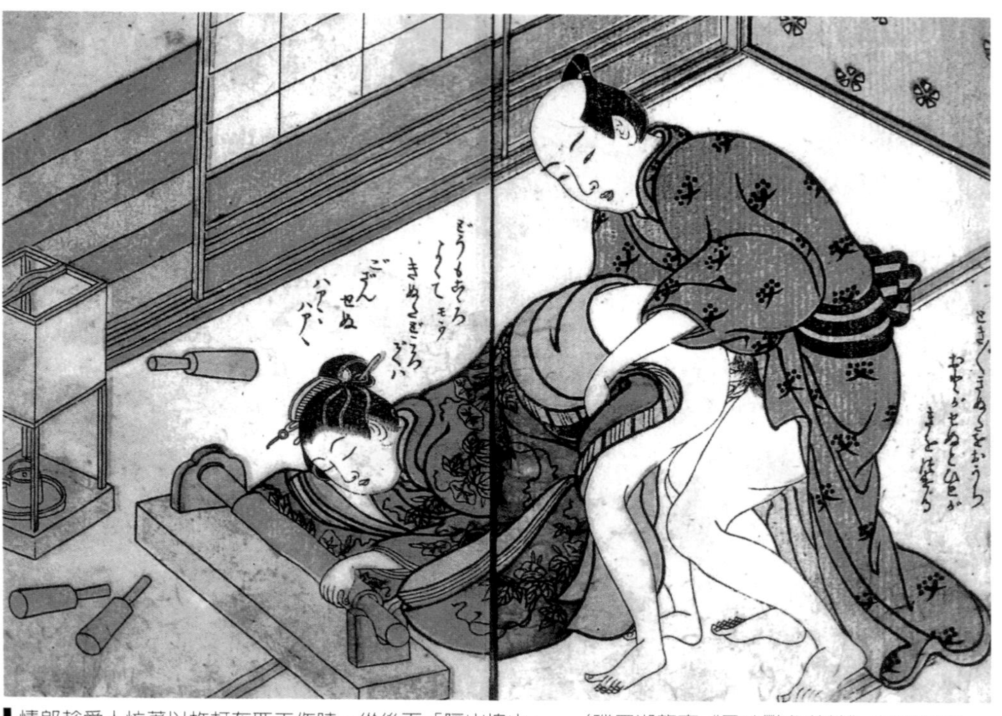

情郎趁愛人忙著以杵打布匹工作時，從後面「隔山搗火」。（磯田湖龍齋《風流豔色華結》小說插圖）

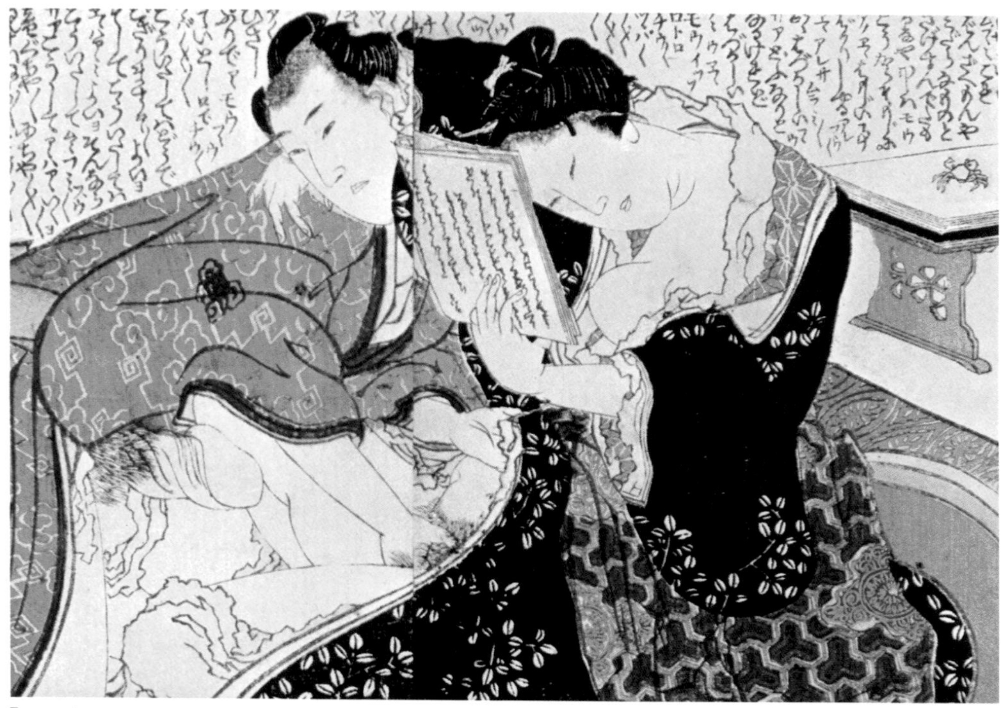

男子趁女孩專心讀書時吃她豆腐。（葛飾北齋作品）

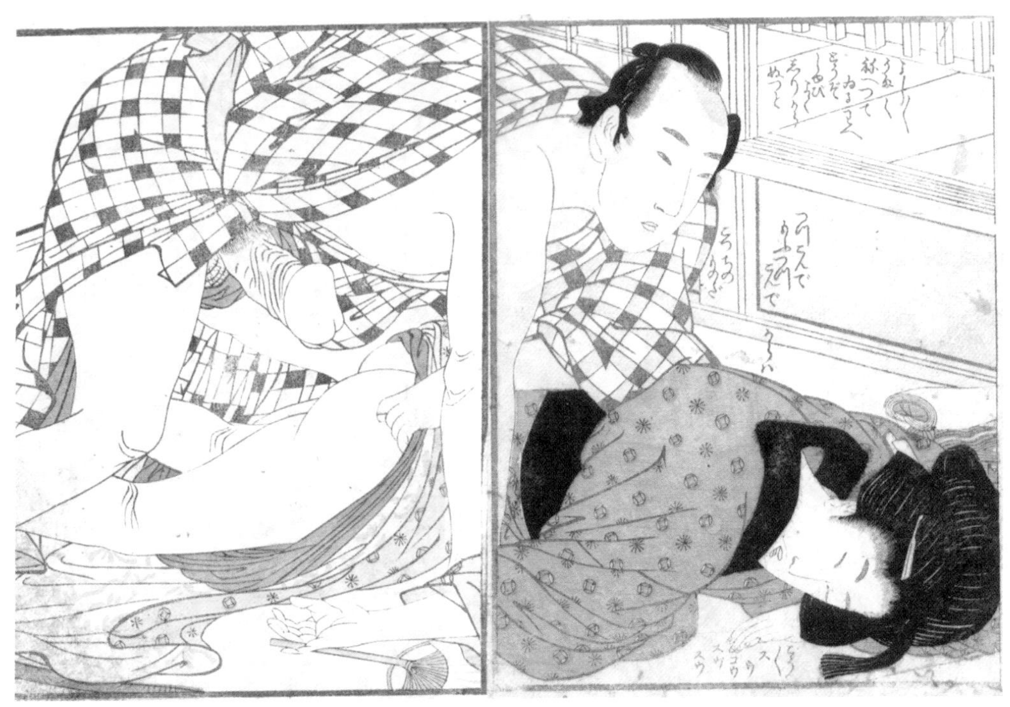

▌描繪男子趁少女熟睡之際，自她身後偷姦。

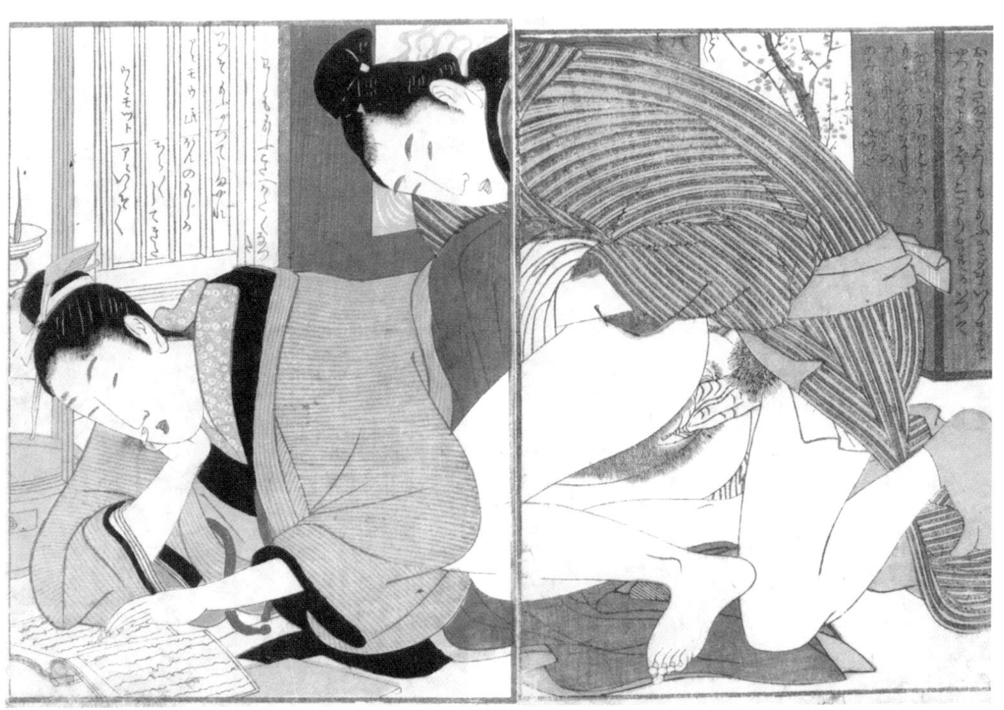

▌描繪男子趁情人專心讀浪漫小說之際從她身後偷姦得逞。（1803年日人喜多川歌麿《繪本笑上戶》）

在背後，雙手根本派不上用場；起身嗎？男子全身的重量壓著，如何起得身來？也只有逆來順受，且圖片刻之歡了。

女人昏睡的時候，容易予人可趁之機；可是她們在清醒忙碌時，一樣容易被人趁機吃豆腐。

有些男人就喜歡在妻子與閨中密友聊電話的時候湊上去摸摸摳摳，甚而糾纏著真搞起來，欺侮她電話講到一半不能停，電話線長度有限人走不開，要用心講電話就無法抵擋性騷擾，還要故作鎮定以免被電話線另一端的好友知道羞死人。可是男人得寸進尺諸般戲弄所帶起的快感是壓抑不住的，一聲聲咬不住的低喘呻吟，還是讓電話另一端的好友訝問：「妳怎麼了？」

日本浮世繪春畫中，有男子趁妻子忙著給小孩餵奶時強行求歡，有男子趁妻子忙著給女兒梳頭時從後硬上，有男子趁妻子忙著織布時摟抱索吻，都是「趁人之危」的風流勾當。

北尾政演於西元一七七二年至一七八〇年間完成的中錦判紅摺逸題好色繪本中，有一幅就畫全身赤裸的丈夫揭帳而入，趁妻子赤身裸體餵嬰兒吃奶、不方便掙扎抗拒的大好良機，掮起妻子的左腿就幹。

同一時期的磯田湖龍齋也有類似的作品，畫面由淡朱改為五彩，場景由帳中換成屏風後，畫全身赤裸的丈夫攔腰抱住一絲不掛正側臥餵奶的妻子，把興奮勃起的陽具插入她無暇兼顧的牝戶中。磯田湖龍齋是浮世繪中期大師鈴木春信的得意門生，柔美雅致的畫風也和他老師很像。

喜多川歌麿在西元一七九二年完成的三冊半紙本墨摺版畫《笑本初霞》中，也有一幅畫丈夫趁妻子專心地給女兒梳頭髮時，硬從後面拉扯蠻幹，害妻子握著女兒長髮的左手不由自主地把孩子的身子都扯得往後仰。這個男的屬猴嗎？如此性急。

喜多川歌麿在西元一八〇〇年完成的三冊半紙本《豔本多歌羅久良》，是一套雅致的淡彩套色浮世繪版畫，當中也有一幅是描繪男子正抱住手腳都忙著牽機拋梭的織布女孩，隔衣撫玩她敏感的乳房，想趁機挑惹起她的春心，答應讓他春風一度。

還有的男子喜歡趁女孩脫光衣服入浴的時候破門而入，來個霸王硬上弓，更是標準的「趁人之危」。

已故作家李敖，就喜歡利用女孩洗澡時一絲不掛的

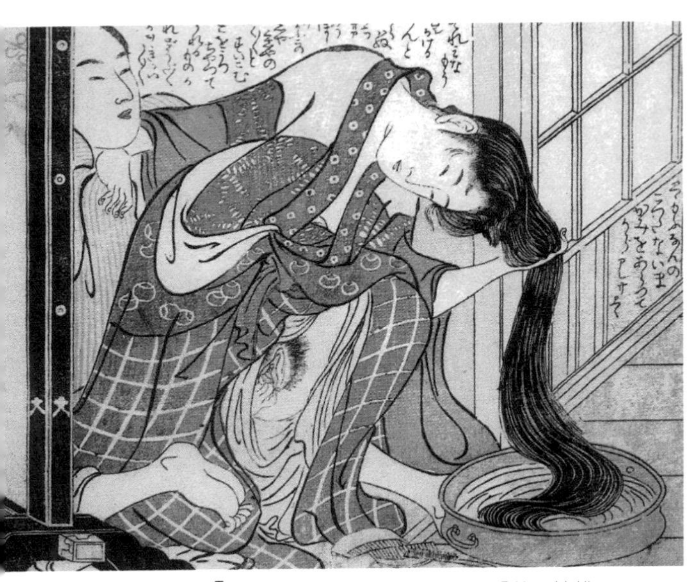
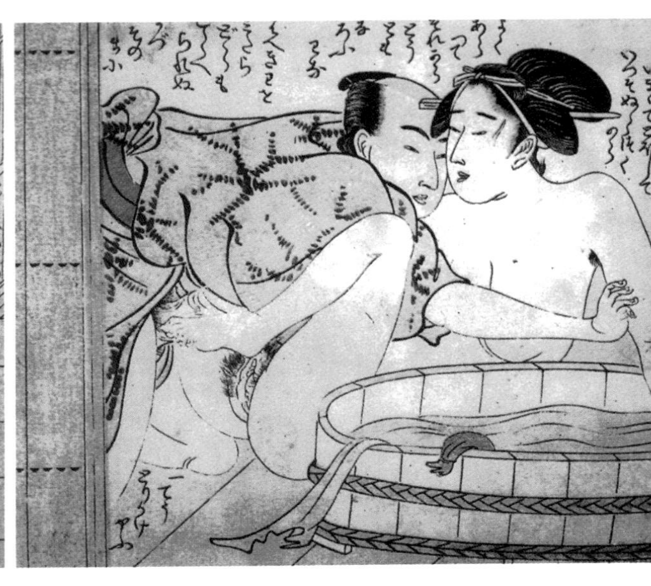

左：情郎趁愛人忙於流頭時「葉下摘桃」。
右：登徒子趁女人洗澡一絲不掛時闖入強姦。（喜多川歌麿《繪本夜密圖婦美》豔本小說插畫）

脆弱時機大吃豆腐，他在〈上山、上山、愛〉裡招供，年輕時曾在陽明山別墅中和小女生談戀愛。女孩要洗澡，他說服她讓他幫她脫牛仔褲，而後趁機從腳背摸到大腿；又說服她讓他在關燈的黑暗中替她脫光衣物，送她入浴缸洗澡；又說服她讓他摸黑替她洗背，書上說：「我沿著背後，洗到左右兩邊時，兩手的指尖已經微微觸摸到她小奶的底部，直到小菉緊緊用兩肘夾住我的指尖，我才慢慢抽回……。」

日本浮世繪大師喜多川歌麿的《繪本夜密圖婦美》版畫中，有一幅就是描繪女子在浴室脫得精光赤裸，正要洗澡時，男人突然闖進來把她推倒在浴盆邊，不由分說地就要嘿咻。

在一九九七年由斐卿書局出版的中國春宮畫集《春夢遺葉》裡，有兩幅清朝中葉佚名畫家仿西洋油畫風格的春宮圖，其中一幅也描繪男子擅自闖入女生浴室，從後面摟住一絲不掛只拿著條浴巾正要洗澡的貴婦，呢喃求歡。

看都全被看了，摸也全被摸了，男人的那根寶貝還硬成那樣，燙成那樣，可憐成那樣，你教她能怎樣呢？誰教自己不把浴室門鎖好、予人可趁之機呢？

女性羞態最撩人

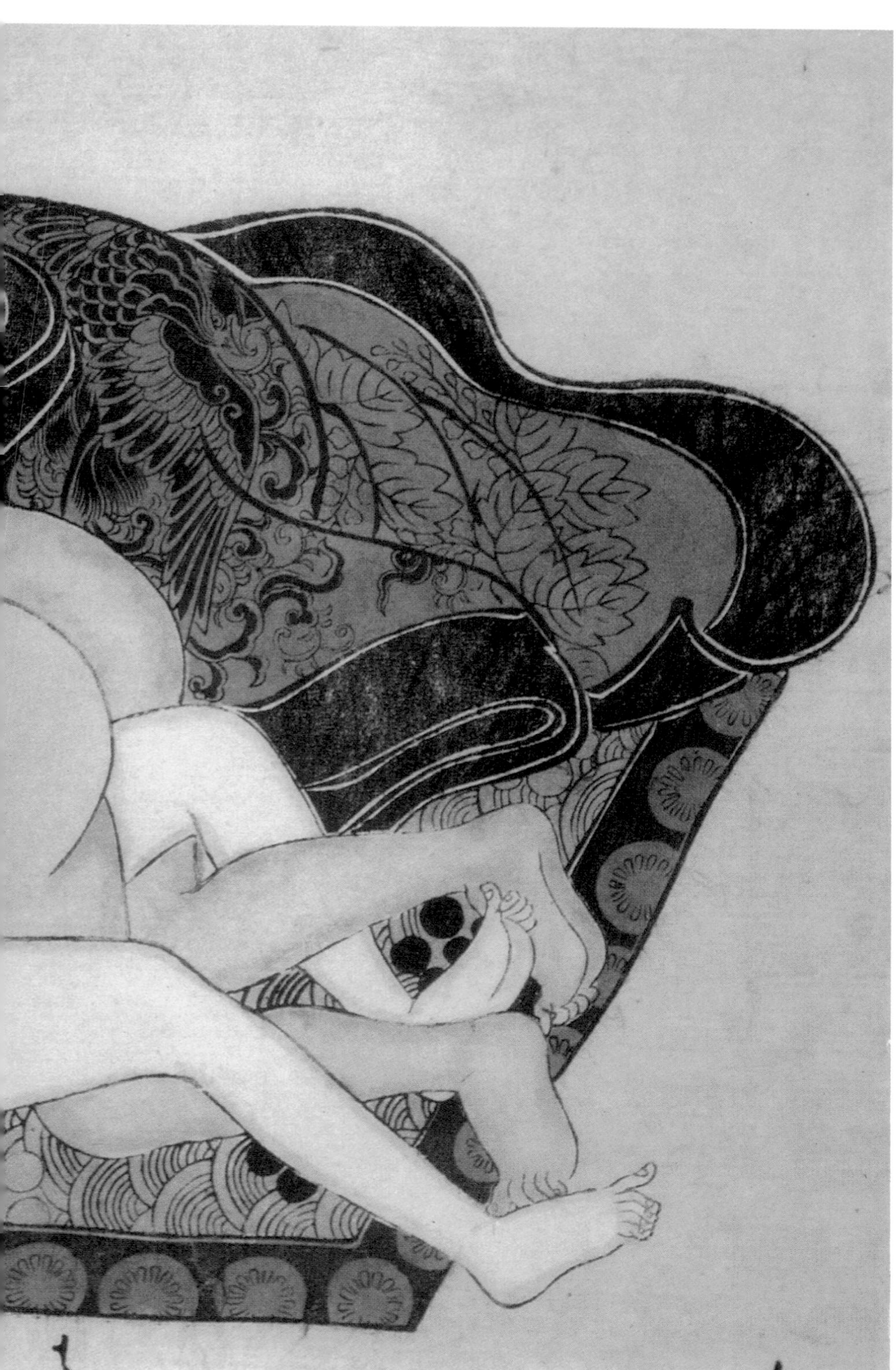

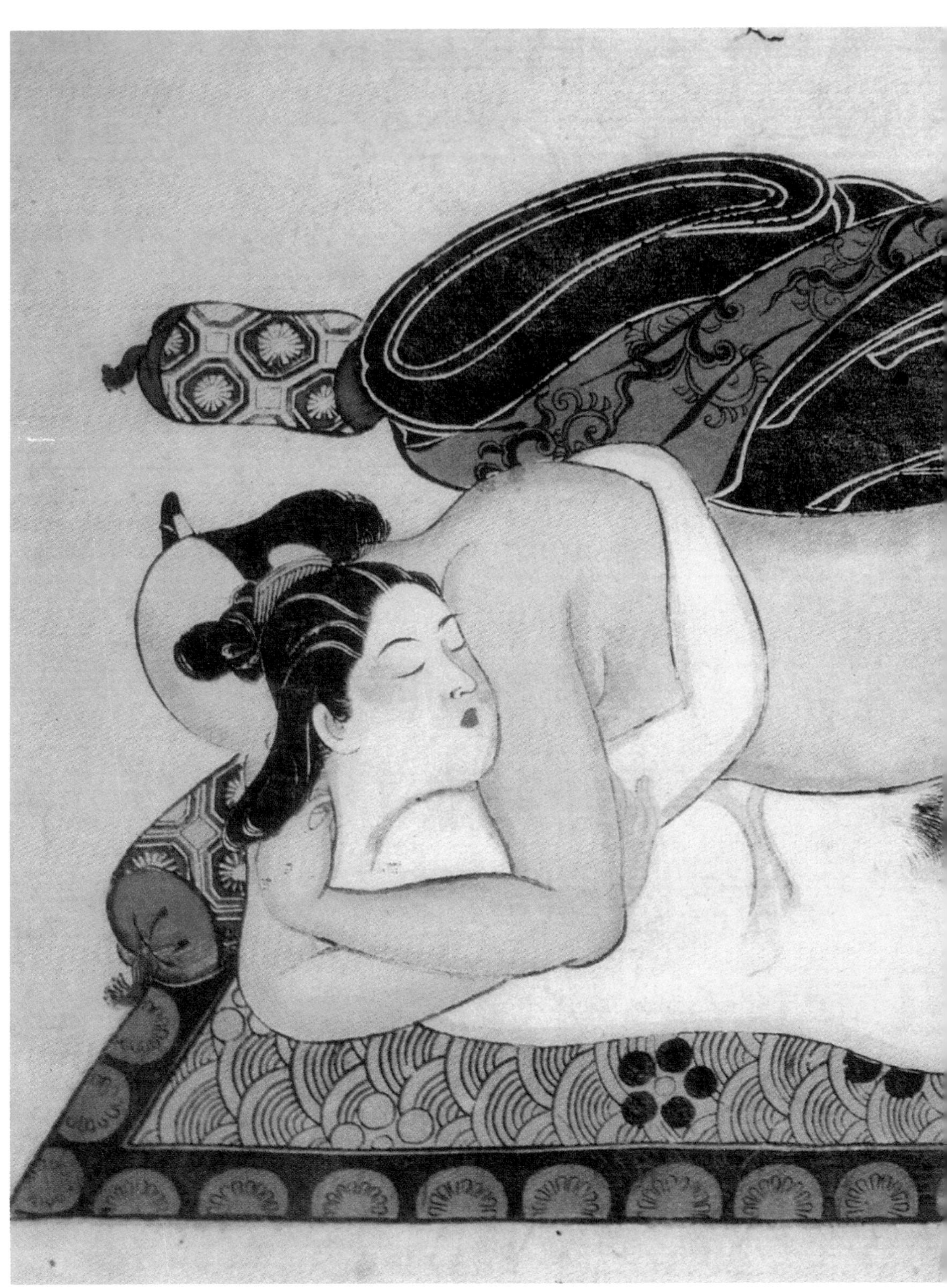

少女初經人道緊閉雙眼，兩頰羞紅。（18世紀初日人西川祐信春畫）

男人喜歡玩處女，喜歡和幼齒交往，有很大一部份的原因是她們羞態撩人。

一提到男女之事就臉紅、一看到男子性具就害羞，這是多可愛的生理反應啊，讓男人看了立刻興奮不已，興趣倍增，想要和她親熱。

少女羞談風月、羞見性具的原因是害怕；怕被引誘拖陷入情慾之海而無法自拔，怕初次性交的疼痛，怕爹娘知道要打罵、怕未婚懷孕惹人恥笑不知如何收拾善後。

像一首民國初年流行四川東部的情歌說的：

砍柴莫砍水東瓜，交情莫交女娃娃；
一來又怕爹媽打，二來又怕生娃娃。

可是女娃娃在鼓起勇氣忍痛獻出處女貞操後，經過若干次的「磨合期」，就漸漸苦盡甘來，知道男人的性具再硬再兇，也插不死人的，不多久也會變軟乏力的；再粗再長也不必害怕，女性的小孔總能包容它的（日後還有嫌它不夠粗長不夠硬的時刻呢），於是，就漸漸不羞不怕了，再也擺不出嬌羞忸怩之情，男人也就少了一份欣賞的享受。

羞態是裝不出來的，是最誠實的生理自然反應。我們看日本情色片，許多AV女優臉孔美麗、身材惹火，做愛時熱情奔放，叫聲震天，香豔是夠香豔的了，卻總少了些韻味，因為缺乏羞態，也裝不出羞態來，便淪為職業性演出，嫌它太假。

日本情色片製造業者也懂得消費者不滿的心態，便以重金引誘一些女學生或家庭主婦在鏡頭前寬衣解帶、任人撫摸狎玩、雲雨巫山，以她們非職業性的嬌羞作賣點，甫一推出市場，果然大受歡迎。我還看過一些少女拍到一半時羞怯得哭了起來，不得不中止錄影，經過導演一番安慰勸說後，才又繼續拍下去；也有拍到一半，少女克服不了羞怯之心，堅持放棄演出的。那些嬌羞害怕、百般撐拒的模樣，都令人一見難忘，和後來終於放棄抵抗、任人蹂躪的姿態對比強烈，才真是精彩。

在中國詩詞歌賦裡，有很多描繪少女嬌羞姿態的作品，像唐人李白〈長干行〉形容新婚少婦的羞態說：「十四為君婦，羞顏未嘗開，低頭向暗壁，千喚不一回。」形容得多好啊！

清人袁枚的一首五言絕句說：「一家一個打魚舟，結得姻盟水上遊；有女十三郎十五，朝朝相見只低頭。」也是描繪少女嬌羞之態的傑作。

中國的少女最害羞，可是描繪少女羞態的春畫卻並不太多，此處勉強舉兩個例子。

一幅是明朝萬曆年間徽州刻印的色情版畫，有一幅「挽裾求合」，描寫新婚丈夫白天在書齋裡忽然想跟妻子親熱，伸手去解新娘子的裙帶，妻子嬌羞的用雙手推扛，說光天化日之下白晝宣淫，有日光菩薩在看，羞死人了，不行，不行。畫家已經畫到男女四目相接了，但是還是無法把新婚少婦嬌羞的表情畫出來。

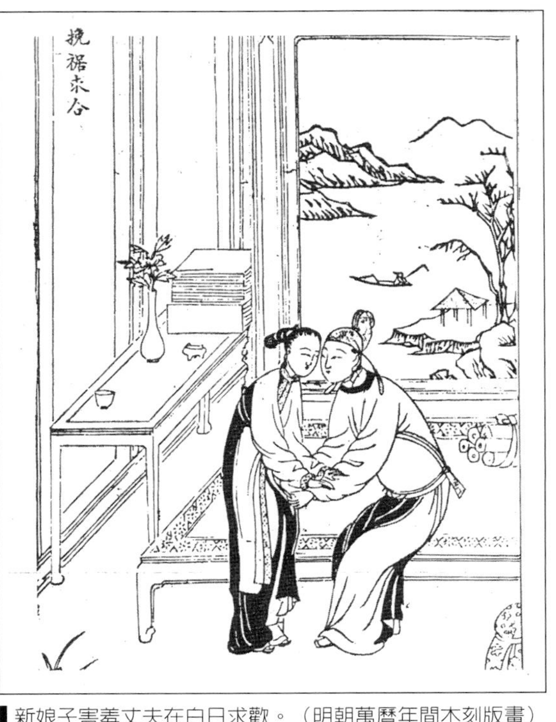

新娘子害羞丈夫在白日求歡。（明朝萬曆年間木刻版畫）

這幅木刻版畫讓我想起歐洲頗早的一幅同類作品，就是一四七〇年完成的木版畫「新婚」。畫中的新婚夫婦併坐在床邊，新郎要跟新娘親熱，新娘嬌羞的側臉垂眼，把身子傾斜往後躲，只簡單的抓住三個要點，就把女人的羞怯表達出來了，實在是一幅傑作。

中國還有一幅絹本春畫題作《閨中誘戲》，完成於十六世紀末、十七世紀初，約略與前述木刻版畫「挽裾求合」同時或稍早一些，畫中男女也正在拉拉扯扯，性急的男子已迫不及待地脫光了，脫到一半的女孩還是因為嬌羞而不敢看，不敢做，想轉身逃走，或是想把桌上的燭火吹熄了，讓黑暗遮掩她的嬌羞（所以燭火的火苗正向後傾倒）。雖然這幅作品畫得比較生動，但是還是沒有很成功地把女性的羞態表達出來。

相較之下，日本浮世繪裡，這類描繪女性害羞的作品就多采多姿了。

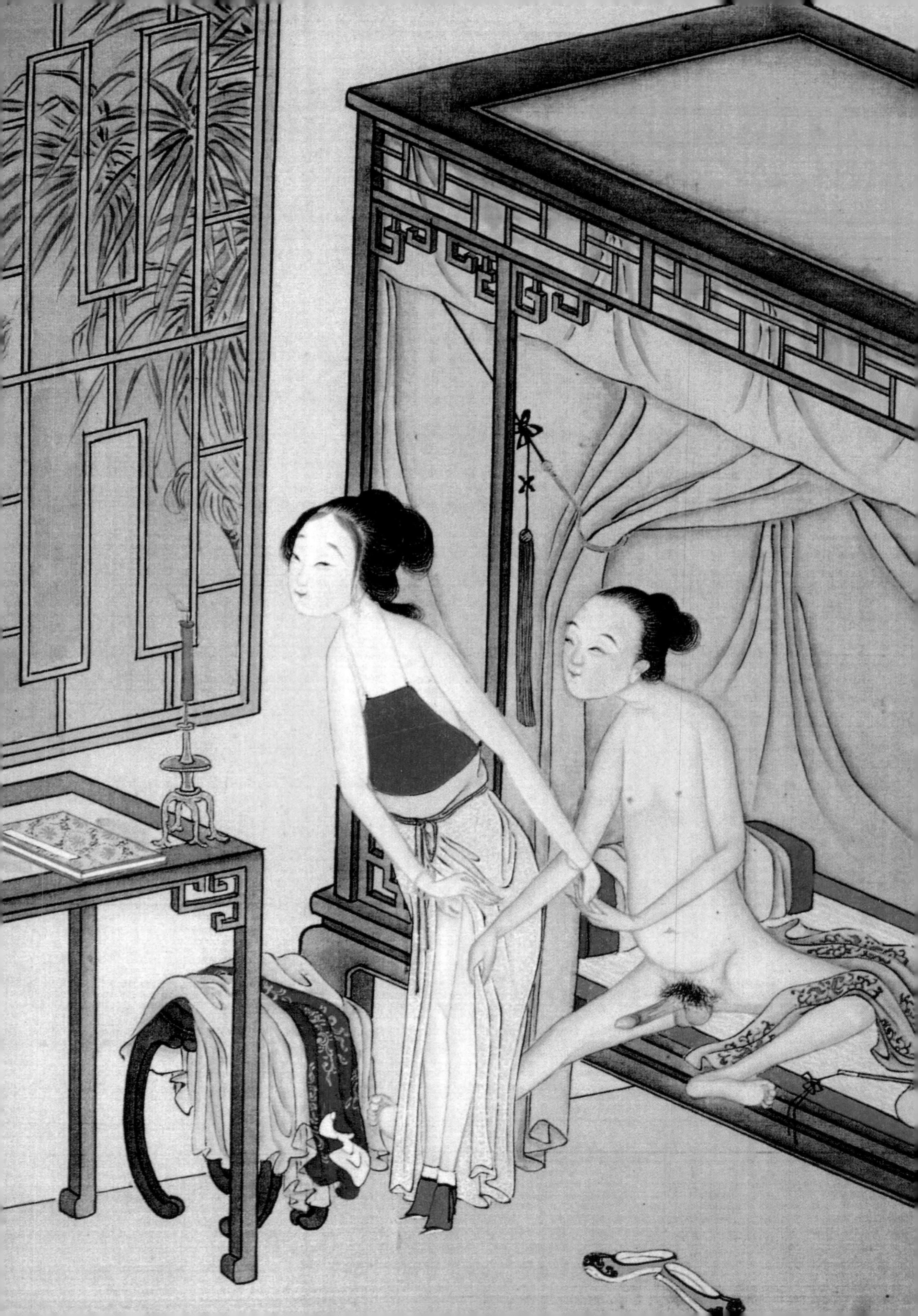

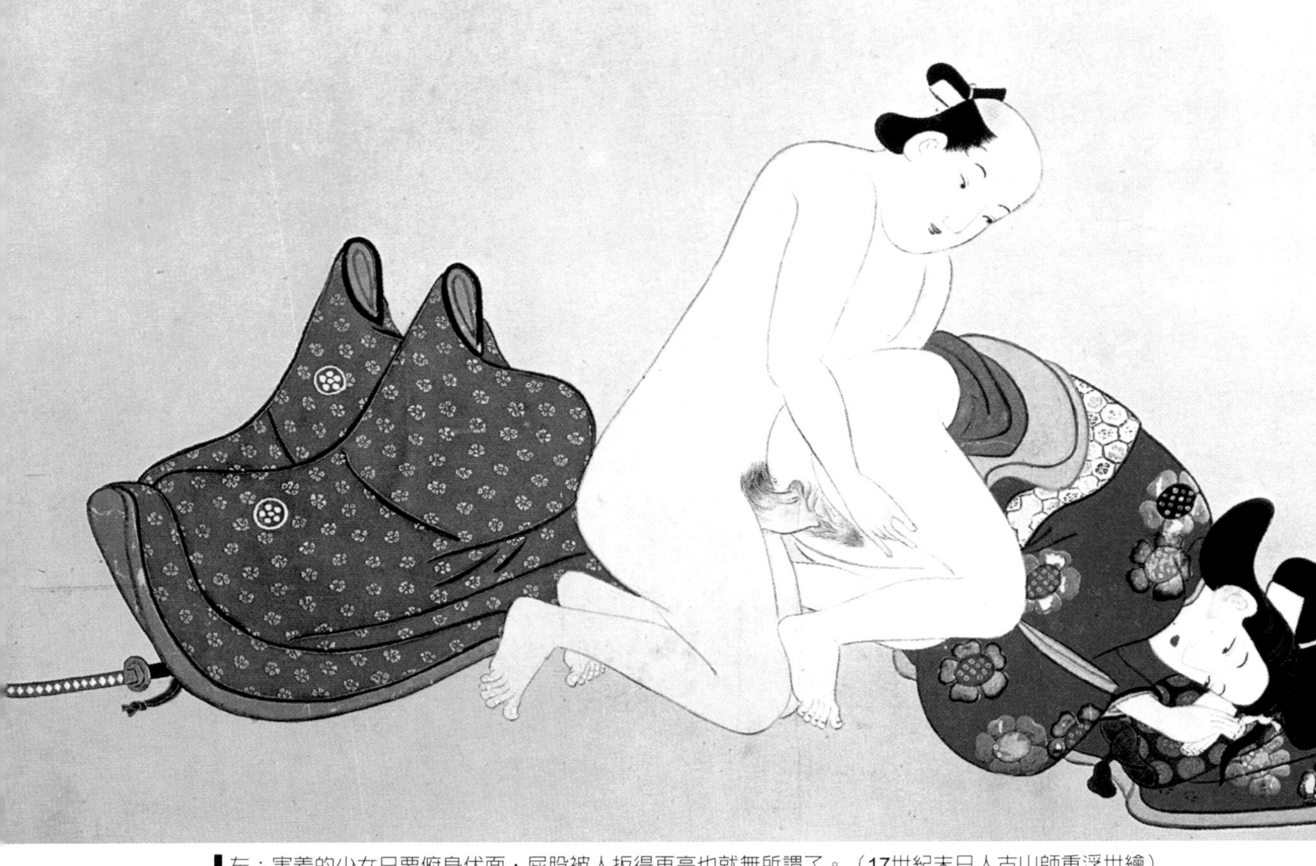

▍左：害羞的少女只要俯身伏面，屁股被人扳得再高也就無所謂了。（17世紀末日人古山師重浮世繪）
▍右：少女怕羞欲反身吹熄燭火。（明代絹本春畫《閨中誘戲》）

由版畫家奧村政信於西元一七〇八年左右完成的一幅作品，描繪全裸男子正跪坐於半裸少女的胯間，勃起的陽具正貼著陰戶，準備一探究竟；少女雙手合十地哀求著，像說她還是處女，裡面十分緊澀，可不可以輕些溫柔些，不要太莽撞。男子一聽，就用右手沾取口水，打算把女陰抹濕些，方便直搗黃龍。

這幅少女羞怯求情圖讓我聯想起民初時流行淮河南邊的一首民歌：

新打牙床榻子稀，
口叫情郎慢慢的，
小奴今年只得十四歲，
比不得你那十六七，
再有二年不怕你。

另一位日本浮世繪大師鈴木春信有一幅作品，畫男子坐摟著少女求歡。女子嬌羞地側頭閃躲，男子右手緊緊摟住少女的肩頭，不放她逃躲，一邊在她耳畔喃喃求愛說：「妳就算狠心不理我，也要可憐可憐它啊，妳看它硬成這

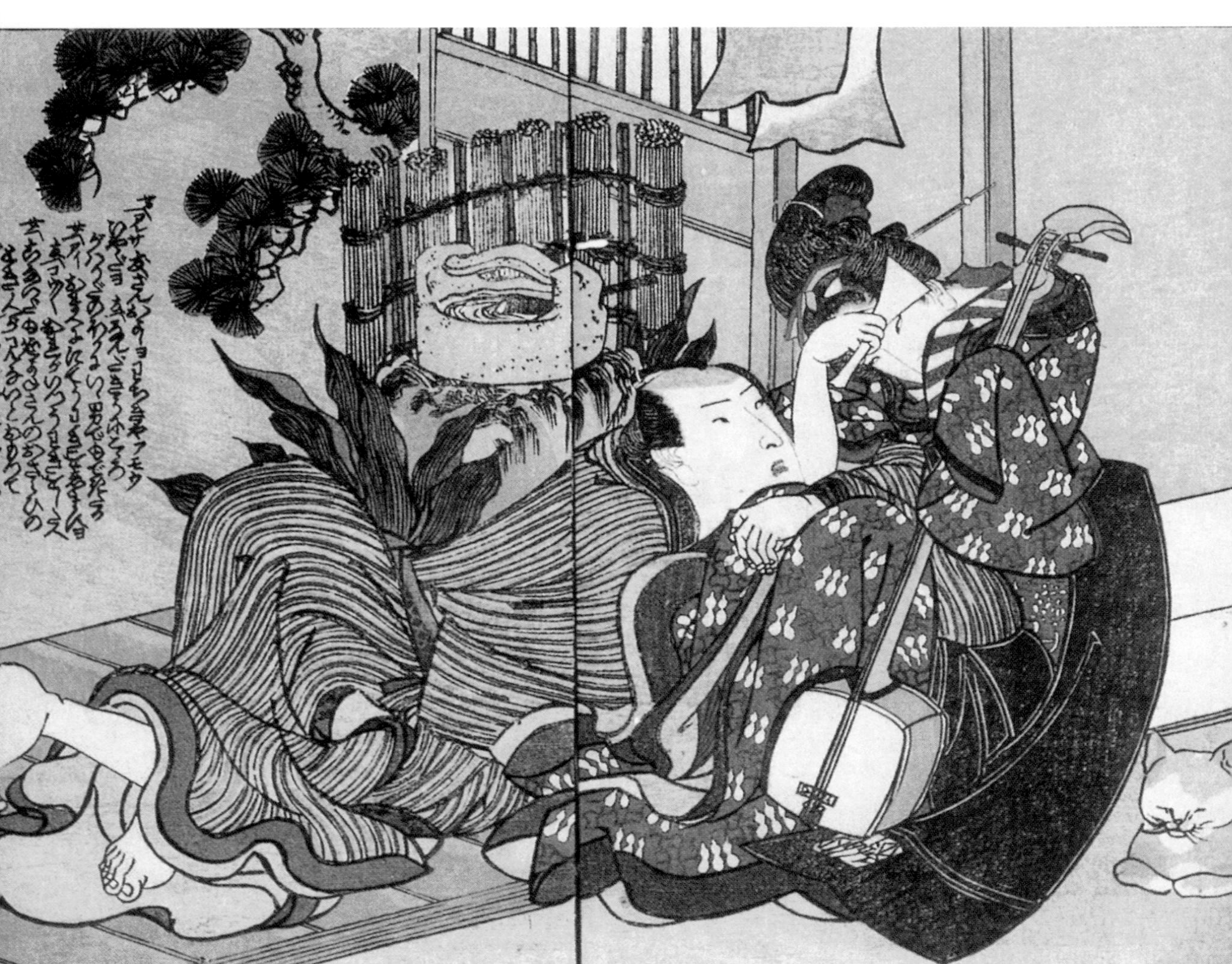

對嫖客的厚顏求歡，還未破瓜的藝妓害羞地以撥子遮臉，又有點心動地偷眼探詢。（日本浮世繪晚期大師歌川國芳《花結色陰吉》小說插圖）

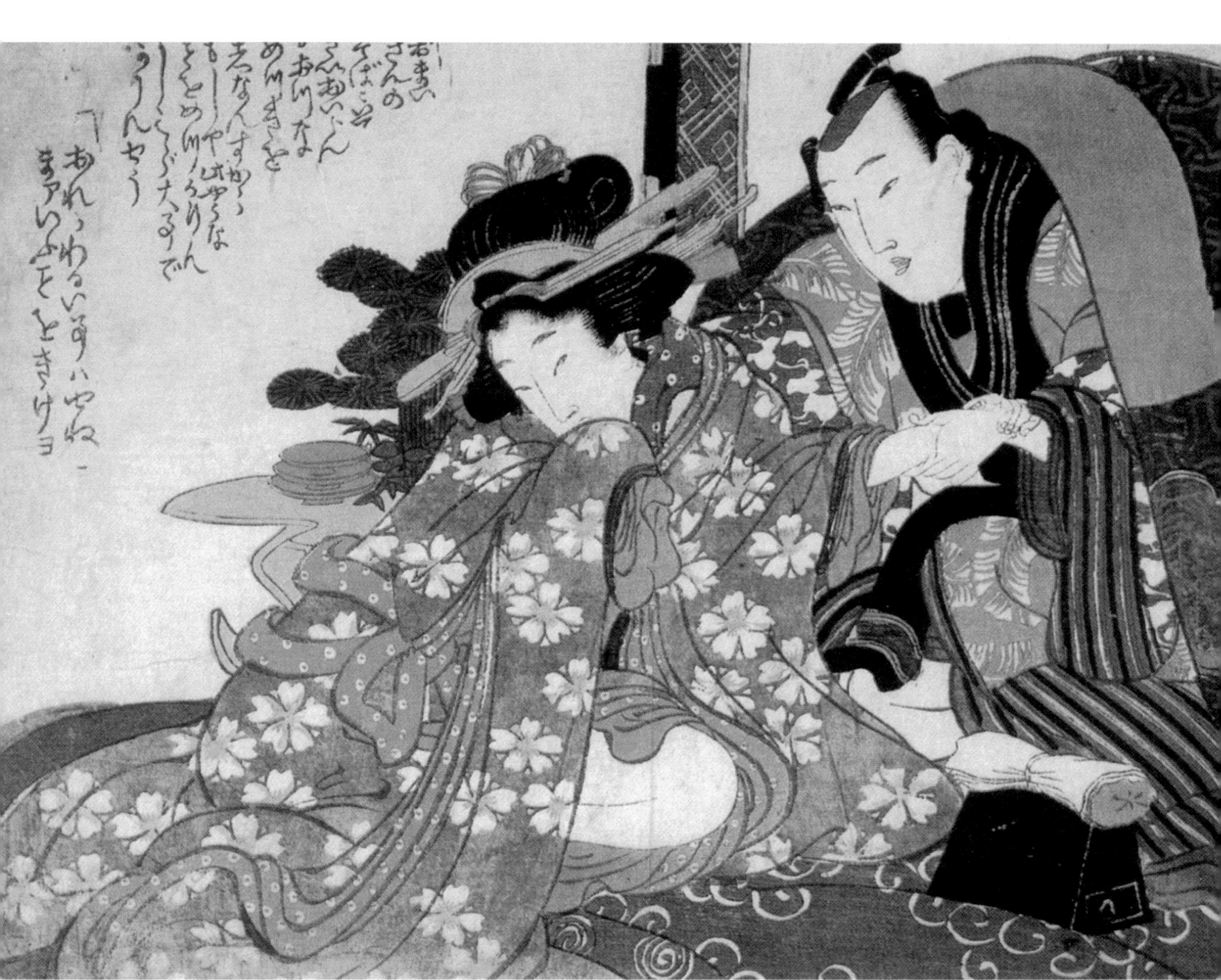

初次接客的藝妓對嫖客的求歡羞怯推拒。（1804-1817年日本浮世繪名家菊川英山《二世物語》）

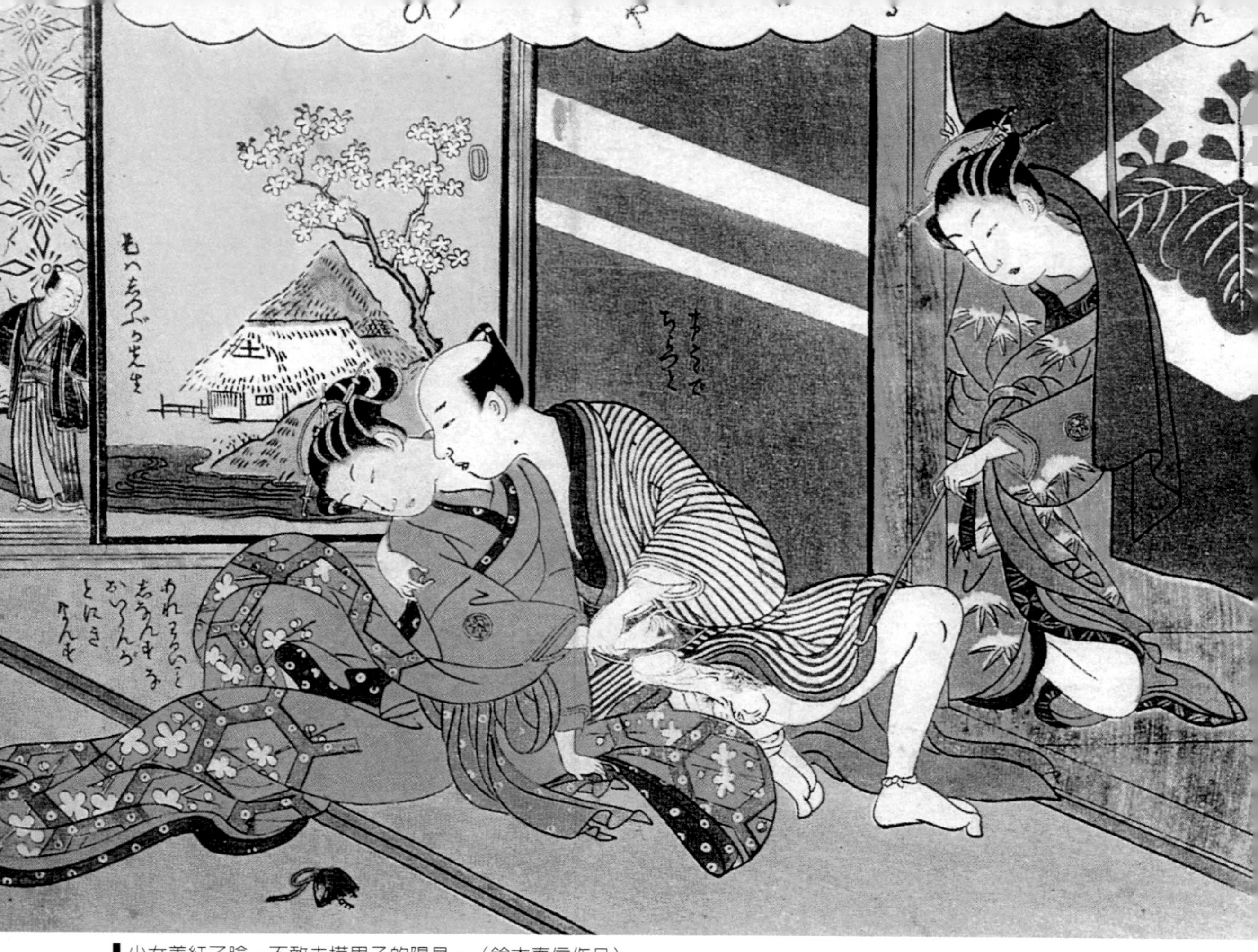

▍少女羞紅了臉，不敢去摸男子的陽具。（鈴木春信作品）

樣，簡直不行了。」一邊用左手拉少女的右手去摸，證明自己沒有說謊；少女羞紅了臉（圖要仔細看才看得出淡紅色的臉頰和男子略白的臉色不同），抽不回手，卻又不敢去摸，拼命把手掌往後縮仰。一旁的另一個熟女聽到了男子的表白，好奇地悄悄用烟桿去撩勾男子長袍的下襬，看那話兒究竟有多硬。

傑作就是傑作。大師的傑作就是豐富精彩到沒有話說。

另一位畫家溪齋英泉於天保七年（西元一八三六年）繪刻的《色自慢江戶紫》半紙本冊頁中，也有一幅畫描繪風流浪子露陽挑姐妹花的故事。那兩姐妹都是情竇初開、未諳人事，對性愛又好奇又害羞，男子便撩起長袍，把雄糾糾氣昂昂的那話兒抖了出來，在兩位少女面前顯威風。女孩全害羞地用手臂遮臉，把頭垂下去不敢看，男子就說：「怕什麼？女人們愛它還來不及呢！不敢看？那妳們用手摸摸看好了。」於是女孩閉著眼用手去摸那勃起的陽具，反正遮住臉龐也就

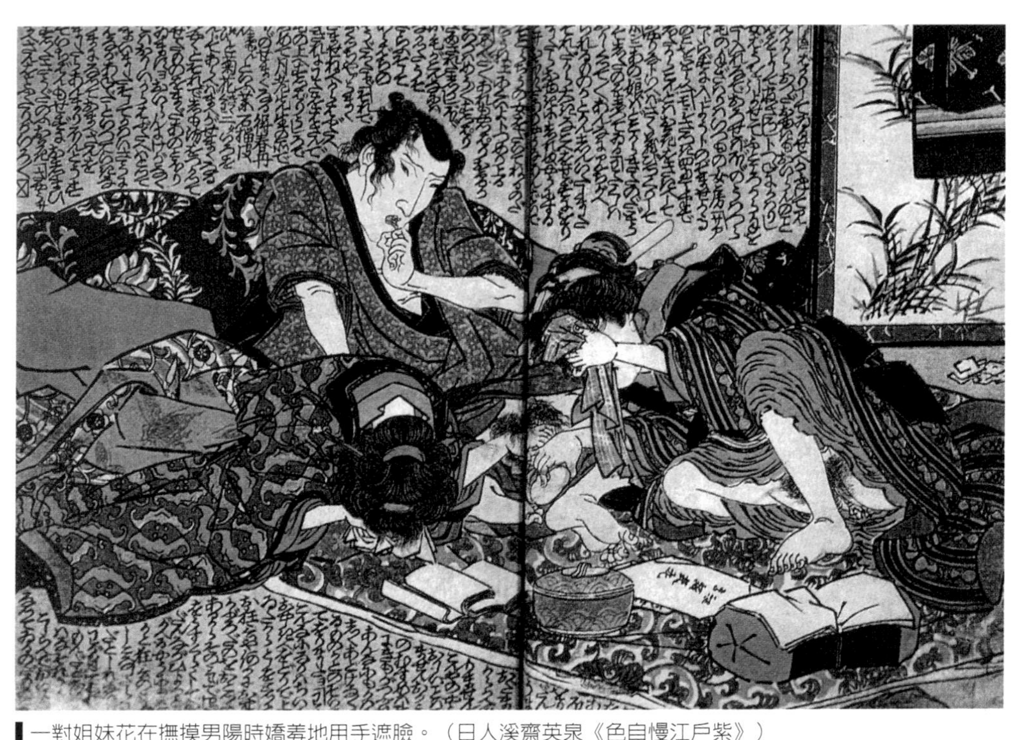

一對姐妹花在撫摸男陽時嬌羞地用手遮臉。（日人溪齋英泉《色自慢江戶紫》）

遮住羞恥了，手去幹什麼噁心事，由手自己丟醜去，跟我無關。

李敖在黃色小說《上山、上山、愛》裡，把少女小葇嬌羞之情描繪的很傳神，小葇就是靠關燈、要求兩人都用巾帕把眼睛矇住，以看不見來遮羞的。

少女會因沒有性經驗而羞怯，有性經驗的女人在第一次跟陌生男子做愛還是會因為不慣而羞赧。日人鳥之齋榮之於寬政期（西元一七八九至一八〇〇年）所繪的《逸題大錦判組物》中，就有一幅畫新婚的女子在回娘家的路上遇到強盜劫色，丈夫（或是家僕）嚇得轉身逃命，新娘子卻被強盜壓住了跑不掉，被剝脫成半裸，推仰在地，任強盜把勃起的陽具狠狠插入；無力抗拒的她也只能舉袖遮面，把羞慚的臉孔遮起，隨陌生的男人為所欲為了。

印度在十九世紀二十年代也有一幅作品，畫星夜時，一位盛妝的新娘正嬌羞地低著頭，任媒婆領著她來到新郎已在內等候的洞房。洞房門口有一位女侍趕忙掀簾迓迎，一邊手持火炬照明，把新郎迫不及待的心情暗示得十分清楚，遠處高樓上坐著新娘的舊情人，正獨自咀嚼著這心痛如刀割的況味。

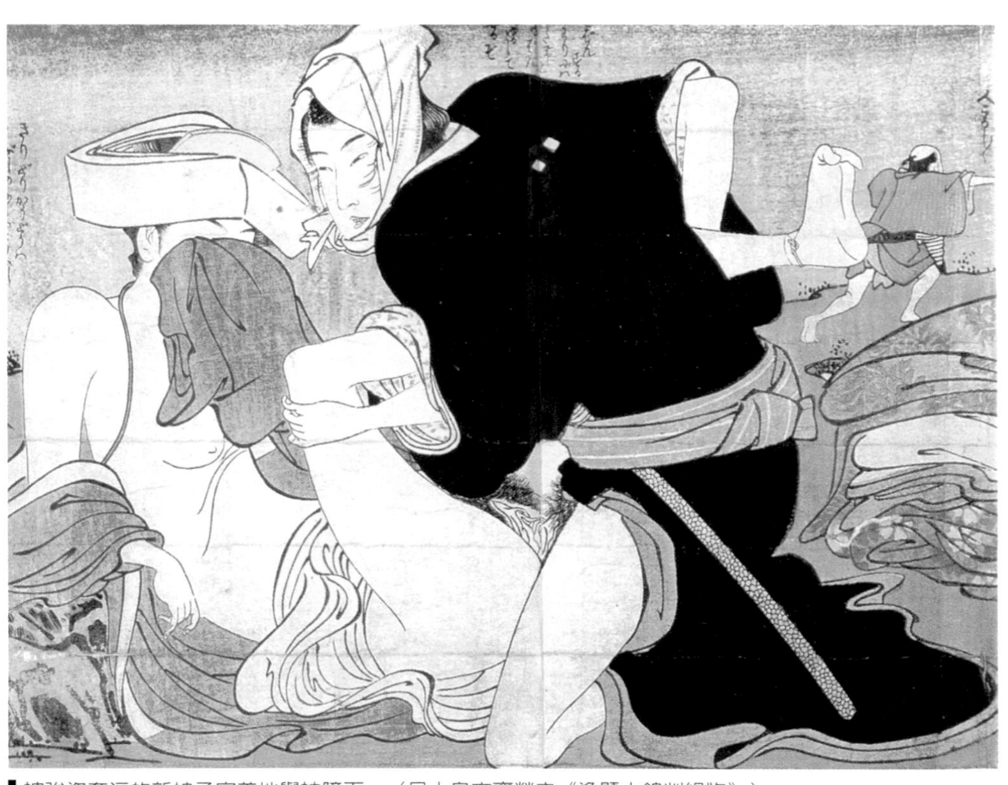

被強盜姦污的新娘子害羞地舉袖障面。（日人鳥文齋榮之《逸題大錦判組物》）

當年李後主亡國被擄，關在汴京作違命侯，他嬌豔的愛妻小周后不也是如此這般地被引入皇宮，來到風流好色的宋太宗趙匡義面前嗎！獨坐高樓，心痛如刀割的李後主只能悲痛的吟詠：「春花秋月何時了，往事知多少？小樓昨夜又東風，故國不堪回首月明中……」

從印度的這幅彩畫可以推想，小周后被送到宋太宗面前脫衣侍寢時，也是羞憤交加、覺得生不如死吧，那就更平添了宋太宗的性愛之樂了。

諺云：「一回生，二回熟。」女人頭一次和陌生男人做愛時，都會因生疏而害羞；等待第二次以後駕輕就熟，就不太會害羞了，羞態之可貴在於此。

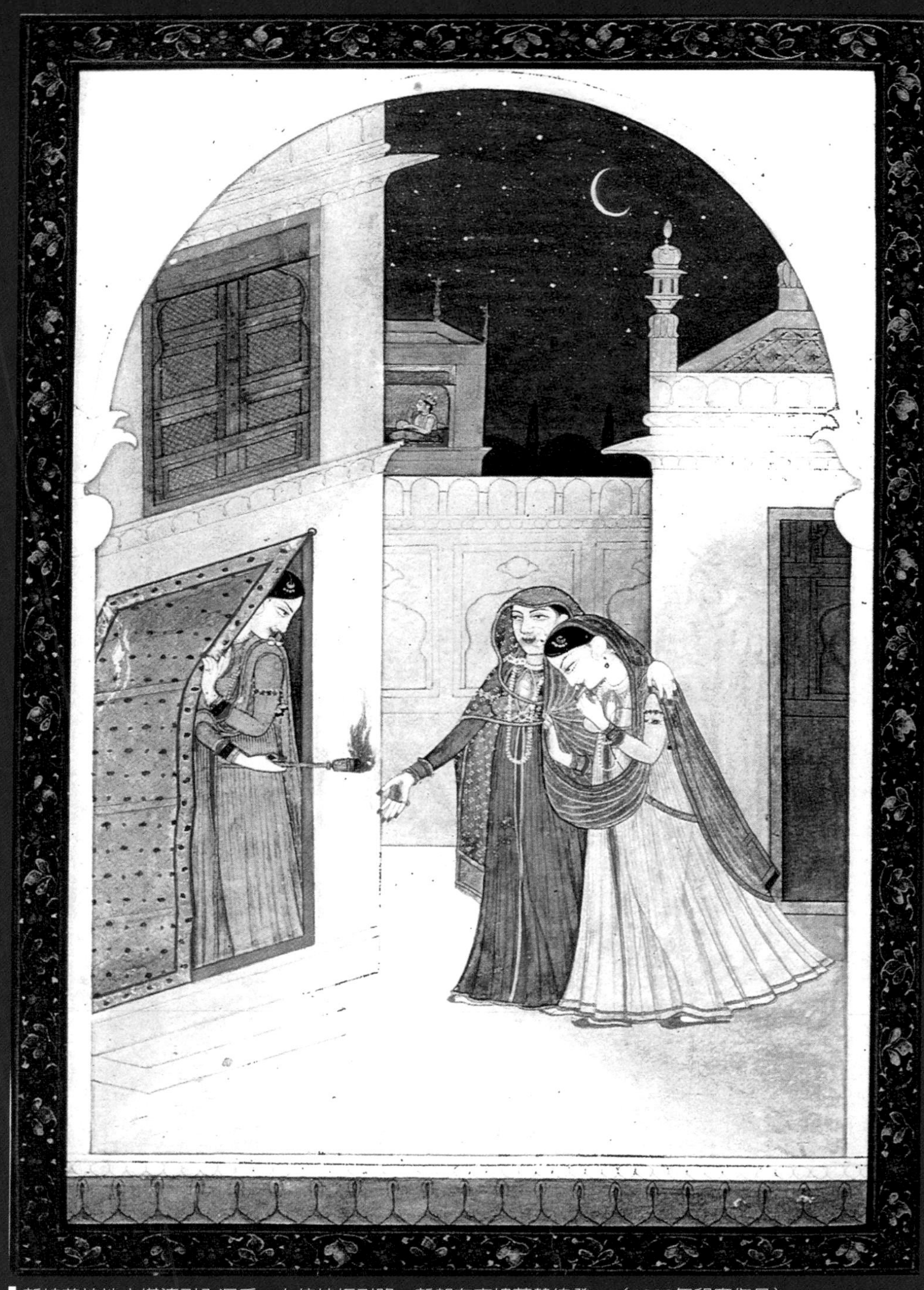

新娘羞怯地由媒婆引入洞房，女侍持炬引路，新郎在高樓蓄勢待發。（1802年印度作品）

女人的尿姿

是看圖片？錄影帶？還是真人表演？如果是真正的女性溺尿，你是從後面偷看？側面偷看？還是大大方方的從正面細看？

女性覺得上廁所是件很羞恥的事情，所以一般來說都會把門關上、不肯讓別人看到。如果她肯劈開腿溺尿給你看，表示她對你的愛毫無保留，她願為你做任何事來討你的歡喜。

可是一般的情人往往還沒有愛到如此「開誠佈公」的地步，所以男的多半沒正面清楚地看過跟他同床共枕的女性是如何撒尿的。再相愛的人也應該各自保有一點隱私，上廁所或許就是一般情侶各自保有的隱私之一吧。也因為一般女性不肯在男人面前小解，所以撞見喜歡或漂亮的女性小解，就成了極為刺激煽情的一件事。煽情到忍不住寫詩填詞以誌其事。

元明之際，有個文人叫王成寧，有一回騎馬經過鄉間，正巧看到一位婦女在自家後院小便，就馬上口占一曲「塞鴻秋」說：

> 綠楊深鎖誰家院，見一女嬌娥急走行方便。揭起綺羅裙，露出花心現，衝破碧苔痕，滿地珍珠濺，不想墻兒外馬上人瞧見。

真是一雙賊眼，看得忒清楚，也不怕長了針眼。

明朝中葉蘭陵笑笑生的長篇章回小說《金瓶梅詞話》

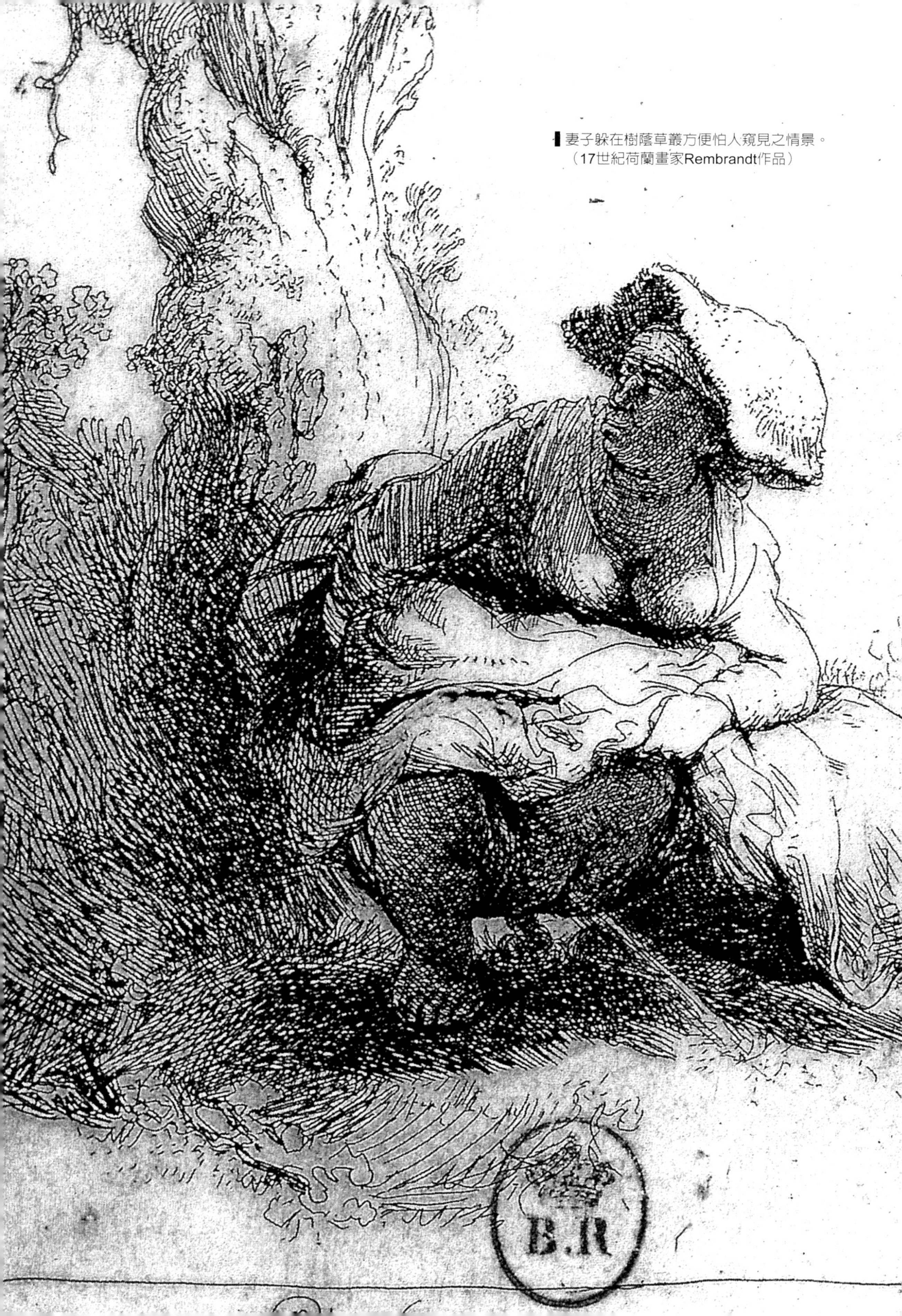

妻子躲在樹蔭草叢方便怕人窺見之情景。
（17世紀荷蘭畫家Rembrandt作品）

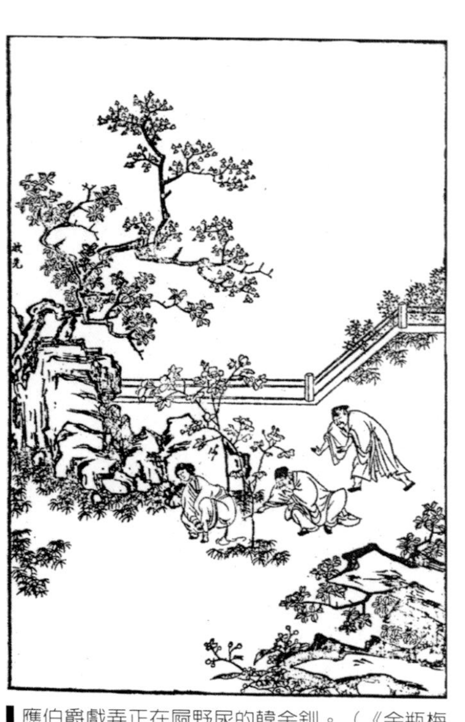
應伯爵戲弄正在屙野尿的韓金釧。（《金瓶梅詞話》木刻版畫）

第五十四回裡，也說應伯爵請客，西門慶帶了兩個妓女韓金釧、吳銀兒和琴師吳銘、李惠等人赴約，大夥到郊外劉太監家園中野餐，彈唱助興。酒醉茶飽快散席時，一眨眼不見了韓金釧。應伯爵便躡足潛蹤尋去，結果「只見（韓金釧）在湖山石下撒尿，露出一條紅線，抛卻萬顆明珠」；應伯爵一時興起，「在隔籬笆眼，把草戲她的牝口。韓金釧撒也撒不完，吃了一驚就立起，褲腰都濕了，罵道：『碜短命，恁尖酸的沒槽道！』面都紅了，帶笑帶罵出來……。」

明朝無遮道人《海陵佚史》上卷中，也說金朝海陵王的後宮有個柔妃名叫彌勒，是耶律氏的女兒，長得美麗非凡。彌勒十歲時，與鄰居十二歲的哈密都盧很要好，兩人情竇初開，對性事都很好奇。哈密先小便給彌勒看，也要彌勒小便給他看。書上說：「彌勒羞澀不肯，哈密都盧再三強之，彌勒乃蹲踞而溺，其聲滋滋，如秋蟬之鳴；其濺紛紛，如瀑布之傾。哈密都盧俯而視之，彼此皆笑……。」描寫得鮮活生動、情趣盎然。

由以上所舉的例子可知，女人一般是蹲著小便，而男人則是站著撒尿；這一點點差別讓中國產生了一句輕蔑女性的諺語說「女人撒尿，濺不上壁。」我不知道男人撒尿可以濺濕牆壁又有什麼好驕傲的？來得及用顏體或張草書寫「中華民國萬歲」或「三民主義萬歲」嗎？就算來得及寫又如何？可笑可笑。

這句古諺似乎是要借男女小便姿勢的不同來說明「男尊女卑」的道理，因為男人是站著屙尿，女人都是蹲著撒，所以男人自然比女人高貴。可是，這樣的邏輯通嗎？有本事，要藉姿勢高低比身份，那男人大便也得站著屙才算，才真正徹底的高女人一截。我不知道有那個自命比女性尊貴的男人有本事站著拉屎。

上帝不曾規定只有男人小便可以用站的、女人小便一定得蹲下，所以我猜遠古人類還沒有發明衣褲時，女人也都是和男人一樣站著撒尿。理由很簡單，在充滿危機的大自然環境中，站著永遠比蹲著更便於自衛或逃跑，在生存競爭中具有一定的優勢。

後來，人類文明演進到穿衣穿褲的時代，因為生理構造的差異，所謂「男人撒尿一條線，女人撒尿圍著屁股轉

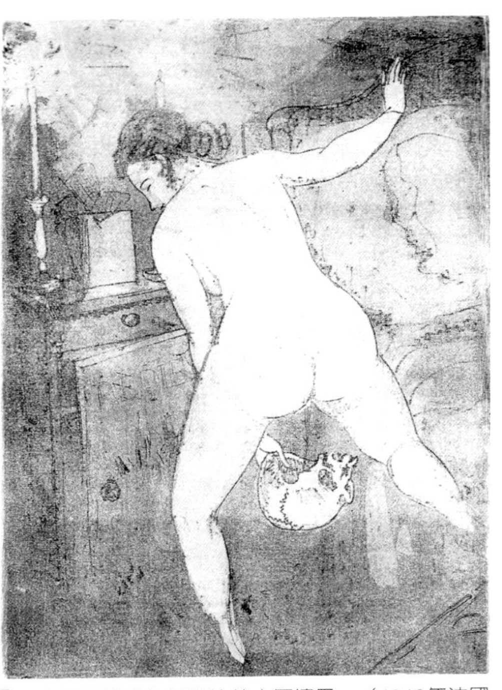

少女以頭顱骨為尿壺站著小便情景。（1912年法國Marcel Vertes銅版畫）

（音倦）」，女人站著尿容易弄濕內褲，才漸漸流行男站女蹲的不同尿姿。

可是有規則就有例外，古今中外還是有些地方、有些場合、有些女人偏偏愛站著撒尿，或風俗使然，或圖個方便，或竟是標新立異要跟男性看齊。

元朝人周達觀出使柬埔寨回國後，把在當地的所見所聞寫成《真臘風土記》一書，當中有一節「耕種」，末尾說「婦女亦有立而溺者，可笑可笑。」可見十三世紀時，東南亞柬埔寨有些女人是站著小便的，因為當地氣候炎熱，婦女公然裸身到河裡洗澡，順便就站著撒尿了。這是風俗習慣使然，一點也不可笑。

大陸作家王小波《黃金時代》裡也說，雲南邊境傣族婦女穿筒裙，「筒裙就像個布筒子，下口只有一尺寬，會穿的人在裡面可以幹各種事，包括在大街上撒尿，不用蹲下來。」可見至今傣族婦女還跟昔日柬埔寨女一樣站著溺尿。十七世紀歐洲文藝復興時代，上流社會的貴婦人流行穿多層蓬鬆呈輻射狀的長裙，脫下時很花工夫，可是三不五時就要小便怎麼辦？當時就研發出專供婦人站著小便的尿壺，要小便時，把裙子撩起，叉開雙腿，對準尿壺站

著屙尿。也因為要如此小便，婦女在圓蓬裙內是不穿內褲的；一如穿和服就可以小便。

十七世紀的銅版畫當中，有兩幅描繪婦女站著小便。一幅是婦人躬身翹臀，右手拿著尿壺到胯間承接尿液；一幅是貴婦人站著，雙手撩起長裙小便，男侍以左手持尿壺躬身前接。

十八世紀宮廷畫家布薛（Boucher）曾為法王路易十五畫了許多描繪宮闈春色的油畫，其中有一幅完成於一七四二年，描繪少女撩起長裙站著小便的情景。她用右手拿著尿盆至胯間接尿，左手還伸到私處去撥弄，好讓小便可以對準尿盆。

這幅油畫後來被拿破崙三世攜藏於土伊勒里宮（位於巴黎羅浮宮旁），一八七一年土宮大火，此畫也被燬，只倖存了雷卡特（Lecakre）偷偷拍下的照片。

一九二〇年代，旅居法國的日本畫家藤田嗣治，也曾畫過當時的新潮巴黎婦女在公廁內站著撒尿的豪放英姿。

日本作家瀧澤馬琴（西元一七六七至一八四八年在世）也在其書中談到十九世紀初京都風俗說：「京都家家戶戶之廁所前有小便擔桶，女人亦小便於此，且富家之女亦小便於此，且富家之女亦立而尿之，但良賤皆不用紙。」一說十九世紀京都婦女無分貴賤都站著尿入小便擔桶中，且尿後並不擦拭，的確跟男人一樣。

我還在日本情色片中看到好多位AV女優被人吊綁起來，百般狎虐，因為時間頗長，女主角不得自由，尿急了，也就顧不得羞恥，在攝影鏡頭前嘩嘩啦啦地站著小便了，被迫完成導演所要求的屈辱動作，稱為「拘束放尿」。

因為罕見，所以刺激；如果司空見慣，也就毫無情趣可言了。

最後要說的是，當男人什麼都比不過女人，只能比溺尿姿勢的高矮時，也是沒出息。

▌上：宮廷貴婦站著小便的情形。（18世紀法國畫家Boucher油畫，此畫今已燬）

▌中：歐洲婦人站著用尿盆接小便。（17世紀銅版畫）

▌下：男侍以尿壺承接女主人的小便。

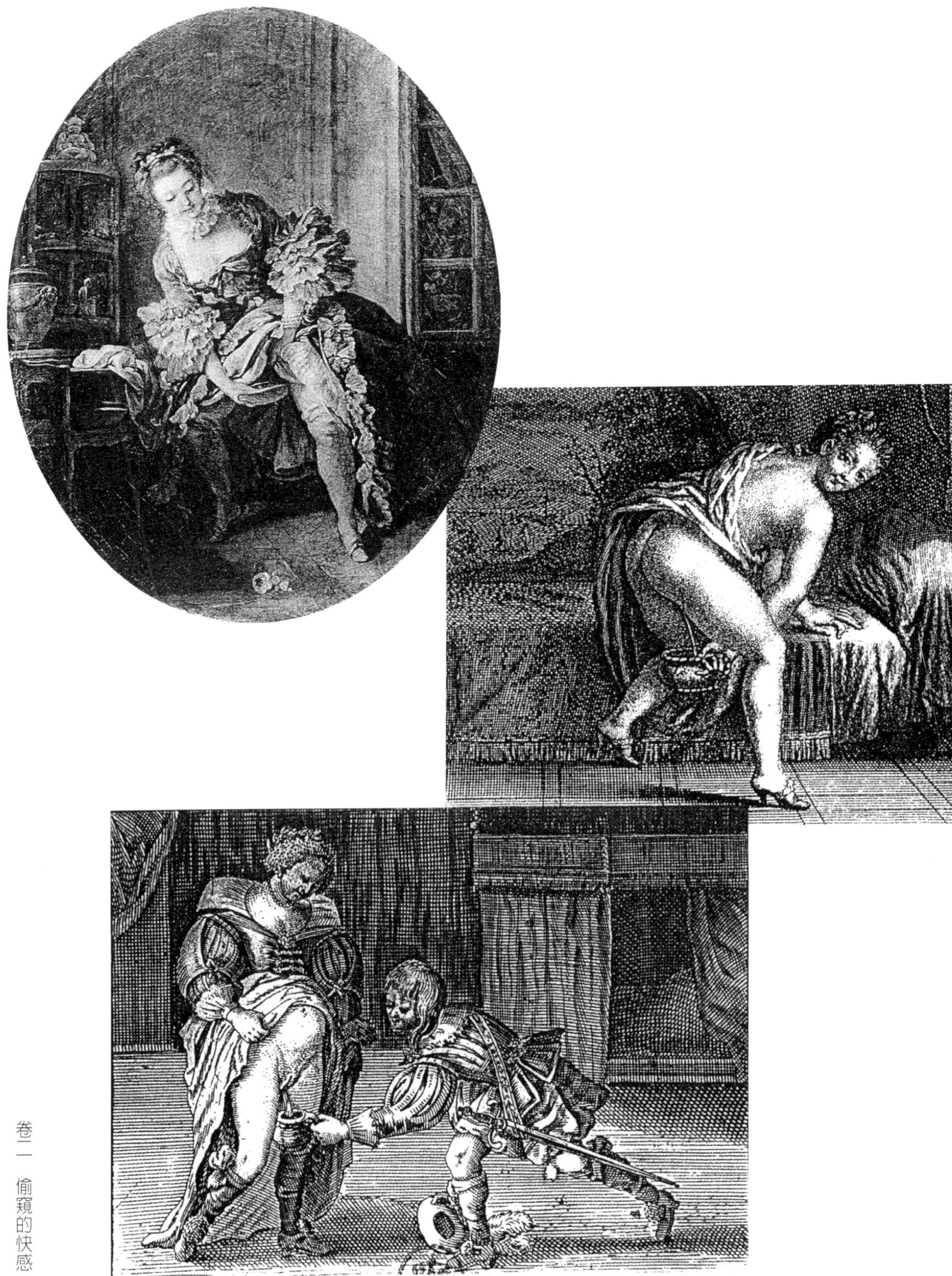

關於陰毛的故事

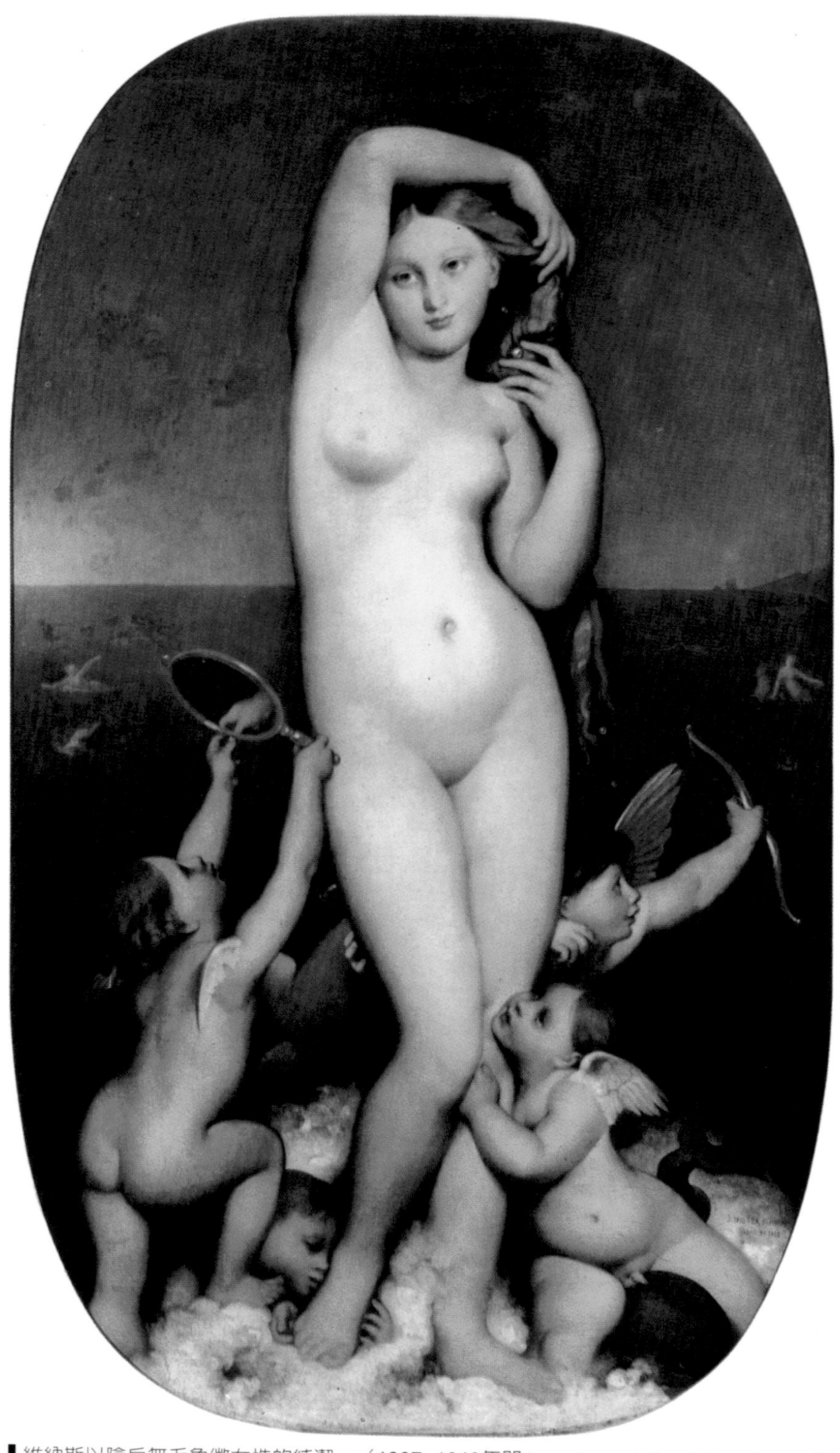

▌維納斯以陰戶無毛象徵女性的純潔。（1807~1848年間Jean August Dominique Ingres作品，法國巴黎羅浮宮藏）

陰毛的審美觀

生長在陰部的毛稱作「陰毛」，這是學者和一般人的講法；在道學家口中則稱為「恥毛」，養生家則稱為「聖毛」，鄉野小民也有稱它作「寒毛」的，更粗俗的講法則以性別區分，女人的是兩個字、男人的三個字。

男孩女孩剛生下來時，長了頭髮卻沒長陰毛，要到十二、三歲左右，陰毛才逐漸長出來，標示已進入青春期，也就是可以開始有性生活了。

陰毛的色情意味濃烈，不光是出現的時間敏感，連生長的部位都那樣靠近性器官，說明它是為性愛而生、為性愛提供服務的。

西洋學者專家研究指出，男女成熟後在恥部長毛，是為了緩解做愛時雙方肉體劇烈磨擦把細嫩的肌膚磨得紅腫疼痛。

此外，人體的每個孔都長毛、各有其功用：眉毛是防止雨水、汗水流入眼睛，睫毛是防止飛沙小虫闖入眼睛，鼻毛、耳毛是阻擋灰塵異物進入鼻孔、耳孔，陰毛也兼有防止灰塵異物闖入陰戶的功用。在還沒穿褲子習慣的原始時代，陰毛的這項功能還是很管用的。

只不過，陰毛再濃密，也阻擋不了一種異物的硬闖，那就是勃起的陽具。

陰毛覆蓋在陰阜上，乍看之下是要遮護陰戶、阻撓陽物的入侵；實際上它卻是一種誘惑、一種邀請，像在說：「在我的下面，有個通往快樂天堂的隱藏的門戶啊！」

陰毛與性愛關係密切，自然就成為男女情人間好奇與製造情趣的焦點。

年輕男女初戀時，會小心保留對方的頭髮作紀念，等關係更進一步時，便會保留對方的陰毛。對只有不固定關係的情人，陰毛的保存價值就更大了。

陰毛看多了，就漸漸能分辨美醜，據說陰毛有四美：黑、油、曲、亮。

曾經看過一幅漫畫，有一群日本人圍在表演台下看一個西洋少女跳脫衣舞，少女脫光之際，一人側臉對同伴說：「毛還是金色的哩！」

金色有啥好看？不過少見稀罕罷了。陰毛還是以黑色的最美，與白色的肌膚對比最強烈，視覺上最刺激，充滿了神祕的魅力。

陰毛的油和亮標示了健康狀況良好、性愛時能充分配合、淋漓盡致。

陰毛要彎曲才有韻味，也才更充分發揮了阻隔磨擦和防止異物闖入的功能。

陰毛宜少不宜多，宜約不宜泛，以秀氣的美，如果毛多而亂，在古代相書上說是：「主淫」，表示該人貪淫好色。所謂「陰毛亂如草，男女無貞操」是也。難怪在一本色情文學上說，男主角揪著情婦的陰毛，笑問：「妳這裡的毛怎麼長得這麼多？」情婦無奈地說：「騷嘛！」日本古諺也說「毛多性淫」。

頭髮亂了要梳，陰毛太多太亂也要梳。可以自己梳，也可以請情人代勞，又成了閨中的情趣之一。清朝風流小說《品花寶鑑》第五十一回上就說：「（李）元茂……一手摸著（妻子）孫氏那個東西，覺得飽滿可愛，而且蓬蓬鬆鬆毛長且茂，閒著把它梳理梳理，孫氏也不阻攔他。」

陰毛的存在，洩露了女人秘藏的情慾。從外表上看，女人是何等莊重貞潔，等看到或摸到了陰毛，才知她也是會騷的；陰毛是由貞潔過渡到淫蕩的重要媒介。

不過就是一撮毛，不同的女人陰毛也各不相同，色澤有濃淡之分、形狀有大小之異，所以不同的畫家在畫裸女時，陰毛也畫得各不相同，有的淡墨渲染、有的細筆精描、有的蚪曲糾纏、有的雜亂無章，藝術家企圖透過陰毛的描繪來刻畫毛主或嫻淑貞靜、或熱情豪爽的不同個性，不可等閒視之。

在描寫男女性愛的文學作品中，有時也因描繪女主角的身姿而及於陰毛。有趣的是，女作家往往忽略了女主角的陰毛，一筆帶過，只有男作家才會津津有味地細寫女主角陰毛長相。

像日本作家三島由紀夫在《憂國》裡，男主角武山信二中尉決定切腹自殺前，與新婚妻子麗子最後一回做愛，曾細細端詳妻子的裸體：「……從胸脯到腹部之間那段天賦的自然窪陷，柔軟卻又繃藏著彈力，……陰影逐漸濃聚的部份，纖毛敏感的叢生著，那種芳香濃馥的花朵燒焦了似的氣味，隨著未能平靜下來的身體不住的搖動，漸漸的濃烈起來。」

已故大陸年輕作家王小波在《似水流年》中，形容少女線條的身體說：「皮膚潔白，雙腿又直又長，腰非常細，……在小腹上有很小一撮陰毛，雖然面積很小，但是很黑很亮。線條對此非常自豪。她說這一點非常重要，假如沒有的話，就不好看；太多太亂，也是不好。」

陰毛使女人私處充滿了神秘之美。如果不長陰毛、只見陰戶，就太突兀而顯得醜陋了，這樣的女人俗稱「白虎」。

俗傳男人如果碰到「白虎」，是會倒霉的，除非他也是下體無毛的「青龍」，才能轉凶為吉。下體不長毛是因為內分泌失調、身體有病，男人若要長期照顧體弱多病的女人，總是辛苦吃力，倒霉之說倒也不全是迷信。

據說，據十多年前的報紙上說，有個少女嫌自己下體無毛，到醫院請求醫師替她植毛。醫生把她的頭髮移植到陰阜上，她還擔心長出的陰毛是直的，不好看，結果「橘逾淮而為枳」，長在頭上是直的，長到胯間就成了彎彎曲曲的了，令人讚嘆造物之奇妙。

二〇〇三年九月二十一日《世界日報》的彩色萬象版上，還有一則「早生貴子・陰部造林」的趣聞，值得台灣的哈韓族關注。報導說南韓最近吹起一股陰毛移植風，由於南韓人將女性陰毛濃密視為生殖力旺盛的象徵，許多求子心切的女性，紛紛求助於外科醫師，將自己烏黑的秀髮移植到私處，只希望能早生貴子，一次手術費用相當於二千七百美元。

在南韓開業為女性移植陰毛的德國外科醫師法特米說：「亞洲人頭髮的結構與陰毛相似，用來移植還便於控制長度，移植後也不易脫落，接受移植手術者需施打麻醉劑，傷口繃帶在手術隔天就可拆除，移植者的日常生活不會有太多困擾。」

不知道可有哈韓族少女坐飛機到韓國去移植陰毛的？

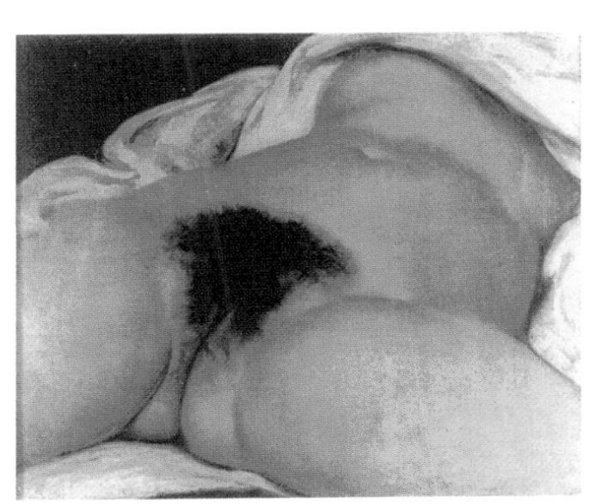

韓國人視女性陰毛濃密為多子之徵兆。（1866年Gustave Courbet《世界之起源》）

陰毛的修飾

陰毛有美學和實用的功能，可是基於風俗習慣、宗教、醫學、審美或情趣的要求，人們也會將陰毛作局部修飾或完全剃淨。

如何將女性的陰毛修飾成形或一根不留完全除盡呢？從歷史文獻、影像和圖片資料歸納所得，約有以下六種。

一是用手拔。有些男子在與情人發生肌膚之親後，要拔女孩幾根陰毛作記念，日後分手時，可以睹物思情。當男子提出拔毛的要求時，女孩總是又羞又怕，因為拔時會有些疼痛，又要把羞人的私處張開，任人仔細飽覽，真是難忍難堪啊！可是，女孩連身子都捨了，還捨不得幾根拔了之後還會再長的毛嗎？當然只好忍羞忍痛張腿挨拔嘍，這樣可滿足了一心只想玩玩的男人的收集癖、滿足了有虐待狂男人的淫虐癖。拔時，看女孩顰眉蹙額、滿臉羞紅的模樣、聽她嬌媚呼疼的呻吟，真是別有情趣的享樂。

不是今人才懂得拔陰毛留念，古人早就想到了。在清人曹去晶的章回小說《姑妄言》第三回裡，鐵化之妻火氏就曾對情郎竹思寬說：「你若捨得，再把下身陰毛拔幾根與我，我做個小荷包裝著，日夜帶在身上，如同與你相伴一般……。」

同書第二十一回，李自成妻子韓氏也曾罵情郎李過說：「沒良心的，我當日同你何等相厚，你要我的陰毛做表記，我還拔了一大把送你，我來了這些日子，你竟不睬我一睬。」

黃春明的短篇小說《莎喲娜啦，再見》裡，也說日本嫖客來台買春，嫖過一名妓女，便拔她一根陰毛作記念，貼在記事本上，標註毛主姓名、身材容貌和做愛特徵，希望能集滿一千個標本，稱為「千人斬」云云。

日人小妻要有一幅鉛筆畫，畫一個男子將女孩脫得一絲不掛後，雙手反綁於柱，抓著她的屁股不讓閃躲，細細端詳拔下的陰毛，臉上露出的淫笑，和女孩蹙額皺眉的痛苦表情，成了強烈的對比，此圖可為黃春明小說作註。

二是用鑷子。鑷子是拔雞毛、鴨毛和豬毛的工具，當然也可以用來鑷拔女孩的陰毛，一鑷一根，效率更高，只不過似乎沒看誰用過。

三是用火燒。屠夫要去除大片豬毛時，往往用乙烯噴火槍來火燎，一燒一大片。要去掉女性的陰毛時，當然不能用同樣的工具，但可以用打火機或蠟燭，燒幾根陰毛為樂。燒時，陰毛會退縮屈虬、凝成珠粒，最後再用剪刀連根剪去即可。

四是用剪修。剪刀可以剪指甲，當然也可以剪鬍子、剪陰毛。

在西元一七〇〇年，荷蘭有位佚名畫家用蠟筆描繪一家妓院的老鴇正用剪刀替旗下妓女修剪陰毛，以便取悅顧客，一旁的龜奴把帳幔揭開，讓我們欣賞，但又伸指於唇間示意，要我們不要出聲，驚擾了她們的準備工作。

此外，在西元一七四八年一位佚名畫家所繪的銅版畫中，也可見一位女侍跪著替女主人修剪陰毛，以便稍後女主人幽會時給情節一個驚喜；不料情郎提前赴約，目睹了愛人正在修飾陰毛，情不可遏地推門而入，手握著勃起的陽具說：「快給我，妳看它都硬成這樣了。」女孩用右手捧著情郎的臉撫慰他說：「好乖，再忍耐一下，就快要修剪好了，修剪了好看，你連一分鐘都不能忍嗎？」邊說，卻邊盯著情郎那根硬挺的性具，一副渴盼的模樣。

真是一幅刻畫細緻、情趣盎然的銅版畫。

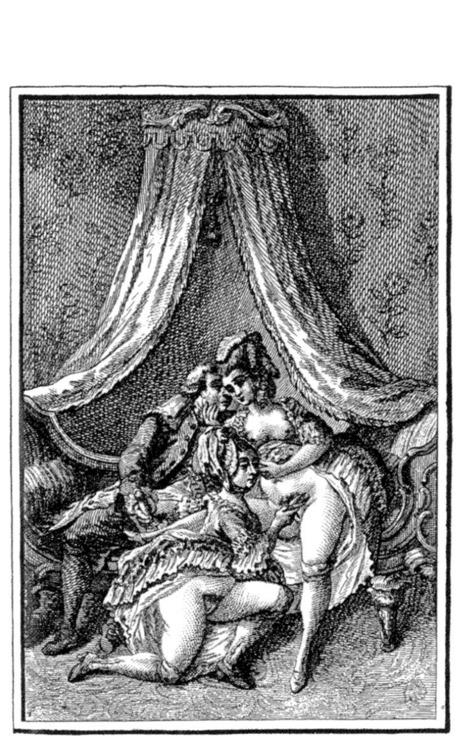

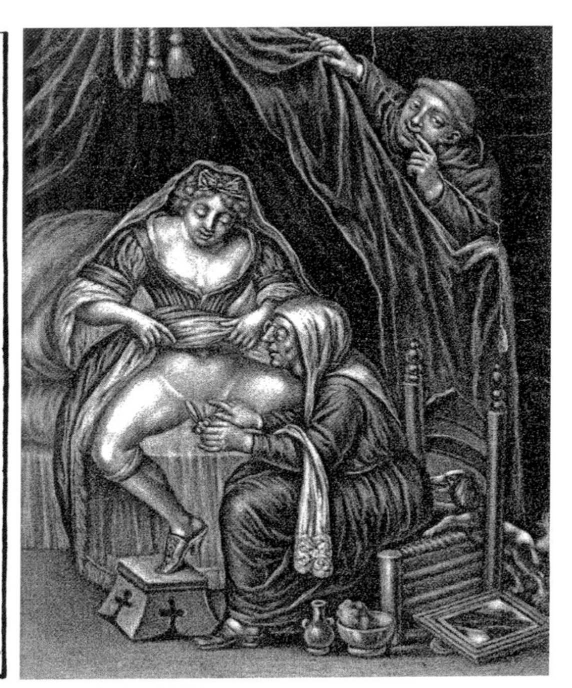

左：侍女為正在幽會的女主人修剪陰毛。（1748年佚名畫家銅版畫）
右：老鴇用剪刀替妓女修剪陰毛情景。（1700年荷蘭佚名畫家作品）

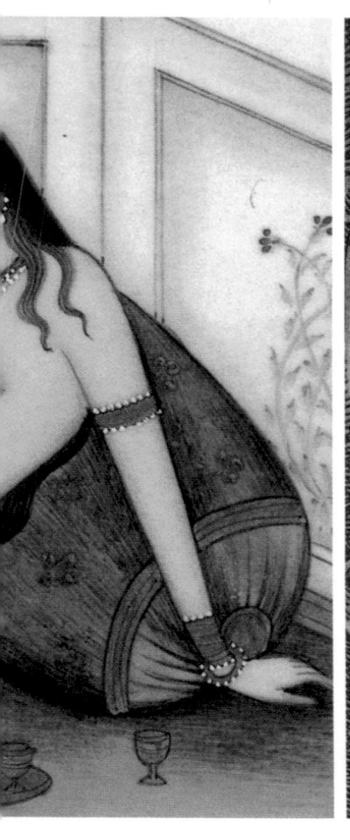

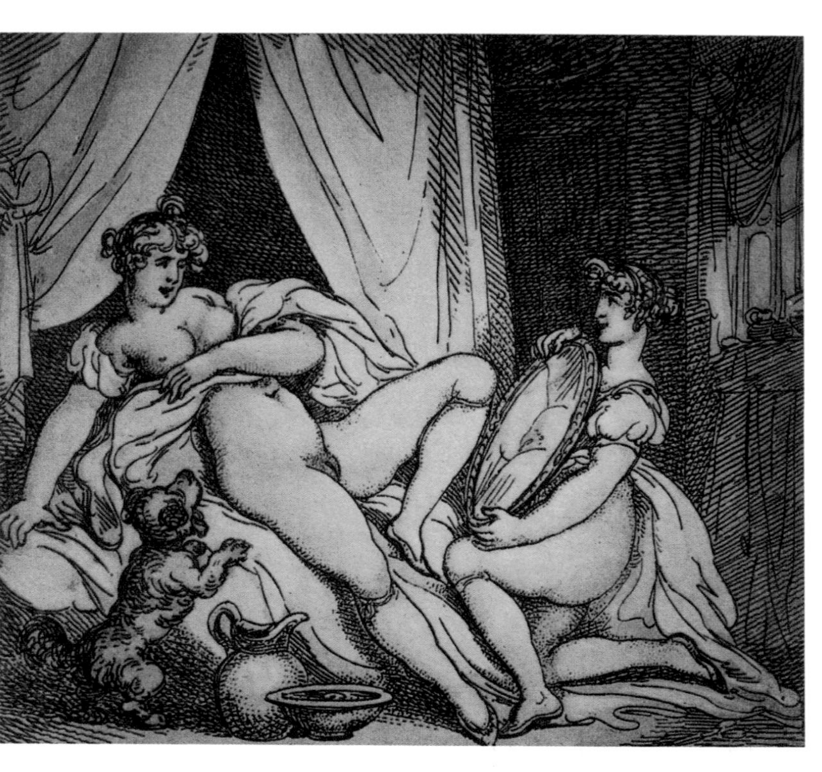

五是用刀刮。在從前，理髮師傅慣用刮鬍刀替男顧客刮鬍子、替女顧客刮陰毛，刮鬍刀可摺藏利刃於柄腹，構造像士林小刀，刀刃卻是直的，十分鋒利。

在十六世紀歐洲的銅版畫中，有一幅就畫貴婦召來男理髮師替她用刮鬍刀修飾陰毛的情景，一旁有女僕持燭照明，跟前還有一銅盆盛水，以備事後清洗。理髮師睜大眼睛凝神專注地刮著，貴婦則嬌羞地閉起了雙眼，女僕身後的小黑奴舉頭拍額，彷彿在說「怎麼這樣？」真的，若不是有圖為證，真不敢相信十六世紀歐洲有男理髮師為女顧客修飾陰毛的情形。

第六種是脫毛劑除毛。女性自己修飾陰毛時，多半採用此法，用棉花棒沾冷霜，覆在需要保存下來的陰毛上，而後再在四周的陰毛上塗一層脫毛霜，可以輕易地將陰毛修飾成可愛的心形，或任何妳喜歡的圖案。這是將一般人用來脫除腋毛、腳毛的脫毛霜另加巧妙使用的例子，把陰毛修飾成形，會給情郎帶來意外的驚喜，也能添增閨中的情趣，

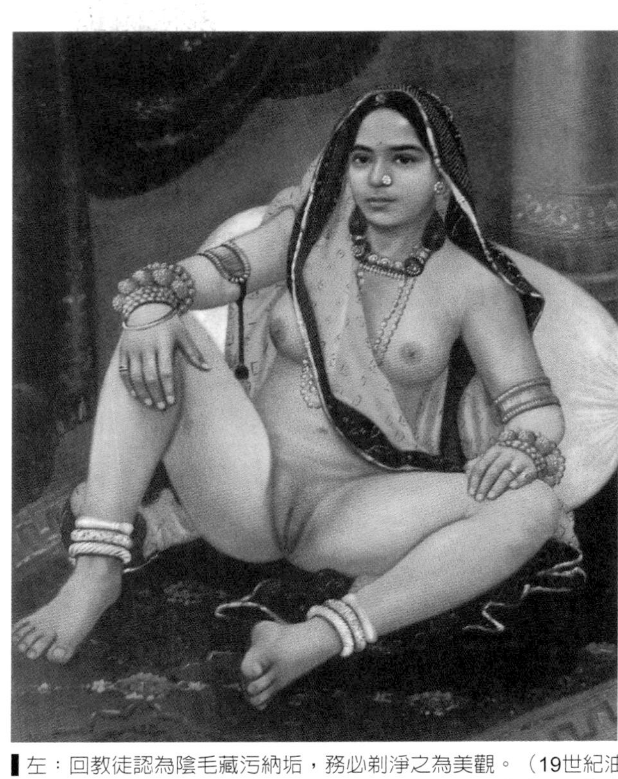

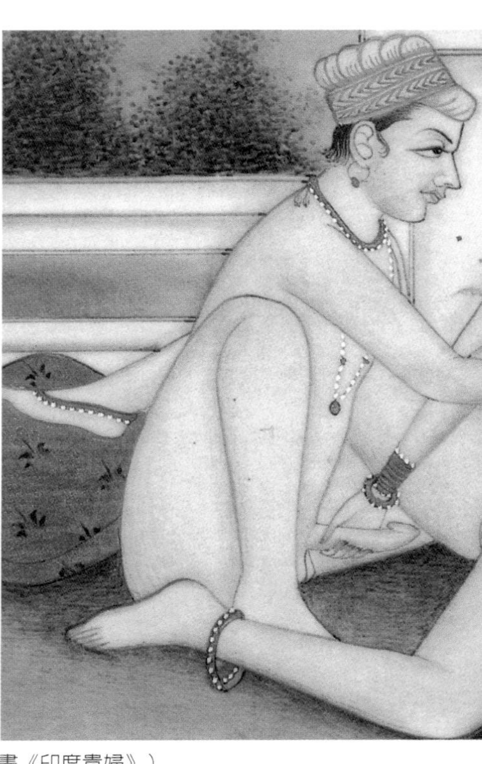

▌左：回教徒認為陰毛藏污納垢，務必剃淨之為美觀。（19世紀油畫《印度貴婦》）
▌中：王公貴婦下體陰毛都全部剃淨。（19世紀印度春畫，此畫今已佚失）
▌右：貴婦檢視侍女替她修剪後的陰部。（19世紀初Thomas Rowlandson銅版畫）

留心「內媚」之術的女性不可不知。

剃光陰毛為哪般？

二〇〇三年九月初，台中地檢署查獲一間地下錢莊暴力討債，強押一名欠錢不還的舞廳小姐到郊外，將她全身的毛髮剃光，逼她在一個月內還清借款，舞小姐最後走上自殺之路。

從新聞報導揣測，這名舞廳小姐被剃的毛髮包括一頭秀麗烏黑的長髮、兩腋間的腋毛，還有恥部的陰毛。頭髮的喪失也許對舞小姐的打擊最大，可是最屈辱難堪的卻是陰毛遭剃的過程。

人體的毛髮各有用途，陰毛是男女長大成熟，懂得性愛之歡時長出來的，目的在於減少做愛時肌膚彼此磨擦所引起的腫痛。

陰毛雖有其實際的功能，可是卻因為某些理由而被剃光。這種違反大自然「生態」的行逕很值得我們深入探討並加以介紹，為讀者們在與愛人私下相處時增添一個有趣的話題。

剃光陰毛的第一個原因是宗教戒律。回教徒無分男女都要把私處之毛剃淨，這對於不信回教的人聽來，覺得不可思議，但卻是千真萬確的事。

在印度、波斯的春宮畫上，可以很清楚地看到畫裸男女主角的私處都是沒有陰毛的；不是不長毛，是故意剃光了。

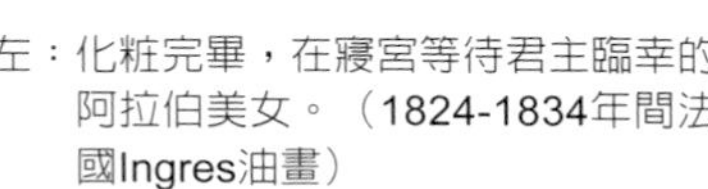

左：化粧完畢，在寢宮等待君主臨幸的阿拉伯美女。（1824-1834年間法國Ingres油畫）

右：中東美女下體光潔無毛。（19世紀法國畫家Ingres作品）

清朝人韓去晶《姑妄言》長篇章回色情小說裡，也有多處提到回教徒的這種禮俗。書上第三回說信回教的火氏的私處就「潔淨無毛，肥嫩動人」，下有小註說：「回回家男婦但有毛處無不拔淨者，相傳教門中專有一種為婦人剃陰毛者，名曰『剃小臉兒的』，然不知果否。」

同書第十回裡，宦萼也對童自大說：「回回家女人的陰毛是要剃盡了的，一個老回婆叫了個待詔（理髮師傅）到房去剃……。」童自大說：「那裡有這話？那東西怎好叫人剃？自己用鑷子拔，是有的。」

近人吉大豐、丁山綸著《人類性文化探秘》一書，第四章第二節「阿拉伯的宮闈生活」也說：「阿拉伯在其極盛時期，其君主的後宮擁有三百到一千二百個嬪妃……，當君主的召喚來臨，她就被火速簇擁到皇宮浴室沐浴、按摩、噴香水、剃淨全身的體毛、擦指甲油、洗髮、做髮，然後穿上合適的衣服、戴上珠寶，被送到君主的臥榻之上……。」剃淨全身的體毛，主要指陰毛和腋毛。

我在加拿大蒙特婁上法文課時，坐在旁邊的同學是阿富汗籍的阿敏，信回教，我向他請教此事，獲得他親口證實，並且說：「陰毛會藏污納垢，淨了比較乾淨；而且男

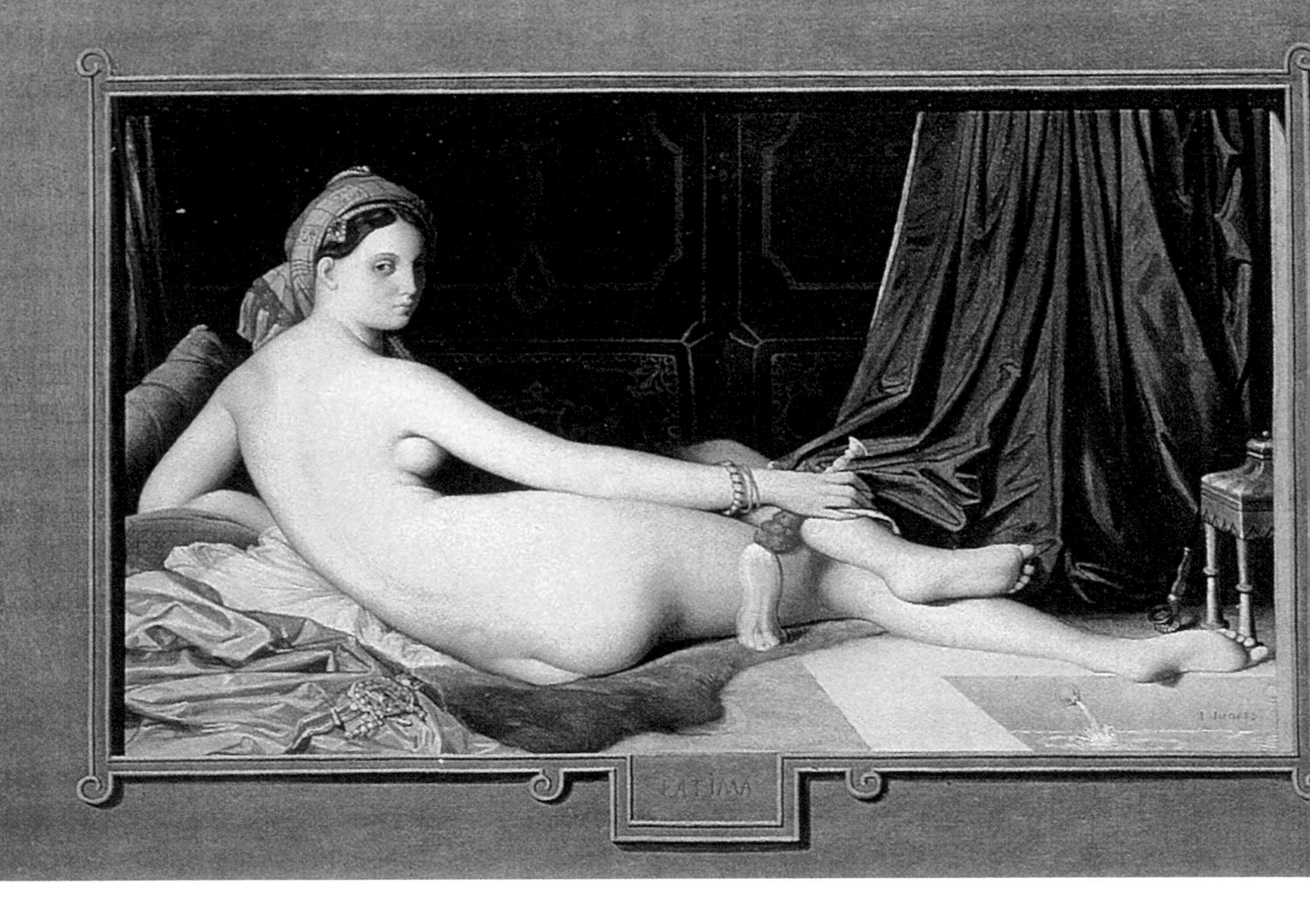

人剃光陰毛後，那話兒顯得更長、更威風。」

中東地區男女剃恥毛有其地理上的原因，因為那兒沙漠多、氣候酷熱、水資源可貴，不方便經常洗澡，把陰毛剃盡了比較能保持衛生。

此外，基於風俗習慣的原因，有些民族會把陰毛剃盡。據《台灣風物》十八卷二期中，〈台灣排灣族巡禮〉一文報導，排灣族男女有拔除陰毛的禮俗。另外，據《世界風俗》（國家出版社）一書說，古希臘的娼妓在接客前也要將私處陰毛剃除淨盡，並塗上香油，以取悅嫖客。

從後世出土古希臘在西元前六世紀的陶瓷器皿上所描繪的裸體娼妓，也可見她們私處的陰毛並不明顯。

《世界風俗》一書的作者還說：「在古代，只有猶太人欣賞女性陰部的毛，剃毛的主要目的也和臉部化粧一樣，是為了使自己看起來更年輕，如處女一般的美麗，恥毛少或全無恥毛，是馥郁的年輕美的象徵。」

難怪在西元前五世紀末、四世紀初，古希臘喜劇作家阿里斯托芬尼的喜劇《女人的和平》中，有如下的對白說：「啊！實在美麗，完全拔盡了草，清除得乾乾淨淨。」

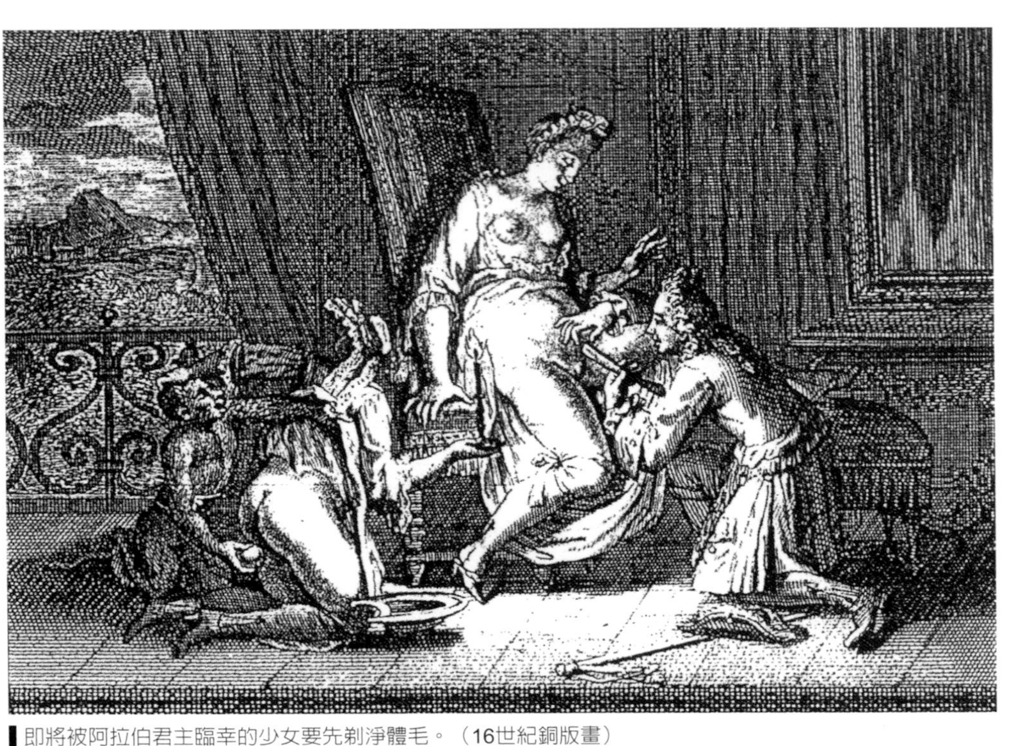

即將被阿拉伯君主臨幸的少女要先剃淨體毛。（16世紀銅版畫）

在《愛神》（Aphrodite）一劇中，也有如下的描述：「女奴跪在女主人面前，偎近她身邊，替她剃除下體的恥毛。她那美麗、宛如雕像般的裸體，使男人眼睛射出輝耀的光芒。」

難怪古希臘雕刻的維納斯女神像，其私處並未雕刻出恥毛。

除了宗教和風俗習慣讓人剃除陰毛外，第三個原因就是醫學上的需求了。當私處長了陰蝨需要治療時，陰毛剃盡後塗藥是最好的辦法。此外，當女人懷孕臨盆時，也需要剃盡陰毛，方便大夫接生。還有，當女性在接受開刀手術、摘除卵巢、子宮時，也是需要先剃淨恥毛的；男人在施行割除包皮手術時亦然。

第四個剃毛的原因就是添增男女性愛的情趣了。一個女人如果肯讓男人剃除她的陰毛，表示她對他的愛情是毫無保留的、全心奉獻的；女人如果不肯而男人用強，則會產生強烈的刺激與樂趣。在一些日本情色片中，便常會出現男人用強迫的手段以刮鬍刀替女人剃除恥毛為樂的情節，剃時先用鬍刷沾肥皂泡沫把女人的陰部塗滿，而後再一小塊一小塊小心翼翼地剃淨，剃了一會兒就把刮鬍刀浸入臉盆的水中，盪一盪讓刮鬍刀上的陰毛脫離刀刃，於是臉盆裡就浮轉著一根根彎曲的陰毛。被剃的女人羞恥無奈地張著腿，一動也不敢動地任人刮剃，深怕掙動時會被刀刃割傷，於是便產生了被虐待的楚楚可憐的味道，讓操刀的男人興起莫名的興奮。

在渡邊淳一的愛情長篇小說《泡沫》中，也有一段說男主角安藝在幽會時，故意將情婦抄子的陰毛剃光，好讓她回家後不得不設法避開丈夫的性需求，以為自己守貞。書上說：

> 明天天一亮，抄子就要回東京了，到了家之後她必須裝作若無其事地與丈夫交談、和孩子相處，完全投入平靜安穩的家庭生活。從表面上來看，在別墅裡渡過的這兩天，無疑地將成為過往雲煙。想到這裡，安藝突然想做一件事：他要在抄子的身上留下一個明顯的痕跡。
>
> 安藝窺視躺在身邊的抄子，腦中突然浮現一個計畫：想辦法把抄子的陰毛剃掉。
>
> 安藝向抄子提出這個請求，抄子居然同意了。她是想在把自己逼入絕境後，等丈夫主動提出離婚的要求，好讓自己下定決心與安藝廝守嗎？……
>
> 躺在雙人床中央的抄子紋風不動，胸口至腰際的部位蓋著毛毯，兩腿筆直伸出，兩股微微張開。安藝萬般珍愛地趴在抄子的陰部上，仔細端詳那一撮優雅的陰毛。
>
> 不久，安藝宛如大夢初醒般在抄子的陰部噴灑泡沫，開始操刀。剎時，抄子的腳部抽動了一下，後來就像死去一般一動也不動。
>
> 最初，安藝小心翼翼、誠惶誠恐，後來逐漸大膽地揮動剃刀；他以為自己正在進行一項神聖的使命。安藝用面紙將沾在剃刀上的毛擦掉，拿濕毛巾擦拭剃過的地方，覆蓋在黑色陰毛下的青蒼皮膚便顯露無遺……。

這段剃毛的情節，把男女幽會的香豔刺激推展到極致。

除了以上幾種原因外，如今又有人為逼債而將女人陰毛剃光者，噫！天下之大，何奇不有哉！

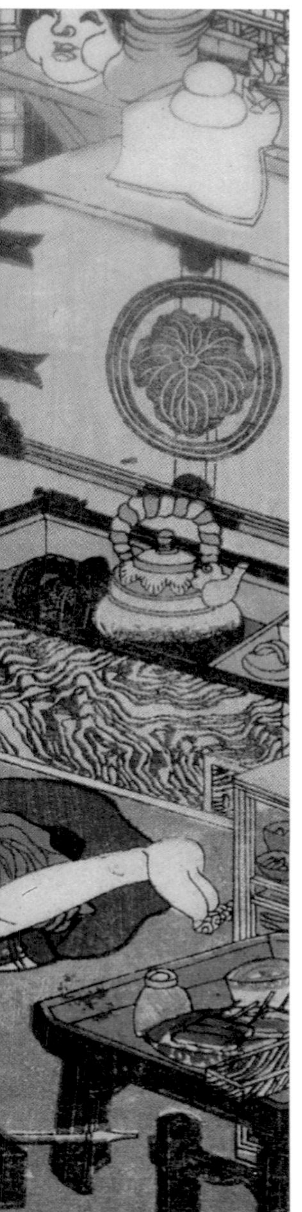

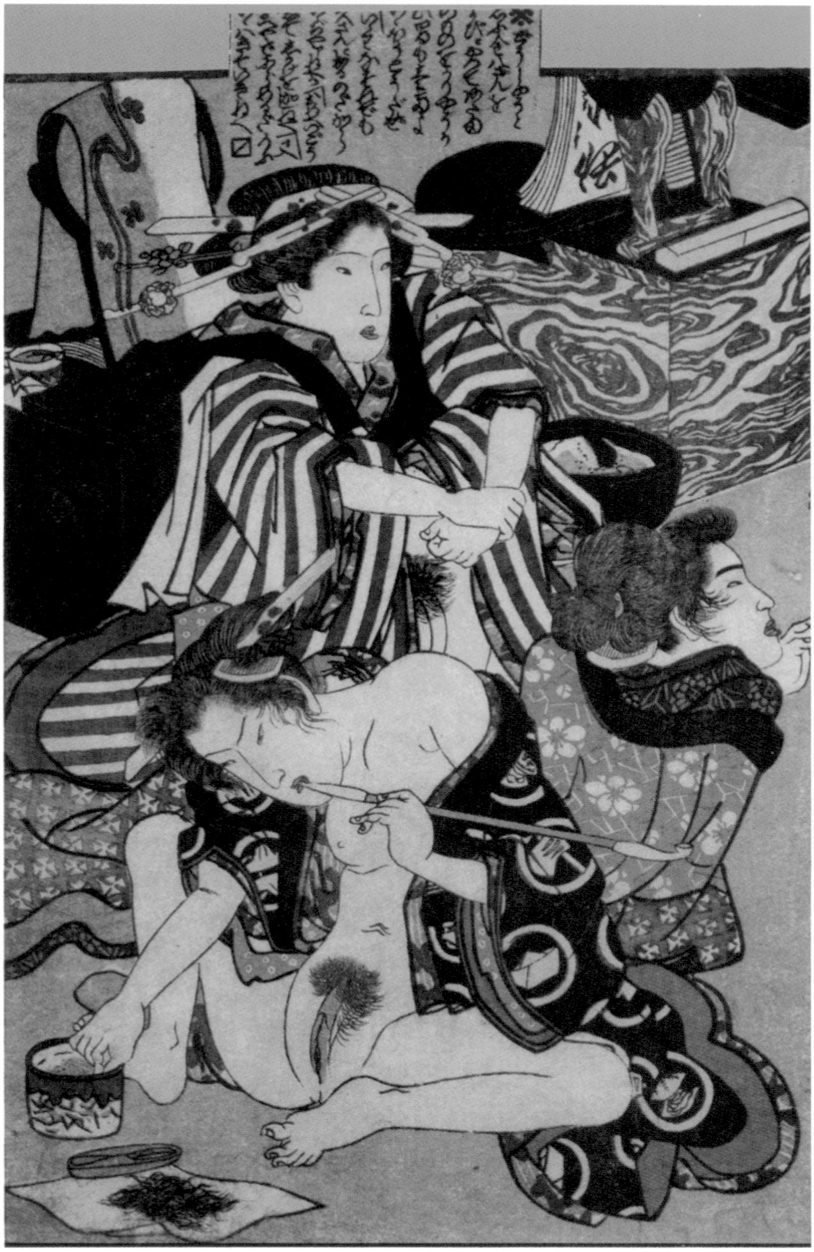

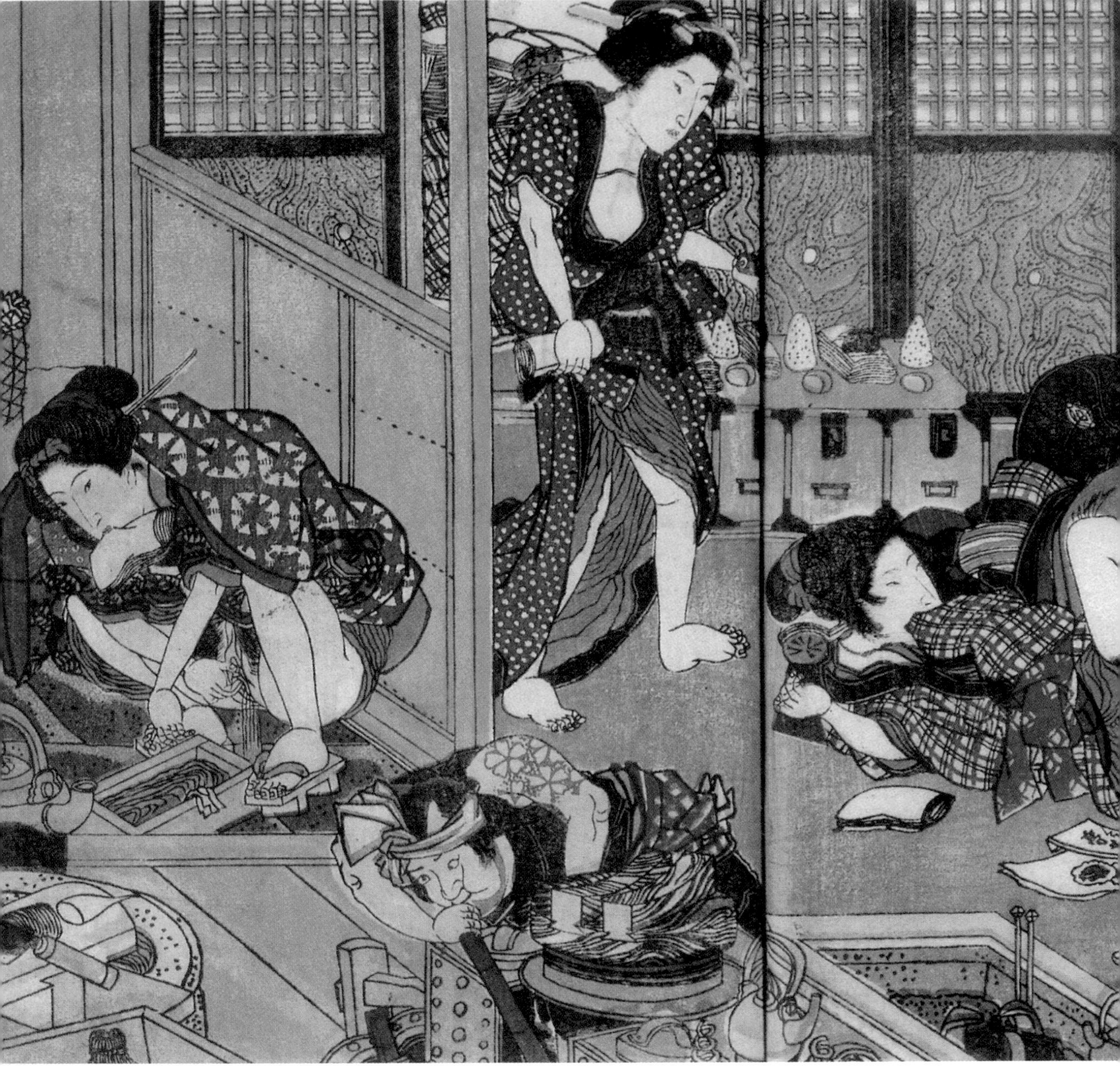

▌左：日本江戶的公共澡堂，右邊可見女服務生替女客修剪陰毛，左邊是一位女客人正在偷偷小便。（1829年歌川國虎浮世繪《梅好花乃移香》）

▌右：吉原藝妓午休時用手拔除雜亂的陰毛，使其整齊美觀。（1828年歌川國貞浮世繪）

放屁趣譚

好放屁的人兒臉皮厚，他在人前放屁，不知害羞。不害羞，不管人家臭不臭。我勸你，再休在人前丟醜陋。你若是不聽，拉到街頭，活活的與你塞上一塊肉，再想放屁不能夠。

——清人華廣生《白雪遺音》

前引這首俗曲是清朝時流行於山東濟南的一首馬頭調，歌曲名叫〈好放屁的〉，當時人就用流行的馬頭調弦律，唱前引的歌詞，嘲諷愛放屁的人。

值得注意的是最後幾句，說好放屁的如果不聽勸，就要往他的屁眼裡塞一塊肉。這一塊肉絕不是讀者所想的紅燒肉或湖南臘肉，而是指男人的那話兒。

原來在清朝時流行男同性戀，士大夫以狎玩男藝人（稱「相公」）為高尚之舉，視狎妓為低俗之事，男同性戀也是少數出家人發洩情慾的管道之一，時有老和尚雞姦小和尚的傳聞。

清初刊本《笑林廣記》卷八有一則「哭響屁」說：「一人以幼子命犯孤宿（命中討不到老婆），乃送出家。僧設酒款待。子偶撒一屁甚響，父不覺大慟。僧曰：『撒屁乃是常事，何以發悲？』父曰：『想我小兒此後要撒這個響屁，再不能夠了。』」

笑話與俗曲兩相對照，才令人恍然大悟，一下子兩個都弄懂了。

＊　＊　＊

屁是通過小腸、大腸從肛門逸出來的氣體，有時有味無聲，有時有聲無味，有時聲味皆無，有時聲味兼具。有聲因為氣急，有味因為大腸中積屎，屁通過大腸時受到污染而變臭。

俗話說：「響屁不臭，臭屁不響。」放了響屁的人常常以此解嘲圓屁，可是旁聽者往往不敢苟同。事實上，世間儘多很響的臭屁，也很多不響的清屁。

屁之臭與不臭無關乎響或不響，全看大腸中的積屎臭不臭。

一般而言，吃素者、每天正常排便者，腸中之屎比較不臭；酷愛吃魚肉葷腥者、有便秘毛病者，放出來的屁特臭。

聞其屁而知其疾，知道放屁者愛吃葷或吃素、有沒有便秘的毛病，倒也可以猜個八九不離十呢！

＊　＊　＊

諺云：「有話快說，有屁快放。」忍屁不放，會導致屁急攻心，在五臟六腑間亂竄，殊非養生之道。

可是在某些場合實在不宜於放屁，像使節在晉見友邦元首或大臣在朝見皇帝時，自然不應該放屁。如果實在忍不住放了，放的是臭屁還好，可以賴掉；如果放的是響屁，那不但顏面盡失，還有可能影響兩國邦交或給自己帶來不幸的後果。

宋朝時，在汴京中央政府擔任要職的邵箎，有一天在早朝時不慎對著皇帝放了一個響屁，結果被劾以「大不敬」之罪，貶為某州州長。邵箎留了一嘴絡腮鬍，狀如獅子，而放屁在宋朝時俗稱「泄氣」，發生放屁貶官事件後，大家就給邵某取了個「泄氣獅子」的綽號。

＊　＊　＊

在喜筵慶典的場合當然也不宜放屁。

清初刊本《笑林廣記》卷四有個笑話說：有個女孩很愛放屁，結婚那天特地叮囑陪嫁的奶媽和丫環，到時候若她放屁了，要她倆「頂屁」，承認屁是她們放的，好替自己遮羞。

新娘剛進夫家就放了個入門屁，她就揚聲說：「這個奶媽真丟臉。」奶媽俯首無言。

一會兒拜堂時，新娘又放了一個屁，她趕緊回顧身後的丫環說：「這個丫頭真可惡。」丫頭臉紅不語。

夫妻交拜、送入洞房後，新郎才把新娘脫光，準備行房時，新娘子又放了一個屁。她看看房裡沒別人可以賴了，只好說：「這張屁股沒正經。」

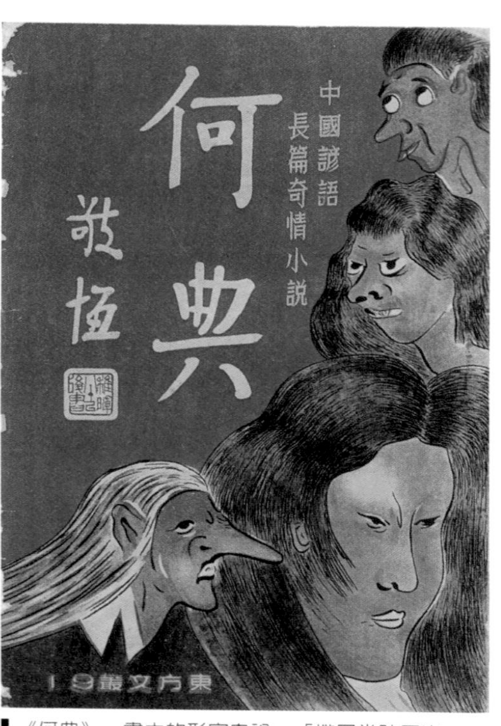

《何典》一書中的形容鬼說：「撒屁常防屎出。」

天底下又有那張屁股是正經的呢？

＊＊＊

俗話說：「屁是屎之頭。」說放屁是拉屎的前兆。

清人張南莊《何典》中也說：「撒屁常防屎出。」所以書中的形容鬼在五臟廟忽然放了一個熱屁，就連忙用手捂住屁眼，問和尚哪裡有應急屎坑？

放屁多半是因為有屎想屙，只要把屎拉完，屁不放自消。如果非關腹中積屎，就是屁股不正經而愛放屁，也有補救的辦法。

要屁不響，可控制肛門括約肌，徐徐而放之；要屁不臭，可從飲食清淡著手，少吃葷腥食物。

就算愛放屁，老是放得不響不臭，放得人不知、鬼不覺，庸何傷哉？

＊＊＊

有些食物特別容易引起腸胃產氣，導致放屁，只要

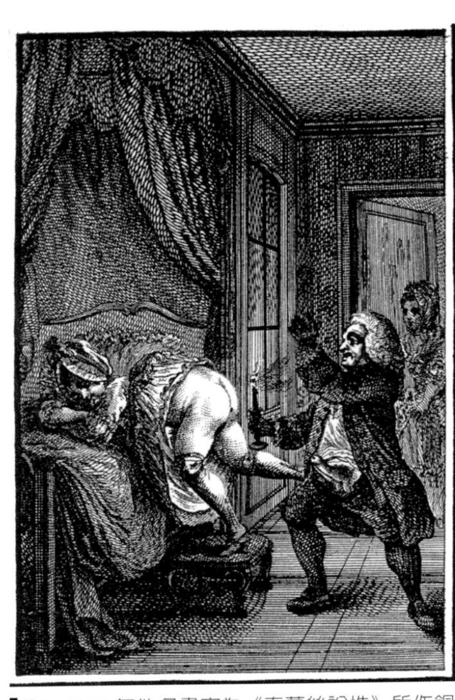

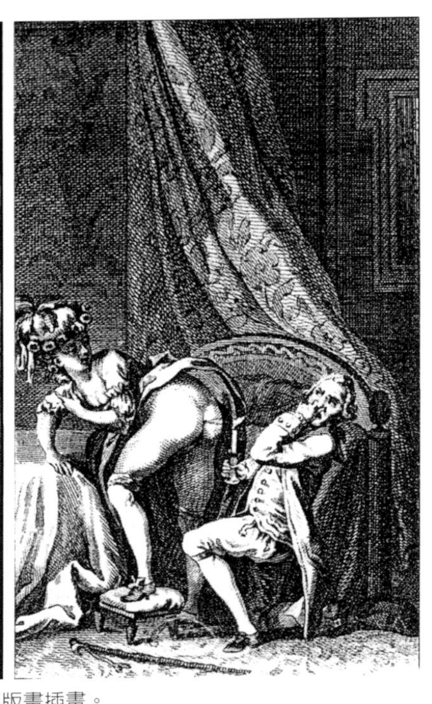

左：1748年佚名畫家為《泰蕾絲說性》所作銅版畫插畫。
右：妓女瑪儂放屁對付愛玩她屁股的嫖客。（1785年Borel銅版畫）

少吃這些食物，也可有效避免放屁的尷尬。像黃豆、馬鈴薯、白蘿蔔等等，都是會誘人放屁的食品，不宜吃太多。

俗話說：「一粒黃豆十個屁，十粒黃豆一齣戲。」愛吃筍乾炒黃豆的人可不慎乎？

十八世紀中葉，法國作家布瓦耶・阿爾讓在《泰蕾絲說性》（或譯作《女哲學家泰蕾絲》）一書中，提到一個性癖怪異的嫖客；妓女瑪儂（布瓦洛麗埃太太）告訴泰蕾絲說她曾遇過一男子，「每次來我們家，都要花兩個小時仔細地看我的屁股，把兩團股肉掰開，又合上，再掰開，把手指伸進屁眼裡。我若不呻吟叫床說舒服，他就會拿別的東西塞進去，直到我討饒；我厭惡死他了。」

於是瑪儂想出一計，在晚餐時吃了許多的白蘿蔔，等這位嫖客在晚上九點鐘準時到達，叫她趴在床沿，把她的裙子和襯衣撩起，一手拿著蠟燭，把臉湊近，要仔細賞玩她的屁股時，瑪儂就放出憋了兩個小時的屁，結果不但把蠟燭弄滅了，也一屁震得那嫖客吃了一驚而仰天跌倒。等嫖客重新點燃蠟燭時，瑪儂已哈哈大笑地躲到隔壁的房間，把門反鎖上，任他如何央求威脅，就是不出來。

《泰蕾絲說性》在歐洲十分出名，我手邊有兩個不同版本的銅版畫插圖，都在描繪這個故事，也說明了歐洲人知道多吃白蘿蔔容易放屁，是一種很自然的生理反應。

瑪儂一屁弄熄了點燃的燭火，這件事值得深入探討。中國人有句俗話，把辦不成的事情叫作「屁吹燈」。比方說，筆者靠寫稿維生，竟妄想名利雙收、躋身富豪之列，老婆就譏笑說：「寫作如果能發財，那屁也可以吹燈了。」

又比方說，台灣的檢調單位、司法體系一向令人詬病，不管是非真相，只替有權有勢有錢人服務，人們就心灰意冷地說：「檢調單位如果能調查出三一九總統槍擊案真相，那屁也可以吹燈了。」「司去機關如果能在重新驗票時還國、親兩黨支持者一個公道，那屁也可以吹燈了。」

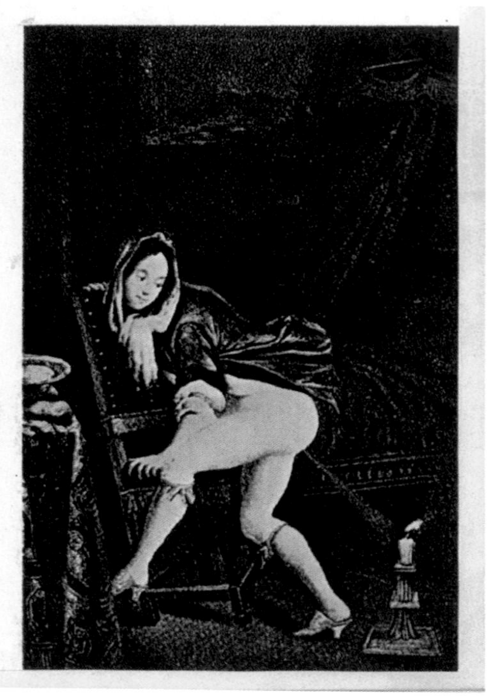

19世紀油畫《少女吹燈》。

屁可不可以吹燈？我不知道，想像中似乎不可能，所以中國人才有上述的俗諺；可是《泰蕾絲說性》的作者又說妓女瑪儂的一個宿屁把嫖客手中的蠟燭弄熄了，是小說家誇大的形容嗎？

我手邊有一張十九世紀中末葉的油畫《少女吹燈》，描繪一個少女好奇地試驗屁可不可以吹燈，畫中燭火後仰，結果如何仍不得而知，令人懊惱。

俗話說：「屁是一陣風，來去無影蹤。」要描繪無影蹤的屁，可真難為畫家了。

前述《少女吹燈》的作者是用「噴霧法」，把屁畫成一束有形的氣流，在常理上是不通的。《泰蕾絲說性》的兩套銅版畫插畫，畫家都用後傾的燭火來暗示屁的威力。

日本鎌倉時代（西元一一九二至一三三三年）的漫畫家鳥羽僧正畫過《放屁合戰繪卷》，圖中一裸男抱柱揚腿

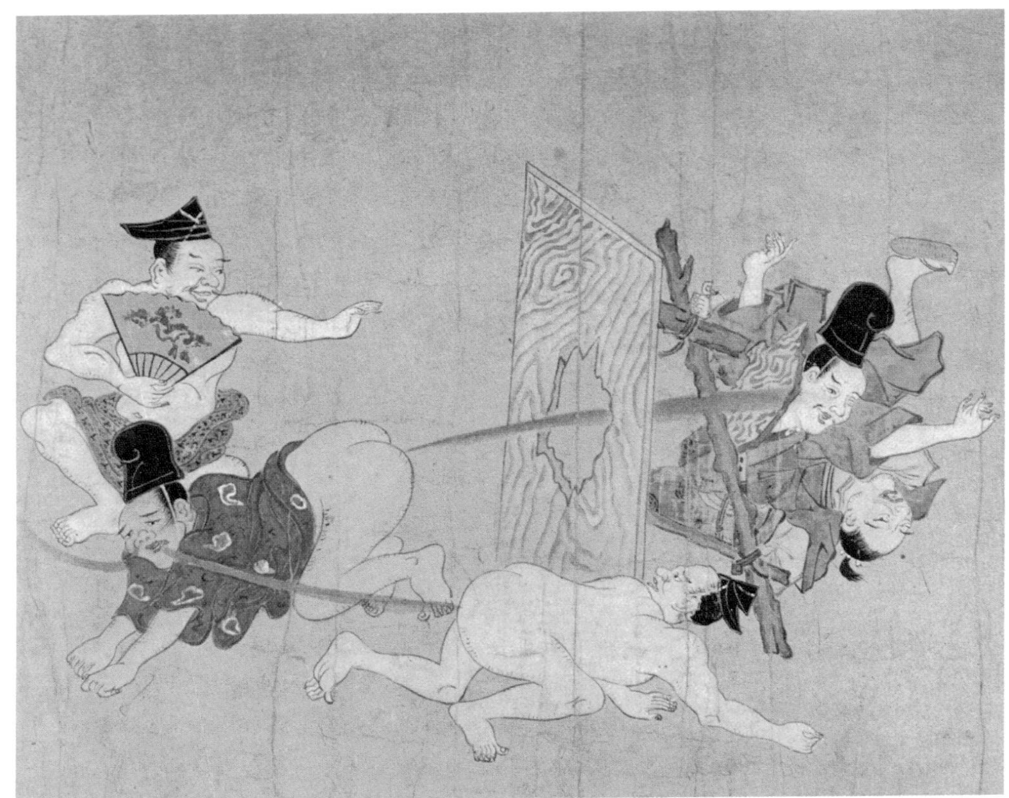

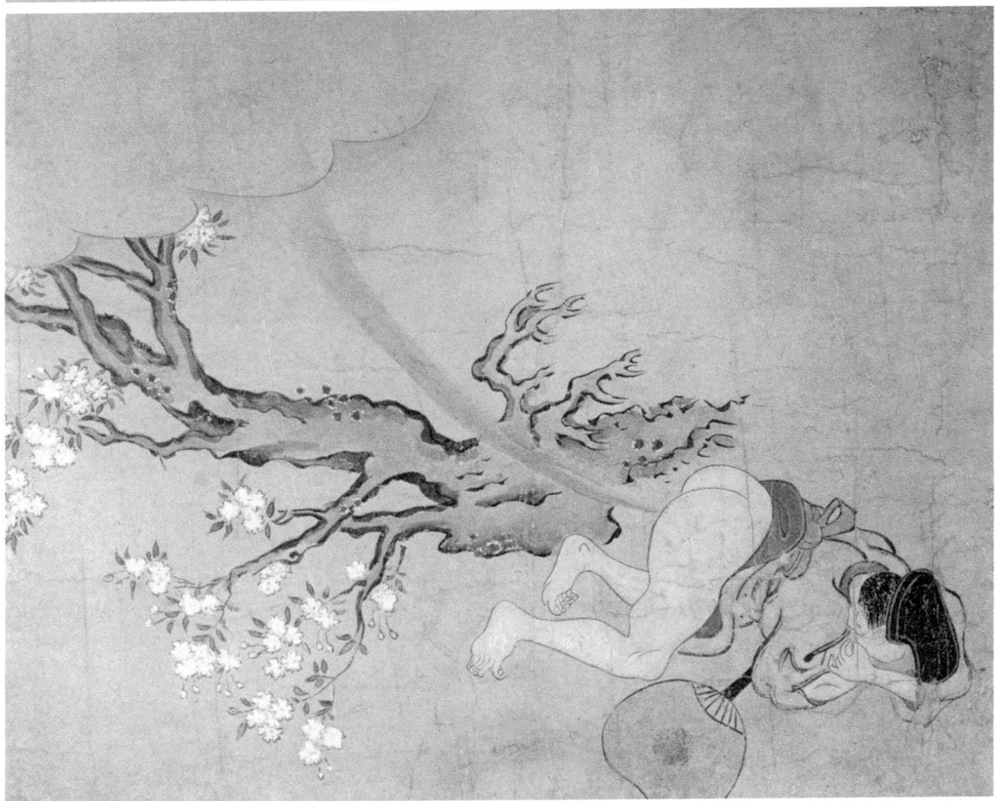

13世紀日本紙本漫畫《一屁冲天》、《放屁大賽》的17世紀摹本，畫者佚名。

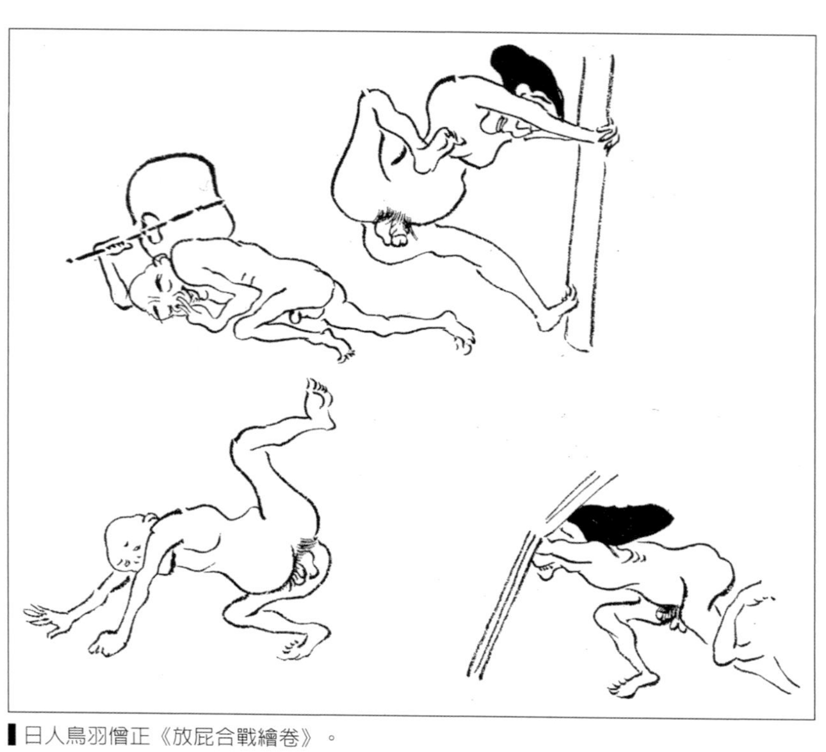

日人鳥羽僧正《放屁合戰繪卷》。

放屁，使得另一裸男塞鼻狼狽而遁；另一裸男揚腿一屁打來，連門板都被吹折，壓在板後逃躲者的頭頂上。兩圖都不畫屁，而屁之臭之猛一目瞭然，真是繪屁高手。

屁是從肛門逸出的氣體，肛門鄰近性器官，本身有時也被人拿來當性器官使用，從肛門出來的屁，就不免染上了淫穢的春色。

明人馮夢龍編「笑府」中，有一則「屁婢」說：有個丫環偶而在男主人面前放了一個屁，男主人很生氣，就脫下她的褲子準備用雞毛撢子打她屁股；可是一脫之後，看見她的屁股豐滿雪白，就改變初衷，用雞巴捅了她一頓。

第二天，男主人在書房寫稿，忽然聽見外頭有敲門聲。他問是誰？門外傳來丫環答應聲，問她有什麼事？丫環說：「我剛剛又放了一個屁了。」

＊　＊　＊

有些人很擔心自己在約會時失態放屁。可是不管男的還是女的，如果還不曾在情人面前放過屁，那表示你們的愛情還沒有好到親密無間、毫無芥蒂的程度，你們還在戀

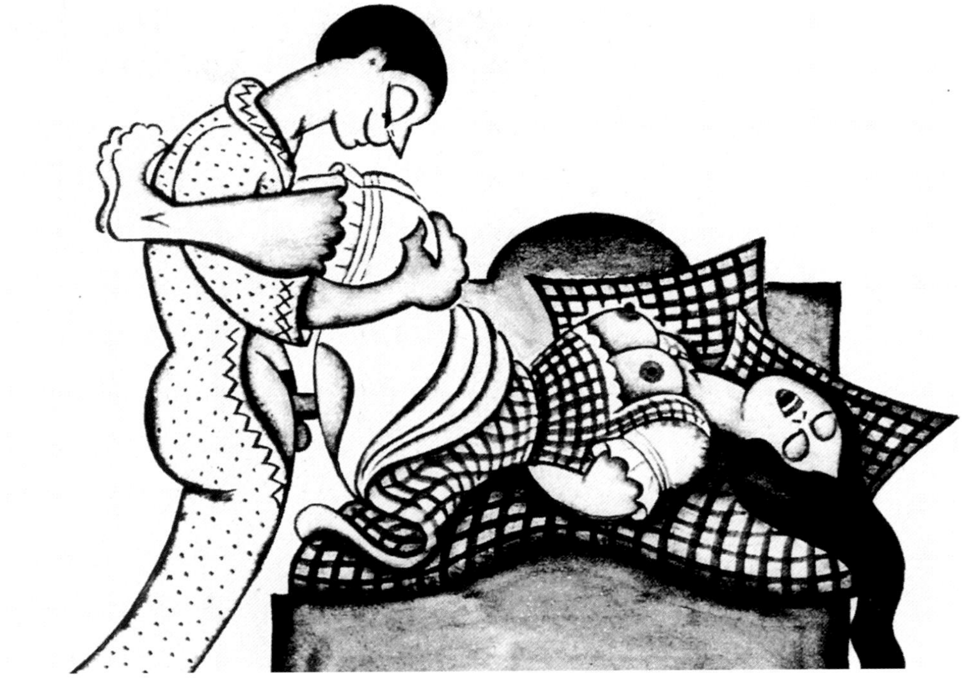

▌樂不可支之際當心「後營砲響」。（1925年E. G. Monogrammist作品）

愛的戒慎恐懼期，還矜持著呢！

那怕都已經上過床、裸裎相見了，不敢在情人面前放屁，就表示你還沒把握百分之百地擁有對方。

只有覺得彼此是夫妻了，或真的通過儀式成為夫妻，男人或女人才會肆無忌憚地在情人面前毫不掩飾的放屁。

「看什麼看？放個屁給你吃。」又是男女之間多麼富於情趣的對話哪！

＊＊＊

在情人面前放個屁算什麼失態呢？女人在快活到極點、高潮來臨時，常常會情不自禁的放個響屁。

近人李川《幽默笑話》有個故事說：某乙是小說迷，新婚之夜還在燈下看《精忠岳傳》，看到岳飛大戰莽蕩山之前，先鋒牛皋押運糧草回來繳令，請示岳元帥何處安營紮寨。新娘脫光了催他上床，他就抱拳為揖地對新娘說：「啟稟元帥：末將在那裡安營？那裡紮寨？」

新娘急中生智，指指自己睡的被窩旁說：「將軍就在此安營吧！」

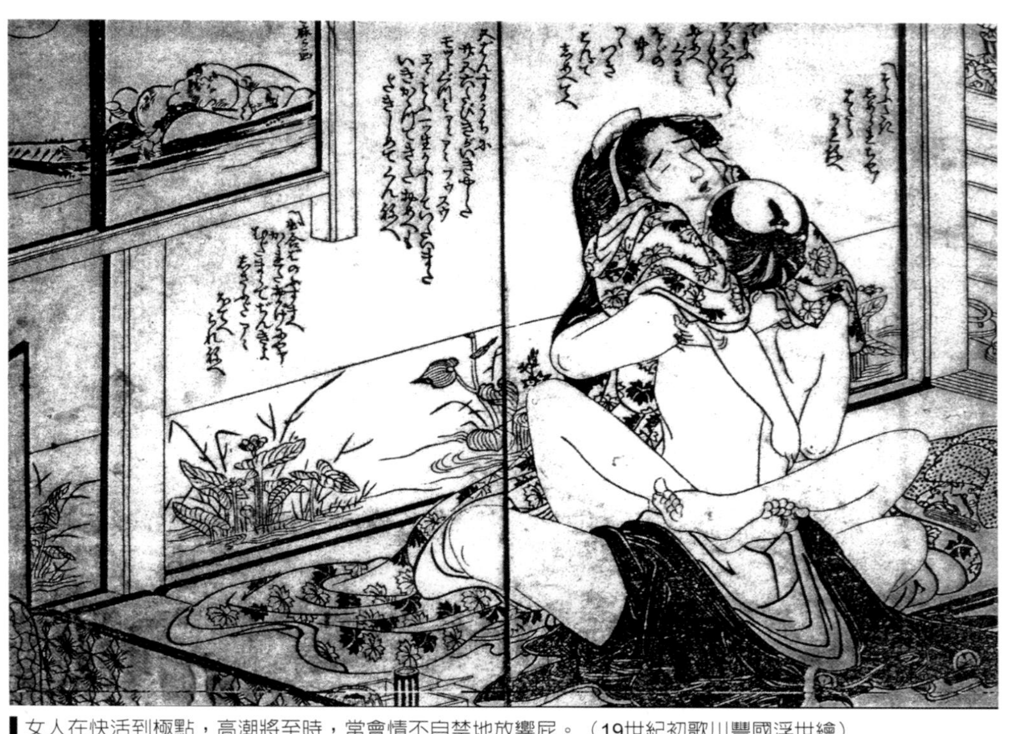

▌女人在快活到極點，高潮將至時，常會情不自禁地放響屁。（19世紀初歌川豐國浮世繪）

「得令——」新郎一拱手，穿著衣褲鞋襪就要往被窩裡鑽。

新娘攔住說：「將軍一路辛苦，請先摘盔卸甲，以便養精蓄銳，準備隨時上陣殺敵。」

「得——令——」新郎又一拱手，脫了鞋襪衣褲上床，鑽入被窩中再問道：「元帥，末將在那裡紮寨？」

新娘拍著胸脯說：「暫且在雙峰之上紮寨息兵。」

新郎爬上新娘身子後又問：「那裡埋鍋做飯？」

新娘指指胯間說：「前營有溪之處埋鍋做飯。」

新郎在妻子誘導下開始衝鋒陷陣，殺到難分難解之際，新娘高潮上來，樂不可支地放了一個響屁。

新郎一聽，趕緊從妻子身上跳下床說：「不好，後營砲響，定有伏兵，快逃。」

你還沒有把女人搞到放個響屁嗎？那你的本事還差得遠哩。

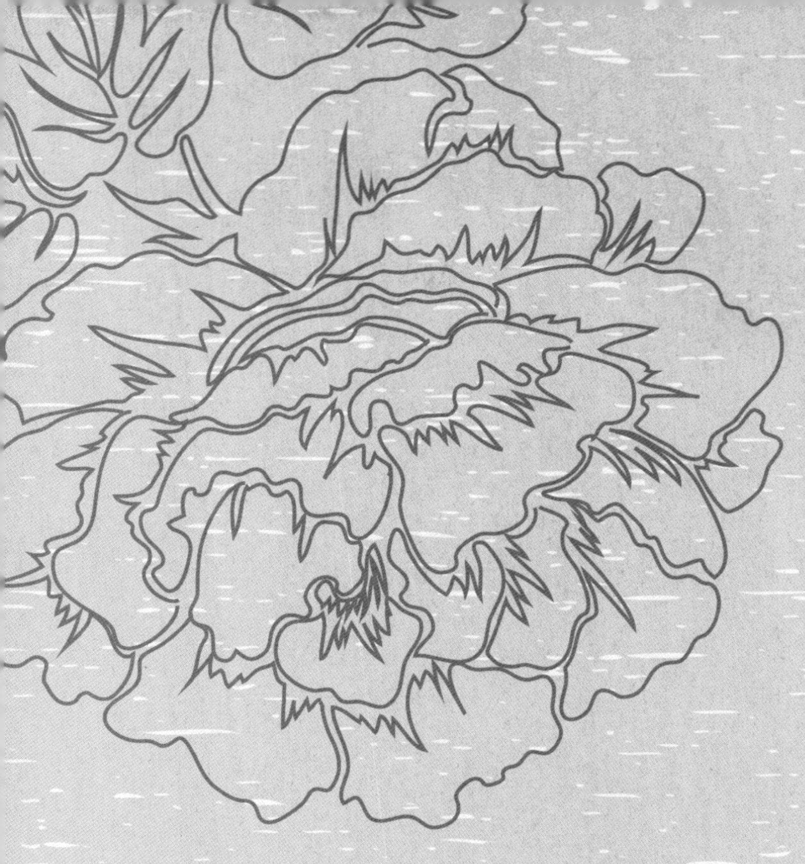

卷三　不同的風情

洗澡的情趣

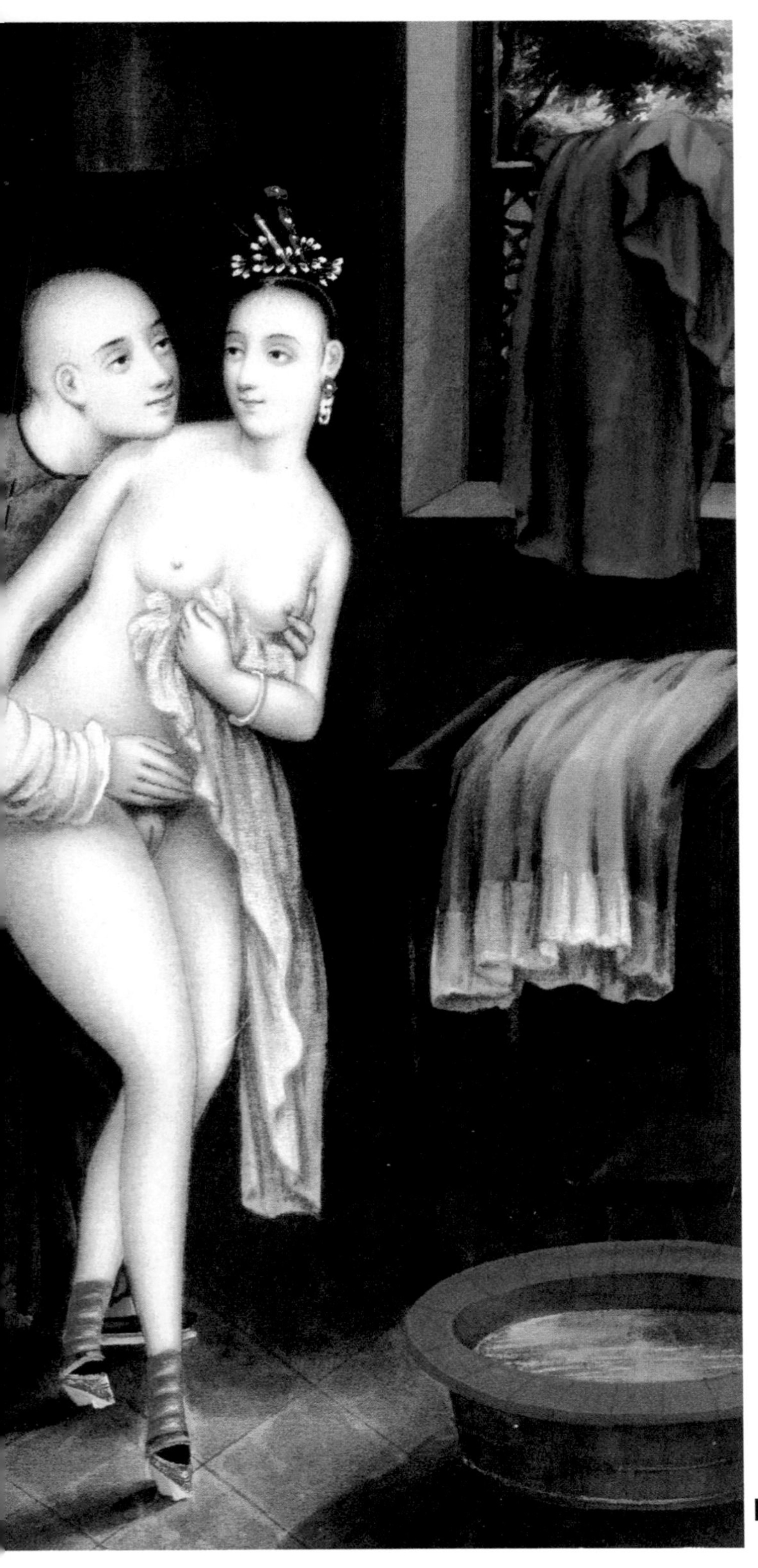

貴婦脫光衣裙準備洗澡時，突遭窺浴男子闖入強行非禮。（清朝春宮畫）

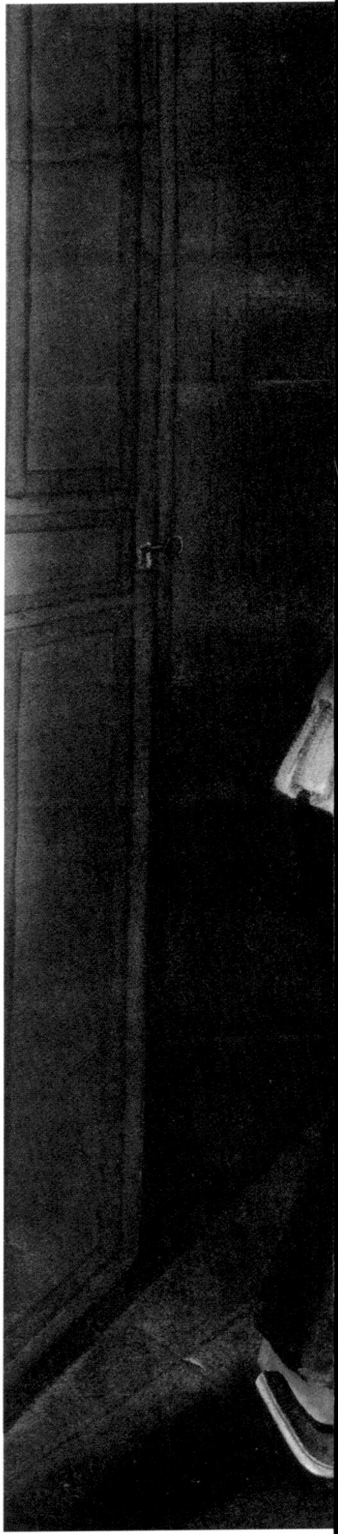

中國人常說：「吃喝拉撒睡」是人生五件大事，只要這五件大事正常運作，也就是吃得飽、喝得足、按時大小便、睡得好，就表示身體健康、可以長壽到老；反之，如果食慾不振、便祕、失眠……，就表示身體出狀況了，要生病早死。在五件人生大事裡，並沒有把洗澡包括進去，可是洗澡也算是生活裡很重要的一件事，有些人天天洗澡成了習慣，一天不洗就覺得渾身不乾淨、沒法上床就寢呢！

洗澡是愛乾淨的人生活裡的一件大事，也是好色的人增添男歡女愛的一種手段。包括偷窺美女洗澡、與美女共洗鴛鴦浴等等，都是洗澡的色情花樣。

在日本色情光碟中，有一類作品是滿足偷窺觀眾的記錄片，攝影者偷拍女子更衣、上廁所、洗澡的情景，剪輯成片子，往往視聽效果不佳、畫面模糊晃動、攝錄角度欠理想、被錄的女主角容貌身材平平，可是許多觀眾仍看得津津有味。前一陣子還發生某人在大學女生宿舍裡偷偷安置攝錄影機、偷錄女生更衣的畫面呢，可見此事之刺激誘人。

在古代中國，窺浴之事也早已有之，春宮畫裡更常見此一題材之描繪。下圖就是一幅清人仿明朝畫風的《窺浴圖》，畫一貴婦羅衫盡褪，連三寸金蓮也脫了，站在大紅澡盆中洗澡。貴婦用大紅色毛巾牽扯搓背，並且吩咐丫環捧鏡侍立，好方便她仔細搓洗，無限春光卻全被躲在窗外的陌生男子偷窺去了。

從文獻記載來看，窺浴出現得更早。漢人伶玄《趙飛燕外傳》說西漢成帝很愛趙飛燕的妹妹趙合德，趙合德夜

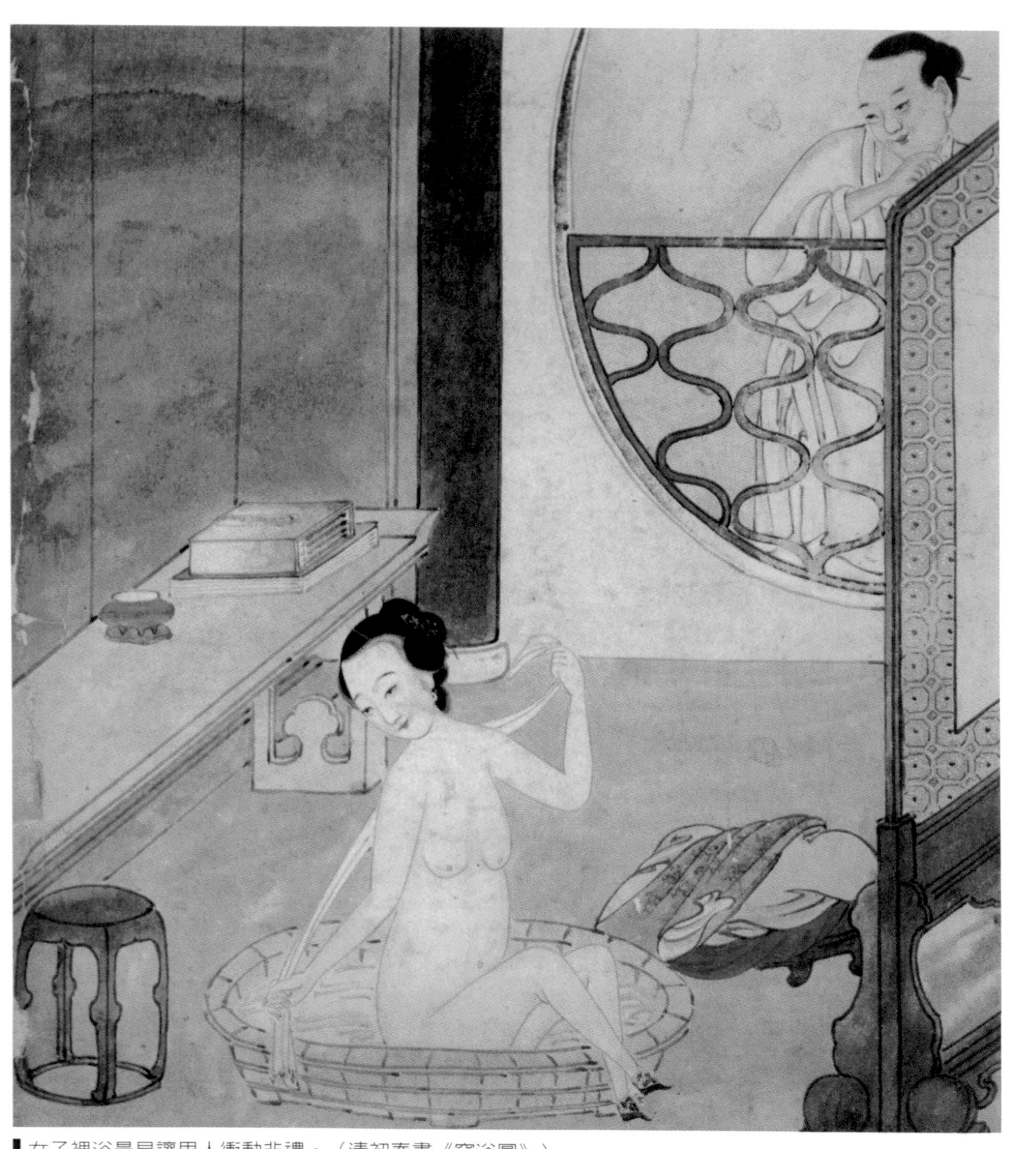

女子裸浴最易讓男人衝動非禮。（清初春畫《窺浴圖》）

晚在蘭室洗澡，白皙滑膩的肌膚比燭光還耀眼，成帝從幃隙偷窺，被侍兒發現了，進去告訴趙合德，害羞的合德立刻拉過一條大毛巾來遮住身子，命侍兒把燭火吹熄。

又過了幾天，趙合德又要洗澡，成帝知道了，又忍不住跑來偷看。這回他學聰明了，袖子裡準備了許多黃金，遇見侍浴的宮女侍婢，就送黃金給她們，並且要她們代為保密，終於得以盡情偷窺到愛人洗澡的過程。

唐末五代時香奩體詩人韓偓，有一首〈詠浴詩〉說：

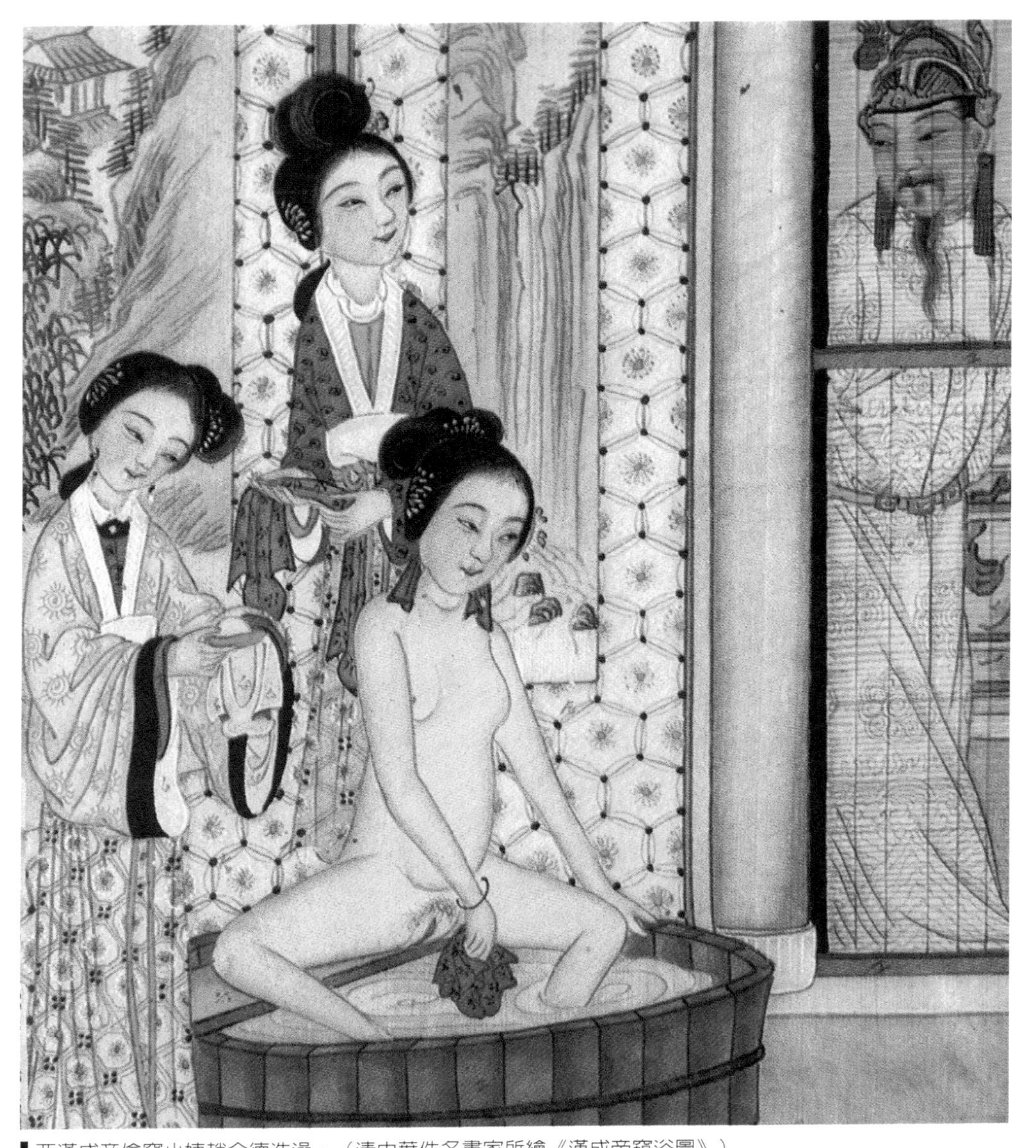

西漢成帝偷窺小姨趙合德洗澡。（清中葉佚名畫家所繪《漢成帝窺浴圖》）

初似洗花難抑按，
終憂沃雪不勝任。
豈知侍女簾帷外，
貪得君王幾餅金。

所詠即漢成帝偷窺趙合德洗澡事，而一、二句以花、雪喻合德肌膚之白皙嬌嫩，怕洗壞澆融了，尤見詩人之匠心。

本圖是清朝佚名畫家所繪《漢成帝窺浴圖》，風流好色的漢成帝站在右方簾帷外，偷看一絲不掛的趙合德坐在棗紅浴盆的綠色木板上，以大紅繡巾「澡牝」，合德身旁的女侍手捧香皂，另一女侍手捧羅巾，回頭望著簾帷外的皇帝，會心地笑而不言——她收了皇帝的賄金，當然只能笑、不能說啦。

唐玄宗李隆基也曾偷窺他的兒媳婦李瑁之妃楊玉環洗澡，看見一絲不掛的楊玉環皮膚滑膩白嫩、豐滿渾圓，白的地方如此之白，紅的地方如此之紅，黑的地方又如此之黑，簡直看呆了，一雙色眼珠子差點掉落溫暖池湯中。這件事讓我想起了民初時流傳於浙江紹興一帶的一首〈公窺媳浴〉的民歌：

太陽出起紅溯溯，媳婦洇浴公來張。
公公呀！嫚來張，婆婆也有哼！

說太陽升起紅通通，媳婦洗澡公公來偷看；媳婦發現了既不羞、也不惱，只告訴公公說：「你不要來看，沒什麼好看的，媳婦有的，婆婆也都有呀！」說得多麼委婉有理而又輕鬆幽默呀，簡直是「四兩撥千斤」，令人拍案叫絕！不知當年的楊玉環可有此幽默？

明朝有個畫家曾把唐玄宗偷看兒媳婦洗澡的故事畫了下來，題作《明皇窺浴圖》，可惜我只見過此圖之黑白版複製照片，嫌它不夠精彩，沒有附於本文之中。書中這幅《窺浴圖》，是清朝初年江南畫家所繪的彩色絹畫，畫中美女坐在木製澡盆中，側身面向我們，以長巾濡水搓背，露出豐滿的乳房和誘人的三寸金蓮，容貌之美豔在古代中國春宮畫中可謂罕見；在她背後的圓形窗櫺中，有個男子正盡情地偷看著，也許是洗澡美女的丈夫、也許是情人、也許是家僕男丁或陌生的登徒子，把懸疑的情節留給看畫的人去猜想。

這幅《窺浴圖》描繪的是江南地區夏日午後的閨中豔景，讓我想起了清朝時流傳於蘇州地區的一首民歌〈夏日炎天日正長〉，所詠的正是此圖光景：

夏日炎天日正長，熏風吹遍綠荷香，
綠蔭深處漁竿隱，畫舫游人納晚涼。
穿曲徑，繞羊腸，細步行來美貌郎，
情人要把佳期赴，潛入花園把繡閣張。
但只見綠櫺緊閉紗窗門，鼻息微聞安息香，
睜眼隙中觀仔細，卻原來佳人正在洗浴湯。
青羅短衫拋衣架，八幅羅裙放在床；

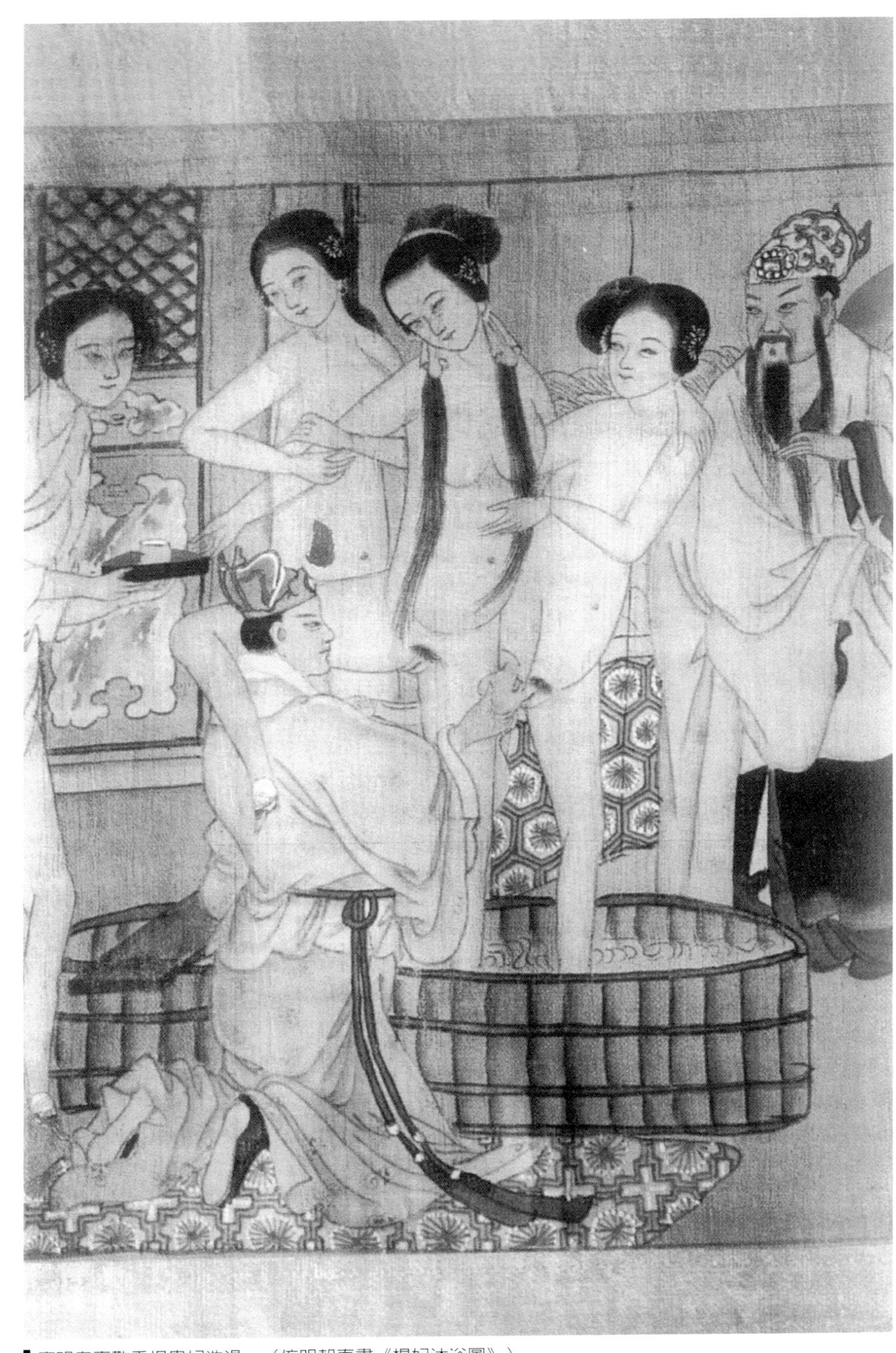

▌唐明皇喜歡看楊貴妃洗澡。（仿明朝春畫《楊妃沐浴圖》）

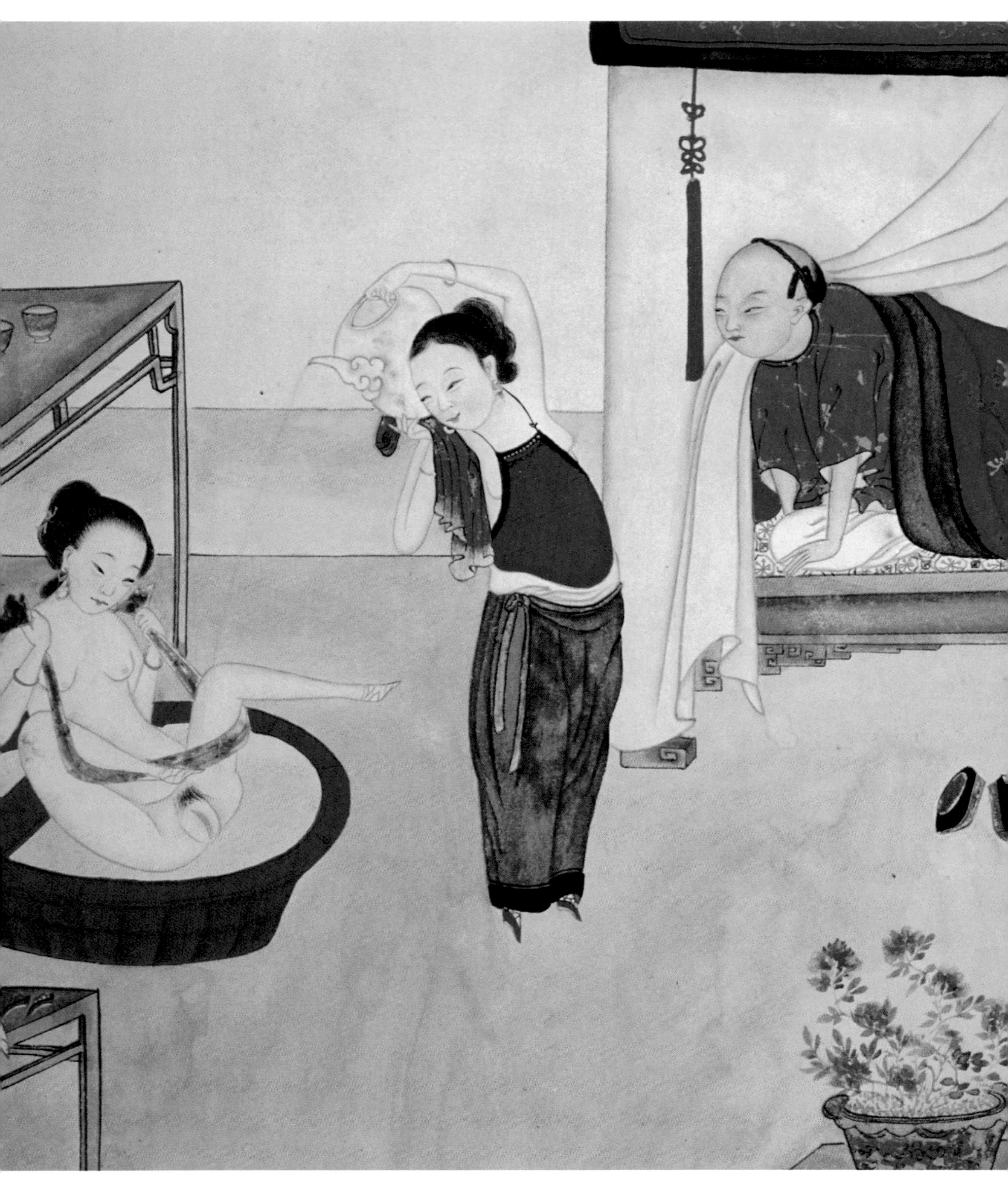

富貴人家的男主人欣賞妻妾洗澡為樂。（清中葉春畫）

脫下了紅紗兜、金銀鍊，只見嬌嫩的肌膚白如霜，
胸前露出尖尖奶，兩瓣紅蓮蹺一旁；
精不過雙彎嫩腿渾如藕，細草茸茸將妙穴藏，
俊甜美境宛似遊鳧啄水漿，絞罷羅巾輕拭抹，
重新挽水抹胸膛，……。

以歌配畫，渾然天成，真是再合適也不過了。有時候，窺浴由偷窺變為明窺，情趣就又不一樣了，明窺可以看得纖毫無隱，還可以玩許多花樣。

另有一幅精彩的《嬉浴圖》，大約繪於清朝中葉，畫一位達官貴人家閨房裡的旖旎風光，這位貴人家中妻妾眾多，有位姬妾在臥房裡擺一個大紅澡盆洗澡，貴人坐在床帳中細細欣賞美人入浴，看之不足，還叫另一個姬妾拎來一大壺溫水，抬得高高的，把水往洗澡的美女私處淋下，一絲不掛的美女欣然以浴巾將一雙大腿勾起，仰著下體承受水柱衝擊的刺激，看得床頭的丈夫色眼瞇瞇的，簡直情不可遏。

這是中國古代春宮畫中罕見的一幅充滿情趣的作品。

也有的時候是男子入浴，卻在侍女提熱水來倒入澡盆時，吃侍女的豆腐，要拉她一同洗鴛鴦澡。入浴男子拉扯住前來倒水的姬妾或侍女，女子在糾纏不清、脫身不成的情況下，往往只有半推半就地也脫去衣裙，一絲不掛地浸到澡盆中與男子一同洗鴛鴦澡了。

洗鴛鴦澡是許多男人的一大嗜好，男人尤其喜歡和情人、情婦（但不是老婆）洗鴛鴦澡。因為這是一種新奇有趣而又香豔刺激的經驗，使兩人親密的關係更上層樓。

下圖是明朝時一位佚名畫家所畫的春宮，描繪一對男女在洗鴛鴦澡時，情不自禁地在澡盆中敦倫起來。男子半跪弓身，以左手抬起女子的右腿，露出她的私處以便於進出，女子婉轉順從，全力配合，蕩姿媚態，惑人心目。

洗鴛鴦澡以夏日最宜，圖中所繪之豔景就是發生於某個夏日，因為畫面右邊矮几後的地上放著一把扇子。冬天裡泡溫泉洗鴛鴦澡也是人生一大樂事，此所以陽明山北投馬槽的溫泉每到冬天就生意興隆，浴室往往供不應求。不過冬天洗鴛鴦澡要小心渾身毛孔張開時吹風受涼，如果洗出傷風感冒來，那可就樂極生悲了。

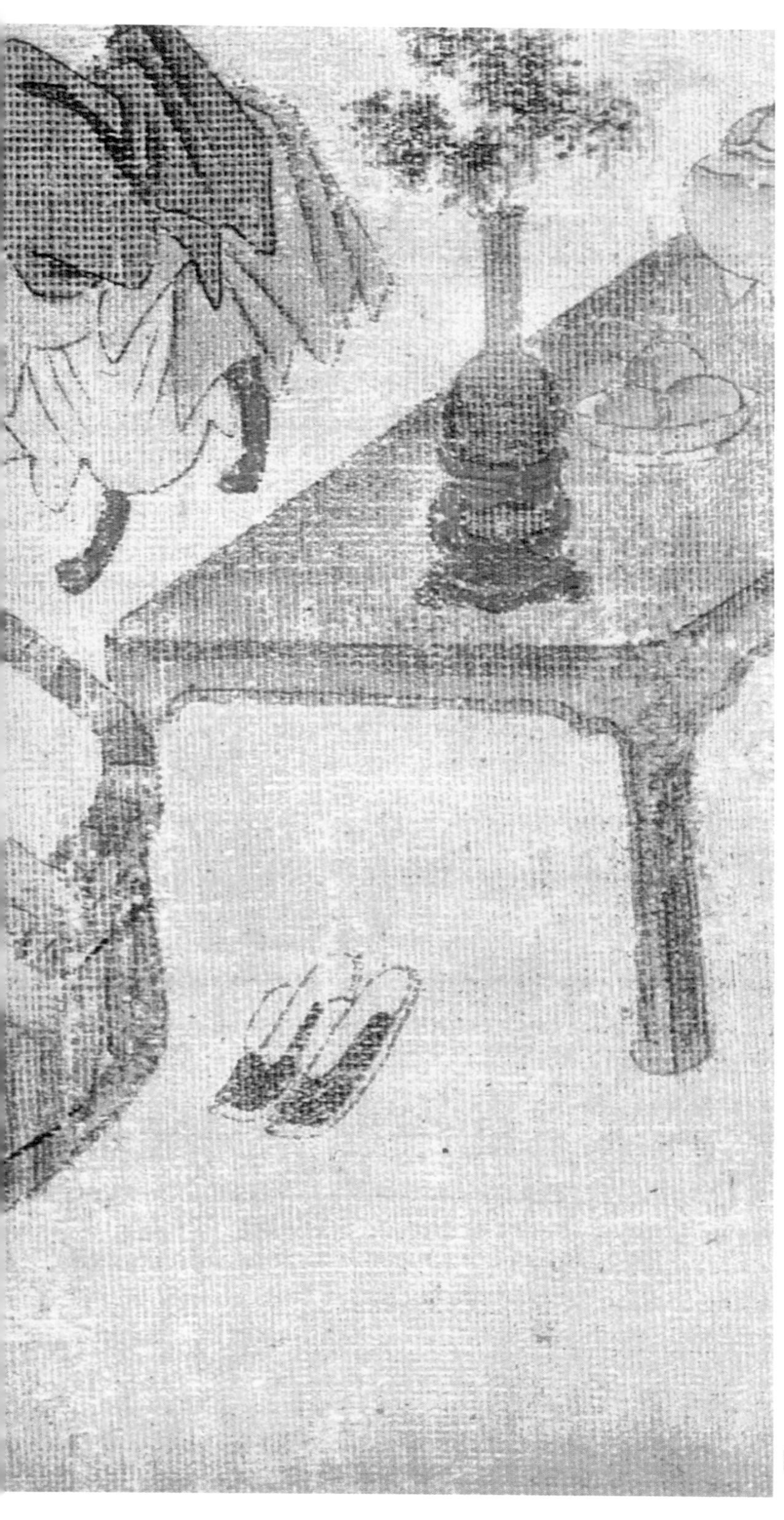

▌男女共洗鴛鴦浴，終不免如此收場。（明朝中葉春畫）

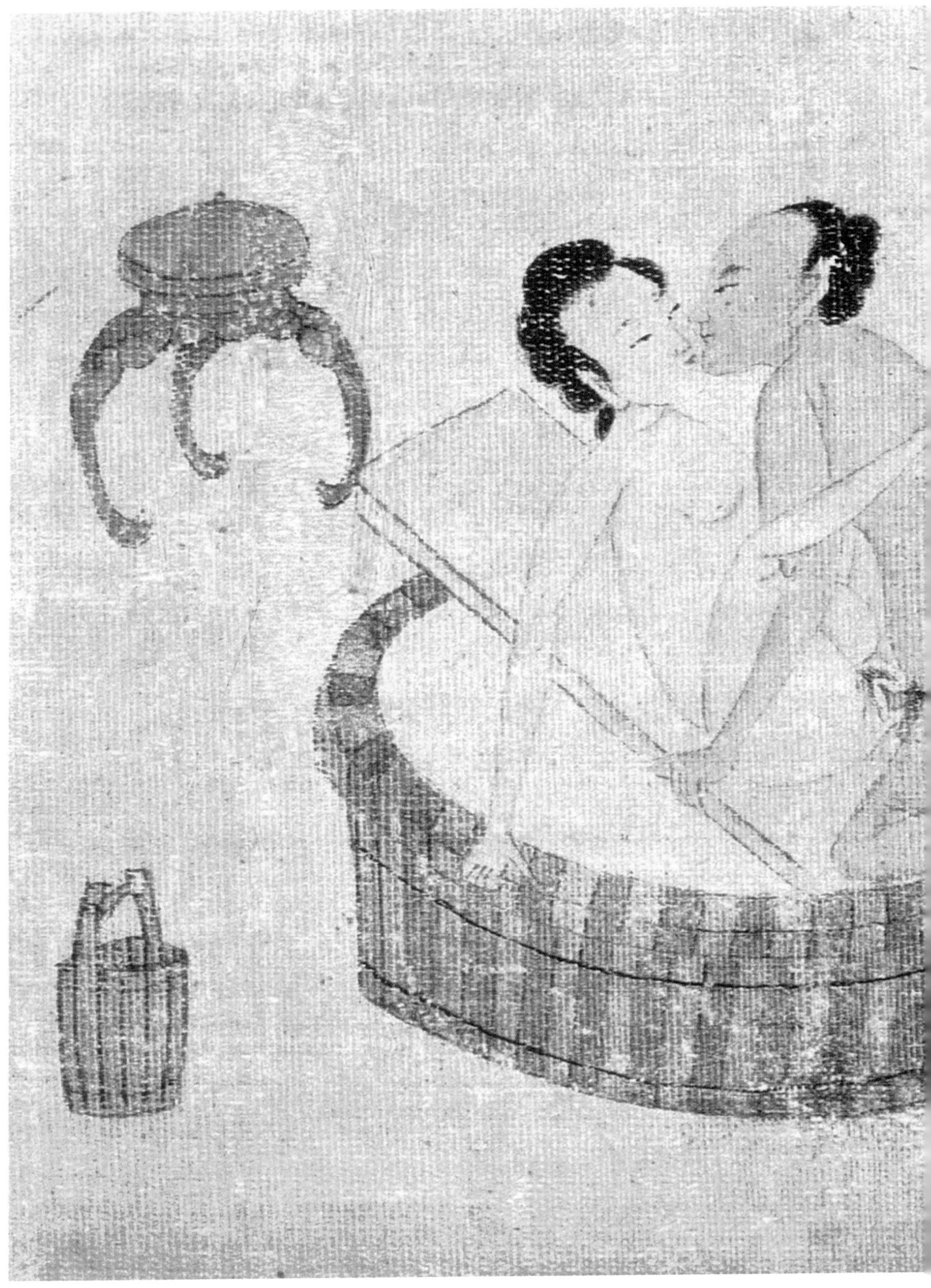

在車上做愛

車震族就是喜歡在轎車裡做愛的男女一族。

熱戀中的男女在轎車裡做愛，實在是很自然的事，一點也不值得大驚小怪，因為它具備了方便、自然、不花錢又不虞遭針孔攝影偷窺的優點。許多男女的第一次性愛都發生在轎車上，而後才密集地發生在溫泉旅舍和賓館。

男孩對交往不久、還沒有肌膚之親的女孩說：「我帶妳上賓館好不好？」十之八九都會遭到拒絕。太突兀了嘛？我又不是妓女，想去也不能答應。如果男孩改口說：「我開車帶妳去看星星，好不好？」相信沒有一個女孩會反對。看星星，多浪漫呀。

如果心懷不軌卻又不認識星座，沒關係，可以改口說：「我開車帶妳去看海。」海水你總認得吧。等車子來到山上或海邊，看完星星和海水，再回到車上，浪漫的事情就很自然的發生了。

有了以車為床的第一次，再約女孩去洗溫泉或上賓館，就一點也不困難了。聽到男孩說：「我們上旅館好吧？」女孩只會說：「隨便你高興，只要是不太讓我難堪的旅館就好。」

這就是有車階級的男孩在追求異性時所占的先天優勢。到處都是汽車旅館，方便他們把女孩不著痕跡地直接帶進旅舍、帶上床脫光了洩慾。

就算已經不是第一次了，就算有很多可供選擇的做愛場地，許多男女還是偶而會以車為床，把車子停在風景區的僻靜山道邊，或大停車場偏僻的角落，在車中雲雨巫山、顛鸞倒鳳。因為可以省一筆旅館費，用省下的錢去西餐廳大吃一頓，還可以享受擔心被人發現的刺激感。難怪許多熱戀中的男女都愛在車上做愛，蔚為車床族。

也有時在車上做愛並不是為了省錢或不好意思上旅館，實在是情慾爆發等不及上床了。有的夫妻參加友人婚禮，受到喜宴現場撩人情慾的氣氛感染，加上新人敬酒、賓客勸酒的酒精刺激，散席後相攜回停車場，往往就迫不及待地在車上互相以新娘新郎作性幻想的對象而大幹起來。

也有時停車場實在不方便，勉強把車開到家，還來不及熄火就在車庫裡做愛了。多年前報紙上就刊載過這樣的一則新聞，說一對夫妻在車庫裡做愛，因為車庫太熱，車子一直發動著好吹冷氣，兩人做完後累得呼呼大睡，結果未熄火的車子持續排放的二氧化碳在密閉的車庫裡到處瀰漫，把兩人都毒死了，真是樂極生悲。

古代中國也有車床族的記載。隋煬帝就曾委令巧匠何稠設計一種專門誘姦處女的「任意車」，對付那些害羞怕痛、別手別腳的少女；當少女一坐上車，只要啟動機關，少女手腳立刻就被金鉤玉軸固定住了，絲毫無法掙動，只好任由隋煬帝破瓜蹂躪。因為有這種便利，所以煬帝經常捨珠簾繡屏的龍床不用，喜歡在任意車上作一個車床族姦淫處女。

把女子的手腳固定在車上恣意姦淫的故事讓我想起三十年前看過的一部影片，是歐美的出品，還是Beta版的小帶子，描寫一個思春少婦遇上了有心使壞的計程車司機，司機聽少婦說「把車子開著四處兜風解悶」，就邊開車邊建議她玩一個冒險的遊戲——聽他的口令做動作；說遊戲的任何時刻她都可以喊停，只要喊停，他就會把車停下，讓她下車。

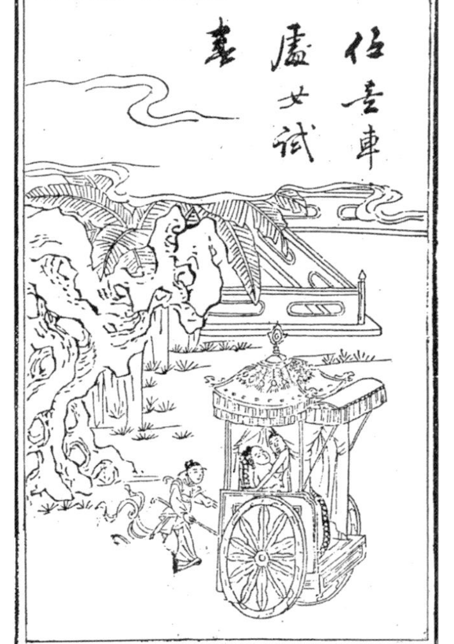

隋煬帝在任意車上玩處女，開車床族風流之先河。（晚明《隋煬帝豔史》木刻版畫）

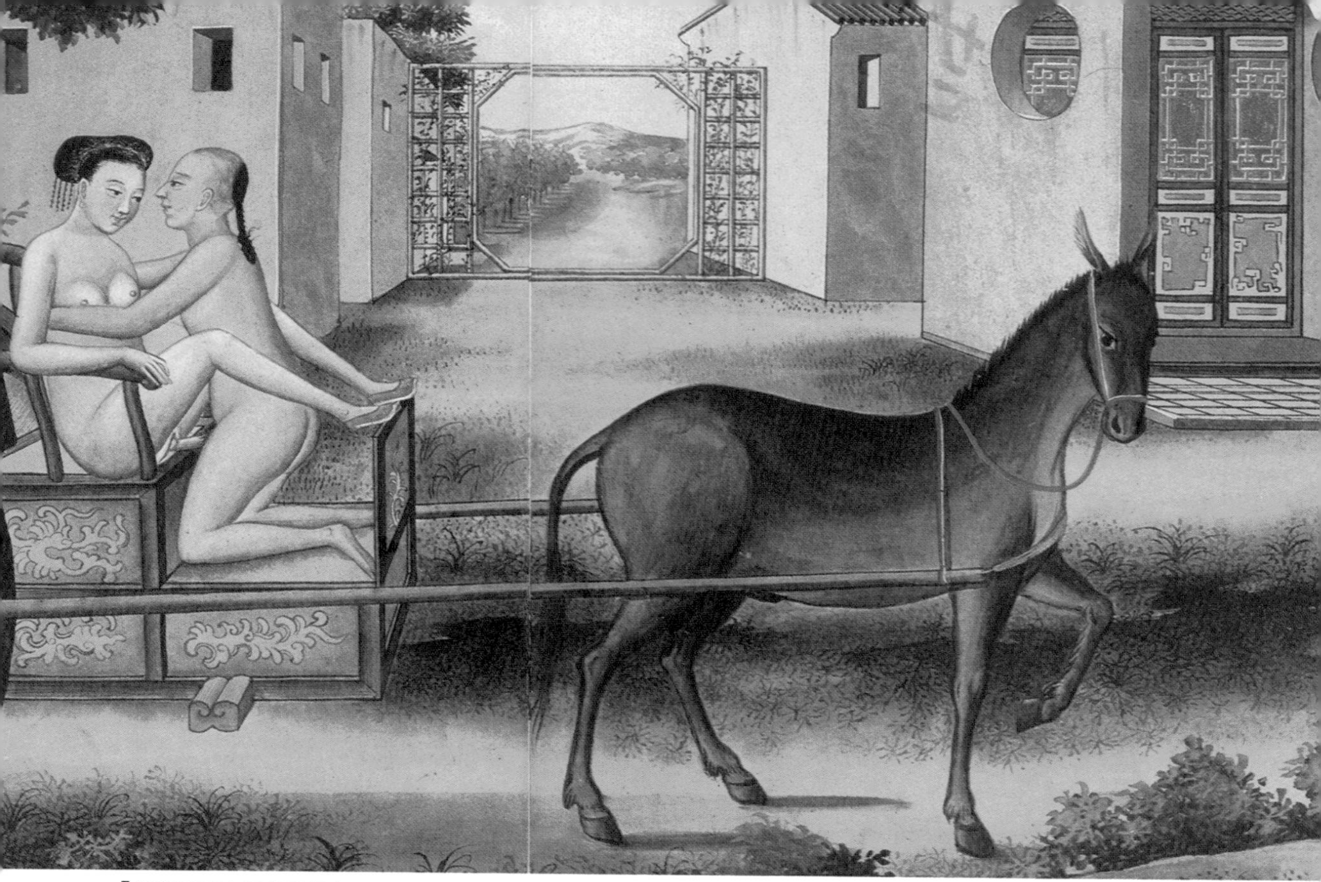

▌清朝王府內王公貴婦坐騾車雲雨交歡。（清乾隆年間春畫）

在司機的口令下，好奇的少婦解開上衣露出胸罩，任司機從頭頂的後視鏡窺視，而後再解開胸罩露出乳房，而後又岔開雙腿，露出性感的蕾絲內褲，最後把手伸進內褲裡自慰給陌生的司機看。司機每要求少婦做一個動作時，都會問：「妳可以喊停的，妳要不要喊停呢？如果不要喊停，現在我要求妳……。」

最後，少婦在司機的要求下脫去短裙、卸除絲襪、脫掉內褲，自己用絲巾矇住雙眼後自慰，司機把車子開到僻靜的街角停下。天色已暗，司機爬到後座，溫柔地把少婦的雙手分綁在後座兩邊車窗頂的握把上，而後解開自己的褲襠，掏出早已勃起的陽具。鏡頭移到車外，拉遠，只見計程車一直有規律而猛烈的搖晃著。

這部影片我還保存著，可惜此刻不在手邊，沒法告訴讀者們片名，不知可有讀者看過？我一共珍藏了三大箱老舊的情色片，全放在南勢角的舊家中，包括許多經典之作如《綠門之後》、《上海異人娼館》、《輪唱》、《箱中淫花》……。

古代中國還有關於車床族的記載，明朝刊印的《素娥篇》，圖文並茂地描寫唐朝女皇帝武則天姪兒武三思的寵姬素娥，如何與丈夫在閨中褻淫，一共有推車進寶、移花向日、百步穿揚、佛座蓮花等四十三式；其中第二十二式就是兩人坐在羊拉的小車上褻玩的情景，稱作「羊車行樂」。

在車上做愛時，女的宜穿長裙，玩時可以只脫掉內褲以便遮掩。受到空間狹小之限，要變化姿勢比較不方便，又因為擔心被旁人撞見，車床族往往一式到底、速戰速決，圖個爽快刺激而已。除了像《羊車行樂圖》裡武三思和素娥所採取的女仰坐、男跪俯之式外，更方便的是讓女的跨坐在男子胯間上下套動或前後磨晃，並任由男子撫玩乳房，直到女孩力盡不支時，才換由男子主動，起身將她推倒，抬起一腿大張牝戶而直搗黃龍，就可以同登涅槃之境了。

換張「床」就像換個人似的新鮮刺激，此車床族之大樂也，下回你不妨也試試，保證可以改善夫妻情侶間日益平淡乏味的性愛生活。

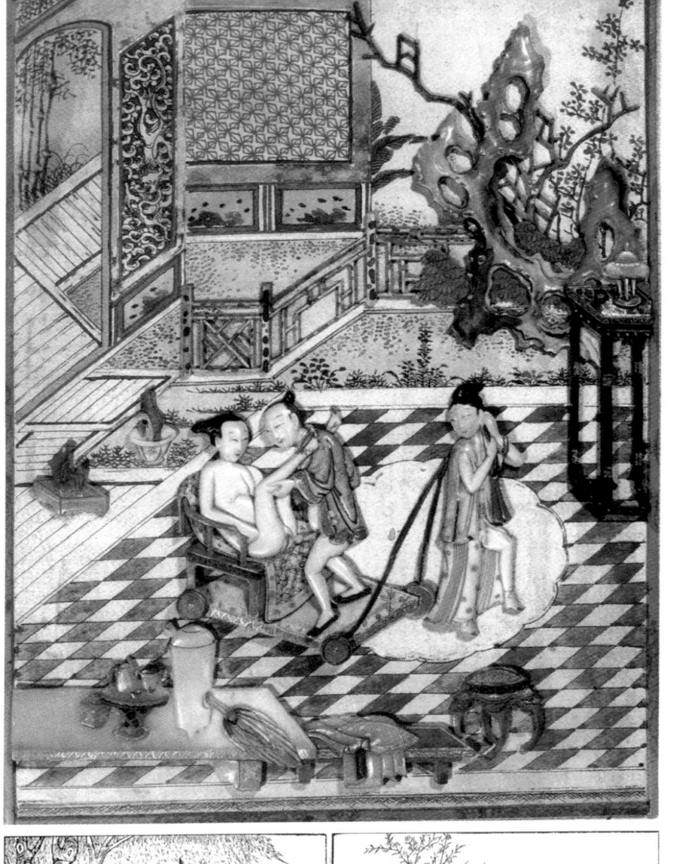

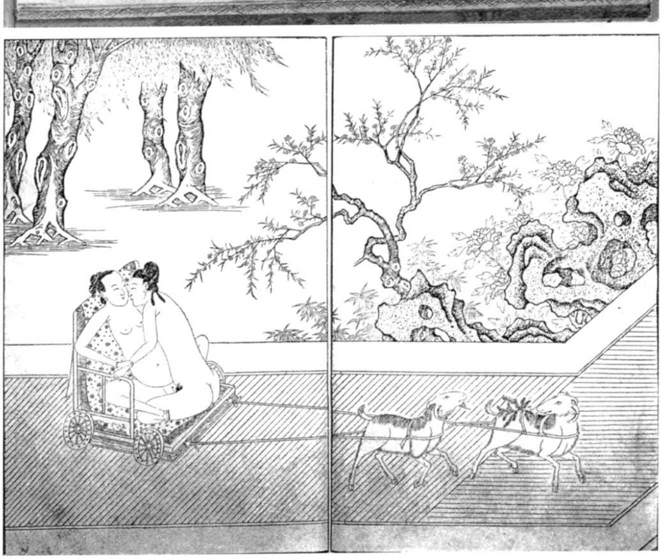

上：明朝以玉石瑪瑙鑲嵌而成的小屏風上，出現了「車震」的場面。
下：明朝版畫《素娥篇》中的「羊車行樂」。

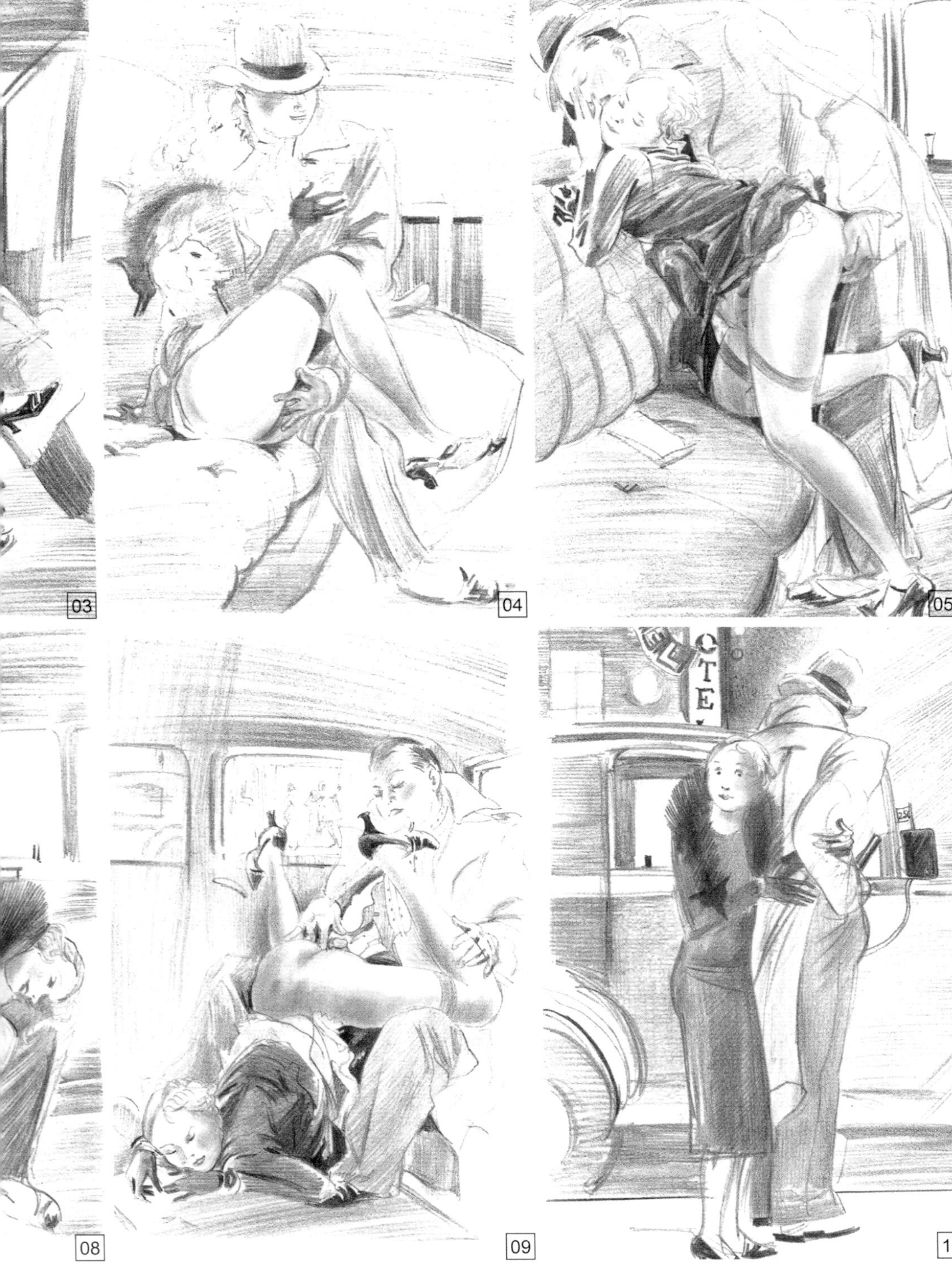
03
04
05
08
09
10

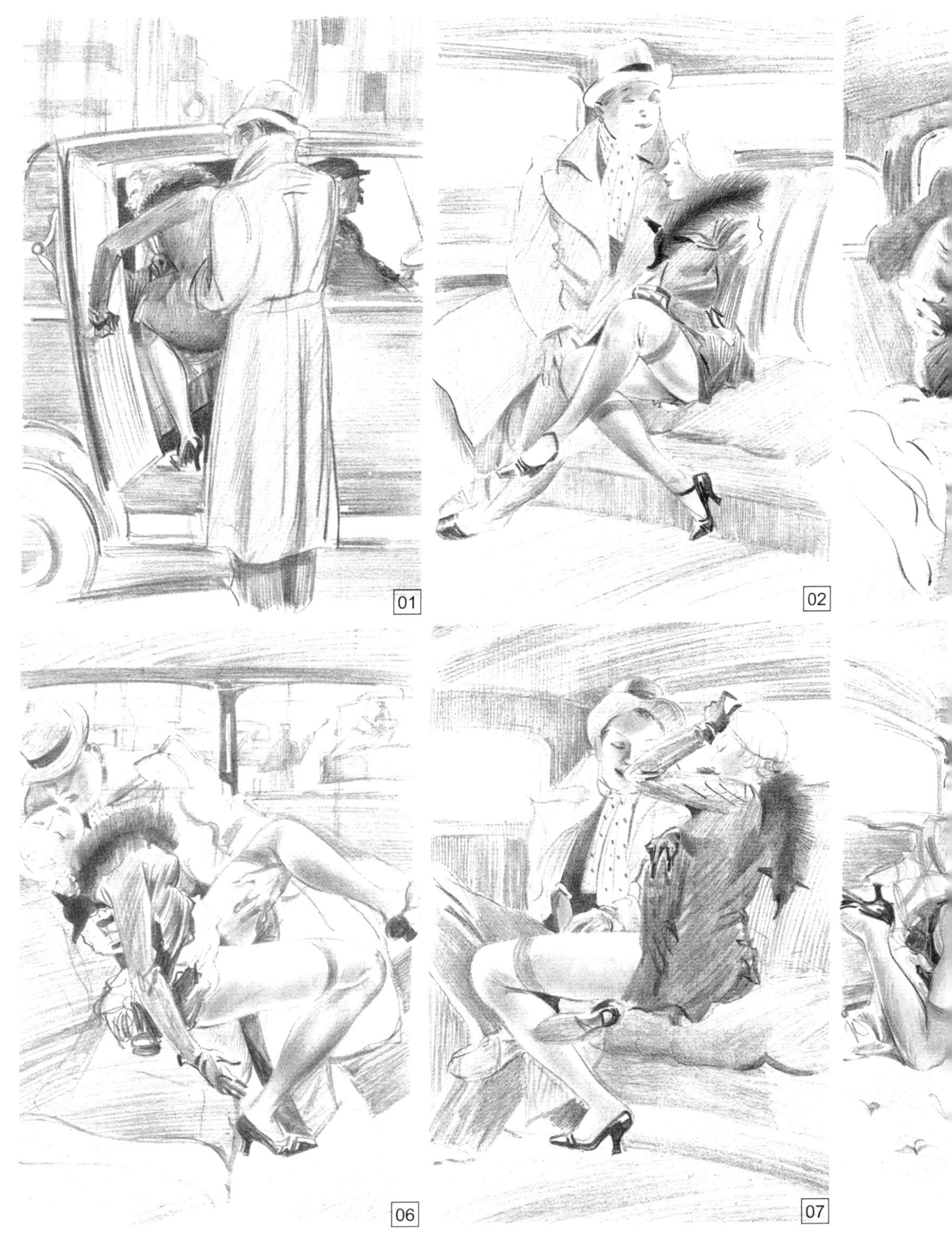

▌在車站邂逅的陌生男女搭計程車去旅館幽歡，在計程車上的10幅圖。（1920年代流亡法國巴黎的白俄畫家Feodor KojanKovski彩色蠟筆30圖連環畫《春天的羅曼史》）

職業專長能助興

在性愛時，女性舞蹈家因為身軀柔軟，可以擺出高難度的姿勢取悅情人，這種職業專長之便是顯而易見的，和她們一樣的還有體操選手、練瑜伽的人，她們能把兩腿向左右岔開成一直線，或把兩腿向後彎曲，讓兩腳在後腦勺交叉，在情人或丈夫面前將私處盡情暴露，給對方最便利的進攻機會；這樣的女子真讓人想入非非。

我們看印度的春宮畫，有些圖畫中的女性就擺出常人不可能做到的高難度姿勢。大家總以為那是畫家憑空想像的結果，殊不知畫中男女因為練了瑜伽，身軀柔軟，才能擺出那樣煽情的姿態來取悅對方。這是專業特長輔助性愛、讓男歡女愛更精彩繁複的一個明顯例子。

女舞者不但因身軀柔軟，做愛時可擺出高難度煽情姿勢，她們因擅長舞蹈，舉手投足間都充滿了美感，能予情人最大的視覺享受。會跳脫衣舞的女人在寬衣解帶時充滿藝術性又極盡挑逗之能事；會跳肚皮舞的女人屁股像電動馬達一樣，跟她做愛的男子就像睡在電動床上一樣，自己不需要聳動，快感就源源而至。這些都絕非一般女性所能望其項背的。

我在某年的新春聯歡晚會上看到大陸一位女舞蹈家表演肚皮舞，她額頭戴著珠鍊、臉上蒙著細紗，身穿性感內衣、外罩透明薄紗，且舞且行地出場，一現身就豔驚四座。在接近十分鐘的表演中，只見她的屁股時而快速向左上挑、時而快速向正上挑，時而左旋、時而右旋，時而前聳、時而後盪，不停的扭擺振顫、顛簸篩搖，極盡挑逗媚

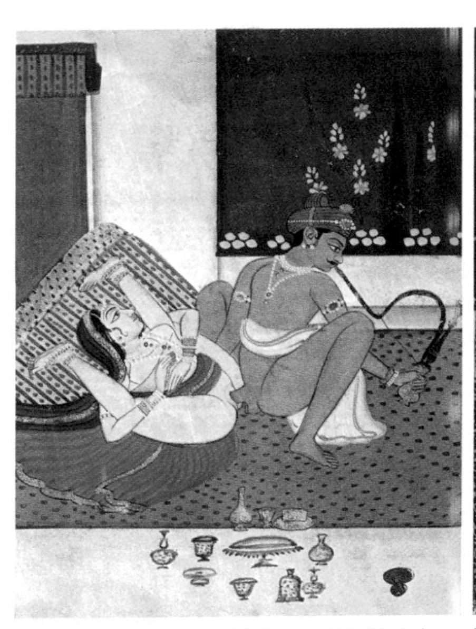
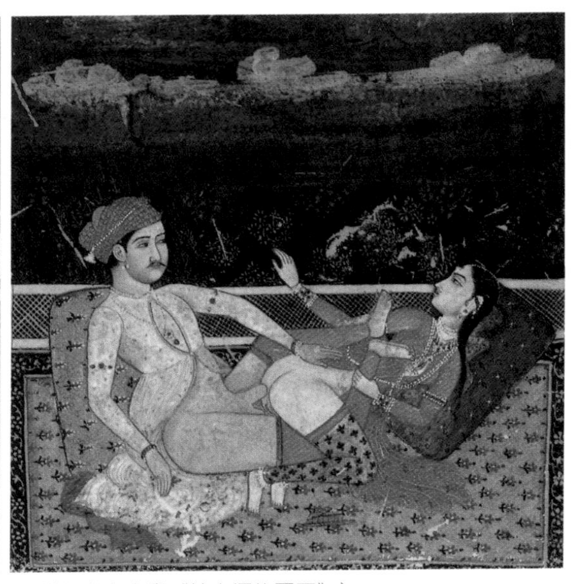

▌左：只有女舞蹈家才能把雙腿舉得如此高。（18世紀印度春畫《抽水煙的國王》）
▌右：圖中少女的腰肢非常柔軟，她先俯跪任男人「隔山搗火」（狗交），再轉身與男人深情相望，相信沒有幾個女人可以玩這個性姿勢。（18世紀印度春畫）

惑之能事，而上半身始終不動如山。這樣好功夫的女人，如果跨坐在你的身上，玩「倒澆蠟燭」的姿勢，你說有多爽？

事實上，肚皮舞之所以起源於阿拉伯，就是因為阿拉伯君主後宮妃嬪太多，沒腰力一一躬耕，才需要躺著由女性採取主動；而那些女人也發明了肚皮舞來訓練腰力床功，並以此煽情的舞姿勾引君王而博得一夕之歡憐。

＊　＊　＊

運動員因為天天訓練，使某部份肌肉特別健壯發達，對性愛之歡有明顯助益的例子也不少。

比方說性愛姿勢中有一式稱「和尚端磬」或「枯樹盤根」：男女面向立交，性器密合後，男子把女子懸空抱起，雙手托住女子雙股，或以兩臂捧定女子雙股，女子則以雙臂緊纏男頸、雙腿緊夾男腰，而後男子抱住女子邊走邊晃、且行且戰，讓深埋女陰中的男陽在行走顛動中充分發揮狠抽重搗、上下杵動的效果，使女人被刺激到瀕臨崩潰，口中只叫要死。這個很理想的性愛姿勢一般人想玩也

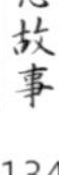

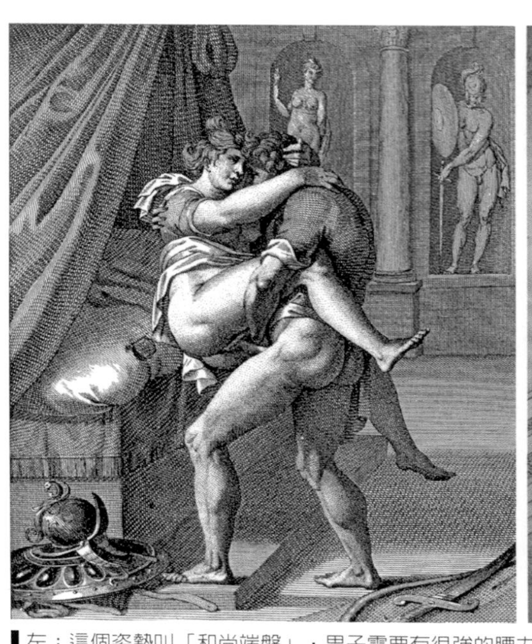

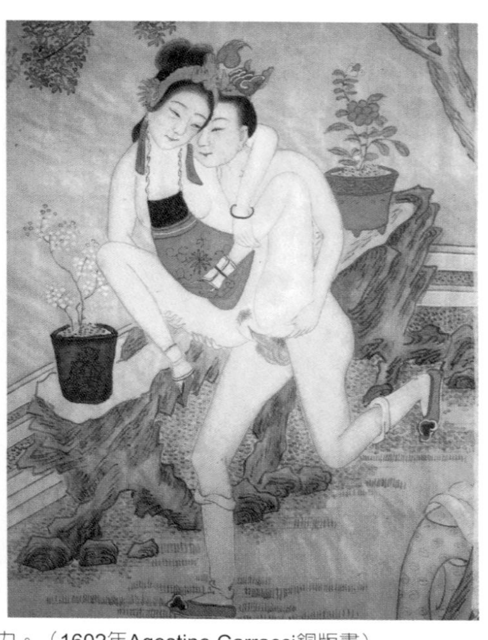

左：這個姿勢叫「和尚端磬」，男子需要有很強的腰力。（1602年Agostino Carracci銅版畫）
右：如此敦倫男人需要很好的體力和腰力。（清中葉佚名絹本春畫）

無法持久，抱著五、六十公斤的女性肉體，還要走動搖晃，撐不了兩、三分鐘就乏力了，不得不放下來，只有舉重若輕的舉重選手，可以輕鬆地玩這個姿勢，十分鐘、二十分鐘也不累，讓懷中的女人淫水流到不行，只能佩服的喊爹。

田徑選手的體力好，尤其是練馬拉松的長跑健兒，他們在床笫之間的戰鬥持續力特強，台灣有「兩肢走，三肢勇」的說法，就是兩腿常跑動，兩腿間的第三條腿——男陽也會特別勇健。

需要加強腰力的拳擊選手、鉛球、鏈球選手、擲鏢鎗選手和各種球類運動的選手，因為有恆地練習仰臥起坐，腰力特別強，在做愛時最見差異，一般人抽送兩、三百下時就氣喘腰酸、無法動彈了，他們卻可以連續抽送一、兩千下不喊累，讓女性對他們更著迷痴戀。

文藝復興晚期義大利著名畫家、建築家朱里奧・羅馬諾（Giulio Romano）——他是文藝復興藝術三傑之一的拉斐爾的主要傳人——在一五二五年為《淫樂的十四行詩》所繪製的二十張銅版畫插畫，圖中男女主角都是肌肉壯實的運動員，所以能做出需要強大腰力、臂力的高難度性愛

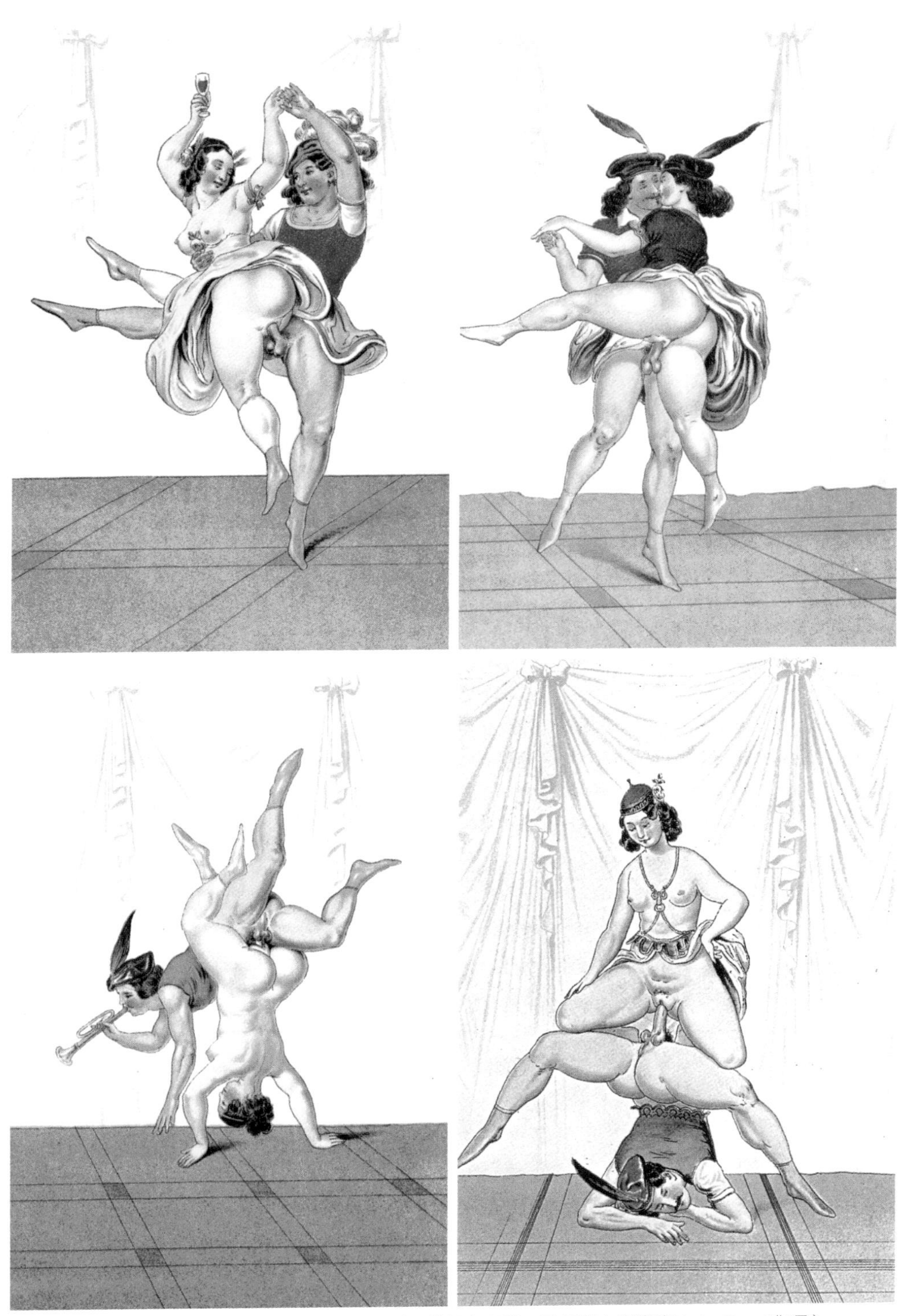

▍雜耍特技表演者能完成各種超難度性姿勢。（19世紀上半葉，奧地利水彩畫家Peter Fendi作品）

動作，並且持久不疲。

ＡＶ演員也可以說是另類運動員，他們平日也需勤練體力和腰力，做伏地挺身、仰臥起坐的訓練，看他們在影片中仰躺著，快速朝天舉股，挺陽刺向劈腿懸空跨騎在自己身上的女優，一動就是幾十、幾百下，臉不紅氣不喘的，像胯間安裝了一個電動馬達似的，你說怎不教女人愛他愛到死？

按摩師的十指靈巧而又耐勞，用來服務心愛的女人，不論是玩撫乳房或揉捏屁股，都能讓她們嘗到格外舒服的滋味，優勢是顯而易見的。

同樣情況的還有鋼琴演奏家，他們的十指每天要在黑白上不停地彈奏十個小時，練就了靈敏細致而又不知疲憊的功夫，光靠指頭也能讓女性一再地達到高潮。

交響樂團中的管樂器演奏者則是自然練出了過人的唇舌技巧，不論是接吻、吮玩乳房或舔弄私處，都有過人的耐力和高明的技術，在做愛時占盡優勢。

女聲樂家則憑藉著甜美而富磁性的聲音，叫床時媚吟如歌，讓男人魂都被勾走了，一般女性叫得再騷再蕩，比起她們來，也要略遜一籌吧。

＊　＊　＊

說了許多行業專家如何利用他們的專長在性愛中占盡優勢，也許讀者要問：「那作家呢？文人學者的作家，在性愛中可有任何優勢？」

勉強說來，作家在性愛時還是有些過人之處的。他們因為博覽群書、見多識廣，能夠向古人借智慧，知道各種性愛姿勢的優劣長短，可以適時運用。

比方說，一般女人總有些缺點，不是五官搭配得不夠完美，就是身材欠豐滿，或皮膚粗黑，或談吐低俗；年輕、美麗、豐滿、膚白的女人畢竟少之又少，就算偶而有之，也早被有錢的電子新貴、企業小開們全數包占了，輪不到收入微薄的作家們。可是作家因為書讀得多，就懂得如何截長補短，讓性愛之樂更趨完美。

如果遇到了臀部渾圓豐滿、可是肚子上卻有妊娠紋的女人，作家就儘量採行「隔山搗火」之勢，像公狗那樣從女人的後背進攻，一邊撫玩拍打她肥美性感的屁股。

如果遇到的女孩天性嬌羞卻有一對豐滿傲人的乳房，作家就誘迫她騎坐到自己的身上來玩「倒澆蠟燭」的姿勢，看她如何情不自禁地顫晃著飽滿性感的乳房又羞紅了臉。

如果女孩漂亮，那就從正面玩，不論把她放平了壓上去或坐擁入懷，作者會分分秒秒都盯著她美麗的臉龐，不錯過任何一個動人的表情；如果她不漂亮，那還是從背後上吧，讓她俯跪床沿或俯臥床上或站在床邊把上身俯倒在床，作家可以邊玩邊幻想呻吟叫床的女人是當紅女星某某或首席名模某某某。

如果她容貌尚佳又皮膚白細滑膩，作家就會開車帶她上陽明山，到一處荒僻的岔道上把車停好，在光天化日之下細細鑑賞把玩。

如果她身材容貌膚色無一可取，卻天生一副嗲媚的好嗓音，那作家就專挑夜晚把燈關了摸黑做愛。

如果她身軀嬌小玲瓏，那作家就和她玩「和尚端磬」；如果她身軀高大豐滿，那作家就和她玩「老漢推車」；如果她有一雙漂亮的小腿，那作家就把她雙腿推舉過肩玩「錦鯉翻身」；如果她有個嬌嫩秀美的牝戶，那作家就和她玩「顛鸞倒鳳」……。

這些秘訣不是作家自己發明的，是西元一世紀時羅馬詩人奧維德在《愛經》第三卷末尾告訴天下的女人說：「每個女子都必須認識自己，依照各自的體形在做愛時選擇不同的姿勢。臉蛋特別漂亮的女子應當仰臥著，臀部豐滿的女子就要翹起屁股；肚子有妊娠紋的女人應該俯臥著做愛，腿部美麗的女子就該舉腿過肩；矮小的女子應當採取騎士的姿勢，身體修長的女子最好跪在床上轉頭回望……。」

開卷有益，信然。

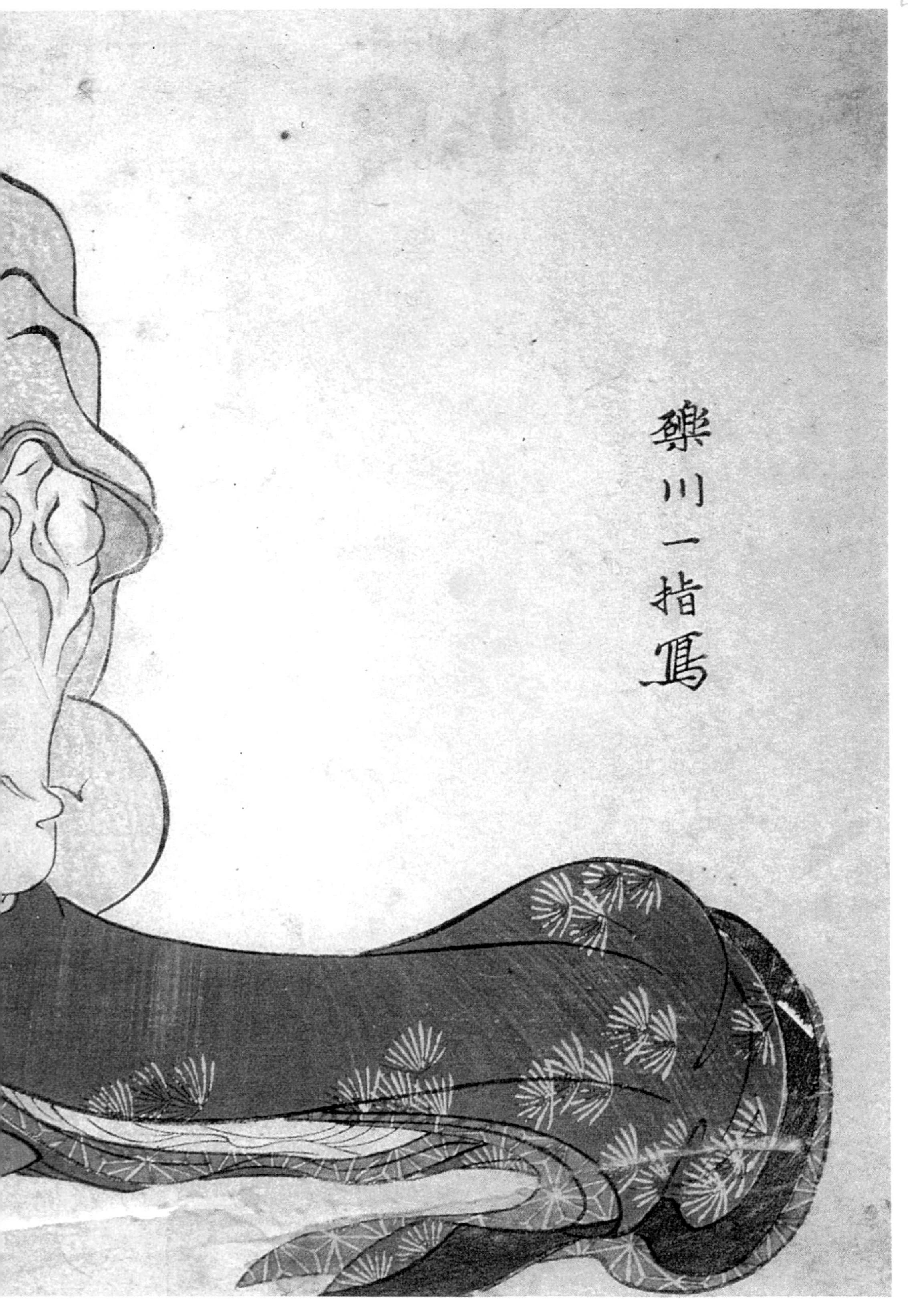
磔川一指寫

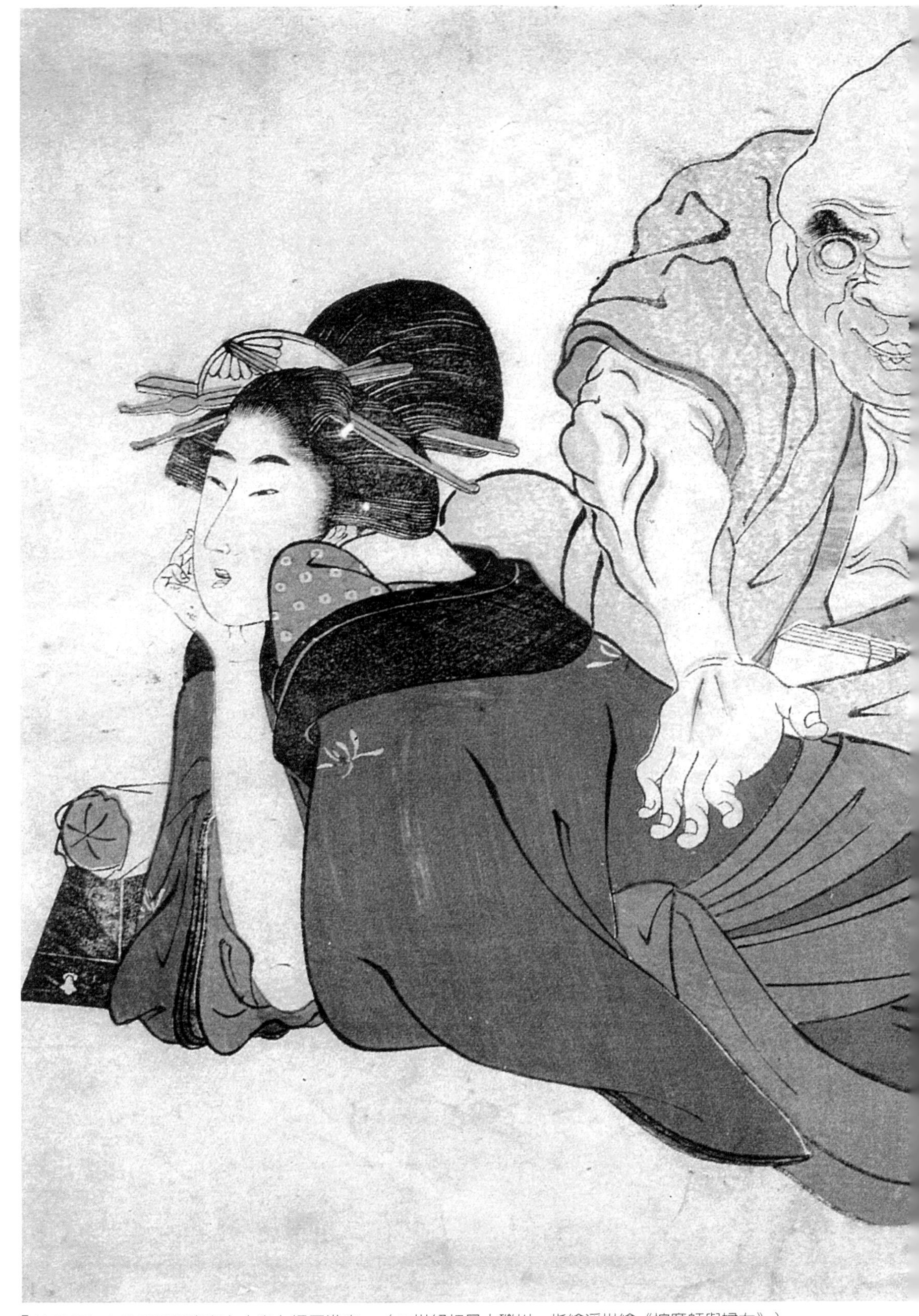

按摩師有力的手指任意在女人身上捏弄遊走。（19世紀初日人礫川一指繪浮世繪《按摩師與婦女》）

女人叫春

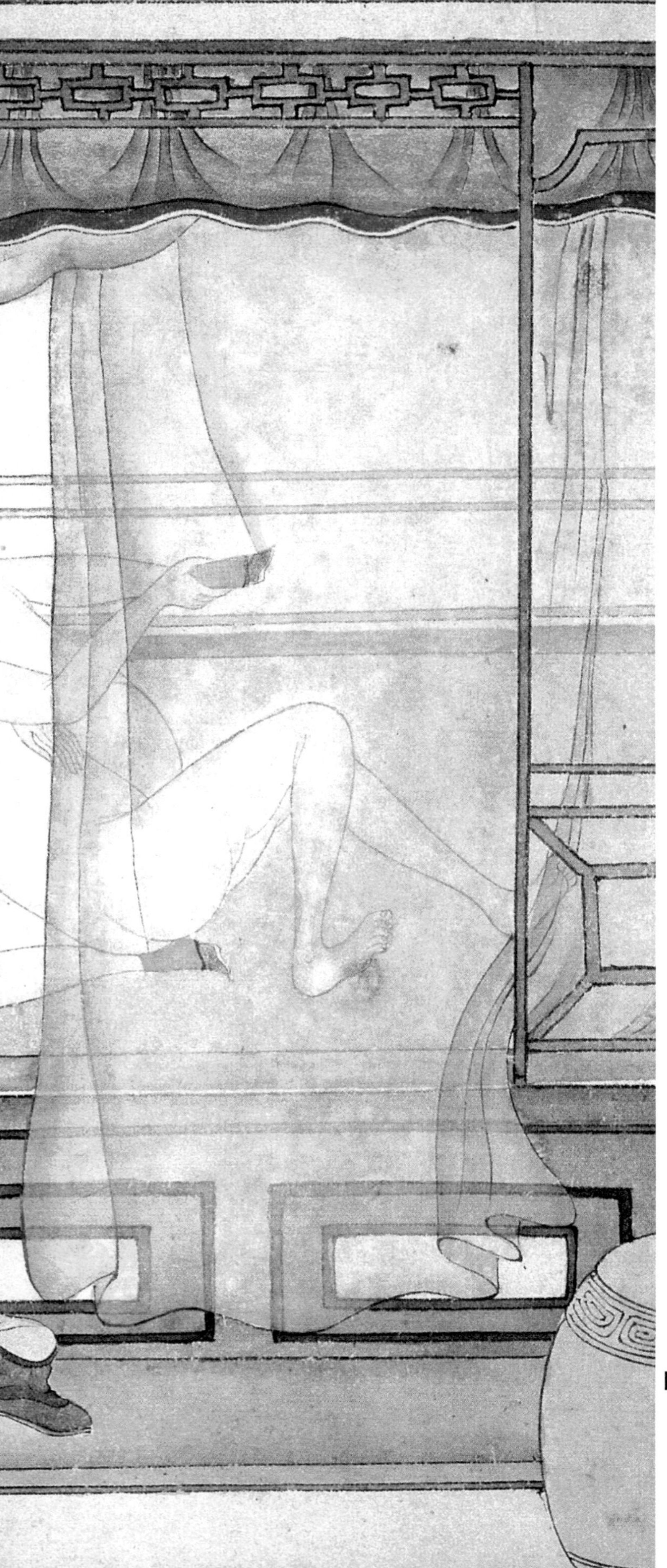

夫妻敦倫的響聲，引來待嫁少女旁窺思春。（明朝春畫）

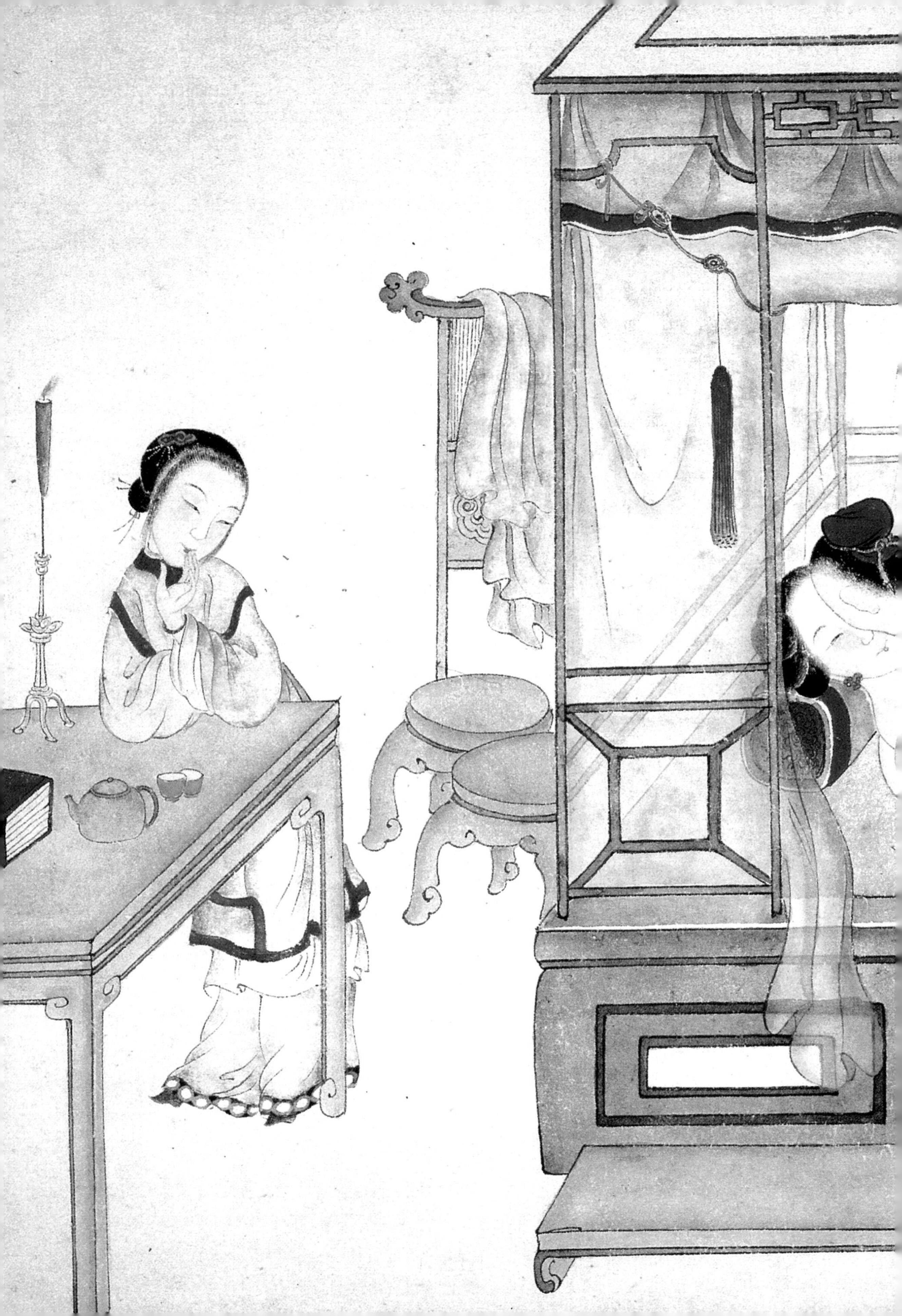

叫床又稱「叫春」，古代中國人還稱之為「做騷腔」（見明朝無遮道人《海陵佚事》）、「做淫腔」（見清人曹去晶《姑妄言》第十八回）、「叫肉麻」（見清朝雲遊道人《換夫妻》第十一回）……。

叫床是人類和少數動物如熊、獅子和美洲虎所特有的騷態。一般動物在做愛時總是靜默無聲的，狗如此、牛如此，禽鳥如雞鴨更是如此；貓好像會叫春，但貓叫春是呼喚異性來和發情的自己做愛，當異性被淫聲所誘而近身時，貓就不叫了，默默地幹事，一直到幹完，貓都不出聲兒。

動物做愛時不出聲兒，怕招來獵食者，在自己最無力反抗逃跑時下殺手，所以無敵的熊、美洲虎、獅子和人類才會在做愛時呻吟示樂；當女人擔心做愛被人知道時（比方隔床有人），也會忍住不叫床的，道理相同。

推想人類在上古時打敗一切動物、成為地球的主宰者之後，做愛時就開始放肆地呻吟叫春了；但見諸記載卻不得不推遲到三代以後的秦漢之際。

民國六十二年十二月，湖南長沙馬王堆三號漢墓出土的大批帛書竹簡中，有一種抄在三十二片竹簡上的性愛祕笈「合陰陽」，其中有一段就分析女人在做愛時會發出五種聲音。原文古樸而多罕見之字，根據專家的解釋翻譯成白話文說：

女人做愛時會發出五種聲音：發出急促的呼吸聲，表示受到男子的眼神或言語挑逗，內心開始有性衝動、對性有了急迫的需求；發出重濁的喘息聲，是表示被愛撫到不行，舒服到忘了呼吸啦；發出哼哼唧唧的嘆息聲，表示被陽物插入，牝戶作癢、嘗到了性交的快感；發出淫蕩的呻吟聲，表示女人已快活到極點，高潮來襲了；女人語無倫次、嗚咽地親吻男子，全身顫抖舉股相迎，是表示希望男人愈戰愈勇、持久不洩。

兩千三百年前，中國人已經對女性的叫春做了如此精闢的研究剖析，真令人佩服。

在西方，有關女人叫床的論述也可以追溯到兩千年前。西元前四十三年至西元十七年在世的羅馬詩人奧維德，在他指導戀愛的名著《愛經》中，就鄭重地忠告女性「在做愛時，永遠不要停止發出嬌媚的聲音，即令猥褻不堪的話也不妨說出口，在床鋪上，任何癡情騷態都是被允許的……」。

回到中國，再看看還有那些關於女人叫春的描述。

西元六世紀末的隋朝名妓羅愛愛，曾將她做愛時的癡態寫成詩〈贈情郎〉說：

感郎千金意，含嬌抱郎宿；
試作帷中音，羞開燈前目。

詩的意思是：因為被郎君的情意所感動，便含嬌帶媚地與郎君擁抱共宿了；忍不住在帷帳中呻吟叫春，卻害羞得怎樣也無法在明亮的燈燭前把眼睛張開。如果你是羅愛愛的情郎，接到女朋友寫贈的這樣一首詩，真會被感動得立刻勃起。

初唐時佚名方士所寫的房術書《洞玄子》，在指導男人如何與女性做愛、如何「往來拚擊、進退揩磨」之後，說「女必求生求死、乞性乞命」，也就是被陣陣高潮擊潰、快活到瀕臨死亡，再也無力應戰的叫死求饒，這是女性叫床的最高藝術境界。

西元八世紀末、九世紀初的中唐時代，有個文人叫白行簡，是大詩人白居易的弟弟，有〈天地陰陽大樂賦〉一文傳諸後世，說男人與女性做愛時要講究「九淺一深」、「乍疾乍徐」的技巧，女人才會「色變聲顫、釵垂髻亂」。「聲顫」云云，指的也是叫床。

北宋詩人黃庭堅有一首〈浣溪紗〉詞說：

燭影花光耀錦屏，翠幃深處可憐生，桃花著雨不勝情。
偷覷已成心可可，含羞未便囑輕輕，牙關時度一聲鶯。

「牙關時度一聲鶯」指的也是女人的呻吟叫床。

明朝馮夢龍輯蘇州民歌集《山歌》卷七〈後庭心〉說：「姐兒生來身小眼機靈，喫郎推倒後庭心。硬郎不過，只得順情，霎時上叉，把好聽的叫聲……」同卷〈操琴〉說「小阿奴奴好像七弦上生絲緣，要我郎君懷抱作嬌聲」，說的也都是叫床。

清人華廣生輯《白雪遺音》中有一首馬頭調〈喜只喜的〉說：

喜只喜的紅羅帳，愛只愛的象牙床。
喜只喜三寸金蓮肩上扛，
愛只愛紅繡鞋兒底朝上。
喜的是櫻桃小口，愛的是口吐丁香。
喜只喜杏眼朦朧魂飄蕩，
愛只愛哼哼唧唧把情聲放。

民初無錫船歌有一首描述洗紗女子唱歌撩撥搖船男子，問他為何不上她家喝香茶？男唱問女子家住村中第幾家，女唱道：

啊呀！我前頭三檯是花簷瓦，
我後頭三檯是木香花。
木香棚上有條籐，
送插（給）哥哥作條櫓濱繩，
日間搖出金雞叫，
夜間搖出鳳凰聲。

兩首民歌末句說的都是女子做愛時的叫春。

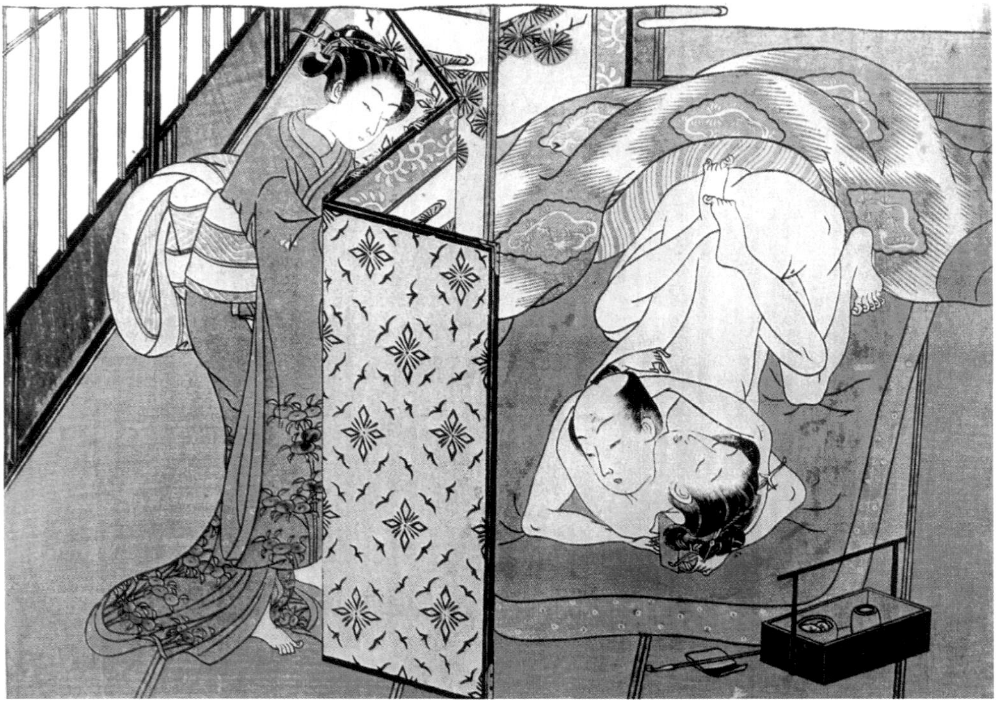

夫妻做愛時妻子的叫床聲引來小姨偷窺。

叫床是女子的美德，是對男子賣力賣命討她歡喜的一種獎勵。香港作家張小嫻在〈女人的床上禮儀〉一文中說：「（女性）在適當時候發出適當的叫聲，是對對方的一種鼓勵和讚美，等於看歌劇要拍掌。」說得真好。可是有些女孩因矜持害羞，硬是忍著不發出讚嘆聲。做愛一場而聽不到女方的呻吟叫床，對男人是多麼掃興而有傷自尊的事啊。

西洋女人叫床，習慣說：「哦，我的老天！」「哦！我的上帝！」（妳做愛關老天爺和上帝何事？）而後催促男子加快用力，並夢囈般誇贊他又粗又大，天下第一。

東洋日本女子叫床，則是在呻吟中連連地說「好舒服——好舒服——」，毫不吝惜表達自己的快活與感謝。

中國女子叫床，則愛朝「哥哥爸爸真偉大」的方面恣意發揮（潛意識中想要亂倫），叫出許多事後連自己都會臉紅的話來，尤其喜歡叫死求饒。

清初刊本《笑林廣記》卷六，有一則「嗔兒」，說夫妻倆夜晚想做愛，擔心睡在旁邊的兩個兒子礙事，不知他們睡熟了沒有，就各叫了他們一聲；兩個兒子聽到了，不吭氣，知道爹娘要辦事了。夫妻倆放心敦倫，肉搏到激烈時，妻子樂極連呼「要死了」，一個兒子忍不住哈哈大笑起來。母親老羞成怒，就伸手去打那個兒子；另一個兒子說：「打得好、打得好，娘要死了，不哭，倒反笑起來。」

相傳大陸北方女人比南方女人會叫床，清朝佚名作家《一片情》第四回裡，說徽州府休寧縣的程生生到北京做生意，與赤大姐交歡，雲雨之後，生生問道：「妳如何幹事就要叫起來？」大姐說：「我們這邊鄉風，不像你們南邊人不出聲、不出氣，像死屍一般，有甚情趣？」

此外，民間口耳相傳山西大同女子有三大優點：一膚白；二腳小；三會叫床。都說明了北方女人比較擅於在床上吟叫。但我是不相信這種粗略的二分法的，天下那有女人不會叫床的呢？只看男人的本錢有多大、本事有多高而已，只看女人愛不愛跟她做愛的人。

叫床的方式有兩種，一是男女問答式的，多半出現於女方羞澀不肯開口時；一是女子自動獨白式的，她叫，因為她高興。

男女問答式的叫床常見於色情小說中，像明刊《金瓶梅詞話》第七十八回裡，西門慶玩兒子官哥的奶媽章四

（小名如意）時：

婦人蹙眉齧齒，忍其疼痛，口裡顫聲柔語哼成一塊，沒口子（不停地）叫「達達爹爹，罷了我了，好難忍也。」

西門慶便叫道：「章四兒淫婦，妳是誰的老婆？」

婦人道：「我是爹的老婆。」

西門慶教與她：「妳說是熊旺的老婆，今日屬了我的親達達了。」

那婦人回應道：「淫婦原是熊旺的老婆，今日屬了我的親達達了。」

西門慶又問道：「我會合不會？」

婦人道：「達達會合尻。」兩個淫聲豔語，無般不說出來……。

又如清朝竹溪修正山人《碧玉樓》第七回說河南汴梁富豪王百順與妻子張碧蓮敦倫交歡時：

只聽碧蓮顫聲柔語、哼哼唧唧，心肝乖乖，不住的亂叫。百順將身子伏在碧蓮身上，摟著碧蓮親嘴，叫道：「嬌兒，達達肏得妳快活否？」

碧蓮說：「肏得快活。」

百順又叫道：「乖肉，達達肏得受用否？」

碧蓮說：「肏得受用。」……

至於第二種女人自動獨白式叫春，在古典色情小說中更是常見。如《金瓶梅詞話》第二十七回潘金蓮雙腳被拴吊在葡萄架上，兩腿大張，任由西門慶把套著銀托子、硫磺圈、塗了「閨豔聲嬌」（淫藥）的陽具猛力往牝戶裡杵搗，一上來就是三、四百下，抽拽得潘金蓮「朦朧星眼，呻吟不已，沒口子叫：大雞巴達達，你不知使了甚麼行子（東西），進去又罷了，淫婦的屄心子癢到骨髓裡去了，可憐見饒了罷……。」

又如同書第五十回，西門慶玩家僕韓道國的老婆王六兒時，王六兒「淫心如醉，酥癱于枕上，口內呻吟不止，口口聲聲只叫：大雞巴達達，淫婦今日可死也……。」

清人曹去晶《姑妄言》第十一回裡，鄉紳宦蕚服下

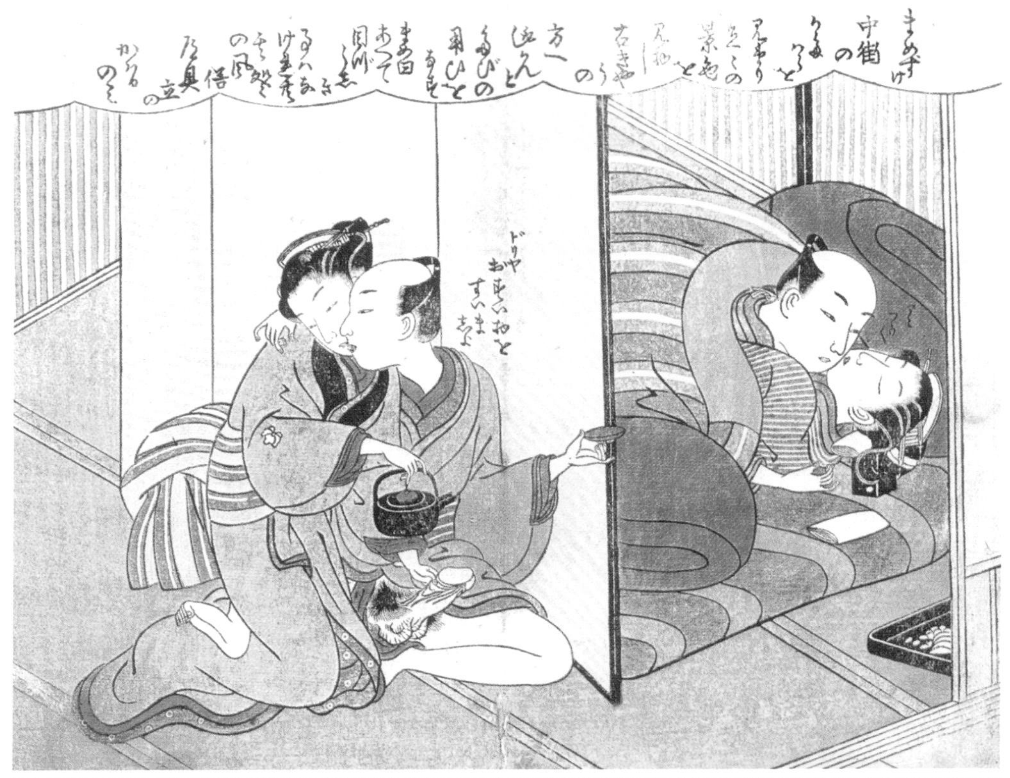

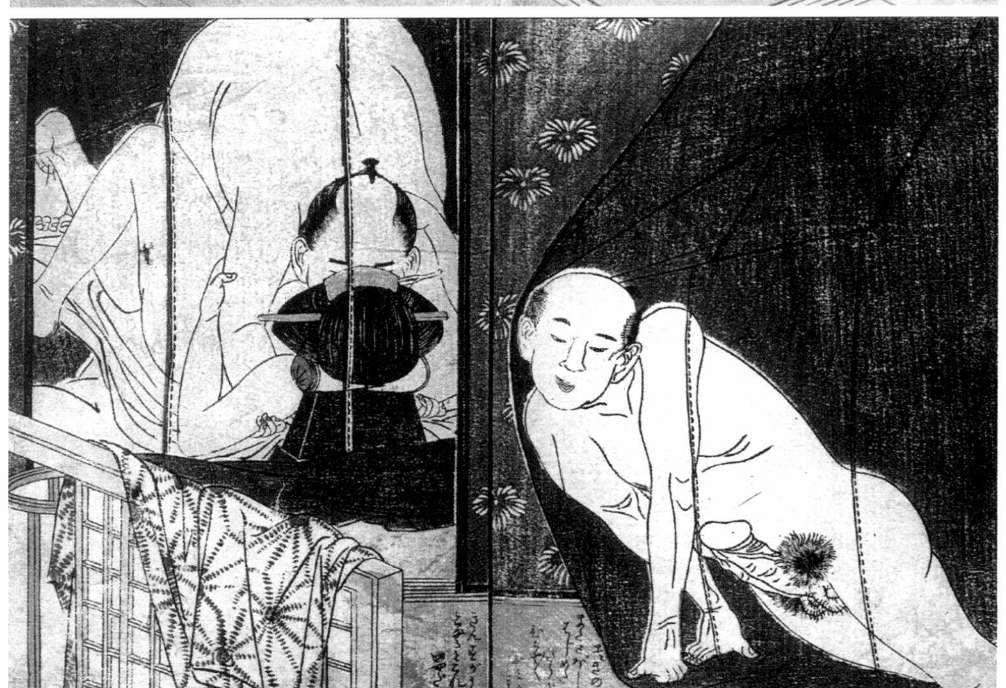

▌上：少女聽到男女做愛聲，忍不住春心哄動，伸手摸調戲她的男子的勃起陽物。（日本浮世繪大師鈴木春信作品）

▌下：男女做愛時女人的叫春引來同室友人偷聽。（歌川豐國浮世繪《豔本多歌羅久良》）

壯陽藥後與妻子侯氏行房，侯氏快活得心花俱開，叫道：「好哥哥，你饒了我罷，我來不得了，渾身像癱化了的，再弄弄，骨頭全要散了……。」

清人章回小說《一片情》第一回說溪南老富翁符成娶黃花閨女新玉為妾，新玉嫌符成老而無用，便與近村年輕小夥子燕輕偷情，兩人幽歡時，新玉以手捧定情郎的臉，嘴對嘴說：「我的親親，天生這般大的行貨子，差不多頂到奴的心裡了，你不信把手摸摸看……。」

不同的女人有不同的叫床法。從羞澀含蓄到放蕩風騷，叫床可分三種：一是喘息；二是呻吟；三是粗口（說髒話）；害羞的少女在做愛時只會喘息，只見她星眼迷朦、頰紅似火，不時從口鼻大力地噴氣，重濁的鼻息和喘氣聲告訴人她好緊張、好興奮，你無情大力的抽送讓她如臨大敵、心跳加速，可是矜持和害羞使她不好意思發出其他任何淫蕩的聲音，只能悶騷。

逐漸脫去羞澀的女人在做愛時會嘆氣呻吟，像受苦害病似地吟嘆著，實際上卻是告訴人她已經決活到不行了，騷再也悶不住了，再也顧不了端莊優雅的淑女形象，只能用顰眉蹙額、花容慘淡的神情發出淫蕩的嘆息和乞憐的浪吟，唱著有曲無詞的無言歌，把快活抒發出來。

性經驗豐富的成熟女人做愛時會講粗口、說淫褻的話，讓自己身心合一完全投入，以攫取最大的享受。只有真正喜歡對方、完全接納對方的女人，做愛時才會毫無遮瞞地把自己最淫蕩風騷的一面也赤裸裸地展現出來，說各種各不知羞恥的髒話，唱著有曲有詞的猥褻歌，像賣春婦似地叫春獻媚。

叫床是女人快活的展現，不同的叫法展現出不同的快活程度。明朝末年時一位經驗豐富、觀察入微的生活美學大師李漁，在《肉蒲團》一書第四回中，借性學導師賽崑崙之口，說出自己對女人叫床的研究心得：「婦人口裡有三種浪法，口氣相同，聲音各別。……初幹的時節，還不曾快活，心上不要浪，外面假浪起來，好等丈夫動興；這種聲氣原聽得出，大約口裡叫喊、身子不動，叫出來的字眼是清清楚楚、不混亂的。幹到快活的時節，心上也浪、口裡也浪，連一身的五官四肢都浪起來；這種聲氣也聽得出，叫出來的字眼是糊糊塗塗、上氣不接下氣的。到那快活盡處，精神倦了、手腳軟了，要浪浪不出，這種聲氣在喉嚨裡面，不在口舌之間，就有些聽不出了，……只見喉嚨裡面噫噫呀呀，似說話非說話，似嘆氣非嘆氣。」

清人曹去晶章回小說《姑妄言》第十一回中也有近似的說法，書上說丫環嬌花偷聽主人宦萼與主母侯氏雲雨，「起先聽得主母是急的哼，那是嘴裡的聲息；次後是弄得快活的哼，那聲息是從鼻孔中出來的；再後是弄得不死不活，微微喉中有些聲息，下面被弄得那響如人在泥淖中行，滑撻滑撻的不住，又把那喉中之聲蓋住了，聽不甚明……」。

做愛時聽到身下的女人呻吟浪叫，是男人心靈莫大的享樂，是男人辛苦耕耘的莫大報償，看到身下的女人色變聲顫地喘息嬌吟，獻媚乞憐地叫死求饒，男人就是扭動得腰瘦腳軟、汗流浹背也值得了。

如果女人長得美、叫床聲卻不悅耳，或叫聲嬌媚、人卻長得不好看，上述享樂都算有缺憾；只有享受年輕漂亮的女人發出悅耳銷魂的叫床聲，那才是男人在閨房中的至福。人的容貌還可以去做美容手術加以改善，聲音的嬌媚或粗陋，卻是沒辦法改進的，所以遇到一個叫床叫得好聽的女子比跟美女上床更要可貴。一個女人如何叫床是天生那樣的，想改變或改進也不可能。

女人叫床從無聲的閉目喘息，到有聲的嬌媚呻吟，到肆無忌憚、渾然忘我的騷言浪語，到最後叫死叫活的哀哀求饒，說明她身心在男人奮力的衝擊下由單純快活到痛快交迸到苦多樂少瀕臨死亡的欲死欲仙，真讓壓在她身上的男人魂飛魄散、永難忘懷。

女人在享受快樂時卻發出痛苦的呻吟聲，彷彿在受苦受難，這真是造物者最神奇、最不可思議的設計。

一男多女和一女多男的性愛

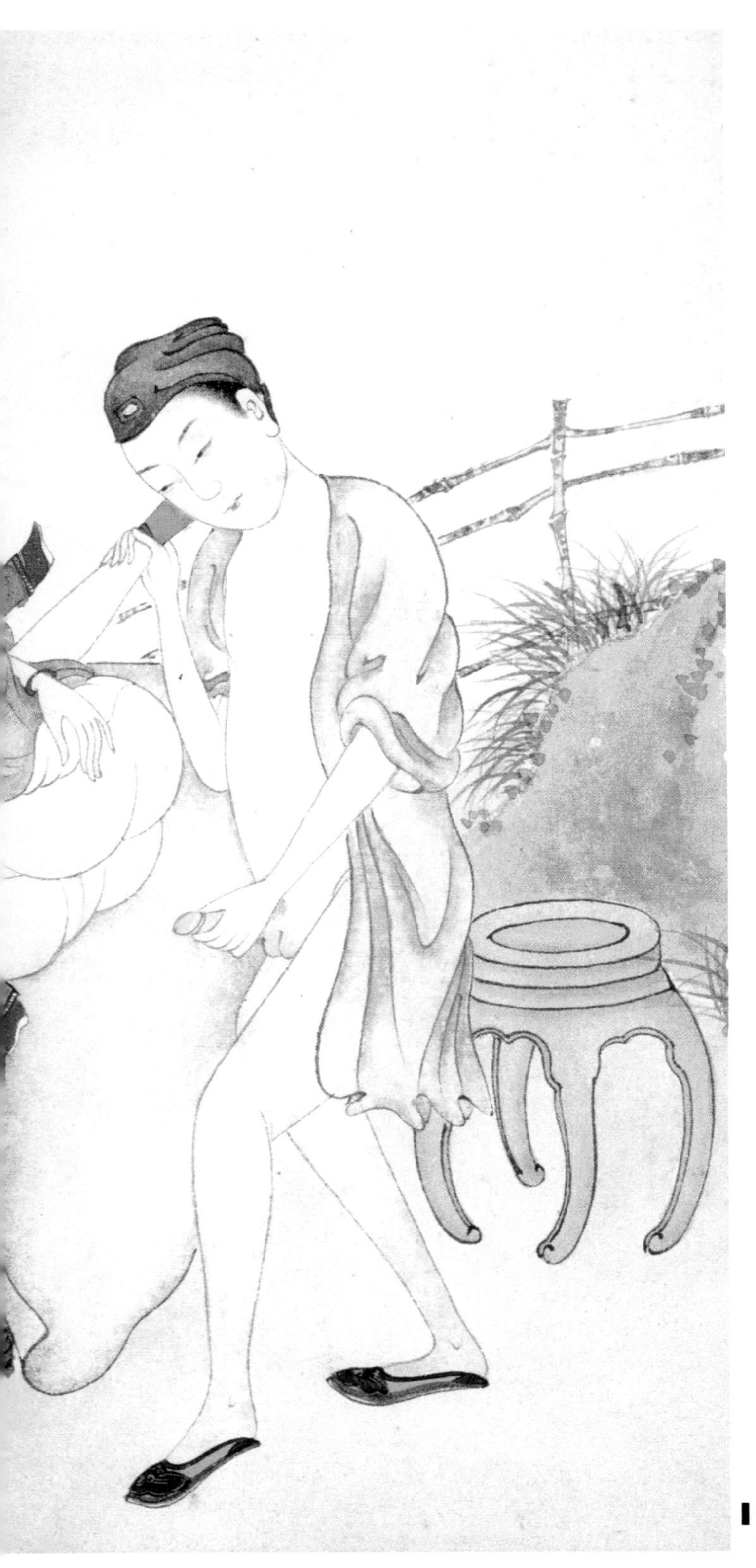

一男兩女行樂情景，可謂香豔。（明朝春宮）

自從民國以來修改婚姻法為一夫一妻制後，能在床上和不止一個女人同時性交的男人就大為減少了，可是古代中國允許男子納妾，多人性愛是很尋常的事，尋常到今人無法想像。有一首詩就形容多人性愛的無邊情趣說：

不暖不寒二月天，一妻一妾正堪眠；
鴛鴦枕上三頭並，翡翠衾中六臂連；
開口笑時還若品，側身睡處恰如川；
方才了得東邊事，又被西邊打一拳。

婚姻允許一夫多妻並不奇怪，因為在這之前人類經過漫長的群婚制，也就是一群男人和一群女人結婚，男人有許多妻子、女人也有許多丈夫；後來演進到共婚制，也就是幾個女人共有一個丈夫、幾個男人共有一個妻子；最後才演變成今日的一夫一妻制。在一夫多妻制時代，一個男人同時玩好幾個女人，豈不是很稀鬆平常的事情嗎？

在唐人房術書《洞玄子》中所述的「做愛三十法」當中，有一法是「鸞雙舞」，就是一男兩女同時性交的秘訣，說：兩個女人脫光光，一個仰臥彎曲手腳，一個趴俯在她身上，讓兩個陰戶貼湊到一起，男人跪坐在她倆身之後，用陽具輪番攻擊上下牝戶，搗進抽出。

文學作品中也頗多一男數女玩多人性愛的寫實描述。像《金瓶梅詞話》第八十二回說潘金蓮與女婿陳經濟偷情，被丫環春梅撞見，金蓮便央求春梅不要對別人說，春梅說她不會對人說的，金蓮便要她也讓陳經濟睡一睡，她才信得過，於是春梅又脫褲仰躺在春凳上，讓才操過潘金的陳經濟受用。同書第八十三回裡，陳經濟肏潘金蓮時，春梅也加入戰局助興，書上說：

婦人和經濟並肩疊股而坐，春梅打橫，把酒來斟……吃得酒濃上來，……婦人便赤身露體仰臥在一張醉翁椅兒上，經濟亦脫得上下沒條絲，……婦人便叫春梅：「妳在後邊推著妳姐夫，只怕他身子乏了。」那春梅真箇在身後推送經濟那話插入婦人牝中，往來抽送，十分暢美。

清朝初年滿籍作家文康《兒女英雄傳》第三十八回說男主角安驥娶得張金鳳、何玉鳳兩個女子為妻，洞房花燭夜一床三好，次日清晨，晚起的張金鳳裹小腳時，裹腳布

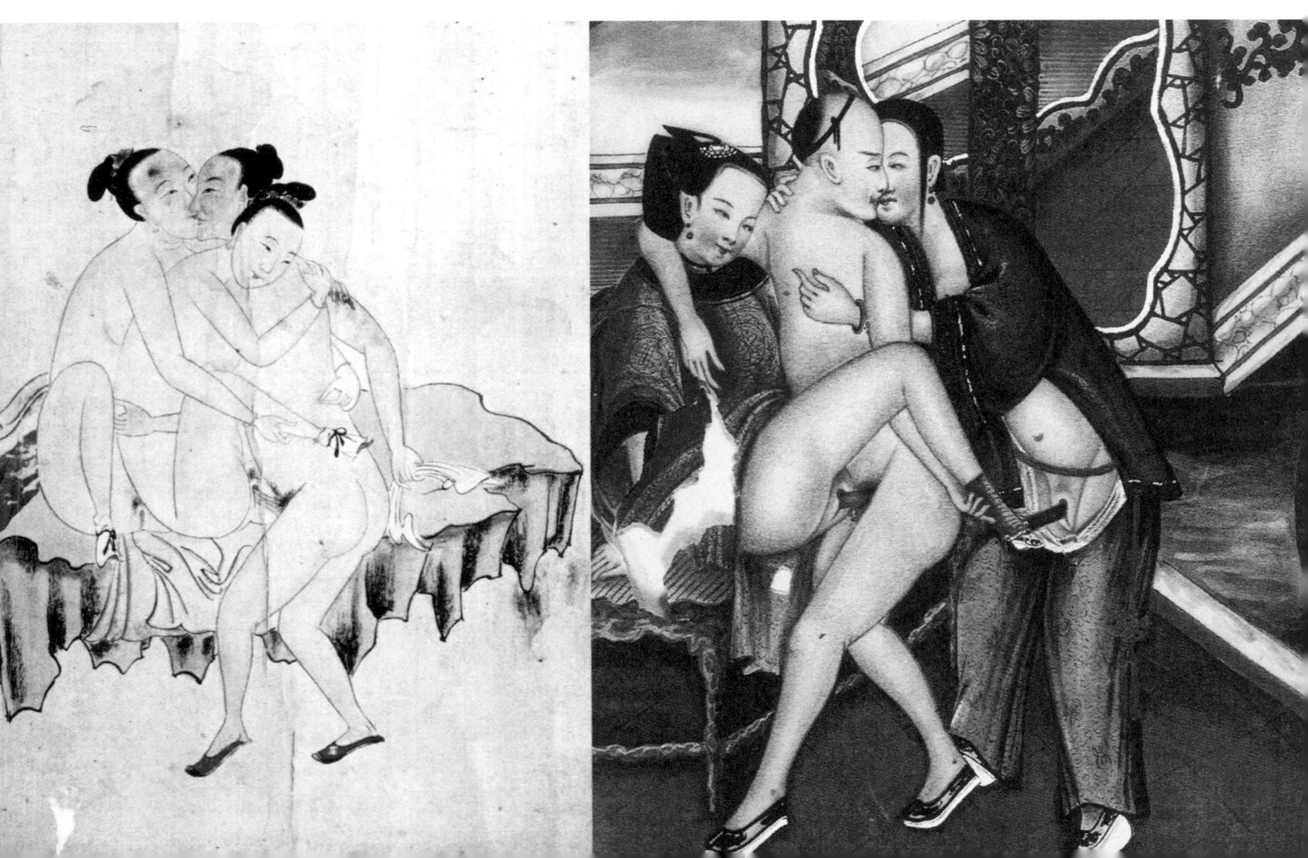

一長一短，剛起身的何玉鳳才發現自己腳上的裹腳布也是一長一短；從這樣含蓄的描述就可知頭一天晚上兩女如何脫光了與丈夫瘋狂做愛。

清初人李漁《肉蒲團》第十六回說男主角未央生與香雲、瑞珠、瑞玉三個女人做愛，每人分睡一夜後，定要合睡一夜，合睡了一夜後，又依舊輪睡三夜，稱作「三分一統」：

> 每到合睡之夜，就教她姊妹三人並頭而臥，自己的身子再不著席，只在三個身上滾來滾去，滾到那一個身上興高起來，就在那一個的裡面幹起。

清朝人曹去晶在雍正八年（西元一七三〇年）完成的長篇章回小說《姑妄言》中，也有多處描述一男數女多人性愛。第十四回說土豪易于仁娶妻袁氏，家中婢妾有二十餘人，「他要高興的時候，不是一個一個去斡旋，製了一大榻，叫這些婦人脫光了仰臥在上，他睡在眾人身上滾。他身材小巧，又甚伶便，雖在人身上滾，這婦人們也不覺吃力，不拘誰人，滾到跟前，只陽物恰巧對了陰門時，就

▍左：一男子與妻妾行樂。（明朝萬曆年間春畫）
▍中：一男兩女三人性愛的場面。（明朝春畫）
▍右：男主人與妻子和丫環一男兩女的性愛。（清朝乾嘉年間春宮畫）

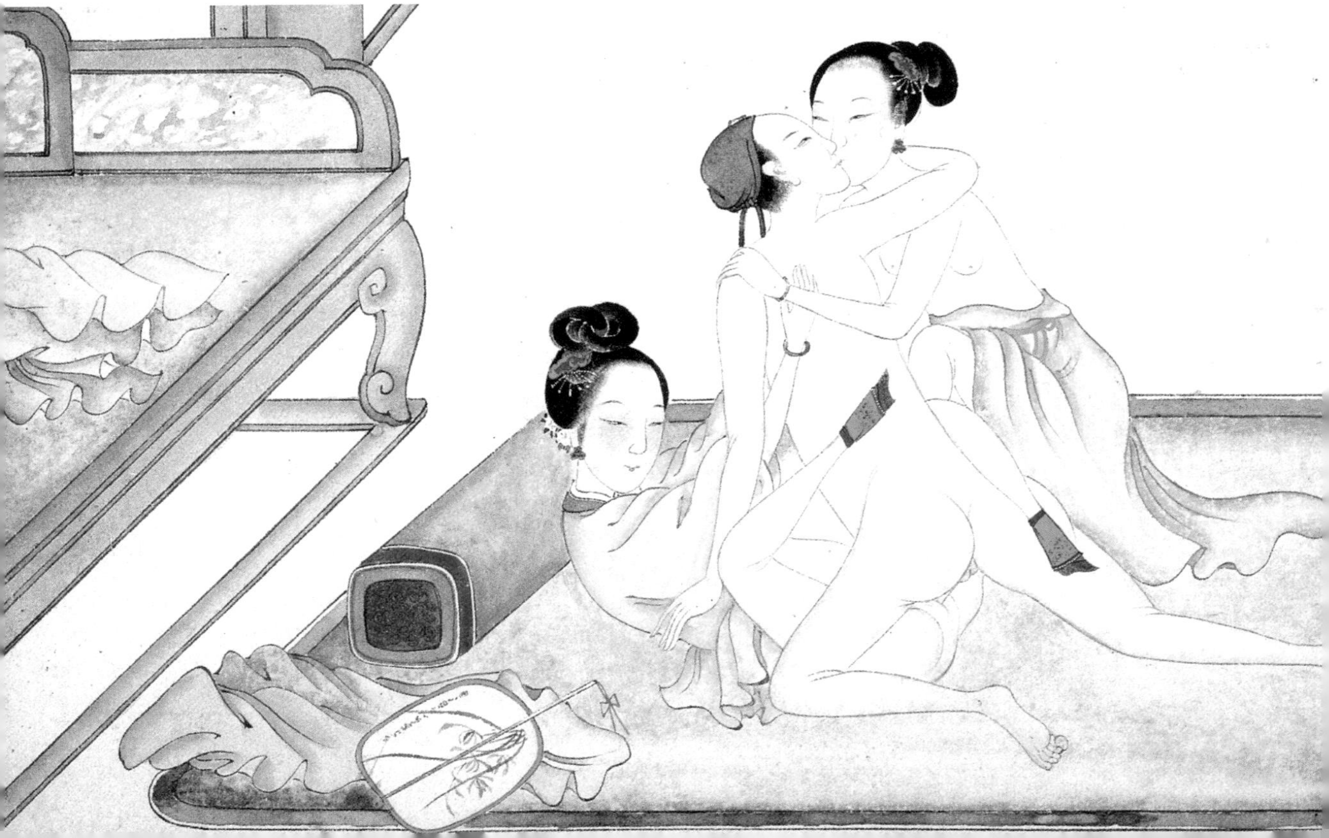

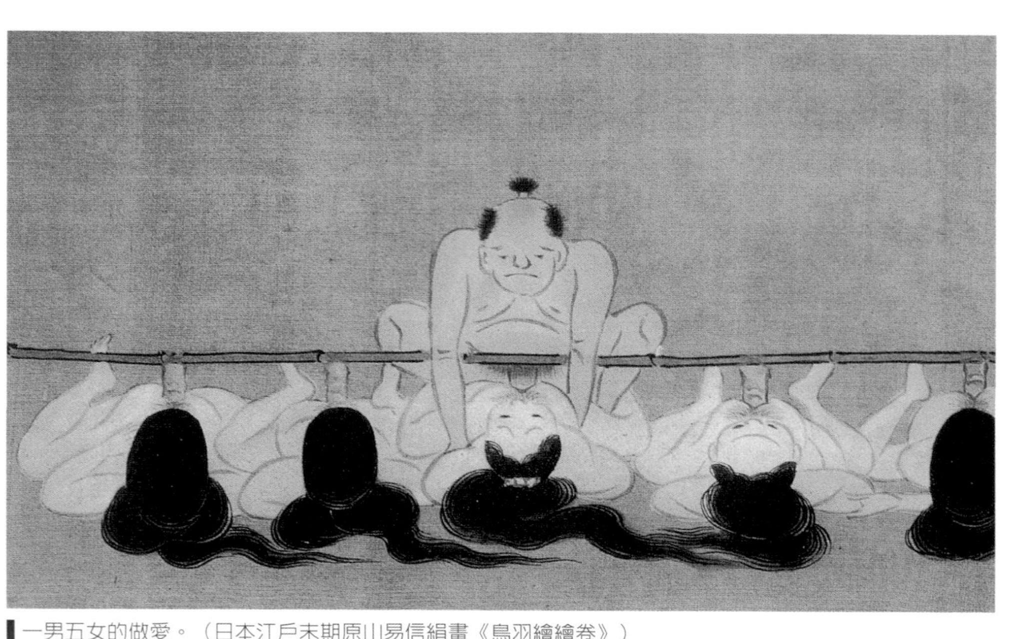

一男五女的做愛。（日本江戶末期原山易信絹畫《鳥羽繪繪卷》）

抽上一陣，重複又滾……」

這個玩法似乎有抄襲《肉蒲團》之嫌，但是您可別小看了《姑妄言》的作者曹去晶先生，易于仁和妻妾們還有更想入非非的多人性愛呢。書上說：

> 或叫袁氏同眾婦人腳後跟上紮一角先生（假陽具），一齊臥倒，將那物送入牝中，自己用手扳著腳，他（易于仁）卻擂鼓，叫眾人隨他的鼓聲徐疾一出一入。到那鼓擂得如雨點時，眾婦人手慌腳亂，一齊亂搗，他卻看了大笑……。
>
> 又打（造）了許多醉翁椅，叫眾婦仰臥，將腳擱在兩邊，肚上牝戶大張，他在十步之外，手執著陽具，對著一個如飛跑來，一下剛中紅心，便大抽一陣；若戳不著，又如此弄第二個……。

一男數女多人性愛時，男人以寡擊眾，吃得消嗎？一位經驗老到的前輩曾對我說：「人家都以為一個男的對付兩三個女的難搞，其實一個男的對付一個女的難，對付好幾個女的可容易多了。把幾個屁股在床沿一字排開，這

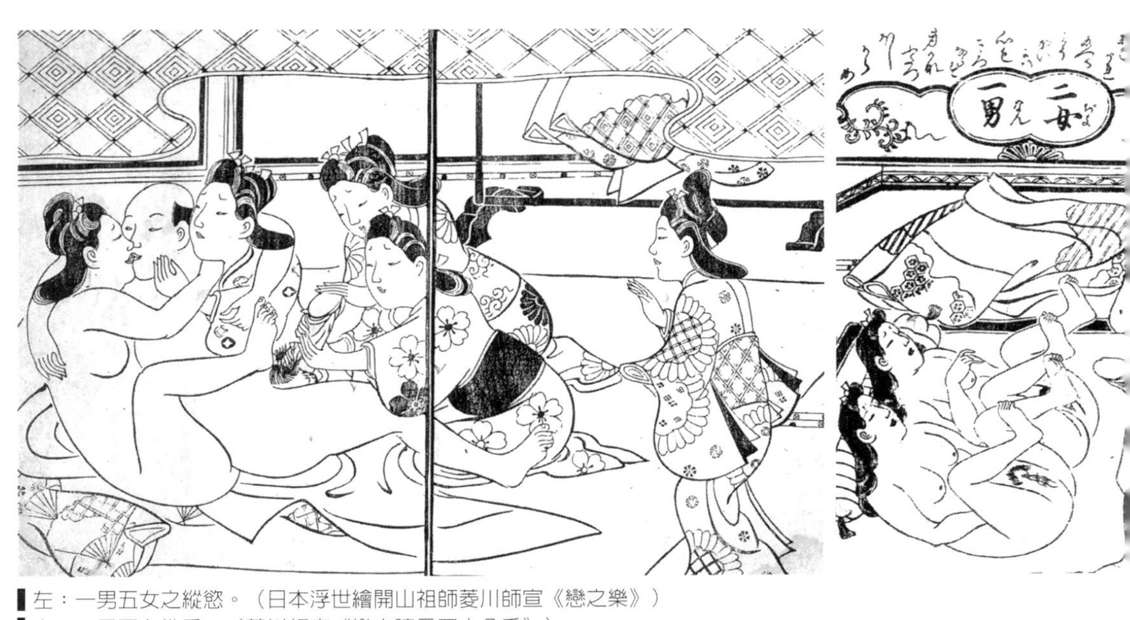

▍左：一男五女之縱慾。（日本浮世繪開山祖師菱川師宣《戀之樂》）
▍右：一男兩女性愛。（菱川師宣《戀之睦言四十八手》）

邊插七、八下，換另一個再插七、八下，輪流地插，想射了就拔走，換人時又等於重新開始，幾個鐘頭也玩得下來；女人的騷水像鼻涕似的在胯間拖得老長——什麼水都流得出來。玩這個女的時，旁邊的等不及了，伸手過來捏一下、掐一把，邊掐邊罵：『死鬼，快過來，等不及了』，把男人兩邊的腿肉都給掐紫了。男人偏偏放慢動作說：『妳個騷屄想插啦？妳不說好聽的，我就不過來』……。」

這樣的情趣，又豈是一男一女做愛時可能想見的呢？

說完一男多女的性愛之後，下面在談一女多男的性愛。一女數男的性愛有兩種，一是把時間錯開，比方說白天跟情夫、晚上跟丈夫；一是同時進行，也就是好幾個男人在一起，同時或輪番與一個女人做愛。

由於男人對心愛的女人都有獨占慾，無論是情婦或妻子，都不希望有別的男人來分享，更不願親眼目睹自己的女人與別的男人做愛，所以同時擁有情夫和丈夫的女人，只能在不同的時空裡分別與他們一對一交歡；出現一個女人同時和好幾個男人一起或輪番做愛的場面只有三種可能：一是遭到暴力脅迫，在非自願情況下被輪暴；二是

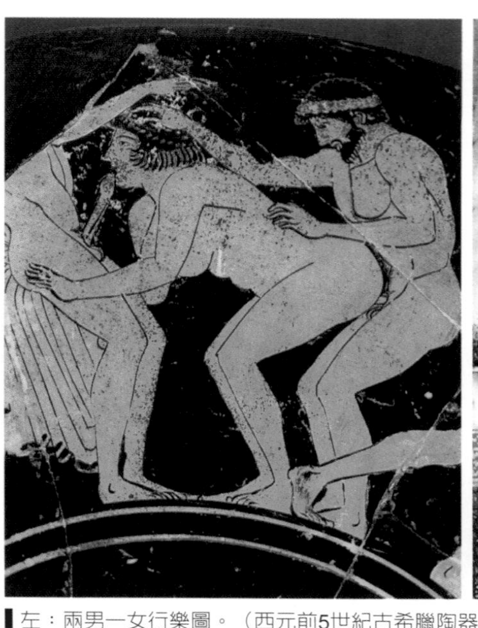
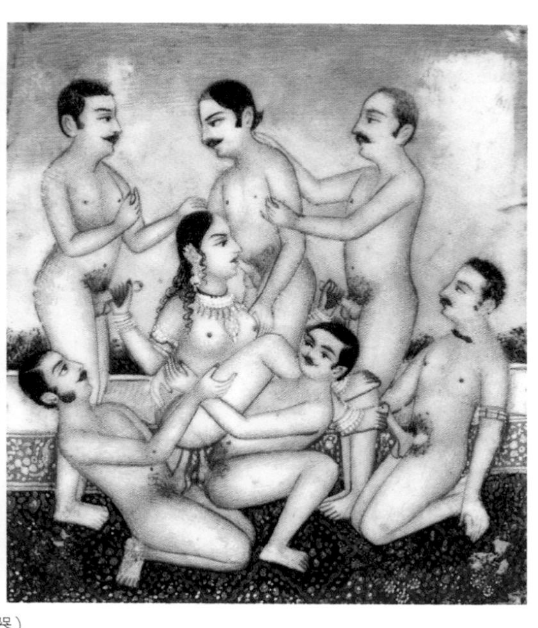

左：兩男一女行樂圖。（西元前5世紀古希臘陶器）
右：一女狎玩六男。（19世紀波斯瓷器上的繪畫）

遭到重金利誘，甘心與好幾個男人假戲真做；三是天性淫蕩，樂於玩多人性愛以追求最大之肉慾滿足。

女人在暴力脅迫下被好幾個男人輪暴，古今中外都頗不罕見。戰爭時入侵的敵軍輪暴擄獲的婦女，是將士們出生入死浴血沙場的緊張情緒和壓力的抒洩，也是面對不可知未來所採取的及時行樂的心態反應，那一場戰爭裡沒有軍士輪暴婦女的虐行呢？

清人曹去晶《姑妄言》第十八回說明末流寇李自成擄得三名官婦，「吩咐取三條板凳來，將三婦剝得精光，仰綁在凳上，命守內營眾兵輪流嬲弄，以死為度。」同書第二十二回說明廷討賊大將姚澤民的夫人鍾氏被流寇擄得：

> 這些賊那裡輕易搶得這等佳人？爭爭奪奪，遂拿她去傳營，每日輪一架帳房，十名健賊輪戰一個嬌娃，那能不狼狽呢？股前那一隻無珠的眼中，日夜精流不絕，頷下的那兩隻眼內，昏旦淚滴無休。……眾賊愛她生得標致，不忍弄壞了她，將鞋底烤熱，在小腹上揉出積精，餘人又弄……。

民國二十六年七月七日蘆溝橋事變揭開中日八年抗戰，日軍侵華期間任意輪姦中國婦女，事後拍照紀念，再加以殺害之事不勝枚舉，其暴行有多本專書和照片集出版揭露，相信讀者都印象深刻，此處就不再贅言。

此外，色狼們聯手犯案、輪落單女性之事，也三不五時就見諸報紙的社會新聞版。最令人髮指的案例發生於民國九十二年十月一日深夜，報端新聞標題是「逼情侶演活春宮，惡少再輪暴」，說十九歲黃姓少年與十七歲林姓少女，一日深夜在彰化縣埔心鄉太平公園內的涼亭下約會時，遭十八歲的劉俊峰和盧姓、劉姓少年三人持兩把西瓜刀架在脖子上，押入附近的公廁內，劉俊峰等人威迫情侶脫光後做愛給他們觀賞，看到一半興起，又輪番將林女強暴，事後還搶走情侶的機車和手機……。

犯下輪暴案的歹徒，在清朝的法律下要處以斬首之刑，可是國民政府是寬大的，如果嫌犯與被害人達成和解，就不必移送法辦。就算被害人不願和解，頂多也不過坐三、五年監牢而已，出來後又是一條色狼。

第二種情況，也就是在重金利誘下，一女任由多名男子輪姦的故事，偶而發生於妓院，近年最常見於色情影片中。

宋人周密在《癸辛雜識》一書中，有一則「姨夫眼眶」，提到大陸北方有兩男共狎一妓之風，妓稱其中一男為「丈夫」，另一男為「姨夫」，也就是姊妹的丈夫，以諱尷尬。或許因為一人出不起夜度資，才有兩人共狎一妓之舉。

日本性愛影片中常見一女數男多人性愛場面，有時一女跪坐於兩面向站立的裸體男優間，雙手各握持一男陽，努力捋動，先吃吃左邊的陽具、又吃吃右邊的；或者俯跪於床，口吮一陽、牝夾一陽；或者任由多名男子輪番上陣，待一一繳械而後罷。這當然是觀眾看多了一男對一女的色情片，嫌不夠刺激，導演才作這樣的安排；也和AV女優索酬較高，一片中不宜請太多位女優演出，以撙節成本有關。

第三種情況，也就是女性天生淫蕩，非多男輪姦不歡的例子，古今中外也頗不罕見。

晚明人淩濛初《拍案驚奇》卷二十六說四川成都府汶川縣有個農夫井慶，妻子杜氏頗有些姿色，喜好風情，嫌丈夫粗蠢，兩人經常吵架，一生口角，便負氣走回三里外

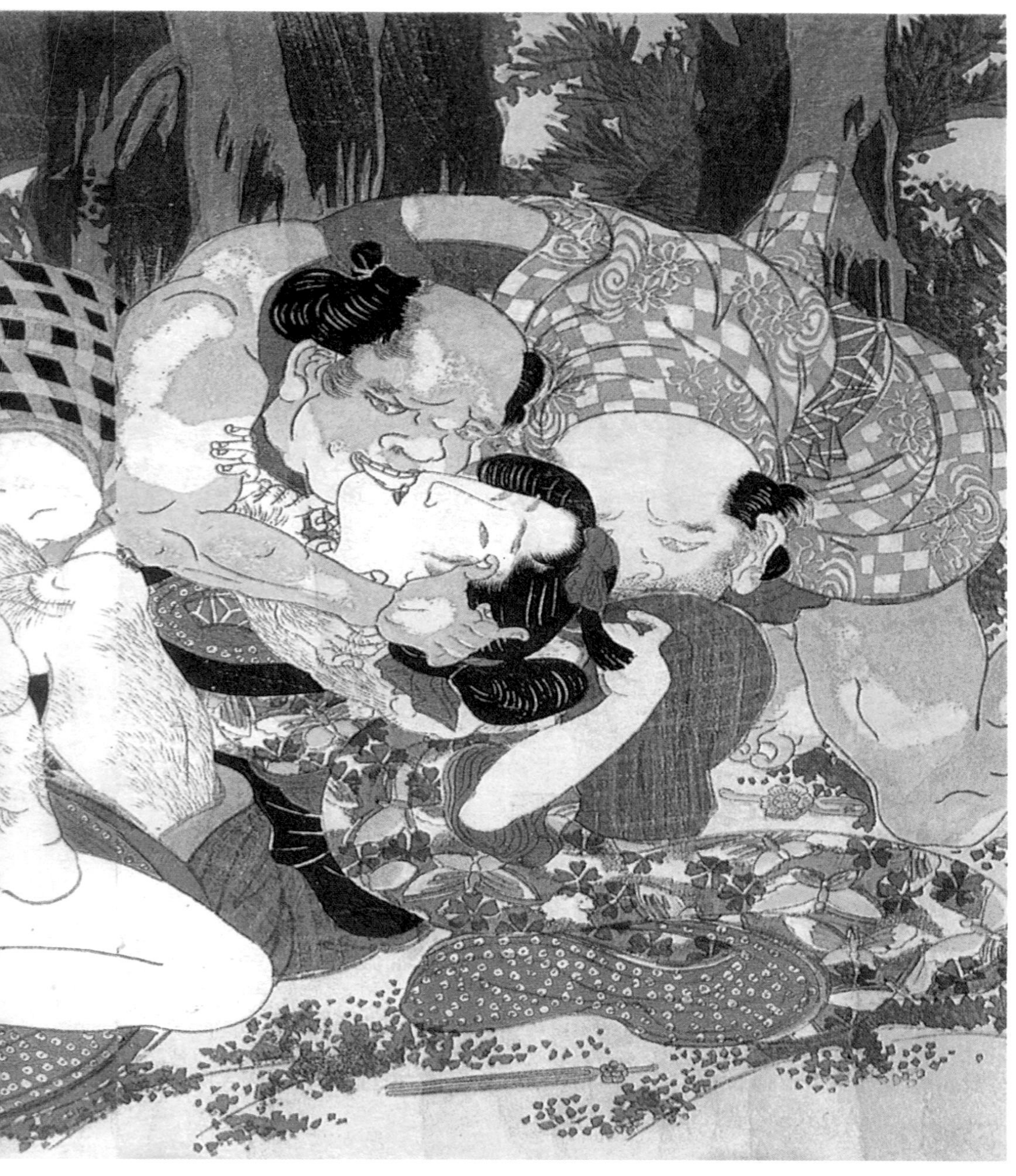

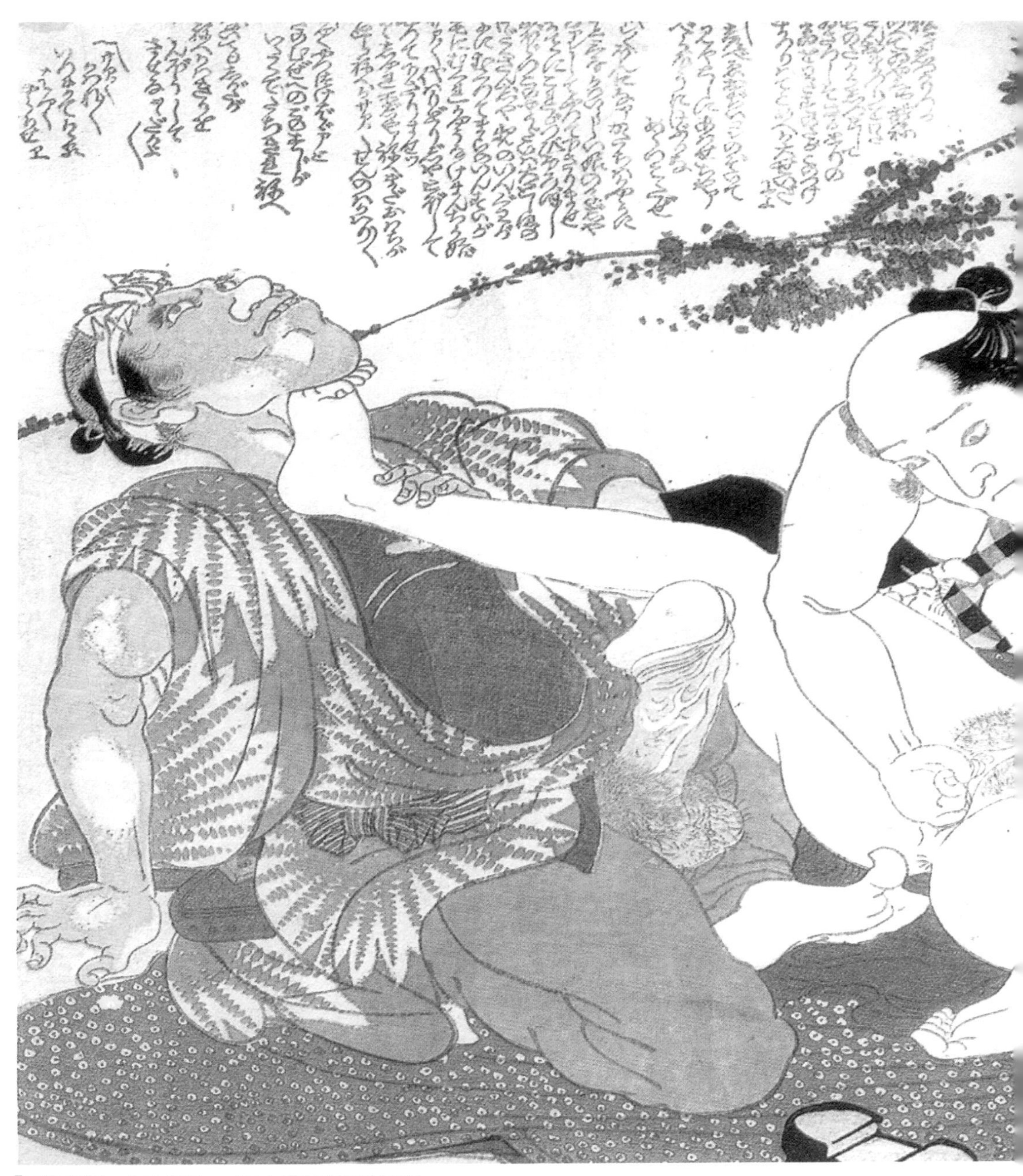

▍四男強暴一女之場景。（日人柳川重信浮世繪）

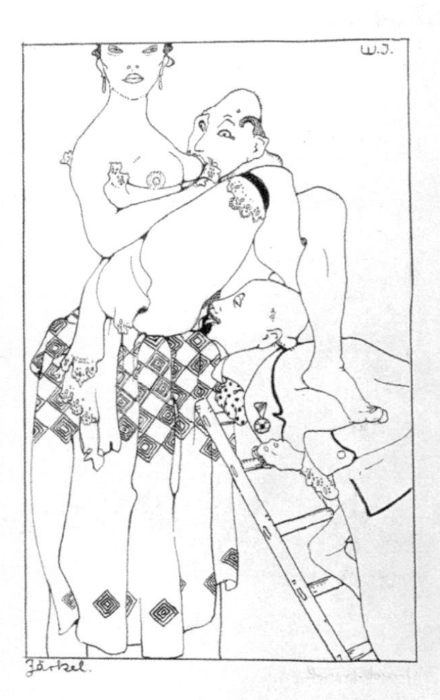

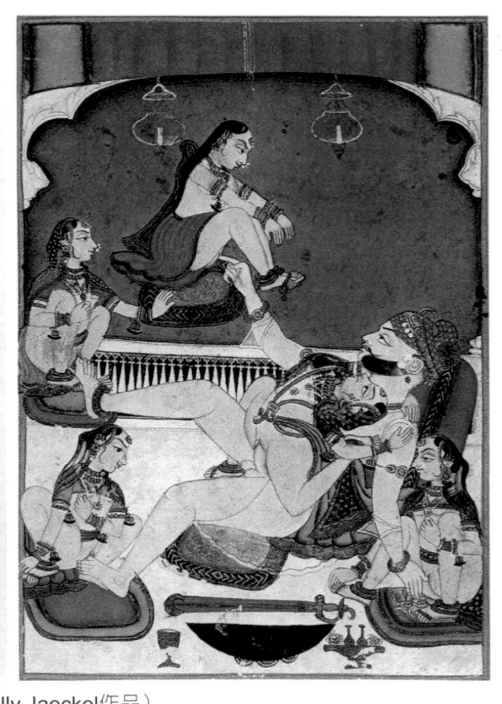

▍左：兩男一女的性愛。（1920年代德國畫家Willy Jaeckel作品）
▍右：一男五女同時做愛。（19世紀印度春畫）

的娘家，住了十幾天，氣平了，才又轉回夫家來。

一日杜氏又往娘家走，半路遇雨，便跑到附近的太平禪寺裡避雨。寺中住持是個年近六十的老和尚，名叫大覺，六根不淨，與年輕的愛徒智圓夜夜摟著一床睡。杜氏進廟就看上了眉清目秀的智圓，被誘進房中烘烤濕衣時，老和尚大覺卻闖進來要與她做愛，杜氏欲掙逃，房門已被小和尚智圓從外頭鎖上。杜氏無奈，任老和尚匆匆洩了一火。老和尚走後，小和尚又進來求歡，杜氏埋怨說：「多是你哄我進房，卻叫這老厭物來擺布我。」小和尚說：「他是我師父，沒奈何，而今等我賠禮罷。」杜氏便又任他摟抱上床，舞弄了一個多時辰，方才盡歡而洩。到了晚上三人一床睡，杜氏與小和尚摟得緊緊的，不管那老和尚，書上說：

老和尚剛是日裡弄過的，那話軟郎當，也沒力量再舉，意思便等他們弄一火看看，發了自己的興再處。果然他兩個擊擊格格，弄將起來，急得老和尚在旁邊，東嗚一口，西咂一口，左勾一勾，右抱一抱，一手捏著自己的陽物摩弄，又將手去摸他兩

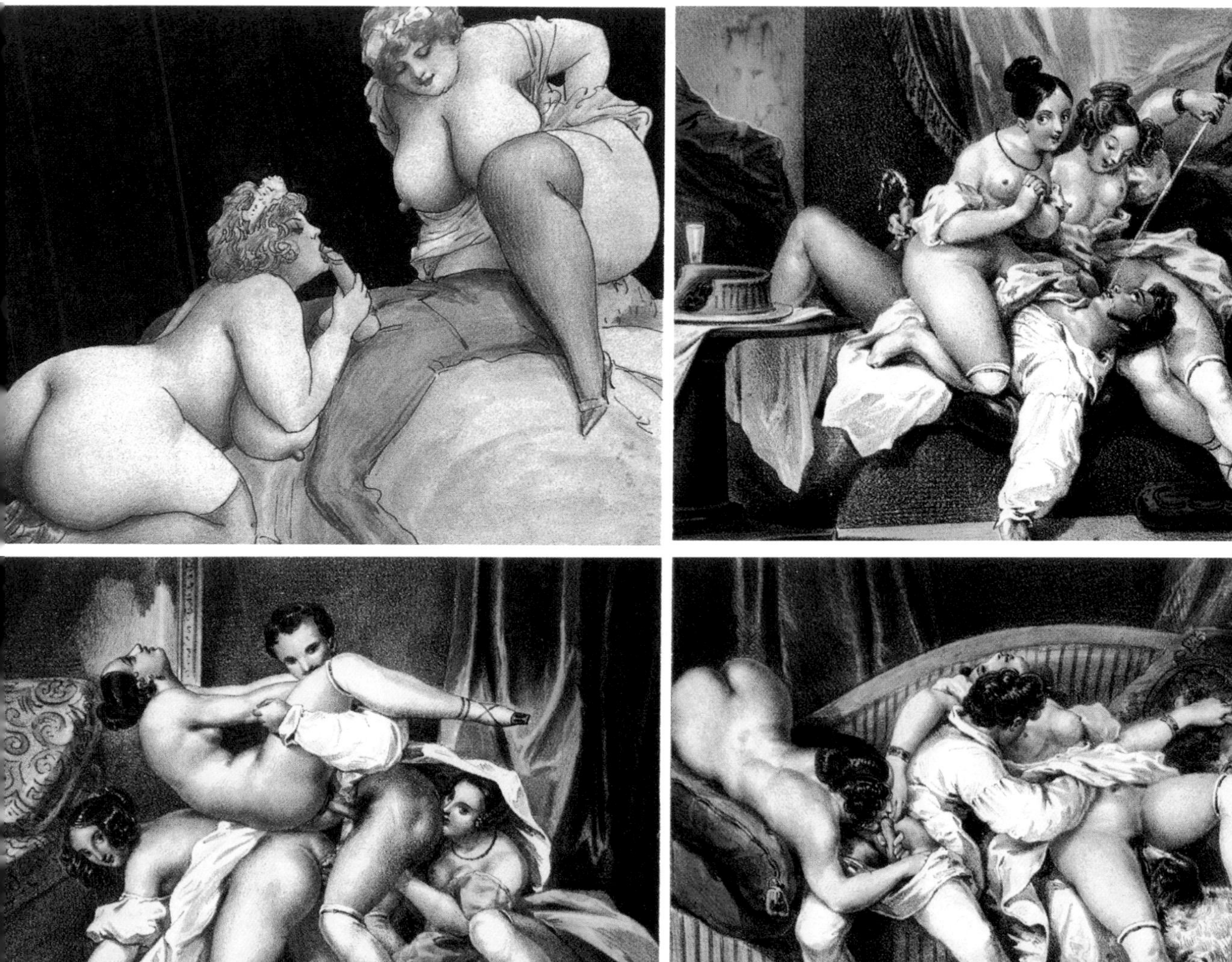

▌上左：一男兩女做愛情景，把風流男人自討苦吃刻畫得入木三分。（1900年Anonyer Tschechoslowakei 作品）

▌　右：《開香檳慶祝》描繪兩女一男的縱慾。（19世紀法國Achille Devéria作品）

▌下左：《色情的翻觔斗》描繪一男三女的縱慾交歡。（19世紀法國Achille Devéria作品）

▌　右：《客廳遊戲》描繪一男兩女的縱慾。（19世紀法國Achille Devéria作品）

個鬥筍處，覺得有些興動了，半硬起來，就要推開了小和尚，自家上場。

那小和尚正在興頭上，那裡肯放？杜氏又雙手抱住，推不開來。小和尚叫道：「師父，我住不得手了，你十分高興，倒在我背後，做個天機自動罷。」

老和尚道：「使不得，野味不喫，喫家食。」咬咬掐掐，纏帳不住，小和尚只得爬了下來讓他。

杜氏心下好些不像意，那有好氣待他，任他抽了兩抽，杜氏帶恨的撇了兩撇。那老和尚是急壞了的，忍不住一洩如注，早已氣喘聲嘶、不濟事了。

杜氏冷笑道：「何苦呢？」

老和尚羞慚無地，不敢則聲，寂寂向了裡床，讓他兩個再整旗槍，恣意交戰……

清人曹去晶章回小說《姑妄言》中，也有多處一女數男多人性愛的描寫。如第八回描寫明末貳臣阮大鋮之妾嬌嬌與丈夫的兩個兒子阮最、阮優（為阮之嫡妻毛氏所生）亂倫，嬌嬌將頭上的茉莉花拔下來，攎去了花，把花莖分成兩半，一長一短，攥握在手中，要兄弟倆抽籤，抽著長的先弄前頭（牝戶）、短的弄後頭（肛門），弄過一會兒再換轉過來。書上說：

他二人笑著伸手來抽，卻是阮優抽著了長的，嬌嬌叫他仰睡著，把夾被疊了幾層墊在他股下，然後跨上身來，對準套入，蹲了幾蹲，已沒盡根。嬌嬌把身子伏在阮優肚子上，屁股蹶著，回顧阮最道：「你也來罷。」

阮最此時魂飛骨醉，忙用唾津潤了，雙手捧著她雪白的屁股，款款送入。嬌嬌顫著聲兒道：「好脹得慌。」阮最忙往外縮縮，就不敢動。嬌嬌道：「這住著不是事，說不得我忍著些，你上下一齊動罷。」

那阮優往上一顛，嬌嬌的屁股往下一坐；阮最向下一聳，嬌嬌把屁股向上一迎。二人樂不可言，嬌嬌的快活更不消說得。弄了有一頓飯時，嬌嬌吁吁氣喘，香汗浸肌，顫著聲兒說道：「且歇一歇著，我一點力氣星兒也沒有了，你兩個換換罷。」……

嬌嬌歇了一會，道：「再來該大哥在底下了。」阮最忙睡倒，嬌嬌便上身套進，此時她前後都已潤濕，一坐到根，阮優也挺陽物一送，直進後庭深處。嬌嬌道：「你兩個一齊用力，弄丟了，大家歇歇吧，恐怕你爹來家。」

二人聽說，一齊奮力……，有幾句說話贈他三個道：前後夾攻，腹背受敵。上邊的向下一聳，後庭內已自酥麻；前面的往上一迎，牝戶中更覺爽利；二筋鎗攮得一庶母魄散魂飛，兩肉孔夾得二賢郎汗流精洩。

文筆之精彩細膩，令人嘆佩。

同一種玩法換人換場地，光景又不相同。《姑妄言》第十七回裡說轎夫楊大的老婆水氏紅杏出牆，與丈夫的同事張三、李四偷情，兩人輪流姦弄水氏。一日，張三壓著水氏猛搗，久久不洩，李四在旁急得要死，陽物脹硬得受不了，便央求一嘗水氏的屁眼；水氏又憐又愛，就要張三下來側身弄她，讓李四從後頭來，三人側身躺臥弄成一塊兒，搗弄多時，張、李兩人又前後轉換，方才盡興。

又一日，三個都脫得精光，「張三坐在椅子上，將水氏抱在懷中，陽物自後插入後庭之內坐住，李四將水氏兩腿夾在肋下，對面抽弄，前一推後一攮的樂，聽那水氏顫著聲道：『好哥哥，我要快活死了……』」

同書第十二回和第十四回裡，還有一女輪番伺候八男出精之描寫，也真令人嘆為觀止了。

黑白配

黑白配不是新鮮事情，只要有遷移徙居，只要有接觸交往，異族通婚就不免發生，永遠不令人意外。西元前七世紀古希臘彩陶上，就繪有一個北非黑人跨過愛琴海來到希臘，與白皙的希臘女子交歡的圖畫。黑人男子性具的尺寸與性能力的持久都遠比白人優越，所以美國有句俗話說：「假如一個女人嘗過黑色的肉，就永遠不會想要吃白色的肉了。」從運動場上傑出的明星永遠以黑人居多，也可以得到一個旁證。

黑白通婚在二十世紀中葉以前都一直還是個禁忌，因為白種男人在心中存有優越感，又擔心性能力比不上黑人，如果白種女人一旦與黑人男子有染，就會食髓知味，再也不願意委身於他們，就以嚴法厲禁黑白配於先，再以

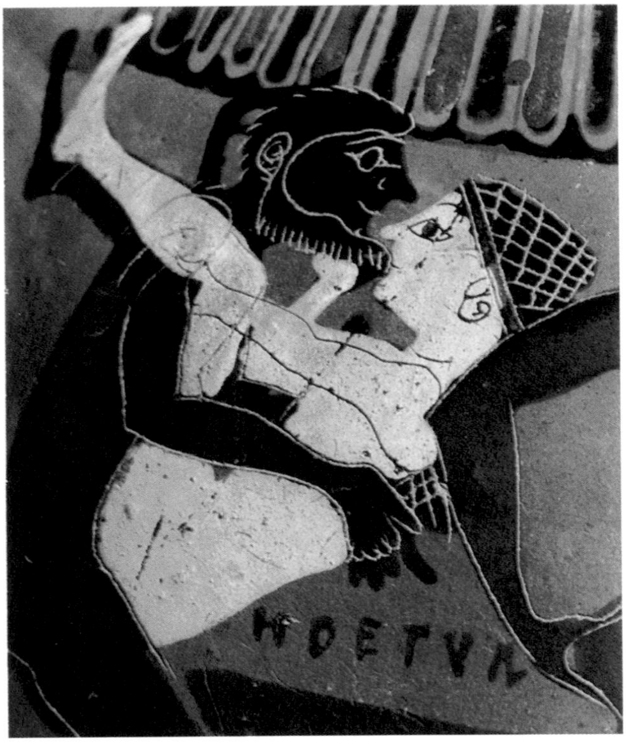

北非黑人與希臘女子交媾。（西元前7世紀古希臘彩陶繪）

殘酷私刑報復於後，以人力在黑白之間築一道阻隔的牆，執刑者就是著名的三K黨。

如果有讀者認為跳得高、跑得快、有運動細胞的人不一定在床上一樣表現優異，令女人迷戀不捨，那我就再舉幾個實例作為說明。

一九五九年出生於東京的日本女作家山田詠美就沉迷於黑人，她和黑人同居，和黑人搞3P、4P，而後把自己的經歷和感受寫成小說。一九八五年發表的《床上之眼》，就是描述她自己和一位四十六歲的黑人情人卡賓．威爾遜之間的性愛，這本書還使山田詠美得到該年度的直木文藝獎。

後來，山田詠美又以自己的體驗或見聞，寫成八篇以黑人為主角的性愛短篇故事〈我只愛黑人音樂〉，於一九八七年再度獲得直木文藝獎。後來，山田詠美還是嫁給了黑人作妻子。

值得一提的是，《床上之眼》後來改拍成電影，由當時日本男人公認最性感的樋口可南子和黑人男星麥可萊特分飾女主角金和男主角史奔。拍戲時，兩人就因全裸演出而頻頻擦出火花，拍完後，樋口也和麥可共賦同居了。

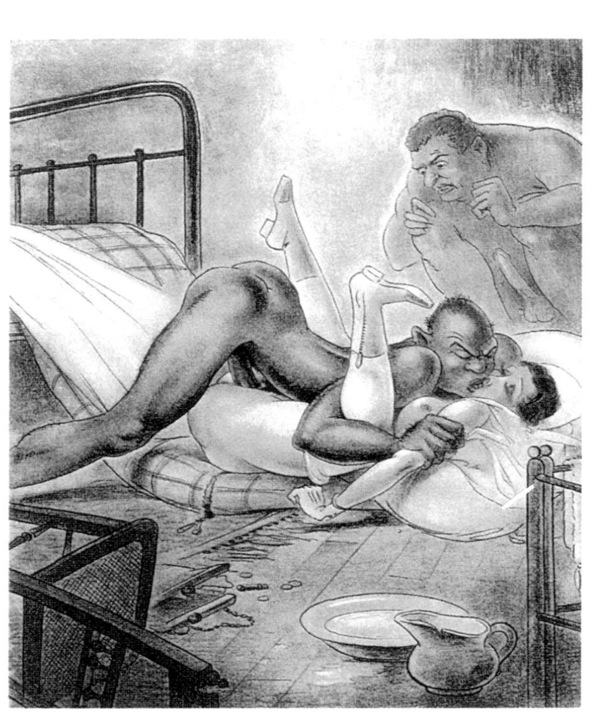

黑人男子性能力特強，把白人女子從床上搞到床下，令白人男子自嘆弗如。（1925年Jean Morisot作品）

《床上之眼》描述二次世界大戰後，日本受美軍統治，一家小酒吧裡的爵士樂日本女歌手金，在美軍基地俱樂部初次邂逅黑人軍士史奔，立刻就被他挑逗的眼神所勾引，騙她正在打撞球的男友說要上洗手間，而隨著史奔溜進了偏僻的鍋爐室。書上說：

在僅容立足的狹小空間裡，我（金自稱）只能站著，高舉一隻腳，把高跟鞋踏在牆上。褪下的內褲像條小手帕纏在腳踝，史奔用黑色的手臂叉開我的腿，那根東西正躍躍欲試。

他那根東西不像白人那樣通紅怒脹得令人噁心；也不像一般日本男人那樣，在還沒進入之前總是小得可憐；……他那黑色的陽具像是一根可口的甜巧克力，讓人垂涎想望。

那根東西插進來時，我全身的感覺在瞬間麻痺。……因為太舒服，我連呻吟都不會了，只能不停的喘息著。時痛時爽的快感讓人渾身癱軟，只好抓緊他的上衣不放。……

我依然高舉著腳，保持這個姿勢看著他。他用手指撥開我黏貼在額前的濕髮，跟我說：「把腳放下吧，妳不累嗎？妳如果還想做愛，我希望下次是在床上。」

他說著，向我使眼色，隨即把那根黑色巧克力捅進我的嘴巴。火星迅速在體內奔竄，隨即沉寂，然後慢慢溶化，甜蜜地滲透進四肢百骸。

後來史奔就作了逃兵，躲到金租的公寓裡，兩人展開了一場又一場的瘋狂做愛。有一場是這樣的：

史奔把頭埋在我的雙股間，只露出一頭捲得像彈簧的密髮，他用他那如非洲蝸牛般巨大的舌頭不停舔吻我最敏感的地方，我的心堵塞著胸口，劇烈地跳動著。汗水滑過他黑檀木般美麗的肌膚，由背脊沿股溝滴下。我一向不敢碰觸他極富彈性的屁股，深怕指尖不小心碰到屁眼時，會一下子就被緊咬住不放。

他把舌頭伸進來，在裡面迅速地攪動舔吮，久久不倦，一陣快過一陣；我像中邪似的興奮抽搐著，不由自主地扭擺顫動，一刻也停不下來，我覺得暈眩了，高潮襲來，愛液像噴泉般不斷湧出……我像發情的母貓恣意地叫春。

山田詠美和黑人交往的七〇年代，一般社會大眾還不太能接受黑白配，所以當時推出的描寫黑白戀的電影《誰來晚餐》才能成為賣點，由不太黑的黑人男星薛尼鮑迪擔綱，與女明星凱瑟琳赫本演對手戲。那時也只有在一些情色片和春宮照片中，可以看到彷彿「超現實」般的黑人男子與白人女子做愛的場面，但是出現的機率也並不多，看到時印象也就格外深刻。

美國Fawcett圖書公司一九七二年出版《黑／白與性》，探討黑人男子與白種女人的性關係，書中有一個黑人男子說：「我和白種男人一樣被白種女人所愛，當我好色的手撫觸那些雪白的乳房時，我抓到的是白種文化，白種尊嚴，使它成為我擁有的東西。」

記得在二十多年前看過一部黑人男子與白人美女演出的情色片，那位女主角的陰唇上還穿洞繫環呢，在那個年代真是有夠新潮。話說回來，不新潮，又怎會跟黑人上床呢？影片中白嫩美麗的女子和粗壯多毛的黑人做愛時黑白交纏的情景，只能用「香豔至極」四字來形容。

時至二十一世紀的今日，黑白配早已不稀奇，我住的加拿大蒙特婁城勃羅薩市，常可見黑人男子與白種女孩談戀愛的場面，甚而當街擁吻，女孩還都長得滿漂亮的，真不知道該怎麼說他們。

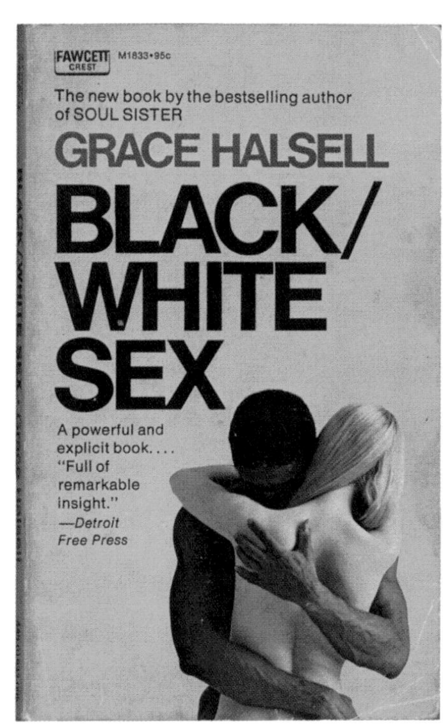

《黑／白與性》書封。

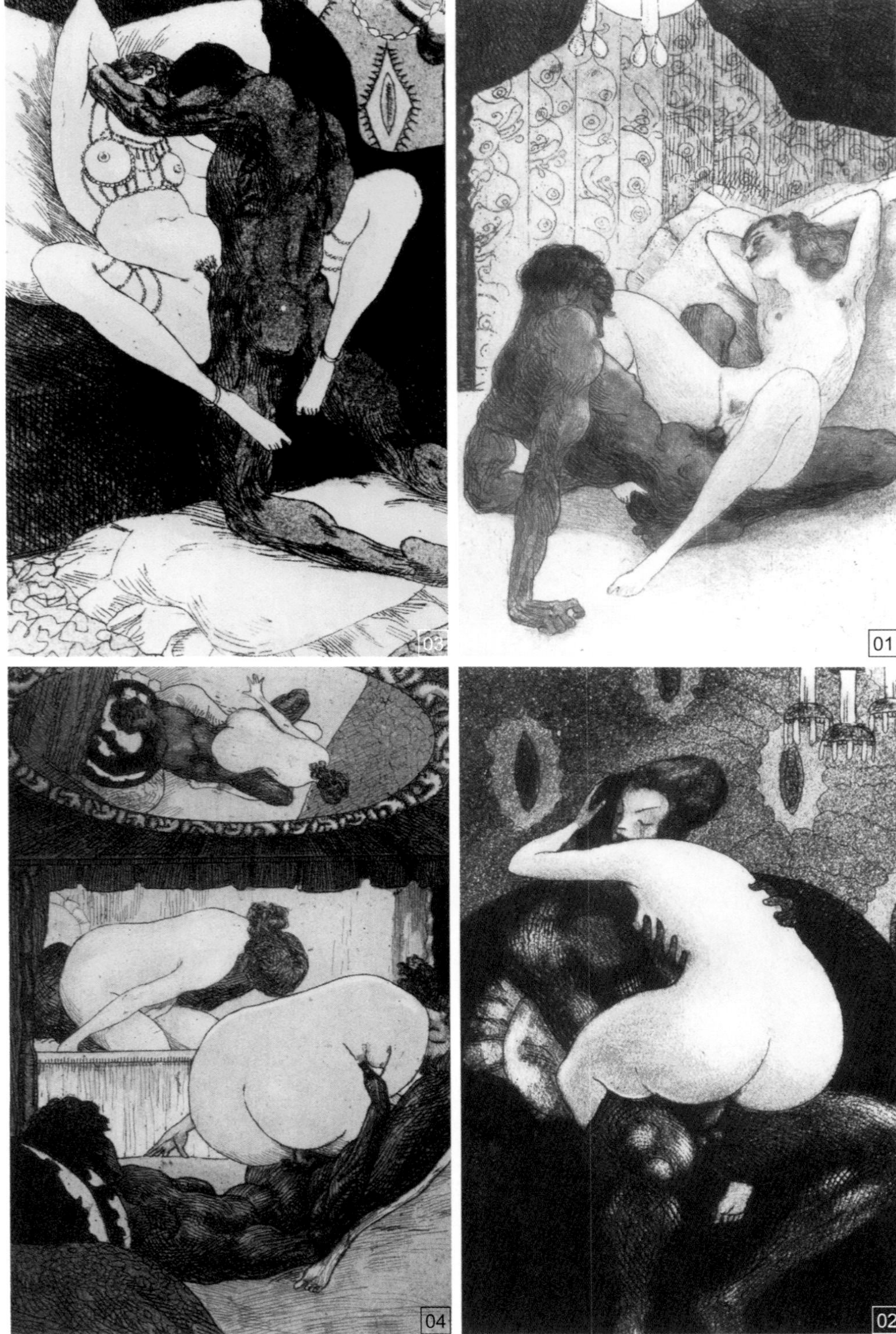
03
01
04
02

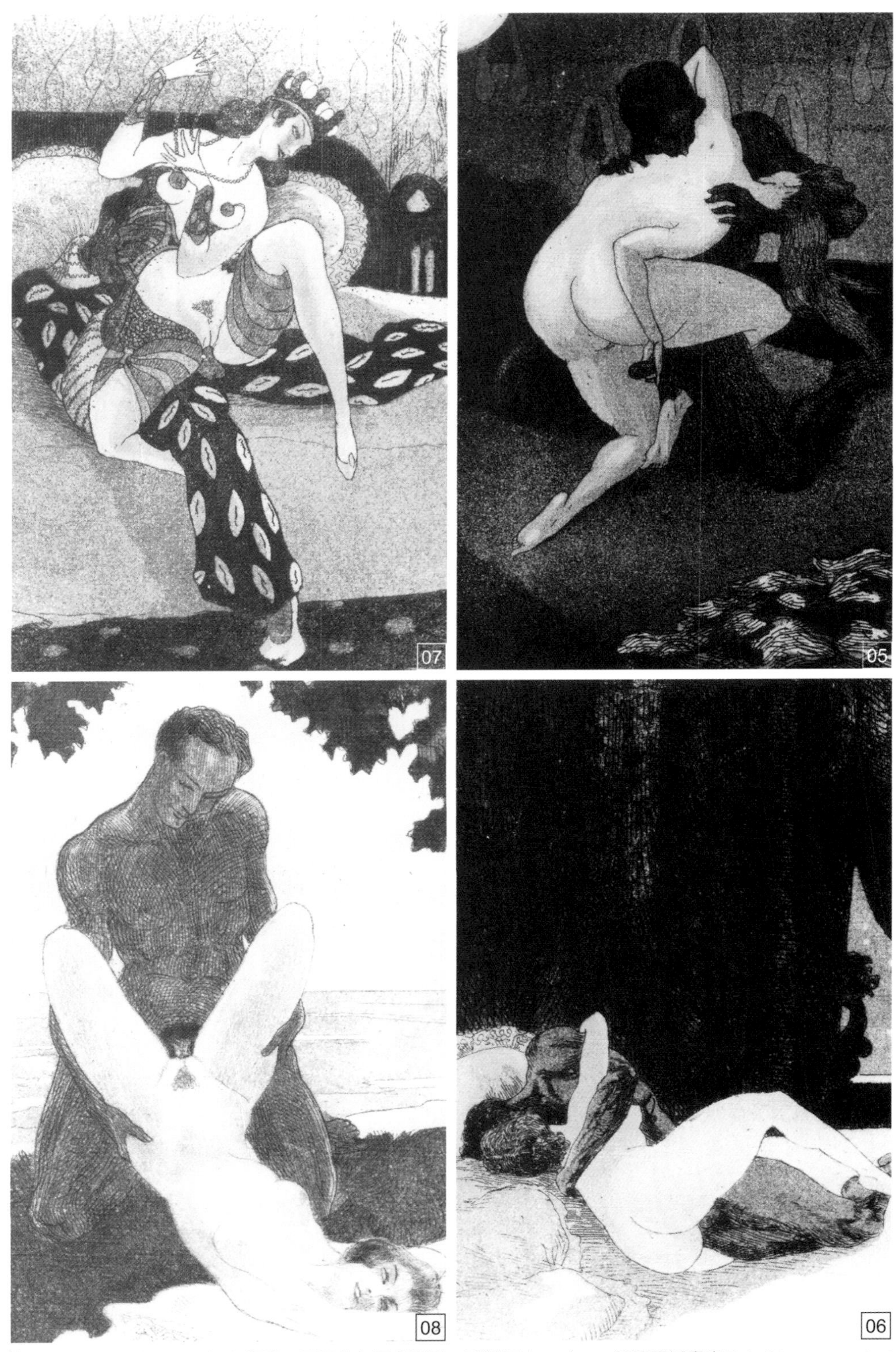

▌《愛的過程》書中的10幅銅版畫，黑男白女反差強烈，香豔無比。（1920年德國插畫家E. L. Monogrammiert作品）

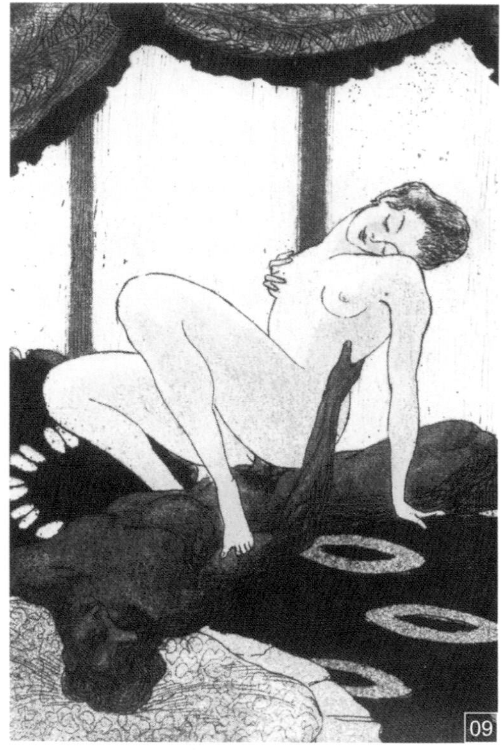
09

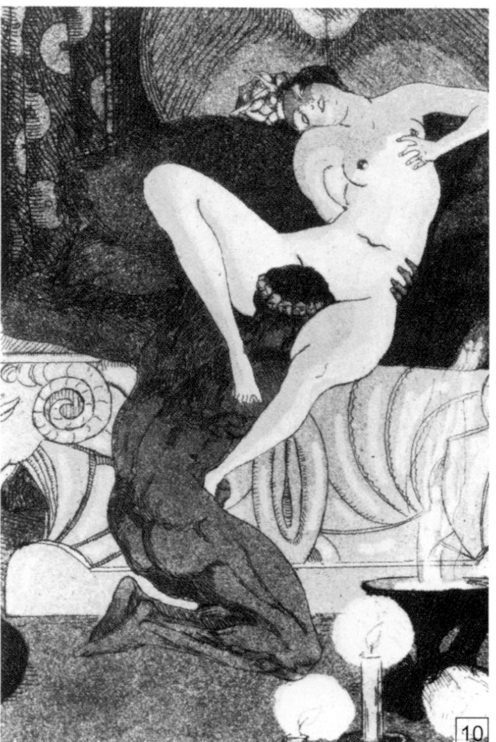
10

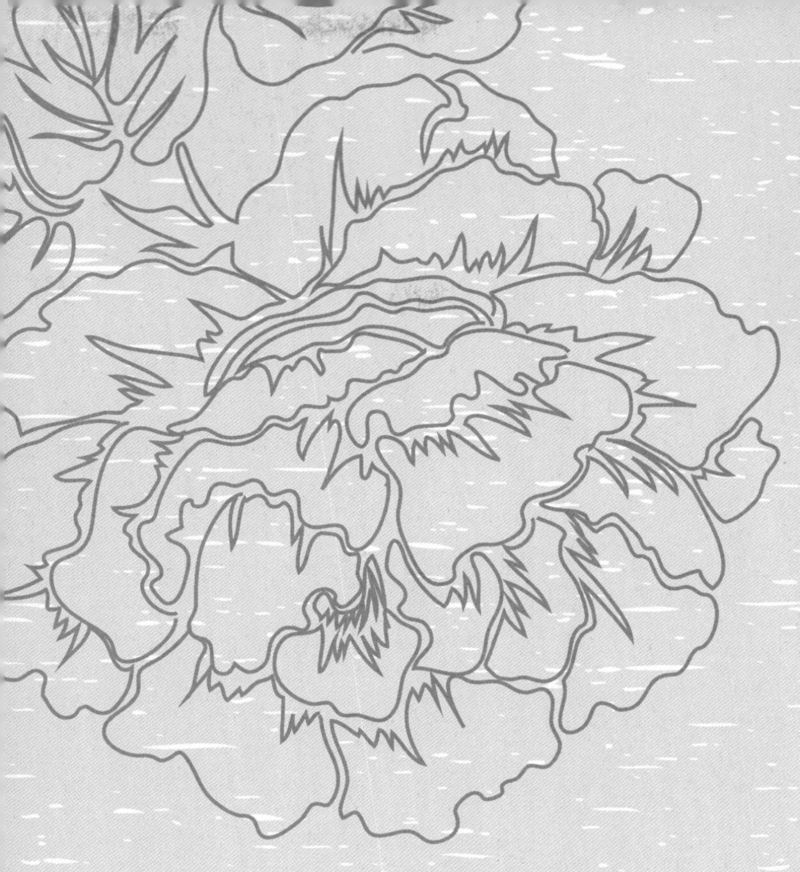

卷四　掙扎的美學

矇住眼睛的做愛

你和情人玩過矇住眼睛的性愛嗎？

如果沒有，那說明了你在床笫之間還太古板、或者生嫩。

如果有，那你一定會為它著迷而樂此不疲。

小時候，誰不曾玩過矇眼的遊戲——捉迷藏呢？只是當時不知道，人在長大後依舊愛玩，而且更有趣。

以前看筆記小說，讀到元人伊世珍在《瑯環記》裡引《致虛閣雜俎》一書的記載說：「元宗與玉真恒于皎月之下，以錦帕裹目，在方丈之間，互相捉戲。」一說唐明皇和楊貴妃喜歡在月圓之夜互玩捉迷藏，規定躲的人只許在方丈之地裡躲，結果聰明的楊貴妃用錦帕矇眼時，很容易就捉到了唐明皇，輪六十四歲的唐明皇用錦帕矇眼捉二十八歲的楊貴妃時，卻總捉不到，引起在旁圍觀的宮女們拍手大笑。

那時候年輕、見識少，還訝異唐玄宗怎麼過了耳順之年還童心未泯，玩起捉迷藏來？等自己結婚後才知道，矇住眼睛和女人玩捉迷藏才有趣呢，在嬌笑藏躲、嬉謔驚呼之間，歷經世事滄桑、血腥鬥爭的人總算有一片童騃之樂的空間。如果男女之間只有把凸的放進凹的一事，只會把凸物放進凹洞裡，那該有多乏味？而且，成年男女的捉迷藏，又哪裡只是捉住了就算完了的遊戲呢？下面還有性愛的獎賞或懲罰，花樣可多著哩！矇眼的人可以任意姦淫被捉住的人，被捉的人也可以忽然調戲矇眼的人，又哪是我們小時候玩的那樣簡單呢？

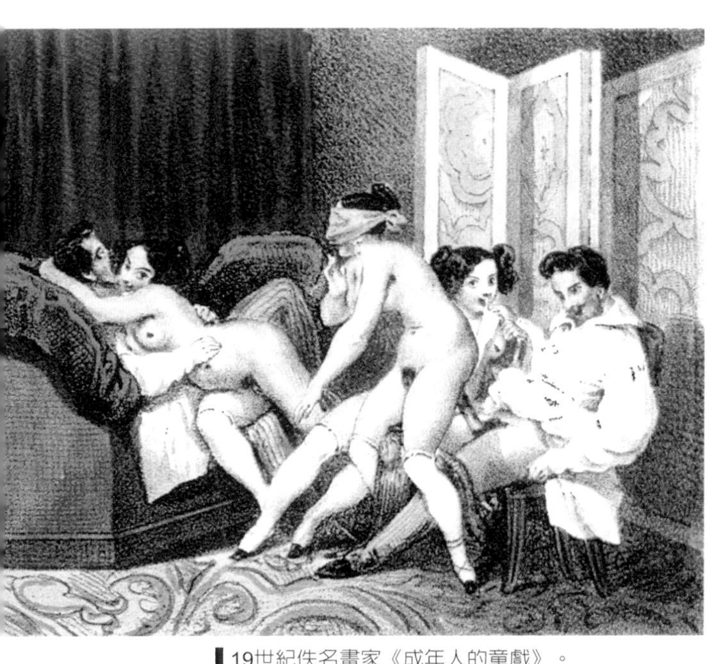
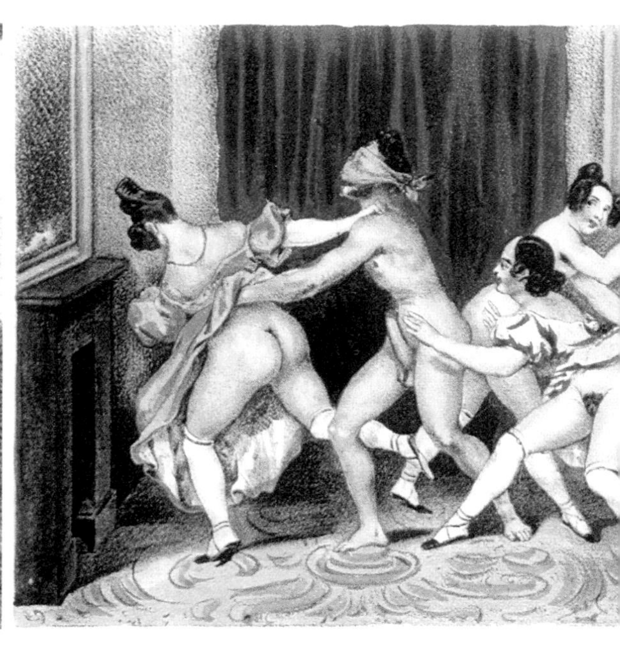

19世紀佚名畫家《成年人的童戲》。

在英國維多利亞時代（約一八四〇至一九〇〇年），有位佚名畫家用蠟筆畫了一系列的「成年人的童戲」，當中就有一幅是用錦帕矇眼的男人性具勃然地企圖摸捉住三個半裸的婦女，捉到誰就肏誰，標題Le Colin-maillard是法文「捉迷藏」之意，不正是唐明皇、楊貴妃和宮女們的寫照嗎？

情人間的矇眼做愛出於兩個動機：一是害羞，二是情趣。

有些女人對自己的內在美沒有信心，羞於在情人面前赤身裸體，夜晚做愛時便要求關燈，白天做愛便要求對方矇眼；處女或新婚的少婦尤其會有這方面的要求。

十八世紀義大利威尼斯出生的卡薩諾瓦是著名的風流浪子，活了七十三歲的他一生中有四十年到處獵豔。在十二卷的「卡薩諾瓦回憶錄」中，共出現了大約一百六十個情人，回憶錄就是追憶他如何獵豔、如何與這些女人追歡的詳細經過。

書中有一段說卡薩諾瓦遇到一對漂亮的姊妹花，兩人都是處女，很害羞，但是對性愛又充滿了好奇。卡薩諾瓦就建議不如讓他把眼睛矇起來，撫摸時她們就甭害羞了，

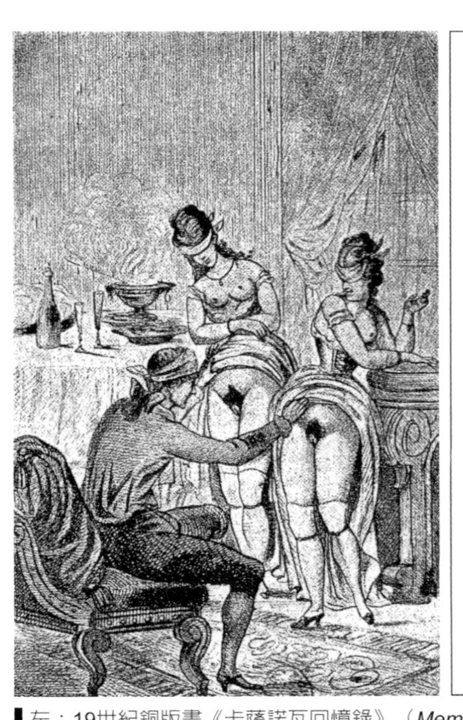
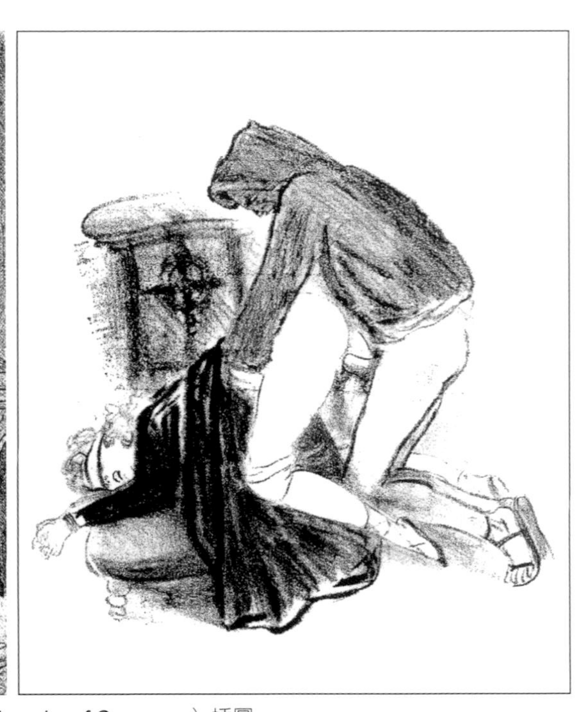

▍左：19世紀銅版畫《卡薩諾瓦回憶錄》（*Memoirs of Casanova*）插圖。
▍右：1930年代Berthomme Saint-André蠟筆畫《矇眼強暴》。

因為沒有看到她們赤裸的身體。卡薩諾瓦矇好眼睛之後又說，她們倆人也要把眼睛矇住，這樣才公平，而且她們摸他時，也才不會害羞。等兩姊妹都把眼睛矇上時，卡薩諾瓦卻偷偷把矇眼的手帕揭開，而後撩起兩人的裙子，一邊撫摸、一邊欣賞被黑色森林覆蓋的神祕幽谷……。

性愛以矇住女性的眼睛恣意撫弄姦插最為刺激，在前述十九世紀維多利亞時代佚名畫家的蠟筆春宮畫中，就有一幅是描繪一個婦女被矇住眼睛，摸索著試圖往男子勃起的陽具套坐下去，男子身旁另一個少女以右手食指豎立於唇前，示意觀者噤聲，看被矇眼的婦女有沒有辦法憑感覺套準。

後來在電影《愛你九周半》、《O孃的故事》裡，也都有女主角被情人用手帕矇住眼睛、恣意狎玩的場景，讓女性在完全被動的情況下嘗到異常的刺激。

電影《O孃的故事》裡，O孃被男友以手帕矇住眼睛，帶到陌生的古堡中接受性虐待調教。有一幕是O孃被矇上黑皮眼罩，帶入一間屋子裡，任由陌生的男子狎玩，她的三個孔都被插遍了，連誰肏她、幾個人肏她都搞不清楚，達到了徹底瓦解她的人格和自尊的目的。最後，她終於成了永遠順從、不知反抗的性奴隸。

矇眼的眼罩可以徹底瓦解女性反抗掙扎的企圖，成為任人玩弄的性奴隸，在日本情色片、SM雜誌中是常見的主題。女人在手腳被繩索捆綁、手銬銬住時還會不屈的掙扎，但是當眼睛被矇住之後，就完全投降、乖乖地不動了，任由男子用毛筆突然觸弄她的乳頭而嚇一跳，或用舌尖突然舔吮她被迫敞開的胯間而驚呼，一切愛撫戲弄、都在沒有心理準備之下進行，包括最後的性具抽送，被矇眼的女性只能任人調戲狎玩、逆來順受

視覺失去作用時，其他感官會變得更敏銳，尤其是觸感，因此能感受到更強烈的刺激、更容易達到高潮，難怪知味的女性常樂於被人矇起眼睛來做愛。

日本小說家連城三紀彥《激情的夏季》一書中，有一篇〈熾熱的黑暗〉，就是深刻描寫女人被矇住眼睛後任男人愛撫抽送時的快感。書上說：

> 那男人突然拿一條黑色的緞帶給床上的幸子，突然要她把眼睛矇起來。幸子依順地把緞帶放在眼睛上，男人使勁地在上面打了個結。質厚而寬的緞帶帶著幸子進入一個完全黑暗的世界。
>
> ……幸子不久就感受到男人裸身壓到自己身上來，那根東西在自己雙腿交叉處熱情地磨動著，原是軟的，現在逐漸變硬，這是平時很少注意到的變化。……接著，對方的舌頭突然伸進幸子的嘴裡，……好像所有的快感全集中到嘴唇來了，比起往常，注入舌內的蜜汁更加濃烈，幸子忘情地將自己的舌尖纏繞在黑暗中只能藉觸感去感受的對方的舌頭，……身體好似向無底的深淵沉下去……。

在日本色情片《變態志願》中，一身黑皮衣的黑澤愛被人用黑眼罩矇住眼睛，兩手分銬於床架，裸露出豐滿的雙乳，半坐半躺於床頭，穿著性感黑絲襪的雙腿大張，渾然不知陌生男子已悄然欺近，一聲不響地向乳尖捏去……，那一場戲尤其讓人印象深刻。

掙扎的美學與藝術

男女做愛不過是把陽具插入陰戶而已，可是做愛時女方的心情卻各式各樣，從心甘情願、積極主動、反應熱烈、不知羞恥，到明拒暗從、半推半就、佯羞推阻、默默配合，到抵死不肯、全力掙扎、壓抑快感、無動於中，每個人可能每次做愛都不一樣。

有時候，在單單一次做愛中，心情也可能變化多端，由抵死掙扎漸變為暗中配合，例如曠女之遭遇強暴；或由心甘情願突然又百般抗拒，只因花心情郎在歡愉忘我之際竟喊出另一個女人的名字。

還有的時候，女人看似熱情叫床連連，內心卻如老僧入定、無動於中，如妓女之應付嫖客；或

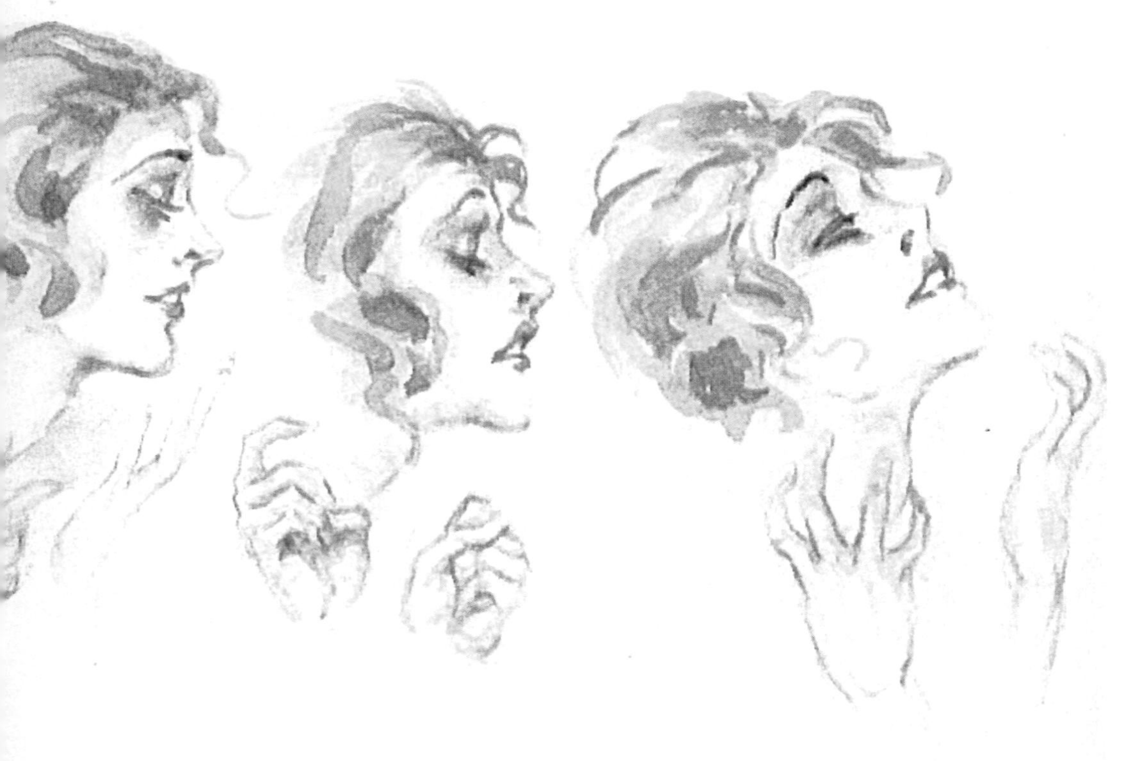

明明早已雙頰潮紅、媚眼如絲、氣喘噓噓、淫水氾濫了，卻仍百般克制、佯若無事，只因兩人剛剛吵架、為賭一口氣而不肯屈服。

正因為女人的心理變化多端，才給做愛的男人更多的刺激和快感，而不是一成不變的公事。而在各種反應當中，能給男人帶來最大快感的莫過於女性羞怯地掙扎了。

怕羞、怕痛時，女人掙扎抗拒，處女第一次性交時多半如此，稱為「破瓜」；沒有心理準備、不想做愛時，女人也會抗拒掙扎，硬要把鐵熱的陽具插入乾澀的陰戶裡，就是「強暴」。強暴婦女者不一定全是陌生人，妻子不願行房、丈夫霸王硬上弓，也是強暴，稱為「家庭強暴」；少女赴約，原以為只是吃吃飯、散散步，情人卻拿出預藏的繩索在僻靜處用強得逞，更是強暴，稱為「約會強暴」。

掙扎是因為害羞或抗拒強暴，當木已成舟、船已入港之際，女性往往就停止掙扎抗拒了，因為覺得掙扎已成徒然，但是如此一來，強暴者便也頓時

▍女人從驚懼羞怯到默然順從到熱情呻吟，在佚名畫家筆下表露無遺。

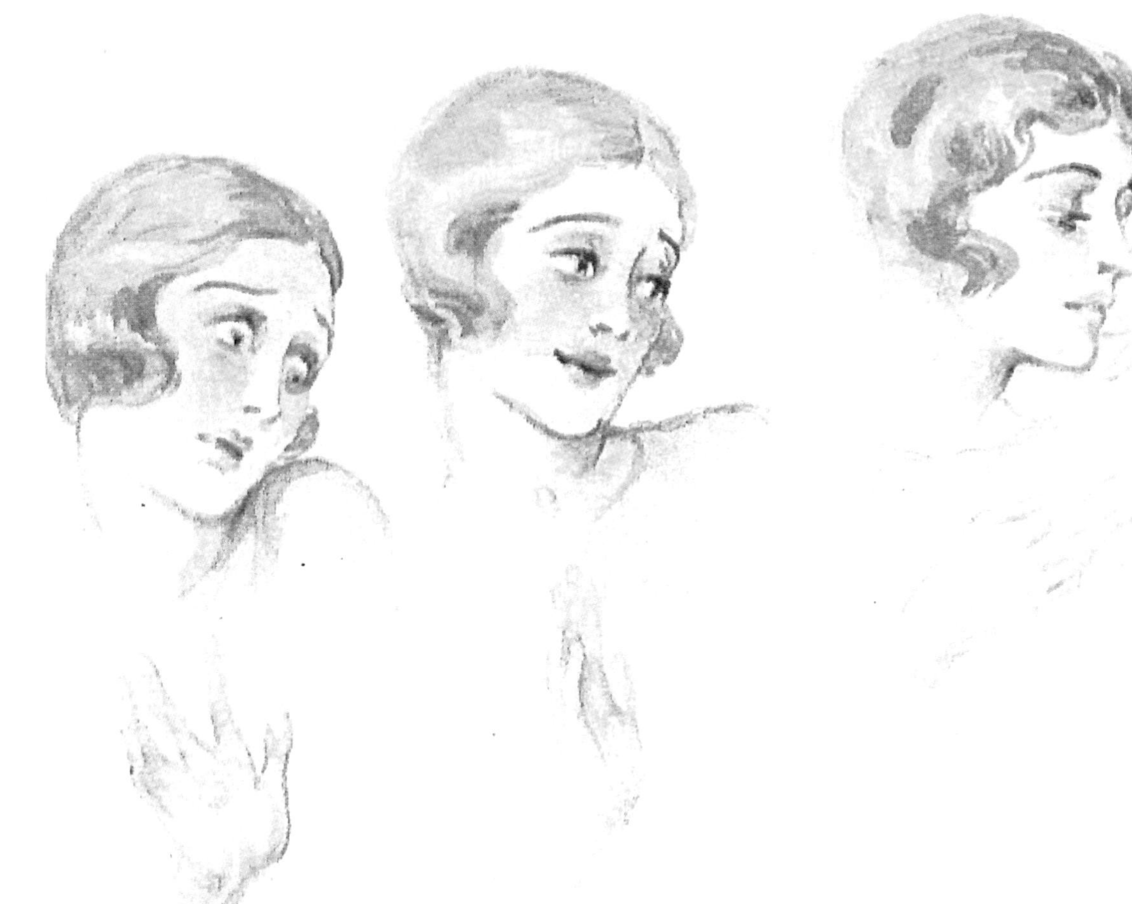

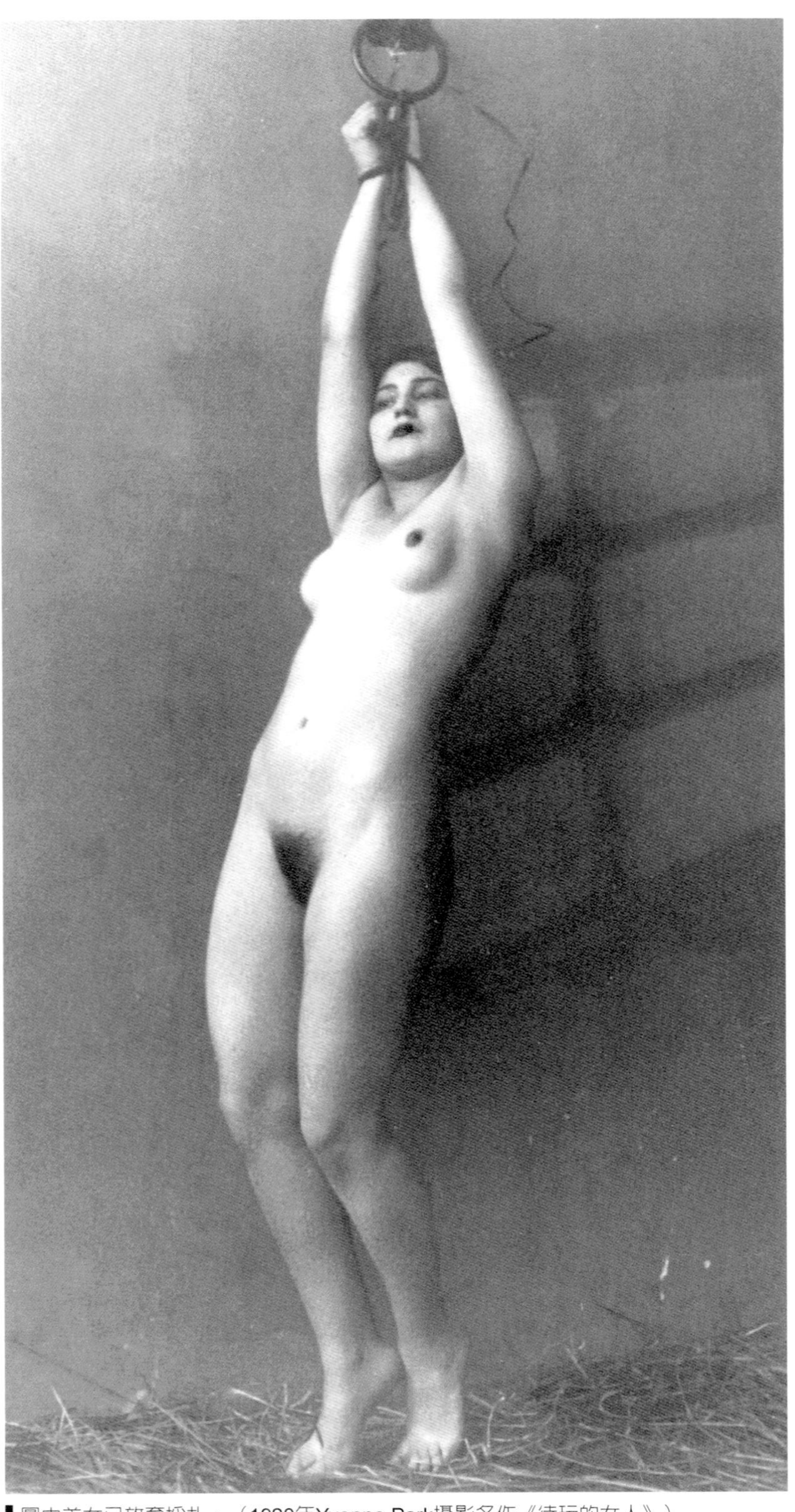

圖中美女已放棄掙扎。（1920年Yvonne Park攝影名作《待玩的女人》）

降低了興致。高明的女性會一直掙扎到做愛結束時，以取悅強暴她的情人或丈夫。

同樣的道理，女性在掙扎抗拒男子用麻繩捆縛之際，會引起施暴男子莫大的興奮和刺激，一旦捆綁完畢，女人成了無法動彈、任人狎弄的囚徒時，興奮刺激就開始降低了。高明的繩縛大師會熟練簡約地把女人捆綁出各種淫穢難堪的姿勢，綁好之後的女人還可以稍稍掙扎，卻是無濟於事的、徒然的掙扎，一點也無礙於強暴者的恣意狎玩姦淫，那才更能刺激施暴者更大的情慾與快感。

雪村春樹是個年過半百、頭髮花白、留一嘴鬍渣、肚腩隆起、衣著邋遢、不修邊幅的糟老頭兒，還喜歡抽菸，一嘴菸臭味，可是卻是日本AV界的繩縛大師，擅長用麻繩快速熟練地把女人綁出上百種淫褻的姿勢，而後恣意狎玩，多少肌膚白嫩、年輕美麗的日本AV女優被他捆綁成可羞可恥的模樣，用指頭、舌頭和龜頭狎弄出遏抑不住的呻吟聲，他也真是豔福不淺了。

在捆綁貴婦型豔星藤崎彩花的《豔繩》裡，當中有一段是一絲不掛的藤崎彩花仰躺在矮床上，手腳大張被綁成「大」字形，兩腳的腳踝、腿彎分別有麻繩綁牢拉開，固定在床腳和床沿，腰部也有一條麻繩纏繞過，兩端縛定於左右床沿，下半身是絲毫不能動彈地張開著；左右兩側綁住兩個手腕的兩條麻繩卻不拉直拉死，而是留有可以稍稍活動的餘地。當雪村春樹用舌頭去舔弄、用跳蛋去狎玩藤崎彩花的私處時，因為太過刺激了，無法閃躲的藤崎彩花很自然地便想伸手去攔，可是手才往下伸出少許，就被拉直的繩索阻礙了，只能呻吟著任由雪村舔吮狎弄；不一會兒又被刺激得受不了、忍不住伸手去攔，又再一次地半途而廢。那種徒然的掙扎才是刺激的極致，雪村春樹真不愧是一代繩縛大師啊！

日本人的性虐狂

雖然中國人常說中國與日本是同文同種的國家，日本人是中國人的後裔，可是日本人在許多地方都與中國人不一樣，最明顯的例子就是對性虐待的偏嗜。

中國傳統文化中也有性虐待的因子，比方說讓女性纏足以滿足自己的淫虐之慾，比方說在女人赤裸的身子上燒香馬兒（類似以點燃的香菸頭燙肌膚），但是總不那麼明顯、不那麼普遍。清朝初年曹去晶創作一百萬字的長篇色情章回小說《姑妄言》，裡面的性花樣幾乎包羅了今日所有西洋情色片的內容，唯獨沒有性虐待的描寫；唯一的例外只有明人蘭陵笑笑生的《金瓶梅詞話》，描寫的性虐待也只有第十二回男主角西門慶把偷人的五妾潘金蓮脫光了衣服跪地鞭打，第二十七回西門慶把潘金蓮脫光了，用纏腳布把她兩隻小腳吊在葡萄架下，使牝戶大張，用黃李子對準牝戶投擲，又把黃李子塞進牝中不取出來以戲弄她，以及第八回、第六十一回和七十八回裡西門慶在潘金蓮、王六兒（西門慶家男僕韓道國之妻）、林太太（已故大官王招宣之未亡人）、如意兒（西門慶家的奶媽）的身上燒香馬兒而已。

日本人的性虐待就既深且廣、花樣繁多了。不論在情色片、在浮世繪春宮畫、在情色文學中，都反映出他們對虐待女性的沉迷與熱中。

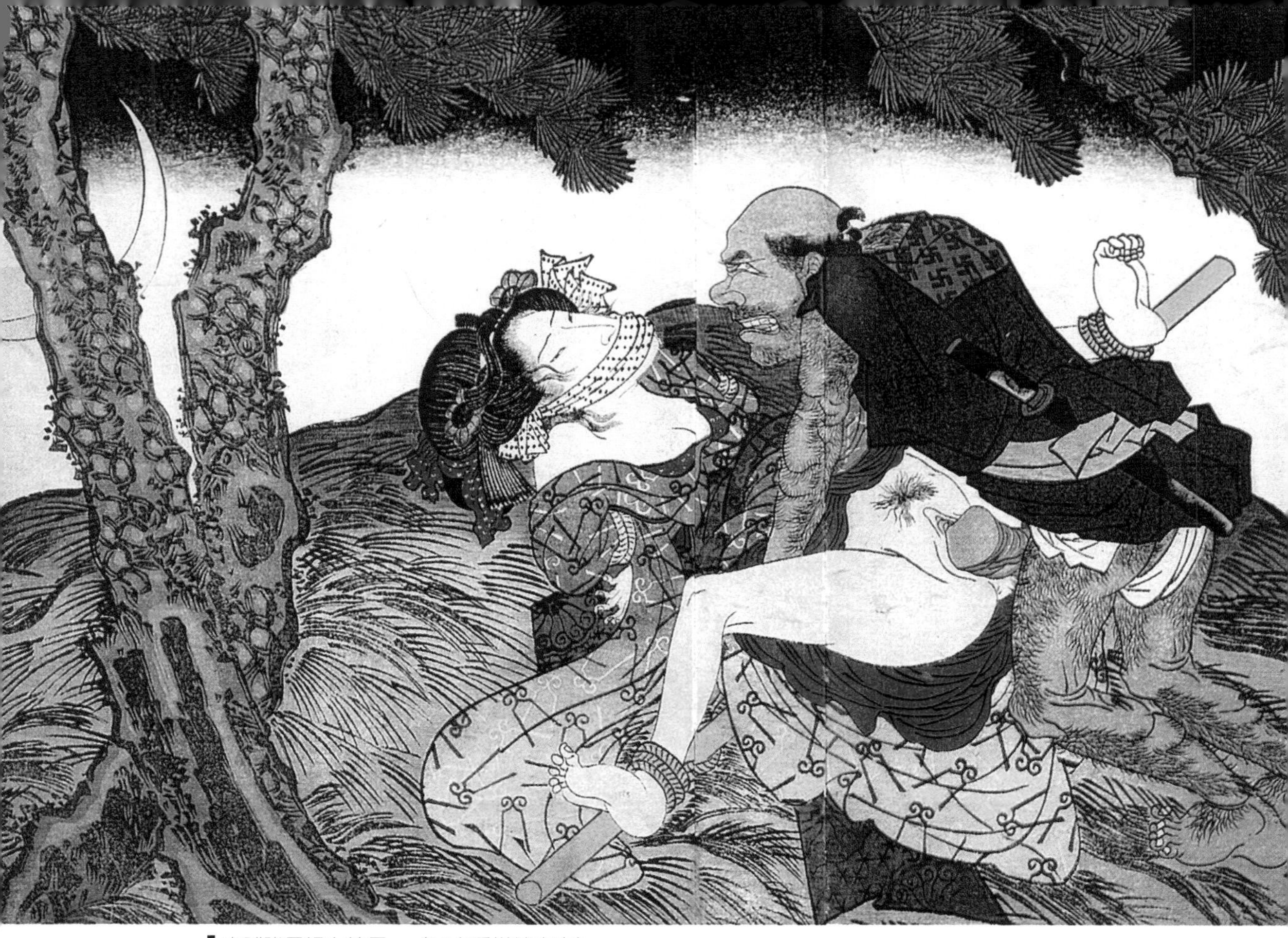

▌山賊強暴婦女情景。（日本浮世繪春宮）

日本繪畫中的淫虐癖

首先就繪畫來說，我看過上千幅的中國春宮畫，印象中沒有一幅是描繪淫虐女性的，也沒有一幅是把女人手腳綁起來玩的（《潘金蓮醉鬧葡萄架》是唯一的例外）；可是日本就不同了，日本的浮世繪春畫中，有許多都是描繪男人把女人綁起來加以凌虐的。

在一九八一年西班牙皇冠公司出版的《日本色情主義》一書中，就有一幅浮世繪描繪一個腰間插刀的山賊，將路過松林的女子雙手反縛、嘴巴蒙上布帕、兩腳大張地腳踝綁在木棍上而加以強暴的情景。

另外，在一九八五年日本出版的《古美術》第七十四號中，刊載了一幅自稱「畫狂老人」的浮世繪大師葛飾北齋的絹畫《拷問圖》，也是一幅性虐狂表現之作。這幅畫約完成於一八四二至四三年間，也就是北齋八十四、五歲時畫的（北齋活到九

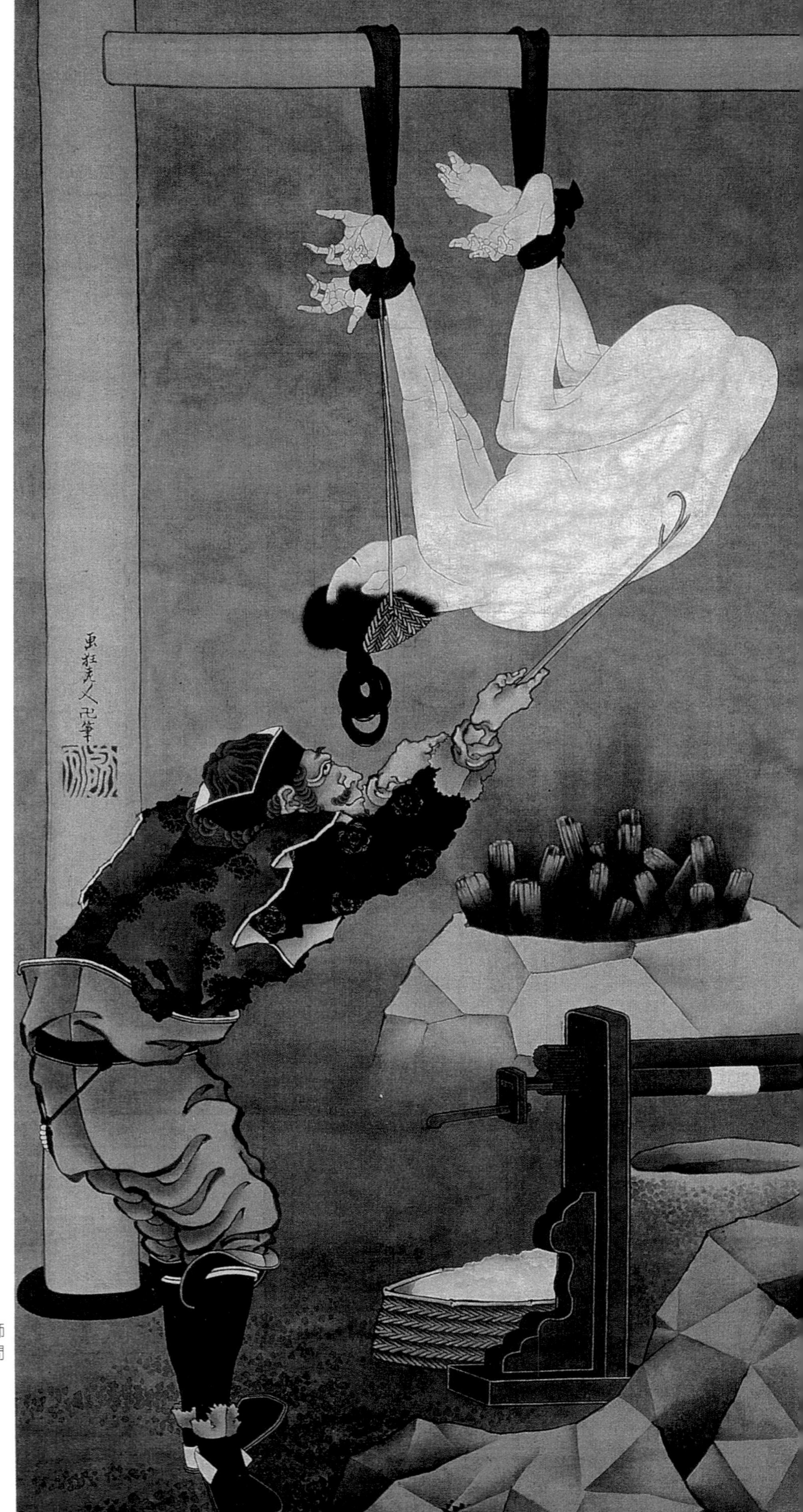

日本浮世繪大師葛飾北齋晚年畫作《拷問圖》。

十歲），畫一個全身赤裸的婦人被綁住雙腕和雙踝懸吊在梁下，底下有一爐熊熊的柴火炙烤著她的肌膚，把整個背部和肩膀大腿都烤紅了，地上站著一個男子，還用鐵夾夾鹽塊抹在她的背上，增加灼熱的溫度，於是這個被拷問的婦女承受著手腕足踝的麻痛和肌膚被烤燙的灼痛，身子在半空中掙扎抖動卻無法逃躲。男人為何拷問她呢？拷問她與別人偷情的細節嗎？留給看畫的人去猜想。

不只江戶時代的畫家喜歡畫虐待女性的春宮，現代的日本藝術家也愛畫此題材，如Takuma Aoki、Shinichi Ikeda、Takaskhi Araida Akira Kasuge等人都是例子。Takashi Araida有一幅噴彩畫，描繪一個幾近全裸的女子兩腕被布帶綁著向兩邊拉開，騎坐在虐待她的男子身上，仰首享受著性愛之樂，她的背上、手臂上和屁股上鞭痕累累，顯示男人是先鞭打過她之後再與她做愛的。女子雖然在做愛時採取可以主動的性姿勢，可是雙手被綁住拉開，一點也不能掙動，只能任由仰躺在她胯下的男子恣意愛撫，實際上是個被男子玩弄的性奴隸。

日本小說中的性虐待

日本的小說家對性虐待的題材和畫家一樣感興趣。以「惡魔」、「耽美」為特色的谷崎潤一郎，在〈刺青〉這篇小說中，描述刺青師如何在他心愛的女子背上刺青，享受女子被刺時疼痛之樂，他在女子背上刺了一隻大蜘蛛，結果兩人在性愛之後，女子真的化成蜘蛛精「黑寡婦」，把刺青師吃掉了。這個寓言故事告訴世人一個真理，虐待女性的男子表面上看起來很強勢威風、採取主動，實際上最後的贏家還是受盡折磨虐待、弱不禁風、楚楚可憐的女人，也就是老子所說的「至柔克至剛」。

另外在暢銷愛情小說家渡邊淳一的好幾部長篇小說中，也都有綑綁或戲虐女性的情節描繪。最著名的例子見於《化身》，在「搖光」一章中，男主角大學教授秋葉大三郎帶女朋友廣尾霧子一同去六本木一家酒吧地下室看色情秀，書上說：

表演場周圍亮了起來，……後面的門開了，一個穿黑襯衫、戴墨鏡的男人，一手拿著繩子出現了，繩子末端繫著脖子扣著鐵鐶的女人，匍匐在地上跟著他。……

男子向觀眾說：「這條母狗是我的太太，前幾天，我發現她和年輕的男人私通，今晚我要好好教訓她……。」

男人在女子背上抽了一鞭，而後把她雙手反綁，吊到天花板的滑輪上，但女子的腳尖還可碰到地上。女人身上全裸著，看起來大約二十二、三歲，男子毫不留情的用皮鞭抽打她的胸部和大腿，隨著鞭子的起落，女人不時發出淒厲的喊叫……。

秋葉和霧子在看過表演後，受到啟示和刺激，回到霧子住的大廈後，秋葉就如法炮製的用皮帶把霧子反綁起來。書上說：

霧子去洗澡時，秋葉從床上起來，打開牆邊的衣櫃，裡面掛著皮帶。他從其中挑出一條軟皮繩狀的，端詳了一會兒，心想這可以順利地縛住霧子吧？

……秋子壓著霧子的上身，吻著她的雙唇，霧子終於喘不過氣來，不禁扭著脖子，全身力氣用完時，他再慢慢地解開她胸前的衣服，……一邊把她的身體擺成側臥的姿勢。……在背轉身的一剎那，秋葉快速地抓住霧子的手反擰上去，把她的兩手拉近，在側躺的背後重疊，然後把它們綁住。霧子竟然不反抗，任他把她的兩隻手拉齊，在上面繞上皮帶，每繞一次就打一個結。慢慢地打著，原來的帶子已被綁成十字形了。……

在明亮的燈光下，霧子只穿一件小小的內褲躺著，被一條皮帶反綁著雙腕。霧子的雙肩被往後拉時，胸部便突了出來。本來霧子的乳房並沒有這麼大，但是現在帶有淡紅色乳尖的羞怯乳房卻挺立著。這並沒有用什麼特別的方式，只一條皮帶便奪去了霧子全部的自由，甚而搾出她的羞恥。秋葉突然被這種意外的效果震驚、感動了。

過去秋葉曾在床邊的鏡子裡、浴缸中看過霧子的裸體，也曾偷窺過好幾次；但像這次那麼緊張、痛苦的裸體模樣，他還是第一次看到。……

在大學裡教美學、討論藝術、撰寫有關人類文明各種著作的男人，如今卻變成一隻雄性的動物，挑逗著被綁著的女伴。的確，秋葉就是一匹雄獸，君臨於霧子之上，那種征服的快感終於到來。隨著到達使人痛快的高潮，從一時的猛烈回到令人難以置信的安靜，已是一個鐘頭以後的事。但那不是一場夢，尤其看著身旁女人斷續起伏的喘息，更證明了那是絕對的真實。像海邊被打上岸的海藻一樣，霧子的黑髮蓋住了背部。秋葉解開她綁在後面的雙手，霧子心疼地看著重獲自由的手，輕輕地甩動著……。

從小說細膩的心理描寫，也可見日本人對性虐待的耽溺。事實上，日本雜誌界出版許多SM月刊，裡面就有許多性虐小說，還附上精美的插畫，以滿足愛好性虐的廣大日本讀者。

日本性虐影片洋洋大觀

最後談一談日本的性虐影片。日本性愛電影中，有許多性虐的描繪。一九七二年日本芳賀書店刊印了四冊由大友宗親編著、介紹日本性虐電影的《殘酷的責罰》，這是以影片為主的畫冊，把電影中的性虐場面蒐集彙編成書，四冊六百多頁上千幅的照片取材自幾十部早期的日本電影，展現出日本人淫虐女性的高度興趣與豐富創意，簡直就是一部「酷形大觀」。

這裡面包括了把女子縛在十字架上，以竹竿戳刺、浸入水中、以火烤，反綁女子吊起，讓她騎坐在長條尖錐形的木馬上，倒吊女子加以鞭笞，滴蠟，在女子身上刺青，把女人的肌膚全部塗上金粉讓她呼吸困難，剃恥毛，倒吊浸水，澆糞便，用菸頭燒燙……。

我看過一部日本電影《山中傳奇》，描寫兩個日本年輕人在山中迷路，來到一間妖精變幻出來的旅館中，女店主告誡他們晚上就寢時不要亂闖到別的房間，如果犯規六次，就有性命之虞。結果其中一人每晚都闖入一間屋內，與裡面的女子發生性愛，第六晚做愛完畢後就死了；另一人發覺旅店有異，倉皇逃出，回頭一看，只見青山脈脈，那有什麼旅館。六晚的亂闖閨房有六場性愛，第六晚那場就是看見房中女子被人手腳張開成「大」字形綁住，一群小白老鼠在她白嫩美麗的肌膚上爬竄，她露出難受害怕的可憐表情，引得旅人趁機壓上去強暴她，強暴完後，女子就露出妖精的真面目殺死了他。

我還看過一部日本電影，描寫一對年輕的夫妻與岳父、岳母同住，小倆口經常發生口角，吵得雞犬不寧，岳父知道是女兒性生活不滿足所造成的夫妻不和，就告訴女婿說：「女人哪，要綁起來肏，肏得她舒服求饒，就不敢跟丈夫頂嘴了。」丈夫一聽有理，就照岳父傳授的秘訣把妻子綁起來做愛，果然從此以後妻子再也不敢頂撞他了。

與電影關係密切的攝影作品中，也有許多描繪性虐待的作品。在一些三十二開的ＳＭ雜誌中，每期的前面必有數頁彩色攝影性虐照片，作為吸引讀者的賣點；菊十六開整本高價位的性虐攝影彩色照片集，更是以各種聳動煽情的書名如「愛奴戀寫館」、「戀縛秘寫館」、「ＳＭ緊縛美女寫真集」……一集一集的刊印出版，以大賺其錢；連最普通的少女寫真集，描繪少女由穿衣到裸體的各種風貌，每集的最後幾頁也常是以綑綁赤裸的女主角收場，也可見日本讀者對性虐之偏嗜了。

日本人虐待狂心理分析

還記得不知是在那一部日本小說或電影上，看到如下的對話：

女：「你愛我嗎」

男：「當然愛。」

女：「你真的很愛我嗎？」

男：「當然很愛妳。」

女：「那你怎麼從來都沒有把我綁起來，狠狠的鞭打呢？」

日本男人的虐待狂與日本女性的被虐狂其實是相輔相成、密不可分的（當然也有少數的日本男人有被虐狂、少數的日本女人有虐待狂），至於為什麼會有這種偏嗜，至今仍是心理學家探討的課題而沒有共同的答案。

有一種說法是虐待狂的人內心潛藏著自卑感，表現出來的就是吹牛自誇，並且以欺壓比他驕傲尊貴的人、讓對方向自己哀哀求饒來平衡自己的自卑感。我們看到日本浮世繪春宮畫裡，男子的性器官都被誇大的描繪著，描繪成巨無霸似的陽具，不正好反映出日本男人深深的自卑感嗎？難怪他們這麼喜歡凌虐女性了。

通姦的懲罰

二〇〇三年九月二十六日報載，非洲奈及利亞北部卡西納的一個回教法院，判決離婚的三十二歲單身婦女阿蜜娜，因為與人通姦生下私生女，要處以石刑，也就是活埋於沙坑中，只露出頭部，任人用石塊砸死。此事經傳媒披露後，引起舉世之關注，在輿論壓力下，回教法院終於改判未婚生女之阿蜜娜無罪。

不獨回教法律憎恨通姦者，在古代波斯，如果已婚婦人與人通姦，要被綑綁在柴堆上活活燒死，一如中世紀歐洲「女巫」所遭遇的下場。二十世紀三〇年代西藏喇嘛僧更敦群培在其《西藏慾經》一書中就說：「在波斯，妻子與他人通姦，她將立刻被活活燒死。」

號稱「文明古國」的中國人又如何對待通姦者呢？

漢朝時，曾以殘暴的「馬淫刑」來處罰犯下通姦罪的婦女，把她全身剝光，手腳分開綁在刑床的四角，讓一匹動情的公馬，用牠巨大的陽具插入犯婦的下體，活活搗死為止。在一塊漢朝畫像磚上，就寫實地刻繪了如此野蠻殘忍的通姦刑罰。

通姦指男女違反了法律規定，明明不可以發生性關係卻偏要與他人苟合。法律規定有血親或姻親關係的男女不得做愛，一旦發生關係就是亂倫，屬於最嚴重的通姦罪；此外，已婚者不得與配偶以外的異性發生關係（但有些地區有些時候又允許男子嫖妓或納妾），未婚者也不得與已婚之異性發生性關係，違反者通通犯下了通姦罪。

通姦之所以要罰，理由有三：一是破壞純樸善良之風兩千年前，中國人對付通姦婦女的「馬淫刑」。

俗，如果不懲罰而任其他人效法，淫亂的風氣會解構家庭組織、為害社會安定；二是在男性社會中，未婚少女是父親的財產、已婚婦女是丈夫的財產，如果遭人誘姦，形同財產遭竊，當然要懲罰犯姦之人；最後一點，少女或婦女失貞，對她的家族聲譽有礙，為了掙回顏面，對犯姦者要公然懲處。

在中國周朝，男女通姦要處以宮刑，男子去勢、女子禁閉於幽室，處以無期徒刑。到了秦始皇時，更嚴格規定已婚男子與他人通姦者，可處以死刑。漢朝時，又出現了「馬淫刑」對付通姦的女人。

可是通姦真有那麼嚴重嗎？如果生理的遺傳中沒有潛藏著「雜交」的因子，如果不是潛在的「多多益善」的繁衍欲求，如果人性不是生來就「喜新厭舊」，怎麼會有那麼多人犯下通姦罪呢？

人類的老祖先雜交了幾萬年，在三千多年前，為了更妥善專注地照顧新生兒，才規定了一夫一妻的婚姻制度；可是如此一來，就違反了千萬年來人類所習慣的雜交本性，許多人一直適應不良，無法用理智去克服潛在的雜交慾，發生了婚外情。

正因為通姦是人之常情，唐朝的法律才改為通姦者處以一年半的有期徒刑或易科罰金三十斤銅；如果犯姦之女子有丈夫，則加重為兩年之有期徒刑或易科罰金四十斤銅。如果犯姦者是公務人員，要罪加一等，也就是已婚的軍人或政府官吏與未婚女子通姦，男女各處兩年之有期徒刑；與已婚女子通姦，則男女各處三年有期徒刑。

元朝時改徒刑為杖刑，通姦者男女各打七十七大板屁股，如果犯姦女子有夫，男女各打八十七大板屁股。

古代中國懲處通姦犯的法律還算溫和，民間卻常以更血腥的手段私下處決通姦犯。

清朝學者俞曲園《右台仙館筆記》卷九說：光緒六年（西元一八八〇年）五月間，湖北漢口鎮民看見長江中順流飄下一個木板，木板是好幾片用巨繩纏縛到一起的，好增加浮力，木板上躺著一個女子，容貌娟麗，手腳卻被鐵環鎖住、釘死在木板上，不能活動起身。

女子身旁放了三千文銅錢，分成三串用繩子串著；右手邊又有一個瓷罐，裡面放滿了餅餌乾糧；女子大腿間放了一個人頭，是個沒髮的和尚，已經開始腐爛了。木板上還插著一塊木牌，牌上寫著：

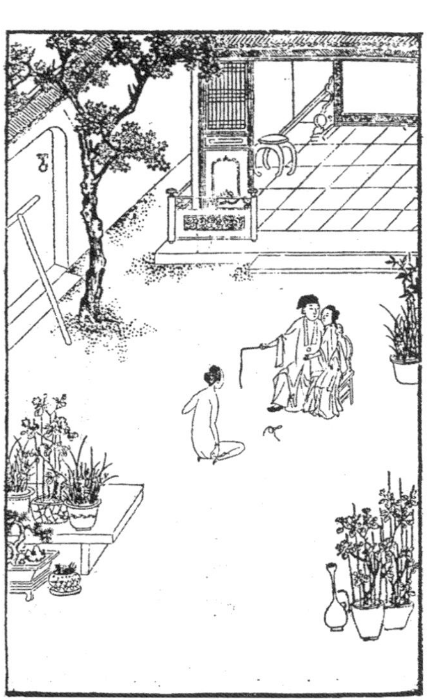

明朝木刻版畫描繪西門慶鞭打偷人的五妾潘金蓮。

「此女金口人，年十九，僧年四十二。女死，則仁人君子取此錢買棺斂之；若其不死，則有餅餌可延其數日之命。見者不必救，救而收留之者，男盜女娼。」

大家看了牌子上的字，都不敢去救，又任木牌隨江水往東而去。金口距漢口六十里，不知道是那一家的女孩，被淫僧誘姦，遭族人用此私刑懲處⋯⋯。

清朝光緒年間，上海刊印的《點石齋畫報》上，也有不少通姦案的新聞。像有一則「捉姦割耳」，說江蘇鎮江的西城門外王家巷後邊，一戶銅匠店的店主某甲，與弟

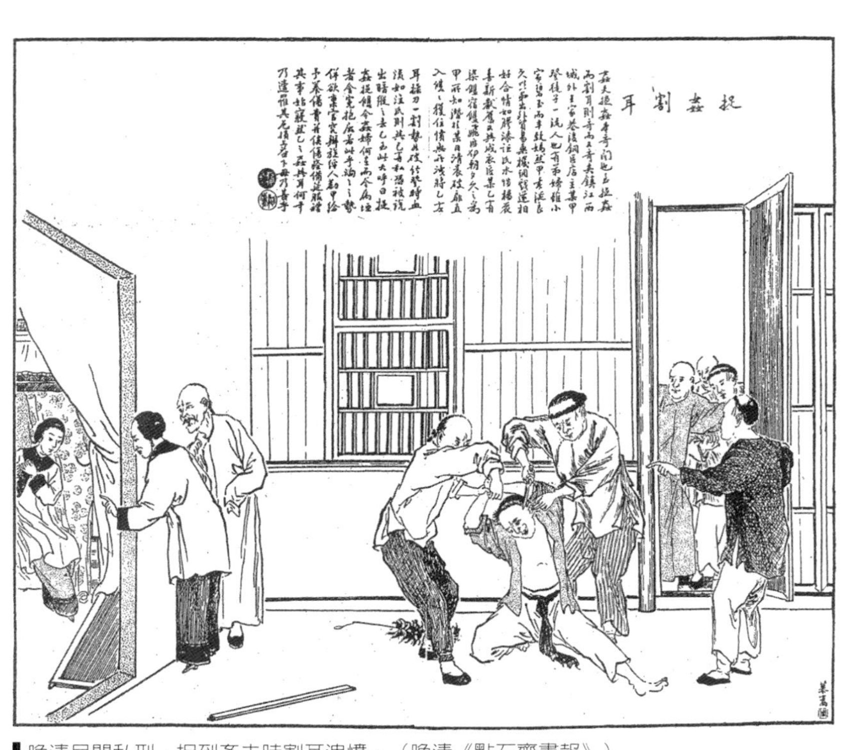

▌晚清民間私刑，捉到姦夫時割耳洩憤。（晚清《點石齋畫報》）

婦私通，這位弟婦不甘寂寞，後來又跟另一位裁縫某乙通姦。某甲知道後醋性大發，率人捉姦，當場捉住正在通姦的某乙，因為自己犯姦在先，不便報官，就用刀割掉某乙左耳以洩憤。

另外還有一則「花案賄和」，說浙江溫州軍營有個小兵，他老婆不耐丈夫常常住宿軍營、空閨寂寞，就紅杏出牆與人通姦。小兵知道後，邀朋友深夜返家捉姦，果然捉到妻子正與人行淫，而姦夫竟是自己部隊的某軍官。小兵先將姦夫長辮剪去，又吊綑起來毒打一頓，還要他賠償七十元作遮羞費，並寫一紙悔過書，保證以後不再犯，才放他一條生路。

我還聽過朋友說，他們家鄉河南省信陽的雙橋鎮（靠近湖北省北邊），在民國初年時，鄉民捉住姦夫時，所用的私刑是折一根柳條，剝去外皮後，插進姦夫陽具的尿道口，讓他痛不欲生，而後將犯姦男女脫光綑縛，裝入運送豬隻的竹簍中沉入江中淹死，稱為「沉豬簍」。

對通姦犯愈嚴酷的國家顯示其社會愈野蠻、愈不開化。我國當今的法律規定通姦是告訴乃論，也就是有人告才捉，捉住罪證確鑿後得處以拘役，得易科罰金。我們的鄰國日本更文明，通姦是無罪的，女作家劉黎兒在《純愛大吟釀》一書中說：「日本沒有通姦罪，不過因為配偶不倫而導致精神受害，可以要求配偶及其不倫對象賠償。」這也就是我們所說的「遮羞費」。

不過，日本在十八世紀江戶時代，人們捉到通姦男女時，還是非常氣憤而有羞辱的私刑伺候，包括將兩人裸身綑縛示眾，在男子胯間掛一塊遮羞布，上面寫著「我是畜牲」；或在女子的身上用毛筆書寫「我是母狗」、「淫婦」……，最後還需在眾目睽睽下一絲不掛地把兩盒撥撒到地上的黃豆一一拾回盒中，才能穿回衣物狼狽而去。黃豆在日本人的心目中是除穢辟邪之物，經過撒豆儀式，鄉民們便認為通姦男女的穢行不會給村莊帶來晦氣和霉運了。

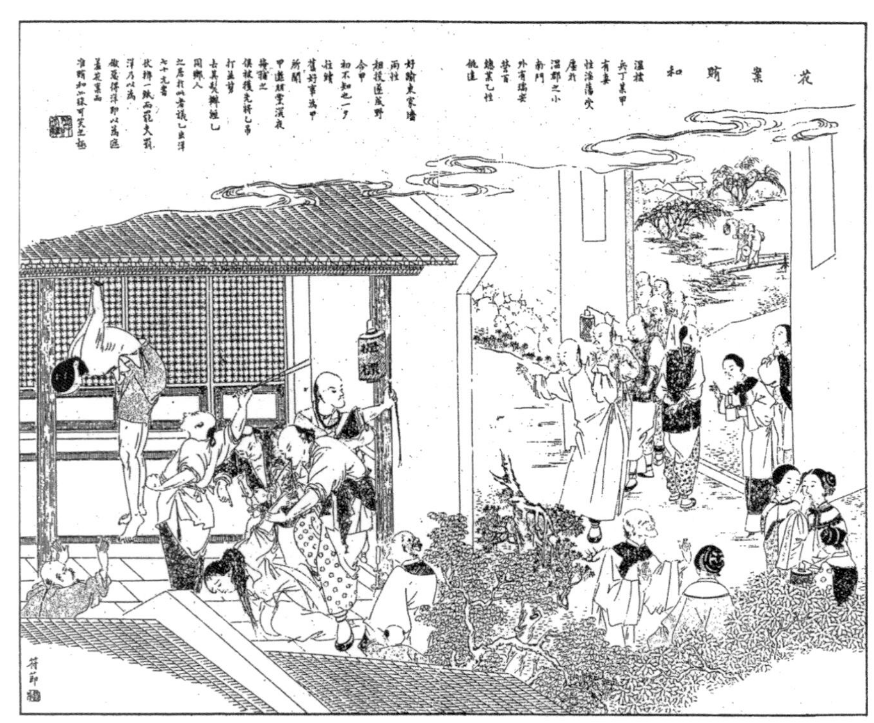

小兵捉姦的新聞畫《花案賄和》。（晚清《點石齋畫報》）

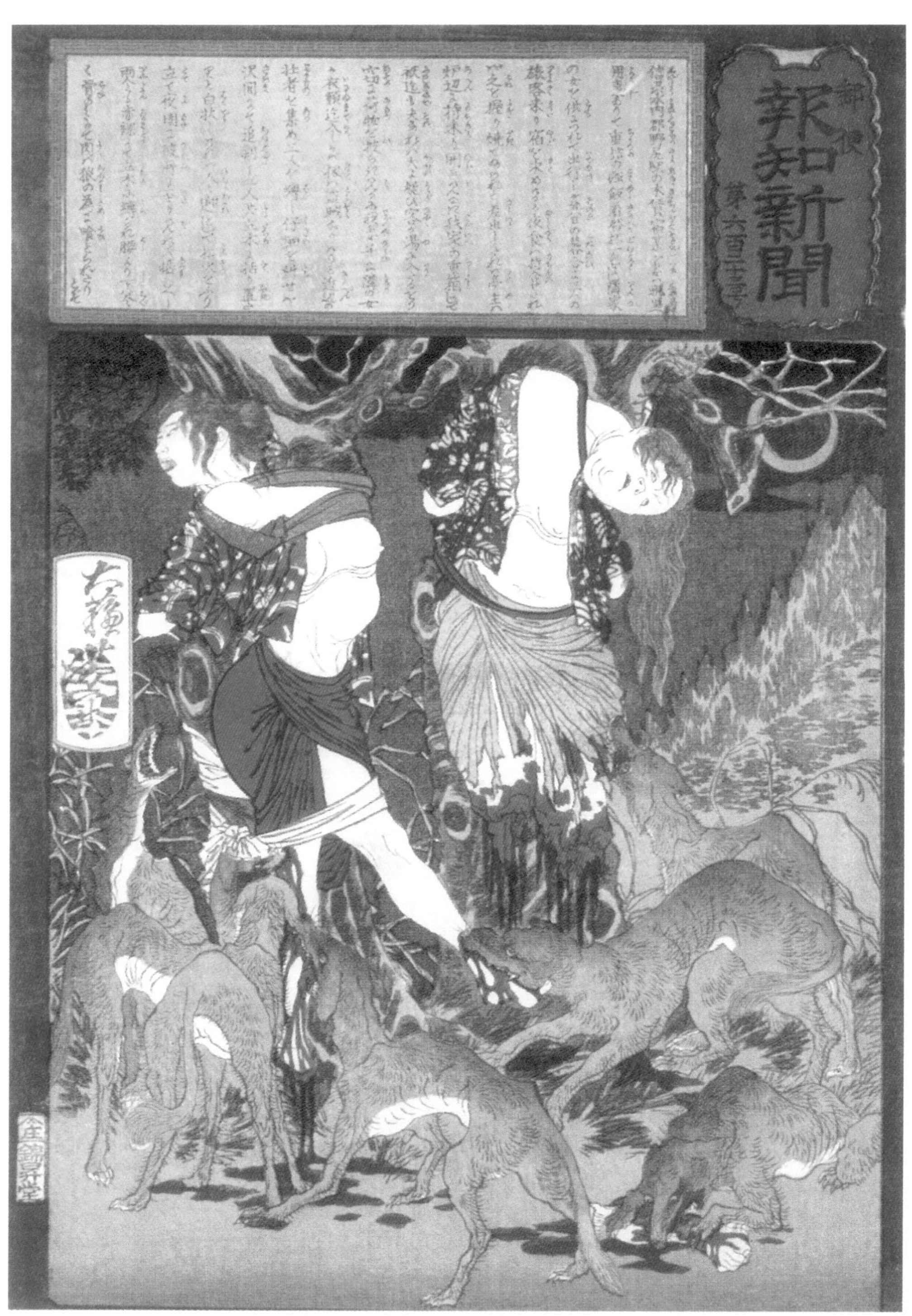

▍日本明治時代，村民將姦夫淫婦吊縛在樹上，任狼群活活咬死。（月岡芳年明治八年1875年繪時事新聞）

細說強暴

「強暴」一詞的定義是：使用暴力脅迫他人與自己發生性關係。而這種「性關係」的定義很廣，不僅限於性器官的接觸，還包括手、口或其他異物（如假陽具、酒瓶、棍棒或黃瓜、香蕉等等）插入性器官及肛門內。

強暴不限於男人強暴女人，也有男子強暴男人、或女子強暴男人的一些案例。限於篇幅，本文只探討男子強暴女性的故事。

強暴之事源遠流長

強暴其實是一種很普遍的生物現象，鳥類或哺乳類動物中，牝牡之間的交尾就有很多強暴的成份。我們看公雞

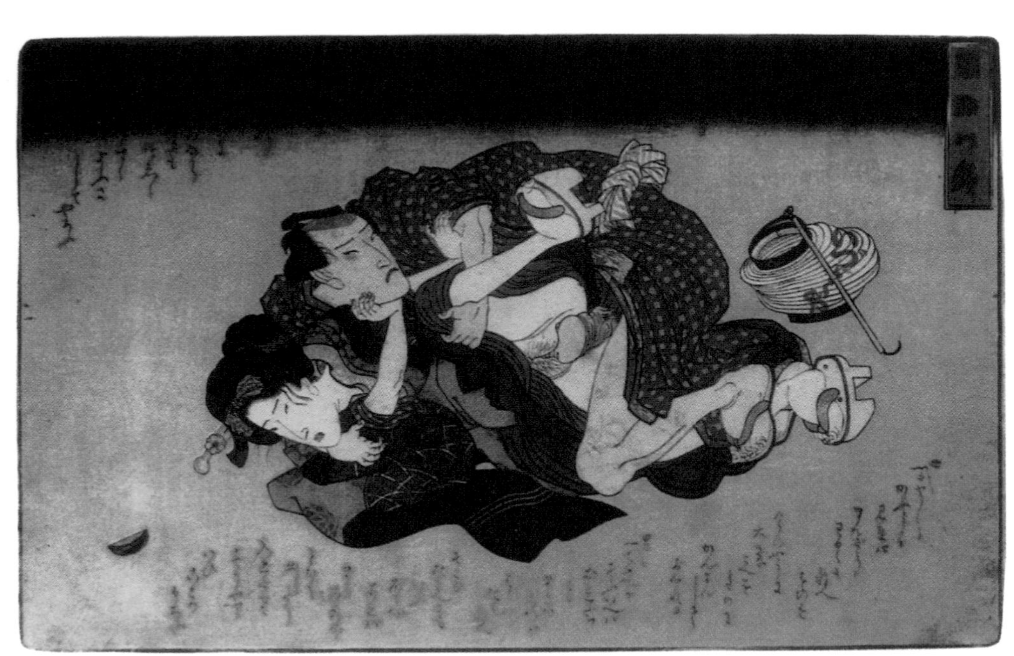

婦人堅拒男子強暴。（日本浮世繪晚期大師歌川國芳《豔勢喜雜志》插圖）

繞著母雞抖翅跳轉圈舞，母雞不理牠，自顧著覓食；公雞急了，一跳跳到母雞背上，用喙啄定母雞頭頂上的肉冠，防牠逃走，尾部生殖器立刻插入牠的牝戶中，不到兩秒鐘就完事下來，母雞也只能抖抖渾身的羽毛，自嘆一聲「晦氣」而已。

早期人類的婚姻關係紊亂，男子看到中意的女子，多半使用暴力以發洩其性慾，強暴完了就閃，所以上古之世民只知其母而不知其父；後來直到晚近，某些邊疆少數民族還流行搶婚，明明是談戀愛互許終身的一對戀人，到了論及婚嫁時，男子還要夥同一群好友到女朋友家把女孩搶走，而後舉行婚禮，就是上古強暴女性的遺俗流風。

可是歷史進入文明時代後，男人強暴女人的事情還是層出不窮，反映著遠古習俗的深遠影響。強暴有時是大規模的，有時是幾人或十幾人輪暴一個婦女，也有一對一的強暴。

戰亂時的軍士強暴

在戰亂期間，法律蕩然無存，士兵自恃人多勢眾，又有武器可任意殺人，強暴婦女之事就層出不窮了。

像前幾年南斯拉夫科索沃省發生動亂，南國塞爾維亞裔的士兵就對科省阿爾巴尼亞裔的女性難民集體強姦施暴。

一九九七年五月間，印尼發生排華暴動，就傳出有印尼士兵（馬來人）對華裔婦女施暴之事。我們在電腦網路和傳播媒體上看到雙手被縛、全身赤裸、蜷屈在地上，滿身是血的華裔婦女，令人怵目驚心。

一九七一年，巴基斯坦軍隊入侵印度孟加拉，在九個月的恐怖統治期間，孟加拉約有二十萬到四十萬名印度婦女遭到巴基斯坦人強暴，此事見載於布朗米勒《違背意志——男性、女性與強暴》一書。

再往前推，一九三七至一九四五年間，日軍侵入中國大陸，許多華人女性遭日軍姦殺。張純如《被遺忘的大屠殺——一九三七年南京浩劫》一書中有日本士兵東史郎的自述說：「中國女人不穿內褲，她們只穿著用一根繩子綁起來的褲子，並不繫腰帶。我們把繩子拉開，女人的屁股就顯露出來。……不久之後，我們就……去輪流強暴她們。」

民國六十二年朱蔣元編印的《中日滄桑錄》畫冊中，有十幾幀日軍姦殺華籍婦女的圖片，看了也令人痛心疾首。

再往上溯，一九〇〇年七月二十一日，八國聯軍攻陷北京後，燒殺擄掠無所不為。民初人柴小梵《梵天廬叢錄》卷三說：「崇綺（為同治皇帝岳父，任吏部尚書）……眷屬盡為聯軍所拘，驅諸天壇，數十人輪姦之。」又說：「（北京）豐潤一大家為洋兵所據，聚諸婦女於其中，日夜淫之……。」

再往上溯，十三、四世紀蒙古人東征西討時，鐵騎所到之處也姦淫燒殺無所不為。一九三〇年左右有一位日本畫家就曾追憶蒙古人兩度跨海征日時凌虐日本婦女的歷史，而畫了一組冊頁，題為《十四世紀蒙古入侵日本》，畫蒙古人如何欺凌被擄的日本女性。

再往上溯，金人在西元一一二六年攻陷汴京時，包括皇室貴族的婦女和城中數以萬計的年輕美麗的婦女都被金人擄走，任意姦淫。後來金朝在西元一二三四年滅亡時，南宋大將孟珙也曾強暴金哀宗的妃子，據《樵書》（佚名作家）記載說：姚叔祥曾看過宋人畫的《嘗后圖》，畫一個貴婦裸身赤腳，被好幾個人抬著，抬這位貴婦的人都身披甲冑、腰帶利刃，有的人咬她的乳房，有的人嚙她的嘴唇，有的人捏她的手臂和屁股，還一人用嘴吮她的腳趾。另有一位大將軍露出勃起的陽具向她逼近，身後卻有一人拉住將軍，另外還有人爭奪貴婦的足帛屨襪和褻衣，畫中共十九人，有題詞云：「南北驚風，汴城吹動，吹出鮮花紅董董，潑蝶攢蜂不珍重。棄雪拚香，無處著這面孔，一綜兒是清風鎮的樣子，那將軍是報粘罕（之仇）的孟珙。」

這樣的光景讓人想起民初軍閥的胡作非為，我手邊有一張民初明星公司拍攝軍閥故事的電影《啼笑因緣》劇照，描述女主角（胡蝶飾）被士兵抬架著送給軍閥施暴的光景，與前述《嘗后圖》可說十分類似。

採花大盜強暴美女

提起軍閥，就想起橫行江湖的採花大盜。歷史上最著名的採花大盜，要屬清乾隆年間在河北省與山東省交壤一帶作案的竇爾敦。

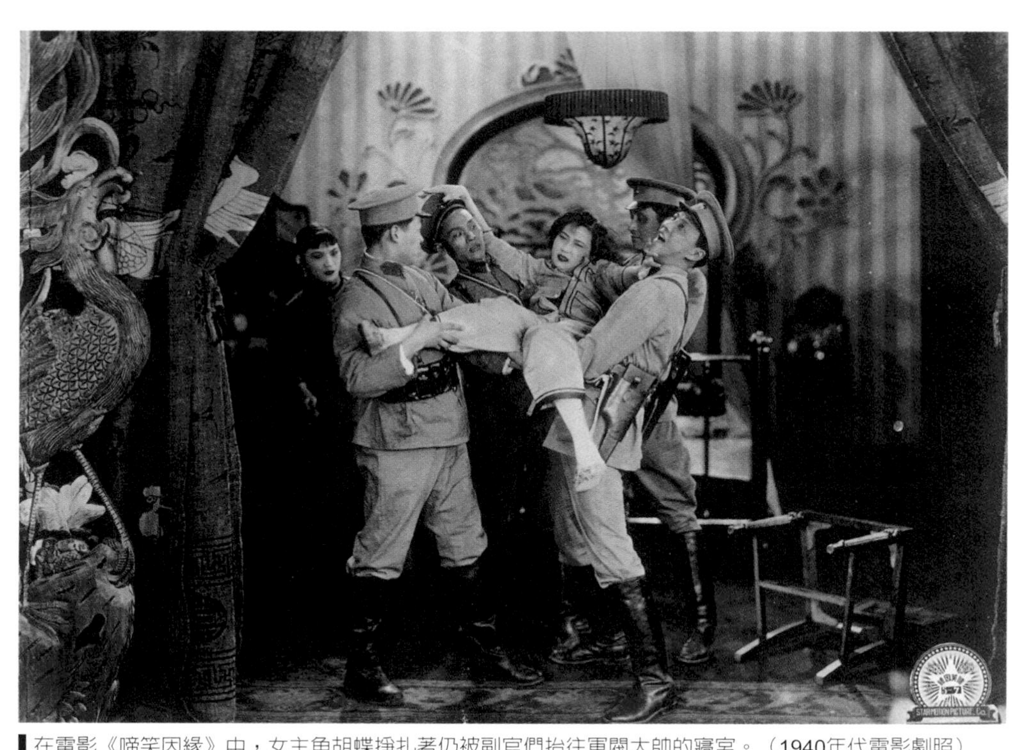
在電影《啼笑因緣》中，女主角胡蝶掙扎著仍被副官們抬往軍閥大帥的寢宮。（1940年代電影劇照）

據前引《梵天廬叢錄》卷二十八說：竇爾敦是乾隆年間河北省獻縣的大盜，他武藝高強，善於舞槍。別人對面射鏢，十鏢齊發，他能一一以槍尖抵鏢反射，十不失一；舞雙刀尤其厲害，只見刀光閃爍，不見舞刀之人。

竇爾敦每次總在三更半夜持刀闖入人家，直奔婦女之房，不論老少全部強姦，遇到最漂亮的女人，就用棉被裹起來，連同搶得之財物一併帶走，把美女挾持到僻靜之處慢慢享用，直到天快亮時才再將美女送回。凡被竇爾敦強姦的婦女必須三緘其口，如果說出被姦之事，竇爾敦會再回來把她擄走，並且永不放回了。竇爾敦以此橫行於河北省東南部的阜城、交河、吳橋、獻縣一帶，攢積了龐大的財產，家中妻妾無數，活到七十二歲才壽終正寢。

直到晚近社會上這類的採花大盜還時有所聞，如一年多以前的陳進興就是例子，只不過沒有竇爾敦幸運，可以壽終正寢，由此也可見法治的進步。

春宮畫裡的強暴圖

在中國春宮畫裡，也有一些是描寫男子強暴女人的作品，但是數量不多，約只佔全部作品的百分之一，而且並非使用非常殘忍血腥的暴力，罕見用繩索縛女性再加以強暴的畫面，這與日本春宮的情形很不一樣。

有一幅完成於清朝乾隆初年卻署名明人唐寅所畫的秘戲圖，描繪一個全身赤裸的男子跪立在一席織花地毯上，準備強暴一名衣飾華貴的少婦，少婦下身全裸的仰躺著，左腳被男子以右臂夾持著，右腳被另一名全裸的婦女以左手高高舉起，裸婦還以右手壓制住貴婦的左手和上身，好讓男子可以順利的強暴這名貴婦。男子以左手持著勃起的陽具對準貴婦大張的牝戶，眼看就要一挺而入了。

另外，在一幅清朝中末葉所繪的春宮冊頁中，也可見類似的場面，一對全裸的男女正聯手強暴一個下身全裸、被壓制在瓷鼓櫈上的婦人。協助強暴的裸女以右臂捧著被強暴女後仰的頸項，左手抓著她掙扎抵抗的右手，強暴婦女的男子似乎是位太子（頭上戴王冠），他以左手扯去了被害婦女的襯裙，右手托著她的腰，那話兒已經頂進去大半個頭兒了；她剛才持在手中的團扇被棄在地上，顯出倉皇狼狽的氣勢。

從三人赤裸的情況來看，這兩幅作品描繪的故事應該是一對赤裸的男女正在偷情幽歡，被穿著整齊的婦人撞見了，為免東窗事發、姦情曝光，他們就聯手把她也拖下水，讓男子強暴她，使她不敢出去亂說。

另外，在民國初年天津楊柳青印製的色情木刻版畫中，也有一幅類似題材的春宮，但是聯手施暴的女子衣褲整齊，男子只脫掉了褲子，被抓住兩手兩腳任人強暴的少女也只脫去下半身的褲子。這情景讓人想起明朝時江南流行的一首掛枝兒調俗曲〈商議〉：

> 俏冤家，近前來，我有句話兒商議，曾囑咐你，悄悄地，休被人知，你緣何人面前，常是調情綽趣？妹妹知覺了，恐怕也講是非，一網的兜來也，鉗住她的嘴。

原來這幅楊柳青春畫，畫的正是姐姐和男朋友聯手強暴妹妹，以防她出去亂說兩人偷情之事呢。

我還看過一幅清朝中葉時佚名畫家的一幅春宮，描繪一個全身光赤的男子正在強暴一個身軀纖弱、楚楚可憐的少女。頭上紮了紅蝴蝶結的少女上身穿藍色長衫，下體赤裸，坐在披了衣衫的無腳矮椅上，正顰眉蹙額地用兩手推拒在埋頭苦幹她的男子，可是牝戶大張、勢臨洞口，她的推拒反抗顯然徒勞無功。這幅畫的設色簡雅而對比鮮明，人物造形富有獨創的特色，略去背景的描繪以凸顯人物主題，線條流暢顯出畫家素描功夫高強，是輾轉摹抄的中國春宮畫史上令人印象深刻的一幅作品。

日本繪畫中的強暴

日本人的民族性格以殘暴嗜血著稱，在電影、小說或繪畫中，也有許多以強暴女性為主題的作品。

一九二八年在維也納出版了德文版四巨冊的《世界性風俗史》，書中有一幅圖是日本浮世繪春畫《強暴》，描繪一位長髮少女被雙手反綁，嘴也被蒙了起來，無法掙扎呼救，綁他的光頭粗漢正用力打開少女拚命想要合攏的雙腿想要強暴她。少女的上衣敞開，酥胸微露，紅裙舖地，下身赤裸，隱約可見私處。

另外，在一九八一年西班牙皇冠公司出版的《日本色情主義》畫冊中，有兩幅浮世繪木刻版畫「輪暴」描繪兩

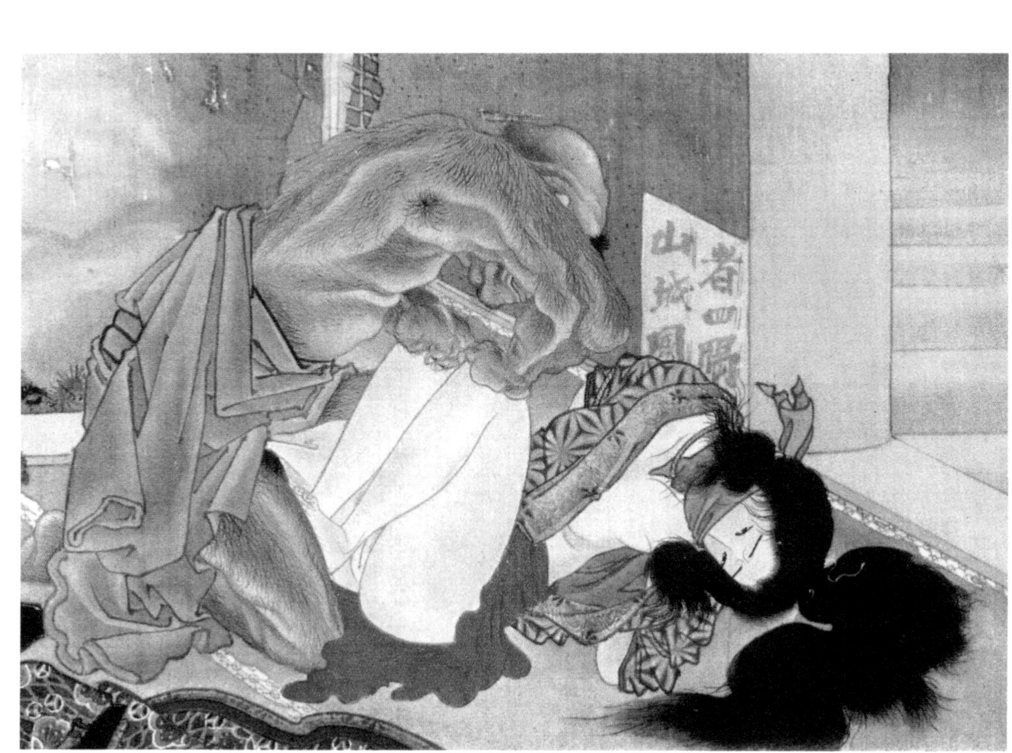

盜賊強暴良家婦女。（19世紀日本浮世繪）

個壯漢在屋內輪姦一名長髮婦女，婦女幾乎全裸，只小腹還蓋著一襲紅裙，她的雙手張開，兩腕被綁在一根粗木棍上，無法反抗。光頭的男子先強暴她，另一穿條紋長衫的男子則坐在榻榻米上觀賞著，等光頭男子強暴完畢，起身整衣，穿條紋長衫的男子繼續輪暴。榻榻米上有許多揉成團的衛生紙，暗示著這兩個男子精力旺盛，輪姦是一直接續的進行著。

同書中還介紹了一組十二張描繪一至十二月性愛故事的浮世繪冊頁當中的三幅，當中有一幅就描繪一個頭紮花巾的農夫正在強暴一位少女，農夫右手抓著她的長髮、左手摀住她的嘴巴以阻止她喊叫求救，少女用兩手推擋著男子的臉，但是下體已被攻陷了。

日本電影中的強暴

日本的小說或電影中，也常有女性遭受強暴的情節描繪。

最著名的例子也許要數黑澤明導演的《羅生門》，這是改編自芥川龍之介的短編小說，描述一個武士攜妻經過山林，被大盜綑綁，當面強暴其妻的故事，後來武士遇害，大盜被捉，武士的鬼魂、大盜和武士之妻三者述說此案經過各異，令法官無法判知真相，「羅生門」也成了「各說各話」的同義字。

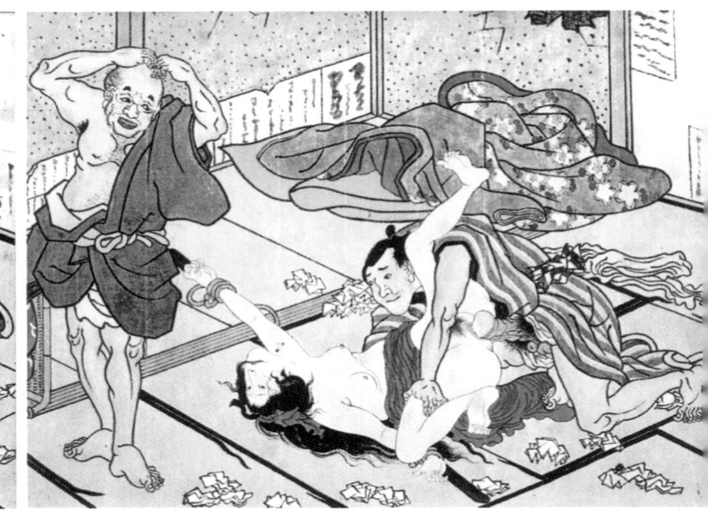

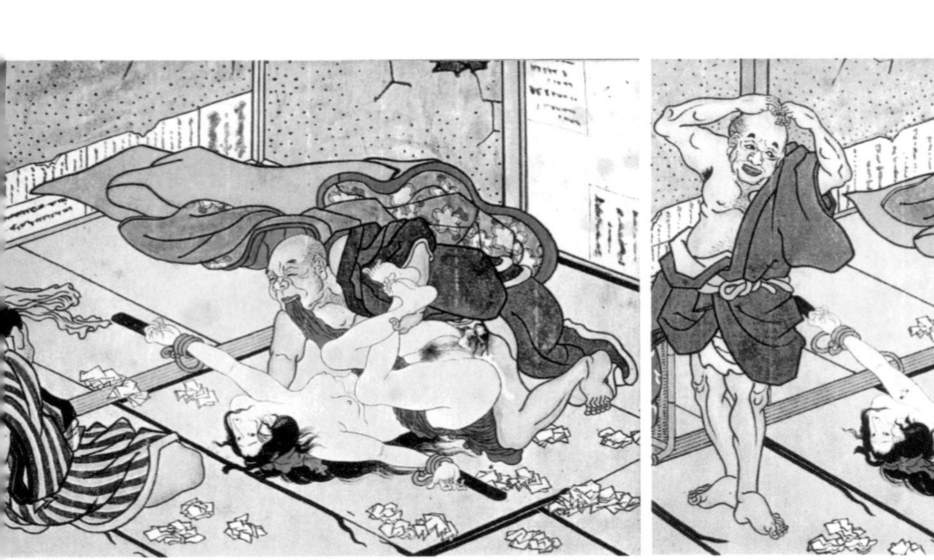

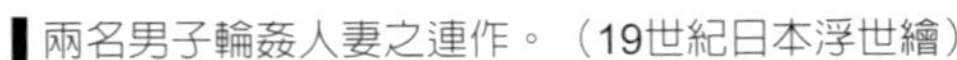

兩名男子輪姦人妻之連作。（19世紀日本浮世繪）

另外，在大友宗親著《殘酷的責罰》日本電影畫冊（共四集）中，也有許多電影有強暴女性的情節出現，像新藤孝衛導演的「女子學生極秘日記」，就描繪中年男子如何誘騙少女並加以綑綁強暴的故事。

在日本的情色片中，強暴女性更是最常見的題材之一，反映了日本人對此事之熱中。像大洋圖書公司在一九九二年發行的《誘拐物語》系列，就是描述一般良家婦女被歹徒誘拐囚禁後被凌辱強暴的經過。

晚近光碟片盛行，此類作品更大行於世，如《犯罪白書》、《雙宮隸孃》、《背德的肖像》、《人間廢業》系列等等，讓喜歡看強暴色情片的讀者有更多的機會滿足情慾。

夫妻情侶間的強暴

強暴是普遍存在的社會現象之一，展現了性愛的某些特質──男性以優勢的蠻力達成與女性做愛的目的。社會新聞每隔幾天就會爆出一樁強暴案，可以證明此事的普遍性。

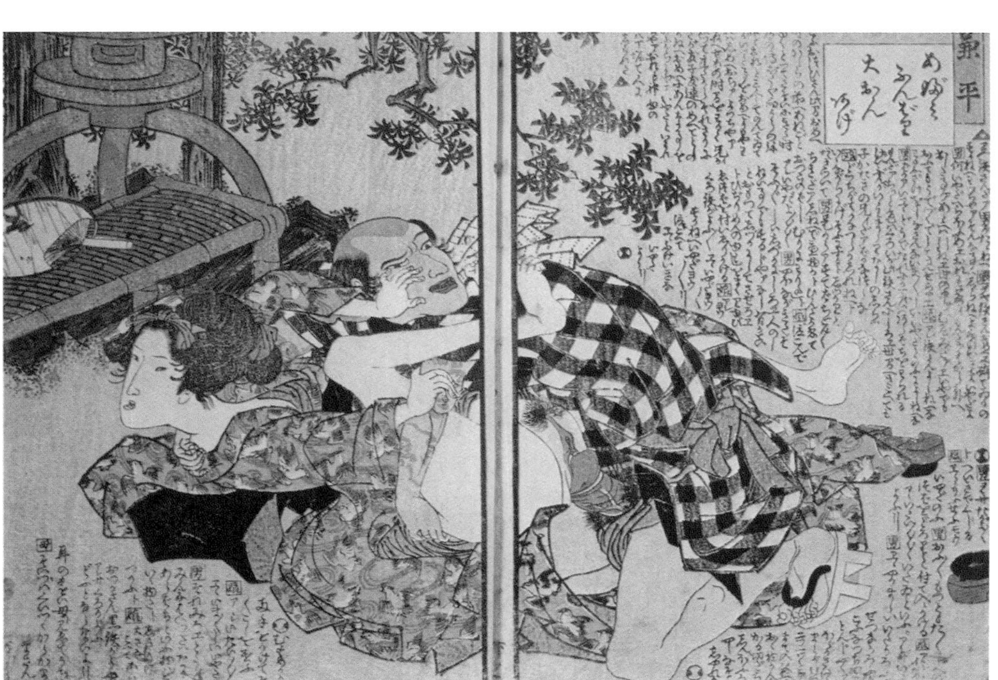

一男子性欲勃發，不顧妻子堅拒依舊強姦得逞。（18世紀後葉日本浮世繪）

事實上，強暴之事不獨存在於陌生男女之間，也存在於情侶甚或夫妻之間，而有所謂的「約會強暴」、「夫妻強暴」之稱，只要女朋友或妻子不同意發生性行為而男朋友或丈夫硬要幹，就出現了上述的情況。

在日本的浮世繪裡，有一幅描繪夫妻強暴的作品，畫一個身穿和服的女子在庭院中想要逃避好色丈夫的性需求，卻被丈夫以蠻力壓在地上強暴成功的場面。

在女權運動者的努力下，如今法律已規定夫妻間的強暴行為有罪，只要妻子提出告訴，丈夫強暴妻子會受到法律的制裁。可是夫妻間這樣私秘的事情，法官很難斷定誰是誰非，女性的心理何其複雜，也可能半推半就，也可能口是心非，也可能初拒後肯，也可能感情與理智、心理與身體的主張互相矛盾，是不是強暴，外人實在很難論斷。那個男人一生中不曾對妻子「霸王硬上弓」，在她毫無情緒、毫無性趣的情況下，硬要發洩自己的情慾呢？這種事情，外人還是以不干涉為宜。

咱們的老祖宗不是早說過了嗎：清官難斷家務事。

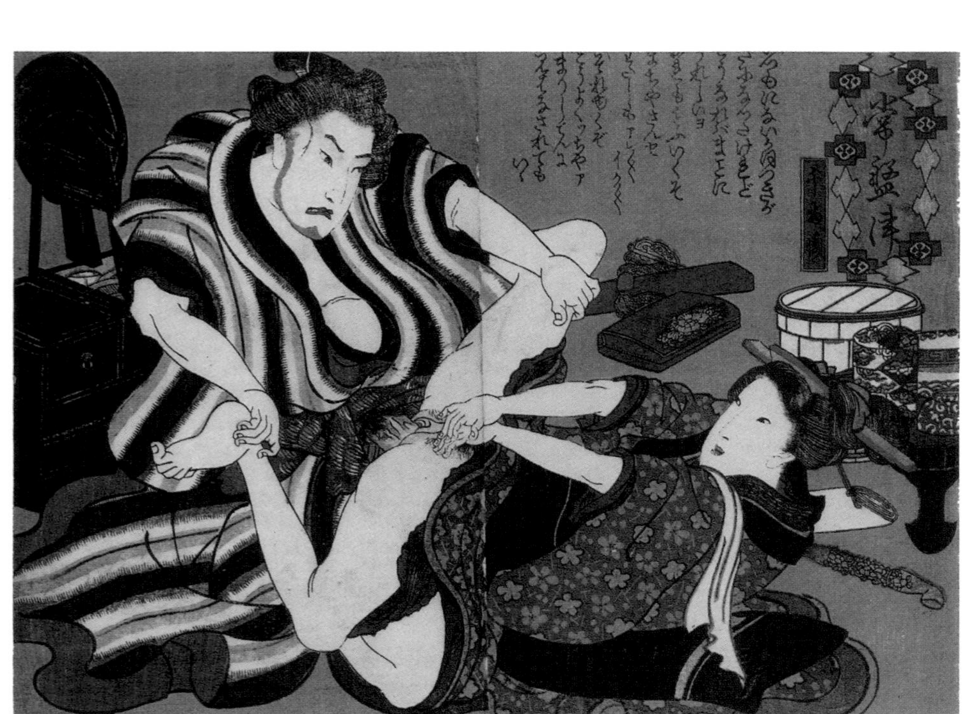

少女在被強暴時仍羞赧地用雙手遮陰。（日本晚期浮世繪大師歌川國芳替豔本小說《星月夜糸之調》所作的插圖）

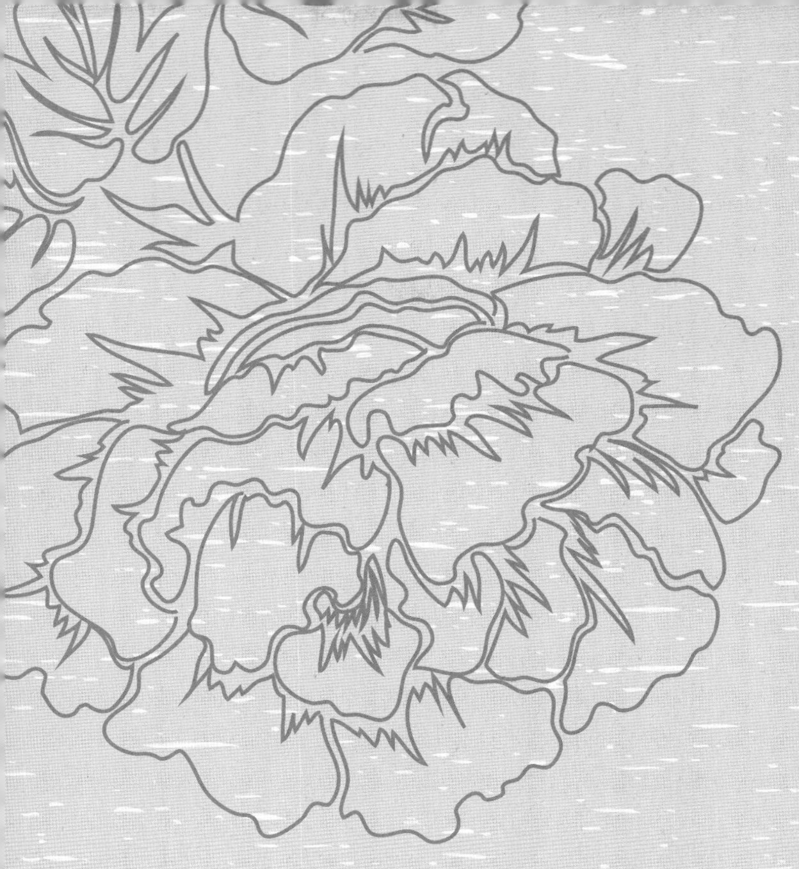

卷五　檔案記載的情慾

中國同性戀檔案

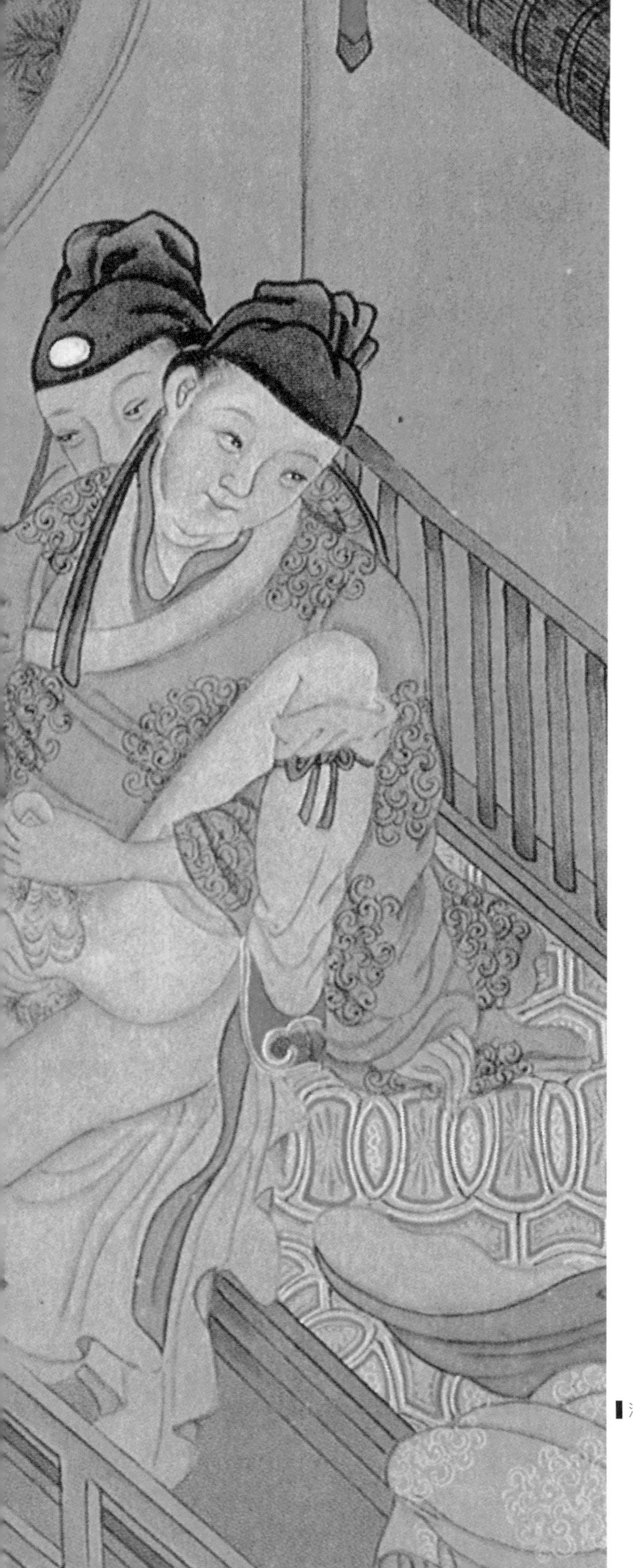

清中葉描繪男同性戀的春畫。

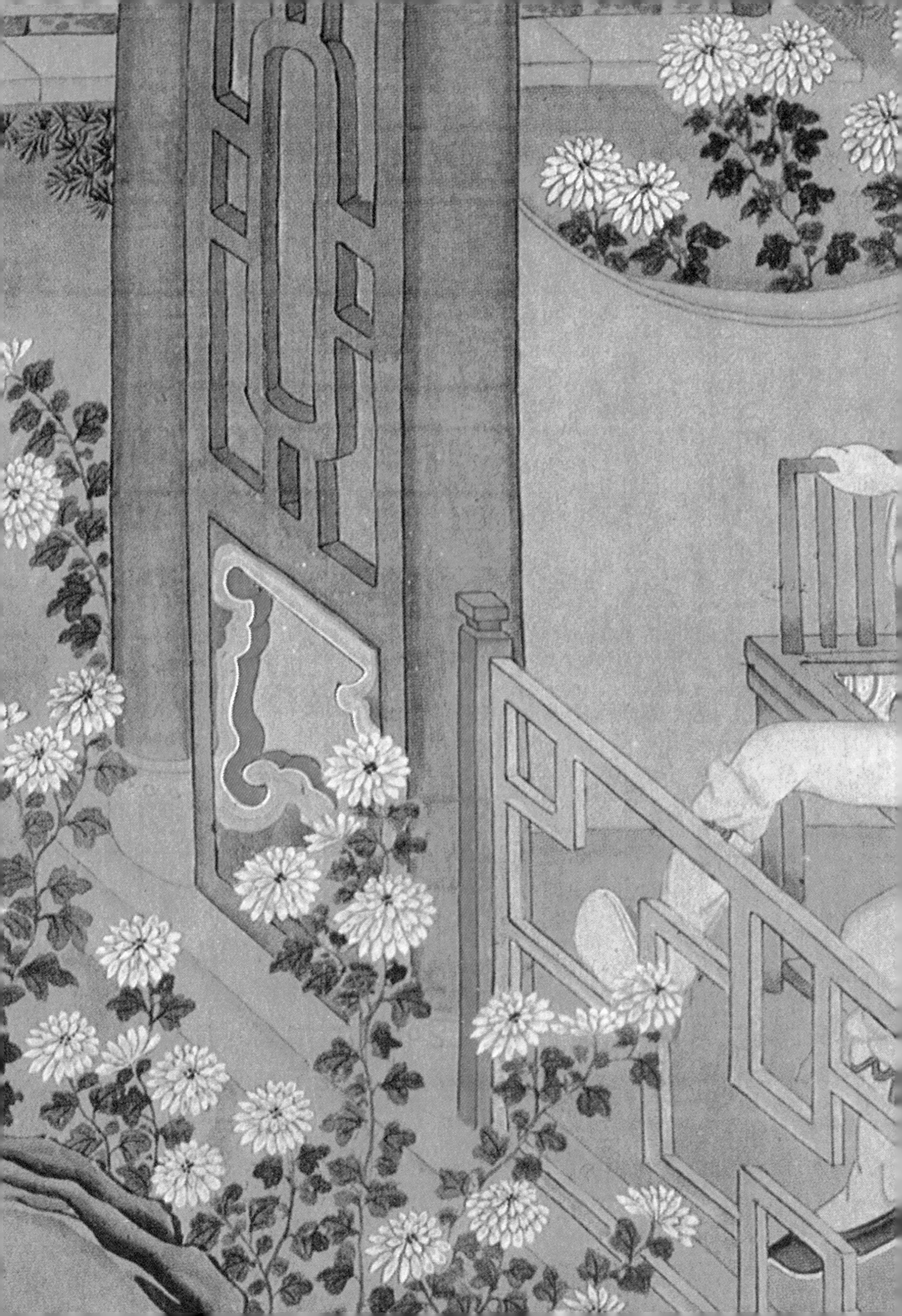

同性戀是個古老而遍存於全世界各種族的現象，歷來學者多以「變態」視之，也就是非常態（指異性戀）的一種戀愛行為。此一名詞原本並無褒貶之意，但是一般社會大眾往往在「變態」和「不道德」之間劃上等號，所以同性戀者一直飽受著社會輿論的責難、一般大眾歧視的壓力和法律條規的不平待遇，蹉曲在陰暗的角落裡滿懷罪惡感地去滿足自己生理和心理上那種不可遏抑的慾望。但是同性戀者也不甘長此備受歧視與迫害，近幾十年來，歐美的同性戀者經常以遊行抗議力爭參政權、當兵權、工作權和結婚權，長期的努力已積存了若干效果，使世人逐漸把同性戀視為「非常態」而非「變態」的行為，並且用更客觀同情的態度去對待同性戀者，以更關切好奇的心態去研究同性戀行為的動機和各種現象。正當同性戀者逐漸可以公開露面之際，偏偏又出現了愛滋病，由於最初罹患此不治之症的大多是同性戀者，遂又招來世人對同性戀的非議，以為愛滋病是上帝對同性戀行為的一種天譴，同性戀者爭自由、爭平等的努力至此又遭到了重大的挫折。看來，同性戀者到達他們可以坦蕩蕩地向別人說他是同性戀者的地步，還有很長的一段路要走。

值此世人對同性戀者格外關切之際，且讓我們回顧一下同性戀在中國的一些歷史掌故。

同性戀溯源

同性戀既是一種自然的生理現象，它應該和人類的歷史同樣悠久。不過，從歷史文獻記載來看，同性戀可以追溯到多久之前呢？

中國人一向喜歡把許多發明的功勞歸諸於黃帝，說弓箭、舟車、指南針、貨幣、宮室……都是黃帝發明的，而同性戀一事，據說也始於黃帝之時。清朝時博學的紀曉嵐在《閱微草堂筆記》一書中就說：「雜說稱孌童（同性戀中扮女性者）始黃帝」，句下有注說：「錢詹事辛楣如此說，辛楣能舉其書名，今忘之矣。」雖然黃帝之世已有同性戀者是想當然之事，但是如果黃帝地下有知，恐怕也要對此「發明」之「封贈」敬謝不敏吧。

最早的記載

最早記載同性戀的古籍是《尚書》，在《尚書‧伊訓篇》裡提到伊尹對太甲訓誡喪家亡國的「三風十愆」（三種風氣和十種罪過），其中有一風叫「亂風」，亂風包括四愆，其中之一是「比頑童」，也就是親昵男同性戀中扮女性的男子。《尚書》雖然是戰國時人述古之作，但伊尹是商湯時的名臣，太甲是商朝第四任君主，於西元前一七四七年即位，這段故事大概就發生於太甲即位之初吧。

繼商朝之後的周朝也有關於同性戀的史料，《逸周書》有「美男破老，美女破居」的話，美男既與美女相提並論，可見是男同性戀的對象無疑。

最早的同性戀詩歌

在周朝的民間歌謠集《詩經》裡，已出現了歌詠同性戀的作品，像〈鄭風‧子衿〉說：

青青子衿，悠悠我心。
縱我不往，子寧不嗣音？
青青子佩，悠悠我思，
縱我不往，子寧不來？
挑兮達兮，在城闕兮，
一日不見，如三月兮。

據清朝學者程延祚的註解，就認為是「兩男相悅」之詞。〈鄭風‧狡童〉也說：

彼狡童兮，不與我言兮。
維子之故，使我不能餐兮。
彼狡童兮，不與我食兮；
維子之故，使我不能息兮。

後世學者也頗有人認為「狡童」就是男同性戀中的「孌童」。

由以上二例看來，春秋時代鄭國同性戀的風氣是十分盛行的。

最早的同性戀實例

最早的同性戀實例發生在春秋時代齊景公姜杵臼身上，他是齊國第二十三任君主，於西元前五四七年即位，卒於西元前四九〇年，這個故事就發生在齊景公在位之時。

《晏子春秋》一書上說，齊景公長得英俊壯美，有個衛兵（書上稱「羽人」），執勤時用色瞇瞇的眼光盯著齊景公看，看得忘神失態，結果被景公發覺了，派人把那個衛兵叫來問道：「你為什麼如此失態地盯著我看？」

衛兵回答說：「我說實話也是一死，不說也是一死，我就實說了吧；君王，我愛上你了。」

齊景公大怒地說：「那有臣子愛慕國君美色的？來人呀！把他拉下去殺掉。」

晏子上前勸諫說：「拒絕別人的願望是不對的、憎惡愛你的人會招來不祥。衛兵雖然愛君美色有犯上之嫌，於法卻不應殺他。」

齊景公聽了說：「是這樣子嗎？好吧！如果他把身子洗乾淨了，我就讓他抱抱好了。」

另外，在《韓非子・說難篇》和劉向《說苑》裡，提到衛靈公姬元和大臣彌子瑕同性戀、彌子瑕把咬了一半的水蜜桃分給衛靈公吃的故事雖然更為世人所知，但衛靈公即位於西元前五三五年，卒於西元前四九三年，「分桃」的故事可能稍晚於齊景公和愛上他的衛兵吧。

搞同性戀的帝王

中國歷史上有許多名人都是同性戀者，以國君來說，有春秋時代的衛靈公姬元、戰國時代的魏王（寵龍陽君）、楚共王芈審（寵安陵君）、漢朝的漢高祖劉邦（寵籍孺）、漢惠帝劉盈（寵閎孺）、漢文帝劉恒（寵鄧通、太監趙談、北宮伯子）、漢景帝劉啟（寵周仁）、漢武帝劉徹（寵韓嫣、韓說、太監李延年）、漢昭帝劉弗陵（寵金賞）、漢宣帝劉詢（寵張彭祖）、漢元帝劉奭（寵太監弘慕、石顯）、漢成帝劉驁（寵張放、淳于長）、漢哀帝劉欣（寵董賢）。

魏晉南北朝時有魏太祖曹操（寵孔桂）、魏明帝曹叡

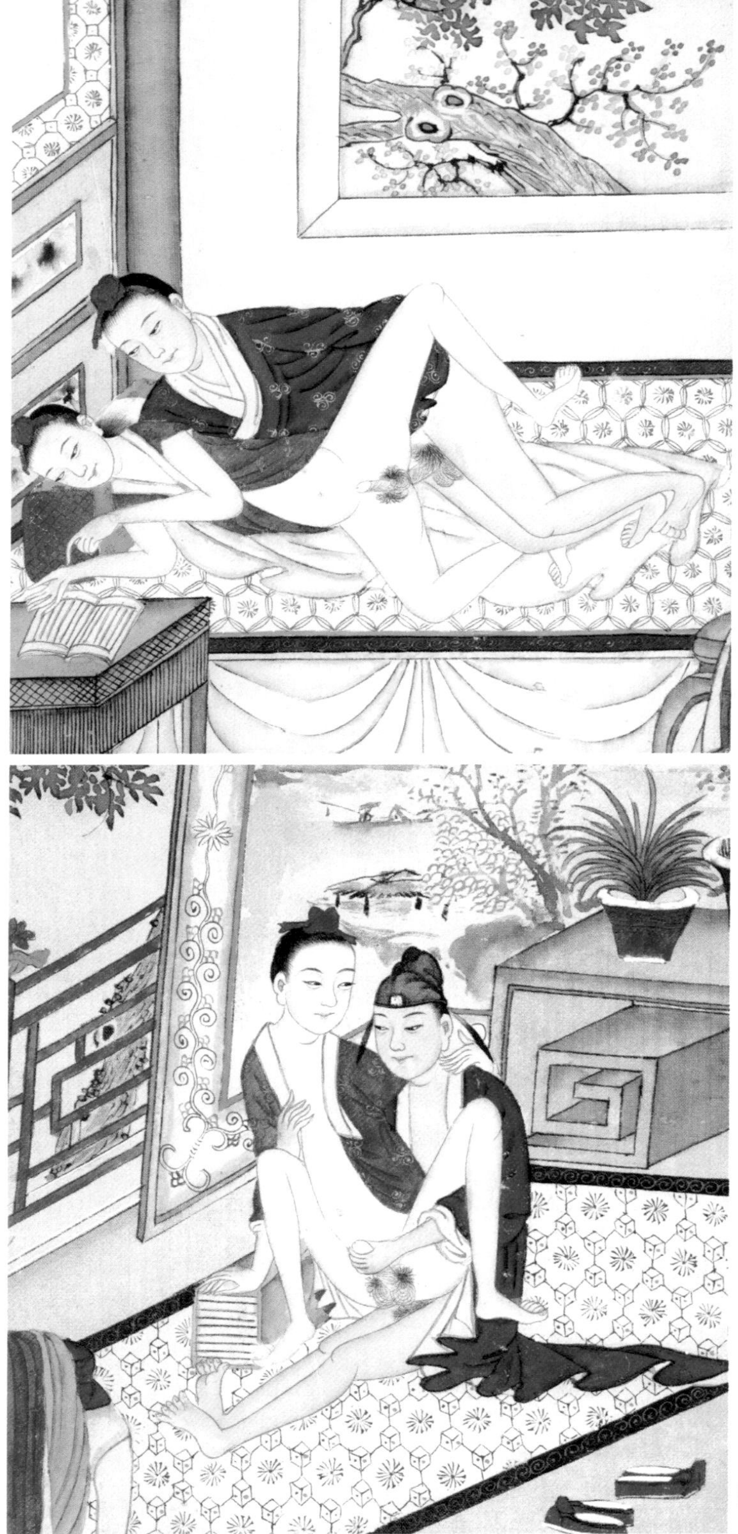

清朝中末葉描繪男同性戀的春畫。

（寵曹肇）、前秦宣昭帝苻堅（寵慕容沖）、後趙武帝石虎（寵鄭櫻桃）、陳文帝陳蒨（寵陳子高）。

唐朝時有唐玄宗李隆基（寵太監高力士）、唐僖宗李儇（寵張浪狗）。五代時有蜀後主王衍（寵太監王承行）。明朝時有明武宗朱厚照（寵俊秀小太監）、明熹宗朱由校（寵俊美孌童）。當然，上述帝王大多是雙性戀者，他們和女性的愛情故事往往更膾炙人口，因而遮掩了他們也喜歡男同性戀的事。

歷代同性戀名人

帝王之外，其他同性戀名人還包括：

漢昭帝時的大將軍霍光（寵馮子都）、大將軍梁冀（寵秦宮）。

東晉的令史王祖（寵任懷仁）、刺史桓玄（寵丁期）。

南北朝時宋朝吳郡太守王僧達（寵王確、朱靈寶）、梁朝詩人庾信（寵蕭韶）。

明朝世宗權臣嚴嵩（寵優童金鳳）、清康熙時內閣中書葉舒崇（寵俊童某）、清陝西巡撫畢秋帆（寵戲子李桂官）、清初詞人陳維崧（寵歌郎徐紫雲）等等。

同性戀的異稱

因為同性戀是「變態」的行為，所以在中國各地都出現了許多隱誨難解、形同暗號黑話的代稱。如南風、分桃、斷袖之癖、龍陽之癖、兌車、勇巴（把「男色」兩字中「色」字的「刀」移到「男」字上面）、後庭之歡、走旱、淘毛廁、打圖書、翻燒餅、翰林風月、炒茹茹、打篷篷、塌豆腐、鑄火盆、弄苦蔥、戲蝦蟆、勒豆包、摃坑仔等等。

最後一詞是台灣話，坑仔是罐子，摃是敲撞之意。

同性戀文學名著

不少古典文學作品中都有關於同性戀故事的描述，如《金瓶梅詞話》中西門慶狎書僮的故事、陳經濟與侯林兒的故事，《蜃樓志》中包進才與杜寵的故事等等，不一而

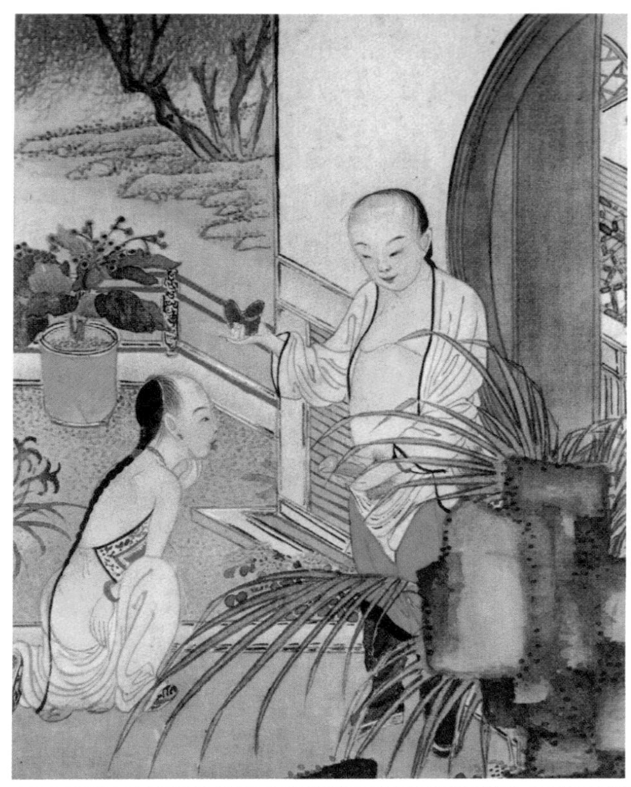

男同性戀者以金錢誘惑小男孩供其「走旱」。（清朝中葉絹畫）

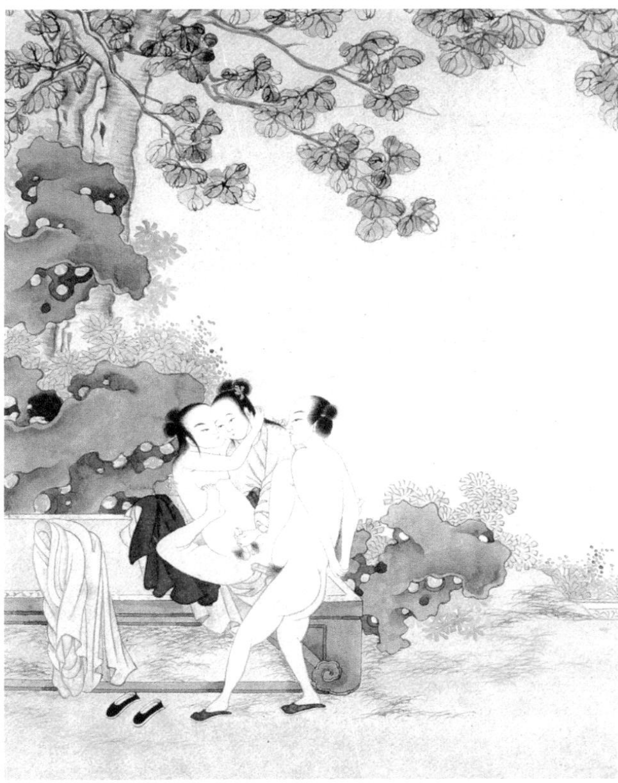

男主人與書僮走旱，一旁丫環伺候助興。（清朝中葉春宮畫）

足，但大都是穿插點綴的性質。整本書專門描述同性戀故事的，只有清朝中葉陳森所寫的《品花寶鑑》一書而已。

這部六十回的長篇小說細細描繪了達官貴人、才子名士與戲班伶人（稱「相公」）之間的愛情故事，為清朝同性戀風俗留下了相當多足資參考的珍貴史料。

三個男人的同性戀，最前面穿肚兜扮女性任人「走旱」的俗稱「兔子」。（晚清絹本春畫）

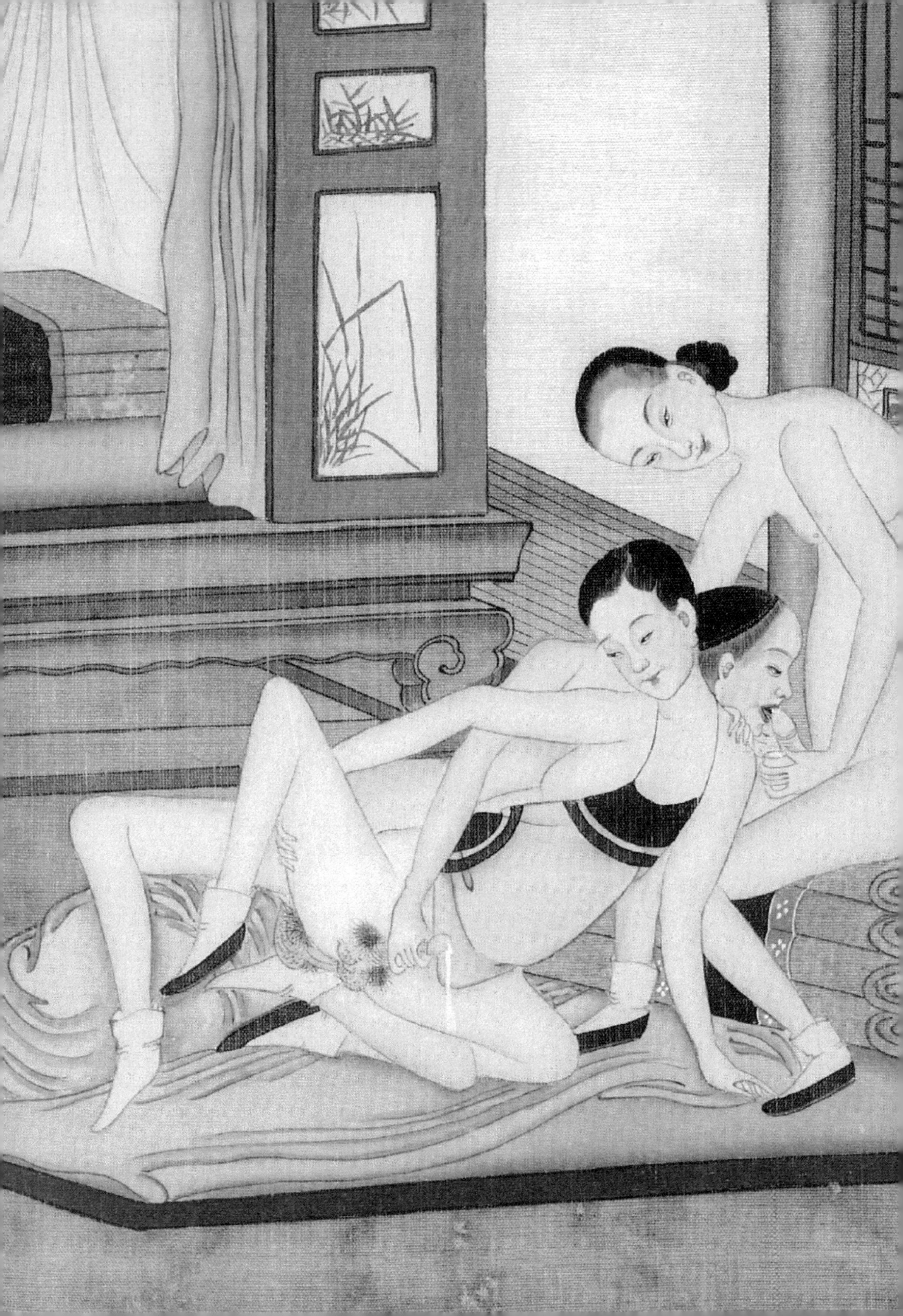

女同性戀的故事

當女人愛上女人，稱為「女同性戀」，這種「假鳳虛凰」的事情在古今中外都經常發生，不值得大驚小怪。

據說紀元前六百年左右，古希臘有位女詩人叫莎孚，住在愛琴海東邊的雷斯伯斯島上，與她的女弟子們關係親密，大玩女同性戀遊戲。莎孚有一首情詩如此寫道：

我可愛的，優雅的生命，
我的寶貝，美的宅第；
我快樂的，光豔的面紗，
我的妹妹，美麗的雷斯伯斯姑娘；
我可愛的肉體，有熊熊的火焰封藏在裡面。

因為有上述這個典故，後人便以莎孚所住的島Lesbos而稱女同性戀為Lesbian，或以莎孚之名Sappho而逕稱女同性戀為Sapphism。

可是世界上的女同性戀並非由莎孚所首創，在四千年前古埃及紙草紙手卷上，已經提到了同性戀之事，並說此事「古已有之」。埃及人發現雌性鼬鼠有同性戀行為，就畫兩隻雌鼬的象形文字表示「女同性戀」。當時埃及貴婦人常在閨中蓄養雌鼬作為寵物，並偕同女愛人一起觀賞雌鼬間的同性戀行為，作為助興之具。

古羅馬的名妓伊莎貝娜年老色衰時，不再有男子嫖她，就與當時另一個名妓潘多娜住在一起，享受女同性戀之樂。後來潘多娜從良有了丈夫，卻仍然捨不得與伊莎貝

皇宮中的妃嬪難耐孤寂，以假陽相互安慰。（清朝中葉絹畫）

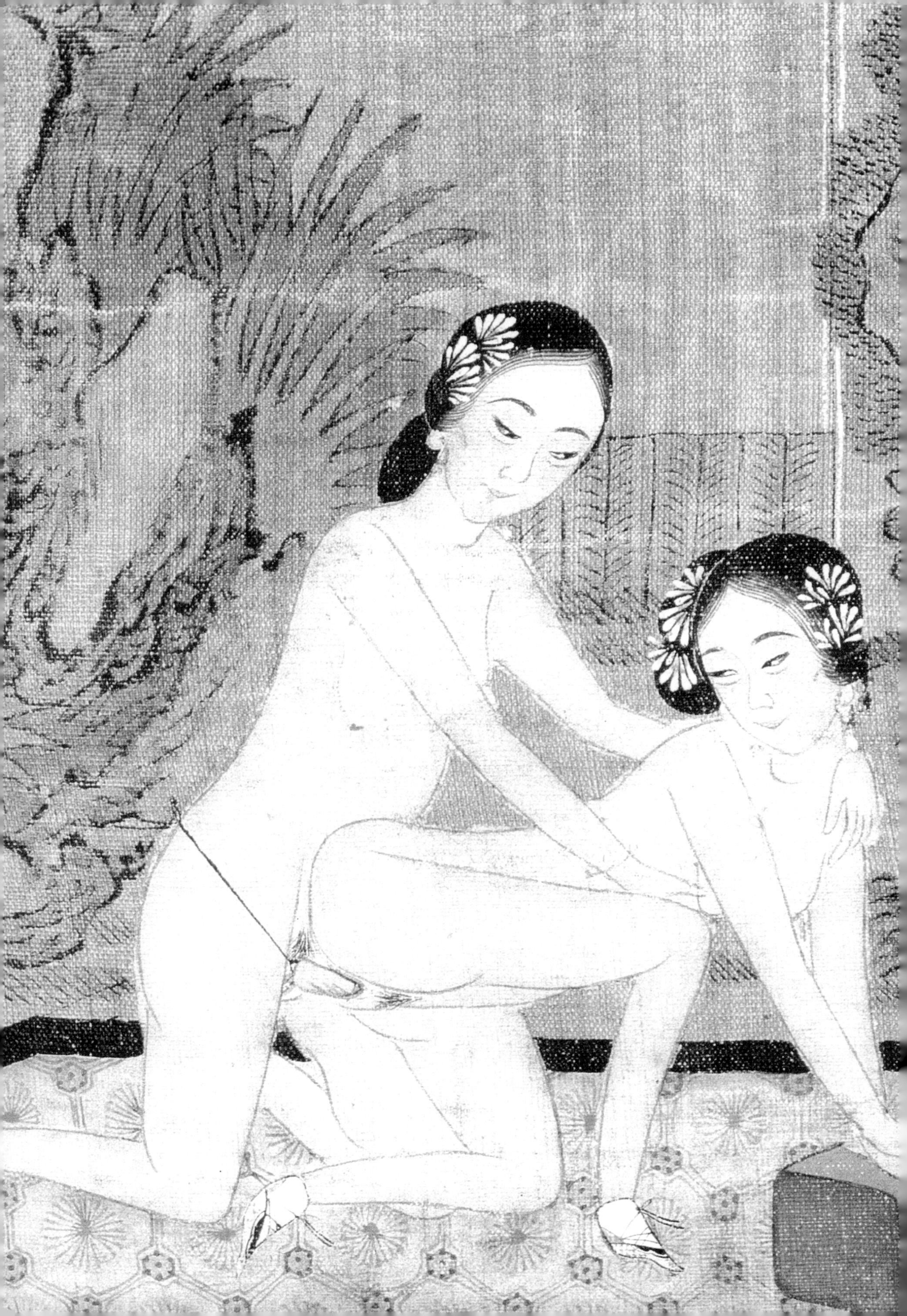

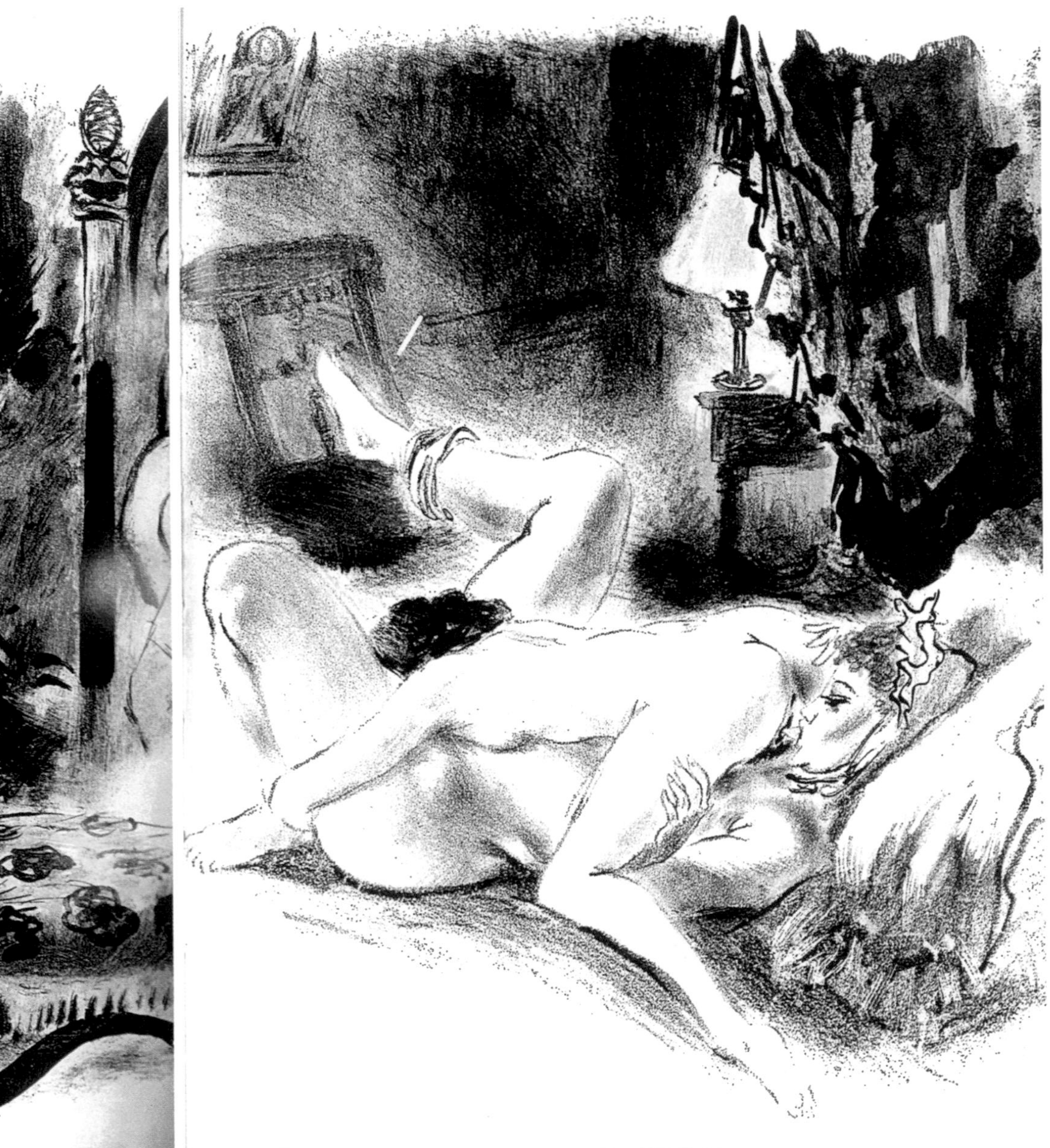

▌女人與女人的纏綿。（1930年代聖安德烈的兩幅蠟筆畫）

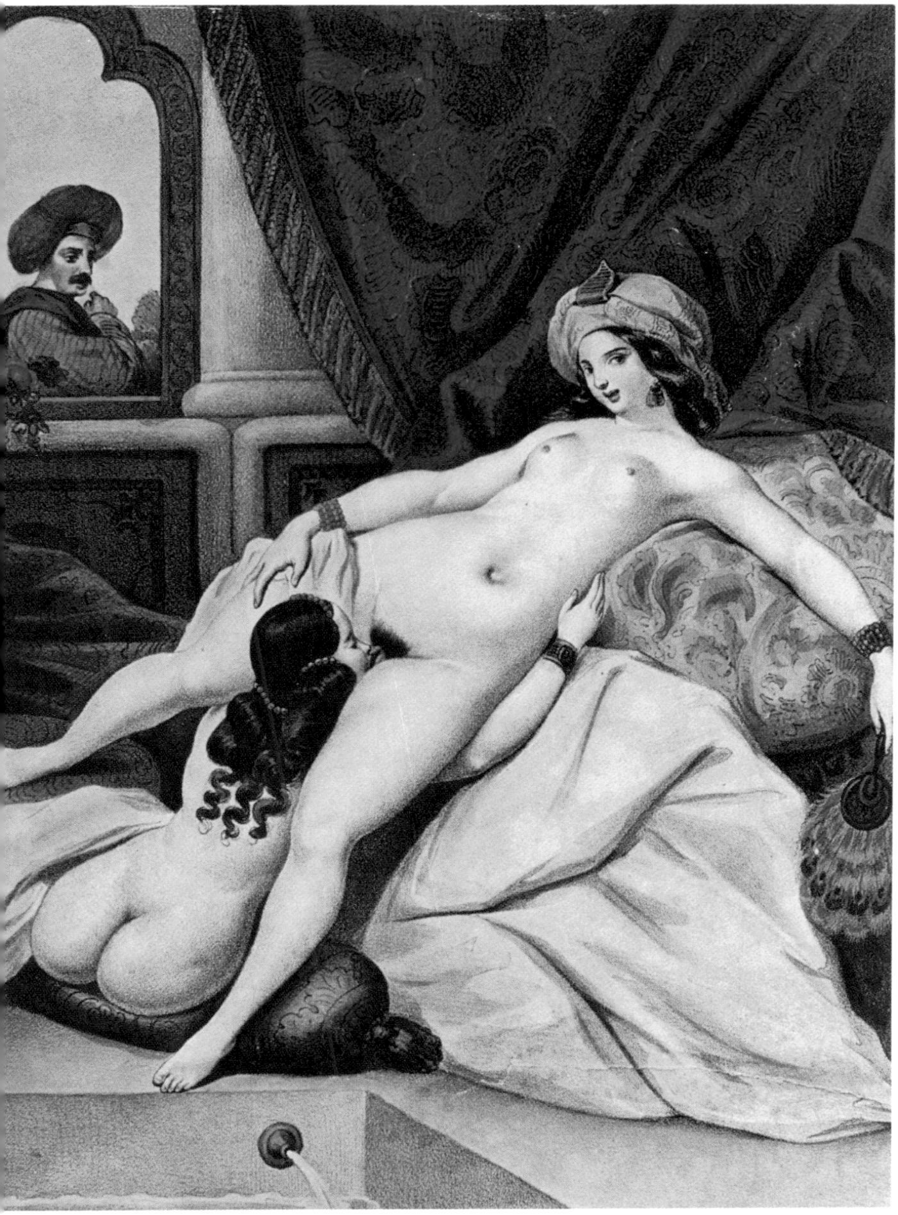

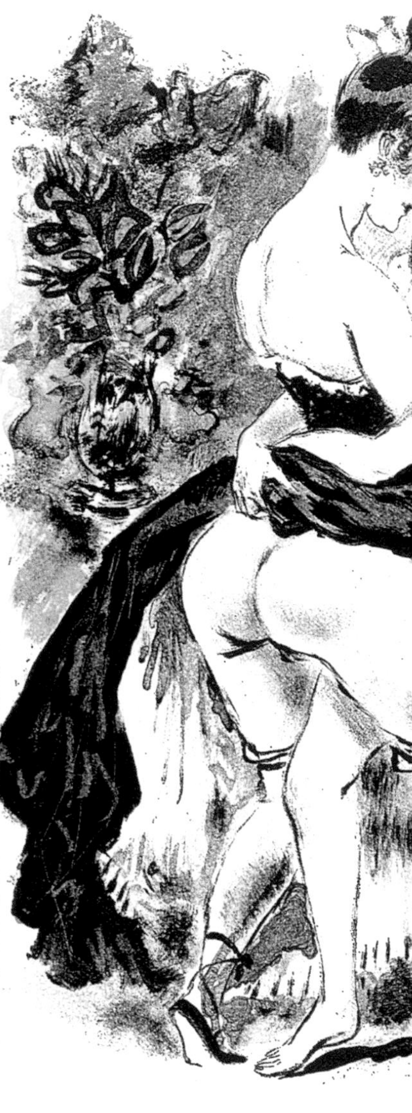

▌阿拉伯國王後宮妃子不耐孤寂，讓女僕來滿足自己的性慾。（19世紀Achille Deveria《一千零一夜》插畫）

娜斷絕往來；伊莎貝娜也告訴別人說，她與潘多娜在一起所享受的快樂，勝過她曾遭遇的所有男人。伊莎貝娜的感想值得男人虛心地反省。

除了埃及希臘羅馬，近東的回教國家法律允許男人娶四個妻子，有錢有勢的人更在四妻之外無限制地購蓄婢女侍妾，還雇用去勢的男僕監管這些後宮婦女；女人除丈夫外很難親近其他男子，便互相安慰發洩，所以女同性戀在近東地區十分流行。

這種情形和古代中國皇帝的後宮很像，中國皇宮裡面的女人也常各自找同性愛人，形成一對一對的夫妻，吃在一起，睡在一起，當時有個專有名詞，稱宮女的這種女同性戀為「對食」。《前漢書》卷九十七「外戚傳」就說「房與宮對食」，房是名叫道房的宮女，宮是名叫曹宮的女史（官名），兩人在一起「對食」，不光只是吃飯而已，據東漢學者應劭解釋說：「宮人自相與為夫婦，名『對食』。」可見除了對桌而食，還要同床共寢呢！

女同性戀在中國大陸江浙地區又稱為「磨豆腐」或「磨鏡子」，這是以石磨或鏡子來譬喻女陰，形容兩個女人以私處相互磨擦取樂的情景。

女同性戀在福建兩廣一帶也很盛行，女同志在當地稱為「自梳女」。因為福建兩廣地瘠民貧、謀生不易，青年男子往往自小離鄉背井，到南洋討生活，留在家鄉的女性便彼此結為金蘭，在生活和感情上互助互慰，或誓言終生不嫁男子，或等新郎返回僑居地之後又回到金蘭姐妹身邊，以種田、挑擔、採桑、搖船或當女傭、絲廠女工為生，自食其力。

福建惠安籍的當代作家陸昭環有一篇小說〈雙鐲〉，就以自己家鄉的女同性戀風俗敷寫而成，說秀姑和小她一歲的惠花彼此要好，情同夫婦，可是秀姑礙於社會風俗成婚生子，惠花最後跳海而亡。

女人與女人之間，也有動人的愛情故事哪！

按：最近我聽到一個消息，說許多高官的太太們，因為丈夫忙於工作，便結伴喝下午茶，而後到旅館開房間，玩女人跟女人的遊戲，既不算紅杏出牆，又抒發了鬱積的情慾，彼此相得甚歡，此事在官夫人之間頗為流行，不知是真是假，消息來源保密。

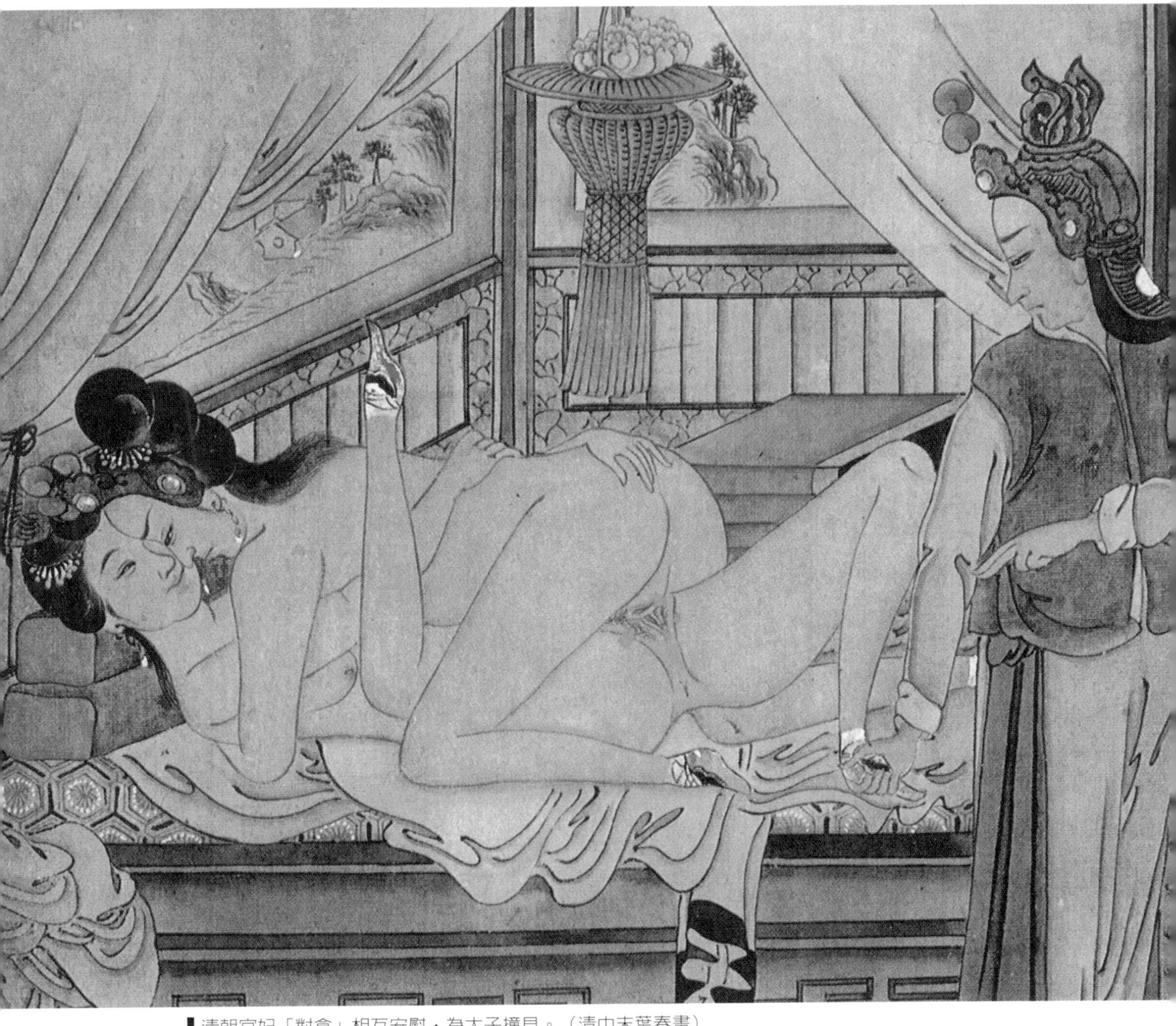

清朝宮妃「對食」相互安慰，為太子撞見。（清中末葉春畫）

古代中國監獄裡的風月

監獄裡的囚犯也是人，他們也有七情六慾，獄中刑囚的性慾該如何解決呢？

最簡便的方法就是同性戀，和關在同一牢房的囚犯彼此互相安慰，以滿足性慾的發洩。如果新舊囚犯關在同一間大牢房裡，通常新進的囚犯會被那些老囚犯聯手欺侮，而被欺侮的花樣之一就是雞姦，這是被迫的同性戀行為；也有的囚犯因相處日久，患難生情，而發生自願的同性戀行為。

明朝中葉人沈德符《敝帚軒剩語》一書卷中「男色之靡」就說：

> 宇內男色，有出於不得已者數家。……又如罪囚久繫狴犴，稍給朝夕者，必求一人作偶，亦有同類為之講好，送入監房，與偕起臥。其有他淫者，至相毆訐告，提牢官亦為分剖曲直。嘗見西署郎吏，談之甚詳……

這段話的意思是說：中國人的男同性戀，有幾種情形是出於不得已而發生的。……又好像犯罪的囚徒在監獄裡關久了，稍稍遇到可以自由活動的時候，一定會要求牢卒讓他們找一個同伴來解決性慾的需求。也有時候是別的囚犯居間牽線作媒，把他中意的囚犯送到自己的牢房中，像夫妻一樣的睡在一起。結成配偶之後，如果有一方變了心、又跟別的囚犯要好，另一方必定吃醋，會跟變心者毆打，甚而一狀告到提牢官那兒去，提牢官也會替他們評理，斷定誰是誰非……。

上述情形不止發生於明朝，相信在今日的監獄裡，也偶而會有類似的情形出現吧。

監獄中的同性戀行為，通常是在獄卒牢官被買通了之後，睜一隻眼、閉一隻眼的情況下發生的，還有一種情況是法官念及「不孝有三，無後為大」，讓單身的死囚在獄中成親，或讓已成親卻仍無兒子傳宗接代的死囚和妻子在獄中相會，以便得以交歡受孕而不致斷了香火。由歐威主演的國片《秋決》就是以此為題材而拍成的電影，這樣的事情並非編劇者向壁虛構，而是真有其事的。

晚清上海刊印的《點石齋畫報》裡，就有一則刊載於光緒廿一年（西元一八九五年）四、五月間的新聞，說徐州宿遷縣監獄中一位姓高的囚犯，因為年屆四十而尚未成婚，便向縣長陳情，讓他在獄中成親，以便傳宗接代；結果縣長法外施仁，答應了高姓囚犯的請求。

這則題為「監犯娶親」的新聞畫說：「大夫生而願為有室，女子生而願為有家，情理之常，無足異也。未聞有身羈犴狴、樂賦鴛鴦，以幽囚縲紲之區為花燭團圓地者，有之，自徐州宿遷縣高某始。清朝時的法律還規定：死囚在臨刑前夕，照例可在獄中與妻子家人團聚一宿，並享受美酒美食與樂伎彈唱表演，與妻子歡度最後一夜之後，第二天再綁赴刑場就死。

《點石齋畫報》上有一則「以永今夕」說：「刑部：獄內凡入情實（罪證確鑿之意）人犯，處決之前一日，例准犯眷入內看視，並令各色玩藝入獄唱演，而又賚以酒食，俾盡一夕之歡。聖天子法外施仁，可謂無微不至。禮曰：刑人於市，與眾棄之，以決棄之，人當未棄之時，猶不忍以其人之可棄而先見棄於我，心哀矜勿喜。蓋不勝其引咎之思矣。」

從以上的描述看來，清朝法律對死囚之寬仁，比諸今日有過之而無不及，因為今日死囚只在臨刑前有一頓酒肉美食，以免死囚作餓死鬼而已，清律容許妻子探監陪宿、請藝人彈唱表演這些優待，在今日都是沒有的。

除了上述法律明文規定的風月聲色之娛外，古代也有些有錢有勢的罪囚，花錢買通了獄卒，在獄中也過著普通人一樣的舒適生活，大口喝酒、大塊吃肉、大力玩女人。我們在明朝的風流傳奇章回小說《刁劉氏演義》（一名

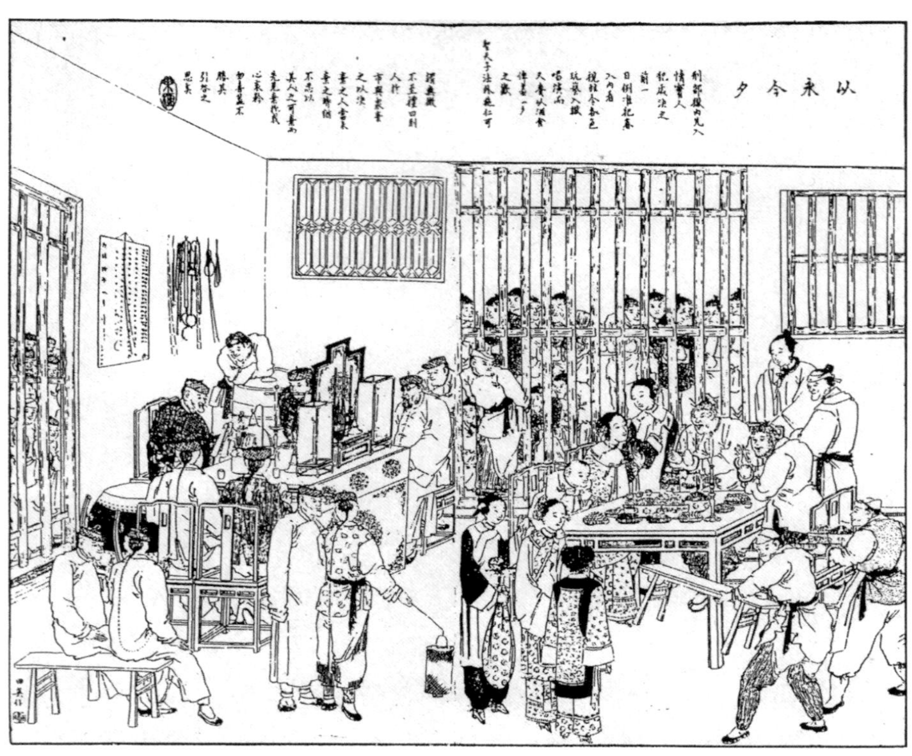

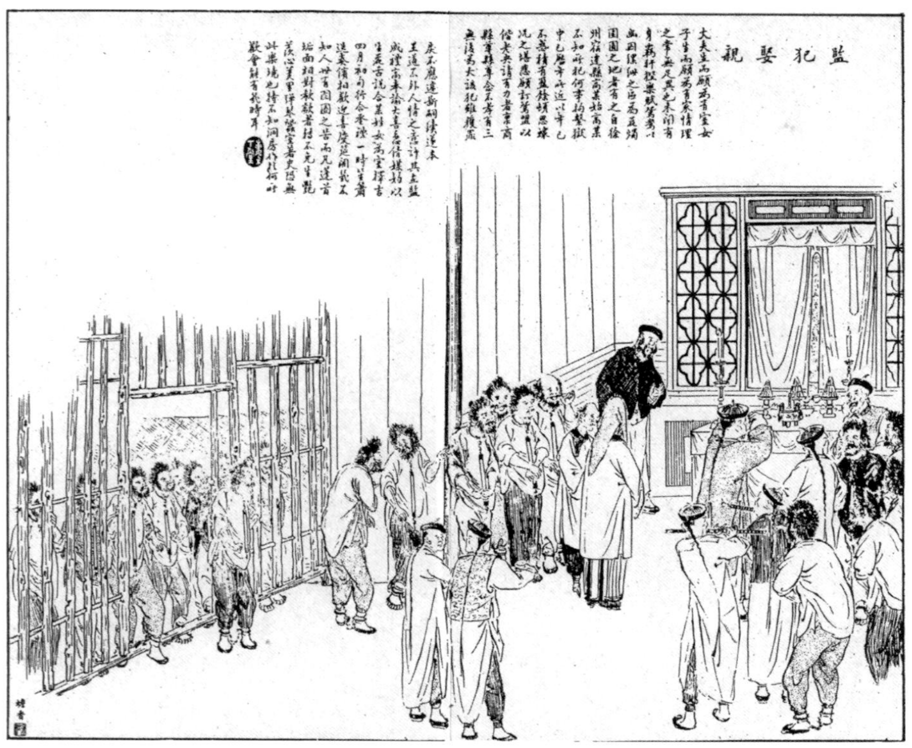

▍上：清朝死囚臨刑前夕，照例可與家人團聚一宿，享受美酒美食與娛樂表演，可謂溫馨。
▍下：晚清光緒21年高姓囚犯在徐州宿遷監獄中舉行婚禮。

《果報錄》、又名《刁劉氏遊四門》）裡，就可以見到一個這樣的例子。

《刁劉氏演義》第三十六回裡說：風流書生王文和有夫之婦刁劉氏通姦，並合謀將其夫刁南樓毒死。兩人案發下獄後，居然買通牢卒，在七夕這晚於監獄中擺下酒宴，重敘舊情，還借牢房暫作陽台，肆行雲雨交歡哩！

至於古代監獄中女囚犯受到牢頭禁子的性騷擾、性侵犯，把女囚犯當成免費的娼妓來任意蹂躪的情形，那是監獄裡的另一種「風月」，他日有機會再介紹給讀者吧。

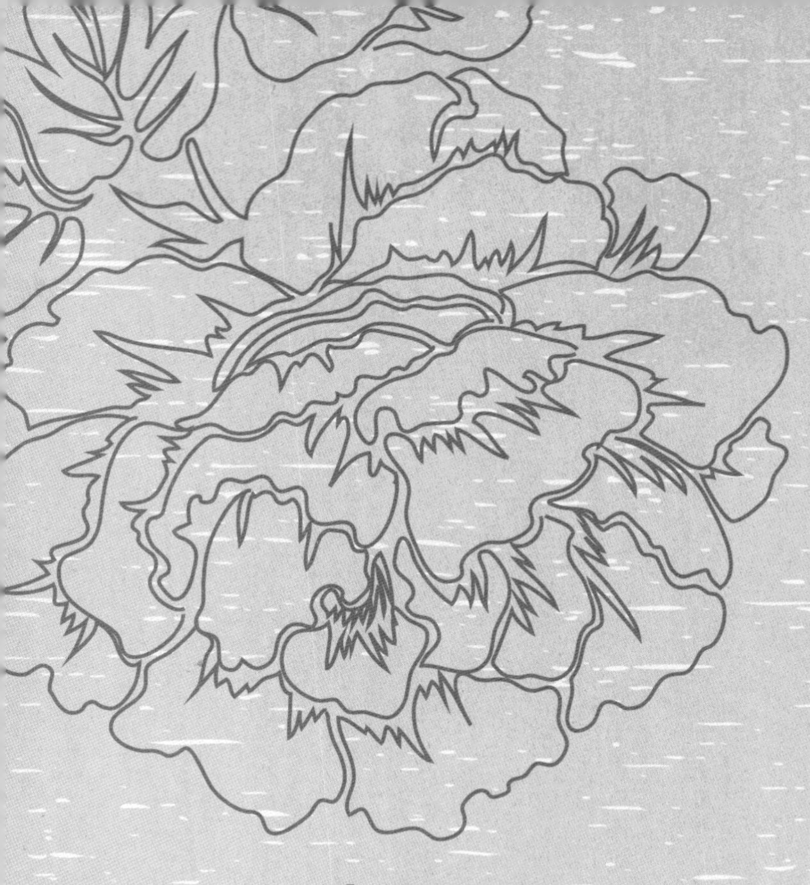

卷六　各式各樣的性癖

男人的處女情結

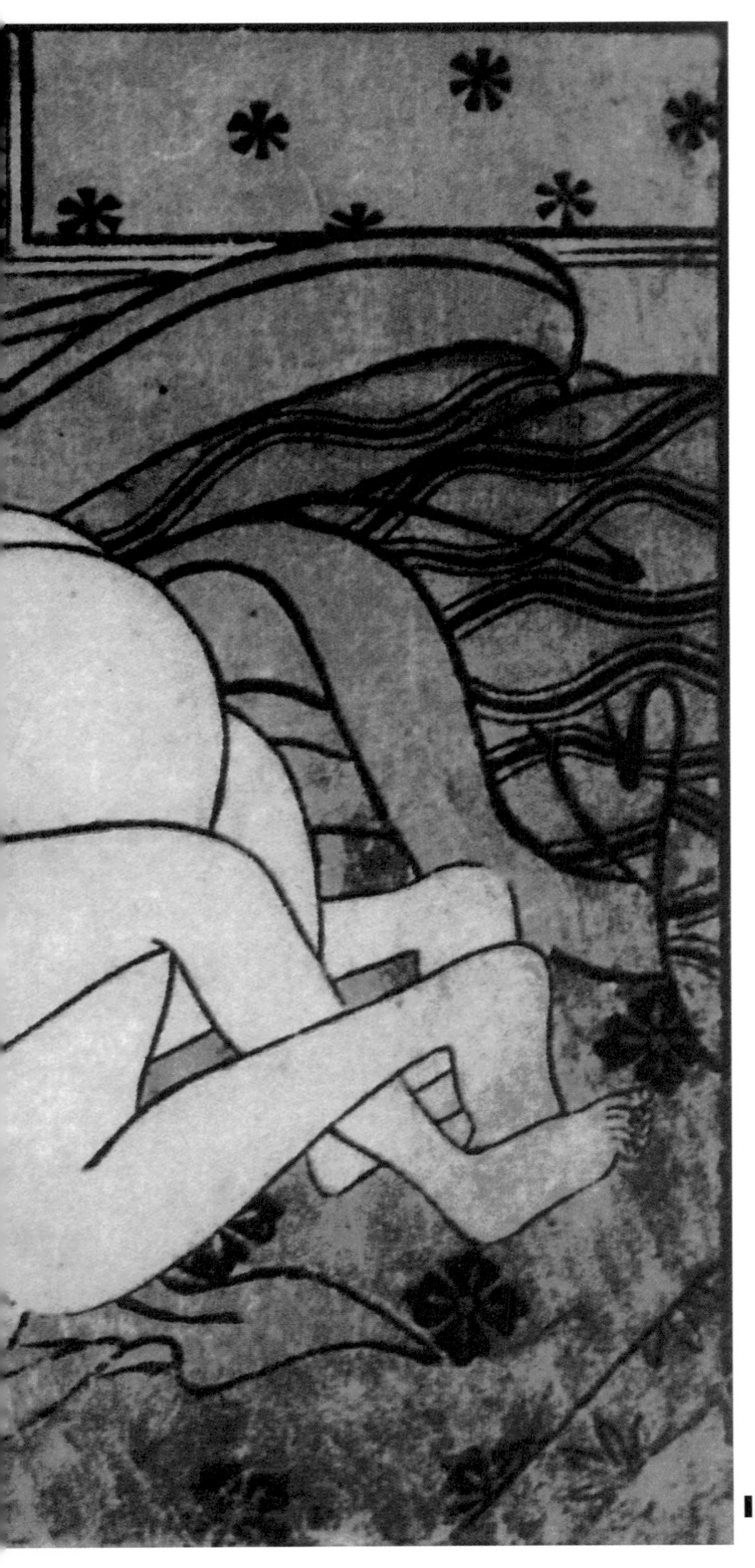

男子替陰戶無毛之處女開苞。（18世紀前半葉日人西川祐信浮世繪）

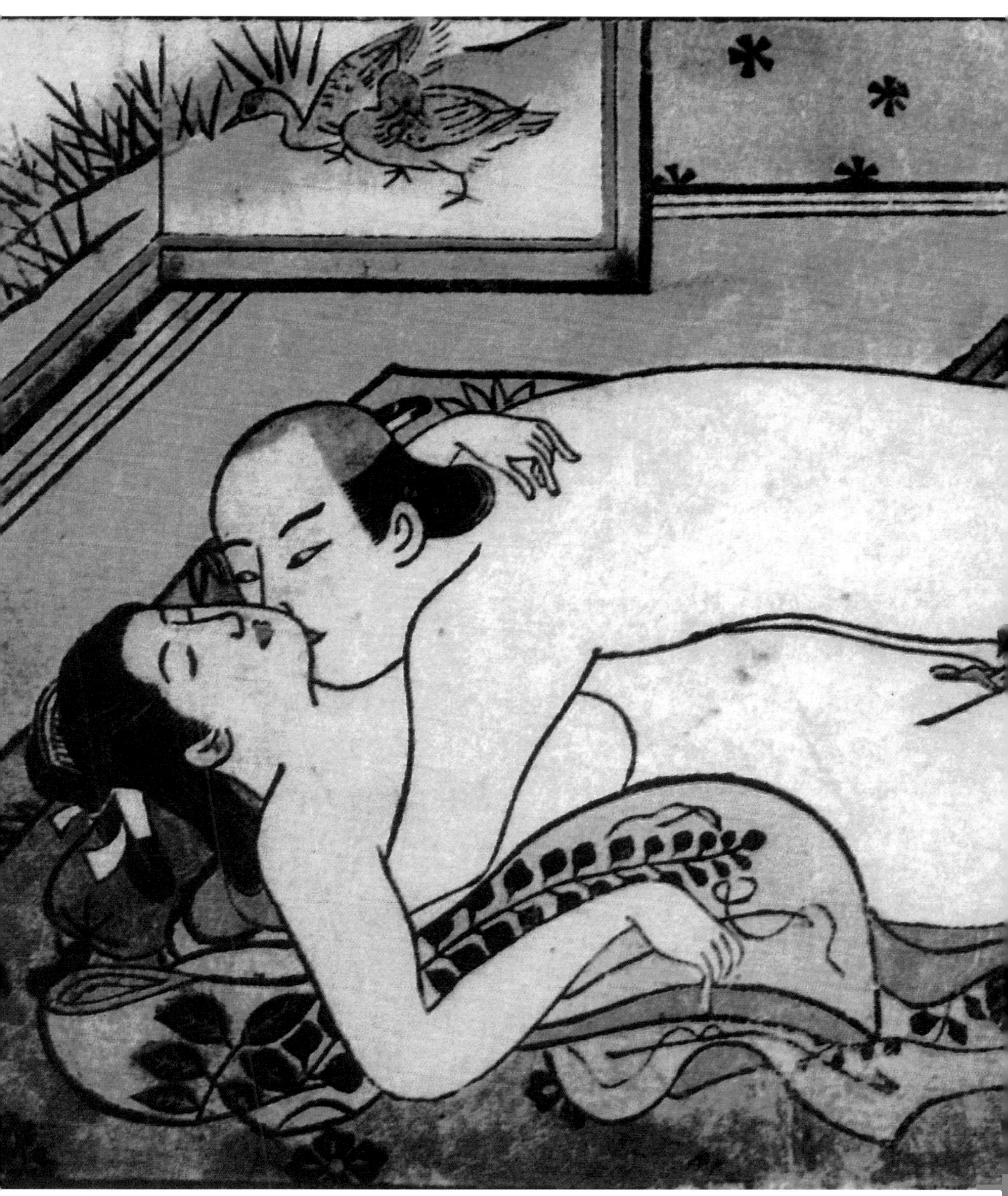

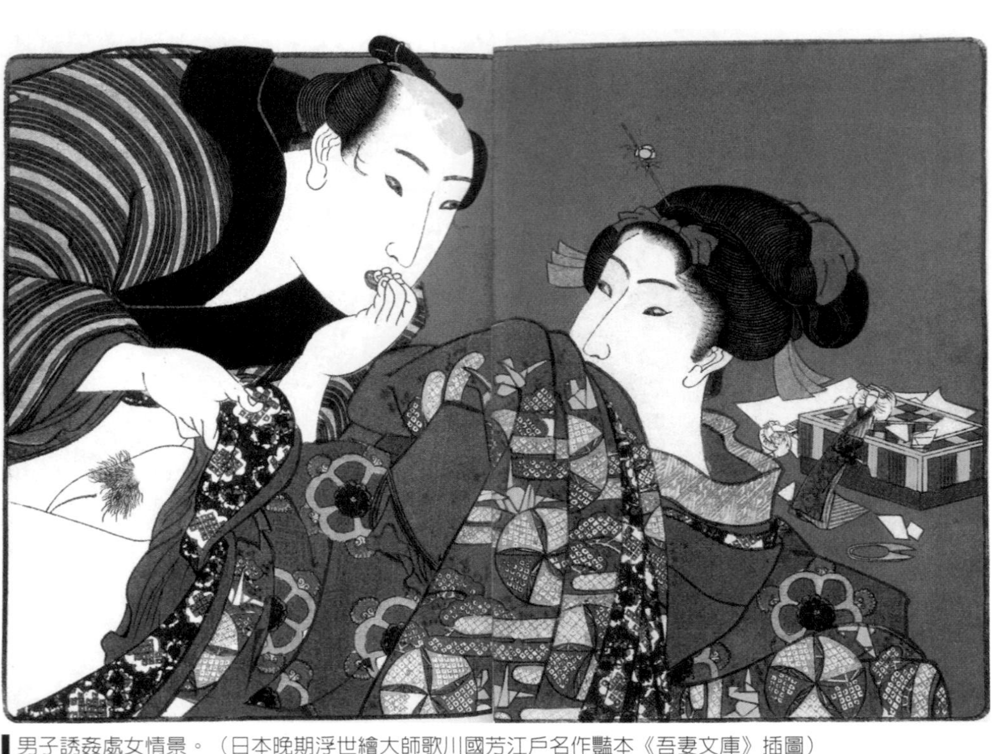

男子誘姦處女情景。（日本晚期浮世繪大師歌川國芳江戶名作豔本《吾妻文庫》插圖）

女性在第一次性交時，因為處女膜破裂而出血，中國人稱為「落紅」或「破瓜」。

上古時候，人們對血有許多禁忌，總把血液和死亡聯想到一起，尤其對女性下體流出的血液（包括月經在內）視為污穢不潔之物，迷信男子若沾到從陰戶中流出的血，會有災禍纏身；所以最早時，世界上許多民族都有類似的習俗，就是請部落酋長、封建諸侯或巫師神僧等等位高權重、法力超強不畏邪穢的人替處女開苞，事後女方家長還要包紅包給享受處女初夜的這些人，用紅包替他們除去穢氣。少女在開苞之後，才能嫁人，處女是人人避若蛇蠍的。

開苞還有錢拿，這樣的好事直到中世紀還流行於某些地區，像東南亞的柬埔寨、像西歐。

元人周達觀曾於西元一二九六年出使真臘，也就是今日所稱的高棉或柬埔寨，一年後返國，將所見所聞寫成《真臘風土記》一書。書中有一則「室女」說：真臘富有之家的女孩，從七歲開始到九歲之間，貧窮人家的女孩最遲到滿十一歲之前，都會請僧侶為女孩開苞，當地人稱為「陣毯」。事前要送僧侶酒、米、布帛、檳榔、銀器等物，有人家甚至送一百擔禮物，值兩、三百兩銀子，普通人家也要送三、四十擔或一、二十擔禮物，所以窮人家往往遲到女兒十一歲了，才湊足禮物。

到了開苞那天傍晚，女家大設飲食鼓樂，邀請親友鄰居吃喝觀禮。天黑時，轎傘鼓樂把僧侶迎回家，先與女子各坐於一座綵亭中，任由賓客觀看，到了吉時，兩人攜手進屋，僧侶用手指破其童身，將處女血滴進酒杯中，而後送出房外，讓所有的賓客都嘗一小口，沾沾喜氣。天亮後，才又以轎傘鼓樂把僧侶送回寺中，事後還要以布帛銀錢送僧侶，替女孩贖身，否則女孩就屬於僧侶所有，不能嫁別人。

家長花大錢請僧侶替自家女兒破瓜，當然是因為把處女之血視為災晦污穢之故。

《世界風俗——性篇》（國家出版社）一書中說：「一五三八年，蘇黎世州議會頒布公告說：在領地內的農民，結婚時，要讓領主享有新娘的初夜權……。這種違乎倫常的風俗，在中世及近世經常可見。……如德國巴伐利亞地方，領主享受新娘初夜之後，新郎還必須獻上上衣或毛毯給領主，新娘也必須繳納一個足夠把她屁股放進去的大鍋，或是和她屁股等重的乾酪。如果不履行義務，他們的婚姻就得不到領主的許可，是無效的婚姻。這種習俗在法國持續至十六世紀末，在俄國及東歐諸國，甚至延續到十八世紀時，相當於中國的清朝乾隆年間；也有些地方，初夜權是由奴隸來執行（如印度），或由來自異邦的外國人執行（如緬甸、印度、古埃及、巴比侖等地）。」

古代中國也曾經有段時期視處女血為不吉之物，處女要請權高位尊或法力高強者先行開苞，而後才能嫁人。

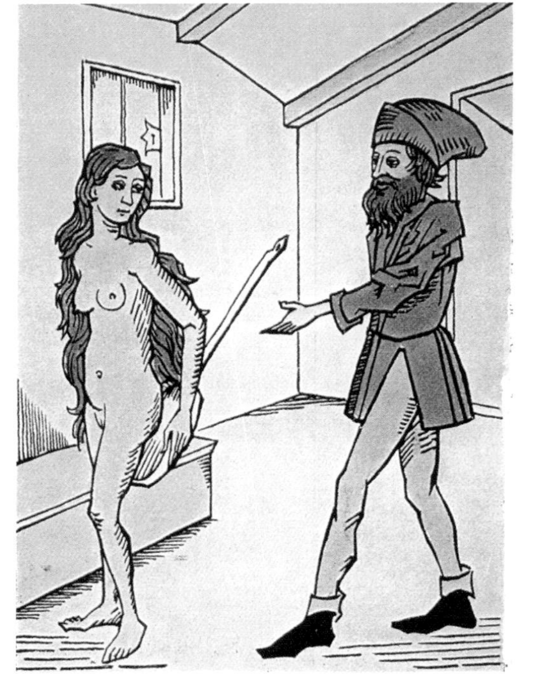

處女要給替她開苞的領主一個大鍋以示感謝。（15世紀歐洲木刻版畫）

近人韓少功著有《馬橋詞典》一書，描述湖南長沙附近馬橋地區的風俗習慣，有一則「撞紅」說：「馬橋人以前收親（婚嫁）忌處女，洞房之夜（處女落紅）謂之『撞紅』，是很不吉利的事情。」

但是受到宋朝禮教重視女性貞潔的影響（強調「餓死事小，失節事大」），中國人自北宋以後對新婚少女是不是處女，就愈來愈認真在意了。處女血稱「元紅」，稱「丹」，新婚之夜要由預先準備的白色巾帕墊在新娘屁股下承接，而後由新郎取出昭示賓客，而後再張宴席以示慶祝，稱作「吃驗紅酒」；第三天女婿回門時，男方家還要燒一頭大豬送至女家，以示欣慰滿意，女家則以燒豬分贈四鄰親友，表示自己女兒貞潔可風，以為無上光榮，稱為「吃燒豬」。閩廣地區直至晚近都還保有這種風俗。

口說無憑，且以圖文為證。

清朝時一首五更調俗曲〈新出五更裡新人鬧新房〉，描寫一更時眾人鬧新房，二更時新郎新娘上床交歡，到三更時新娘就落紅片片了：「三更裡明月來相照，奴好似狂風吹折嫩柳腰，郎愛風流不顧奴年少，忍痛含羞隨他來顛倒，弄出一點紅，滴在白綾標。不怕羞醜拿到燈前照。新郎見了喜紅，心中多歡悅，說奴是黃花女，喜笑在眉梢。」

在一九二八年德國出版的四冊《世界性風俗史》中，有一幅清人所繪「喜紅」，描繪新娘之夜新郎替新娘開苞後，高興地拿著沾了處女之血的白綾巾帕，要到屋外向親友們報喜，也可見世人對處女貞操之重視。

* * *

明朝時，道家採補之說盛行，上自帝王，下及民間富豪，許多人都沉迷於藉著女性之生殖器「鼎爐」經由特殊的做愛方法，達到煉得長生不老的丹藥的性愛遊戲。丹爐以少女為佳，處女尤其理想，有事半功倍之效。

北宋人張三豐《金丹節要》書中，有一段「選擇鼎器」，就說女人的鼎分三等，下等的鼎是二十一歲至二十五歲之間的「老鼎」，對男人而言，不無小補卻無大用；十六歲至二十歲之間已有性經驗卻還沒當媽媽的女性是中等的「白虎鼎」，有助男子延年益壽；上等的鼎叫「青龍鼎」，指十四歲至十六歲，月經初來、處女膜未破的少女，採補效益最大，可令男子長生不老。

因為有學說理論作背書，明朝時王室貴族、民間富豪便運用權勢或金錢收買貧家未成年的黃花閨女來開苞，或到青樓妓院替雛妓「點大蠟燭」（或稱「梳弄」、「梳櫳」），以期又享樂、又益壽，一舉兩得。

明朝人馮夢龍《醒世恆言》卷三「賣油郎獨佔花魁女」中有段話：「原來門戶（妓院）中梳弄（開苞）也有個規矩，（妓女）十三歲太早，謂之『試花』，皆因鴇兒愛財，不顧痛苦，那子弟也只博個虛名，不得十分暢快取樂；十四歲謂之『開花』，此時天癸（月經）已至，男施女受也算當時了；到了十五歲謂之『摘花』，在平常人家還算年小，惟有門戶人家以為過時。」

因為嫖客喜歡玩尚未破瓜的雛妓（稱「清倌人」），妓院老鴇往往預先準備好沾了雞冠之血的巾帕，讓不是處女的雛妓偽裝處女，好騙嫖客付出高昂的開苞費。有些清倌人可以讓不同的客人一再「梳弄」好多次，客人還以為真玩到了處女之身的雛妓，上了大當而不知。

清人丁耀亢《續金瓶梅》第二十三回就說雛妓銀瓶與幫閒子弟鄭玉卿私訂終身，讓玉卿開了苞，後來老鴇李師師要把銀瓶的初夜賣給翟員外。書上說：「銀瓶道：『今夜沒有新紅，如何是好？』只見玉卿笑嘻嘻袖中拿出個白綾汗巾來，是用新雞冠血染了三四塊上邊，叫聲：『姐姐，我已預備多時了。』……」

男人的處女癖在明、清兩朝臻於極盛，當時的色情小說如《海陵佚史》、《一片情》、《鬧花叢》、《巫夢緣》、《姑妄言》、《別有香》……，都有長篇累牘的處

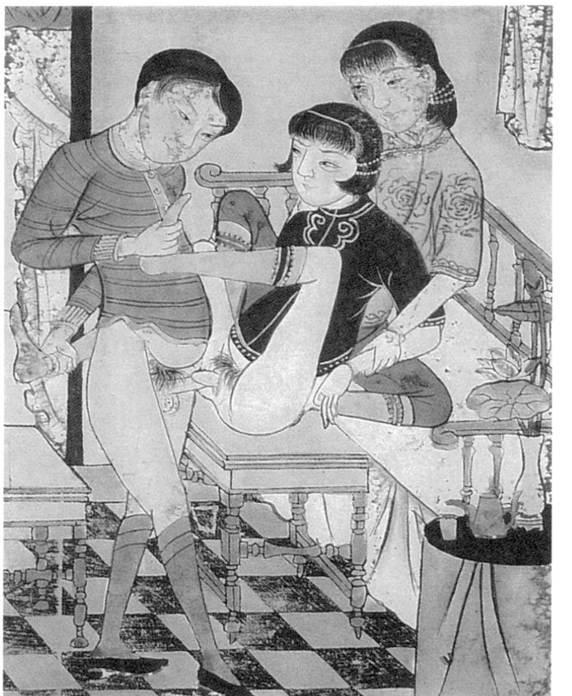

男子在老鴇幫助下替雛妓開苞。（民初楊柳青年畫）

女開苞的描述，作者津津有味地仔細描寫，正為了滿足廣大讀者的處女癖。

限於篇幅，此處只舉兩例，以見一斑。

清初佚名作家《一片情》第十三回描寫福建福州府福清縣書生謀天成，經人說合娶南昌府鄉紳霍晉之女任娘為妻，洞房花燭夜：

那天成一骨碌爬在小姐頭邊，替小姐解衣脫褌。小姐一把扭住褌子死不放鬆，惹得那天成隔著褌子將小姐陰物撫弄，又以口就㞘，連褌子咬上幾口，引得那小姐只是吃吃的笑，用了好一會工夫，小姐假意脫手，才解得開褌子。

小姐把那玉腿夾得鼓緊，天成以臉貼臉，用了許多水磨工夫，方才開股，憑天成加些吐沫，放得一點頭兒，小姐便吃驚，把天成胸脯搪住，將雞巴扭出在外道：「你放手罷，再來不得了，內中如炭火燎的，痛不可當。」

天成哀求道：「小姐，妳略耐一霎就好了，夫妻們怎放這鐵心腸，奈何人不了不結。」

小姐道：「你既曉得夫妻用不得硬心腸，如何蠻管亂戳？」

天成道：「我知道了。」于是輕輕款款，小姐噙被忍之，須臾雨散雲收，腥紅不覺滿席。天成取布揩拭，以為後日之驗……。

此外，清初姑蘇痴情士所撰《鬧花叢》第二回說南京應天府上元縣宦家子弟龐文英愛上已逝劉狀元之女玉蓉，兩人在後花園樓上幽會對酌：

文英飲了數盃，禁不住春心蕩漾，便扶（小姐）到榻上，趁勢立起身來一摟，又連連親了兩個嘴，與小姐鬆玉扣、解羅襦，兩情正濃，把手去通身一摸。……摸了一會，便挺著陽物要弄起來。……

小姐對著陽物皺了眉頭道：「我不弄了，這樣大東西，我如何容得？」

文英不由分說，欲把小姐褌子脫下，小姐終究是個處女，決意不從。文英坐在床沿，連忙把那鼻孔向著玉體亂嗅，……猝不及防，被他把褲兒扯下，雙手摩弄牝戶，連身喚道：「活寶！活寶！」就將舌尖襯進周圍，舔了多時，舔得小姐酸癢難忍。小姐道：「只管舔他做甚？妾乃嫩蕊嬌枝，須要十分憐惜。」

文英爬起身來，先揉些涎吐，一頂一頂，也倒進去了半根。小姐道：「輕些，有些疼。」

文英拔出來，又搽好些涎吐，再插進去，不覺都進去了，只是牝戶內有好些膿水，誰知都是鮮血。小姐把手推住道：「且不要動，我裡頭著實疼。」

文英道：「今日熬過了，明日必就好些，初時牝內甚乾，十分艱澀，如今覺得淫水氾溢，汩汩有聲。」

小姐愀然承受，也不管雲鬢蓬鬆，竟把鴛繡枕兒推開一邊，錦褥襯在臀下，兩隻手抵住了文英的頭頸。

文英捧起金蓮放在肩上，自首至根，著實搗了數百下，小姐遍體酥麻，口內氣喘哼哼，叫喚不絕。文英覺著龜頭頂進花心，研研擦擦，甚是有趣，捧了粉頰，低聲喚道：「乖乖親肉，我已魂靈飄散了。」

小姐掙出一身香汗，氣力全無，吁吁發喘道：「頭目森然，幾欲暈去，願姑饒我。」

現代人大概已多半不相信「處女大補男子健康」之說了。處女怕羞怕痛，又無經驗，開苞時也必然殊少情趣；除了奉獻寶貴的貞潔讓人感動之外，與處女做愛之樂是絕對比不上成熟嫵媚、知情試趣的少婦的，或許只有少數戀童癖、性虐狂和極端潔癖的男人，才依舊執迷於「處女癖」吧。再加上年輕人愈來愈晚婚，三十歲上下才結婚的女孩，洞房花燭夜還能把床單染紅，簡直是天方夜譚，新郎想遇到一位處女新娘，機率恐怕比被雷打到還要低，也就不會再有什麼「處女情結」了。

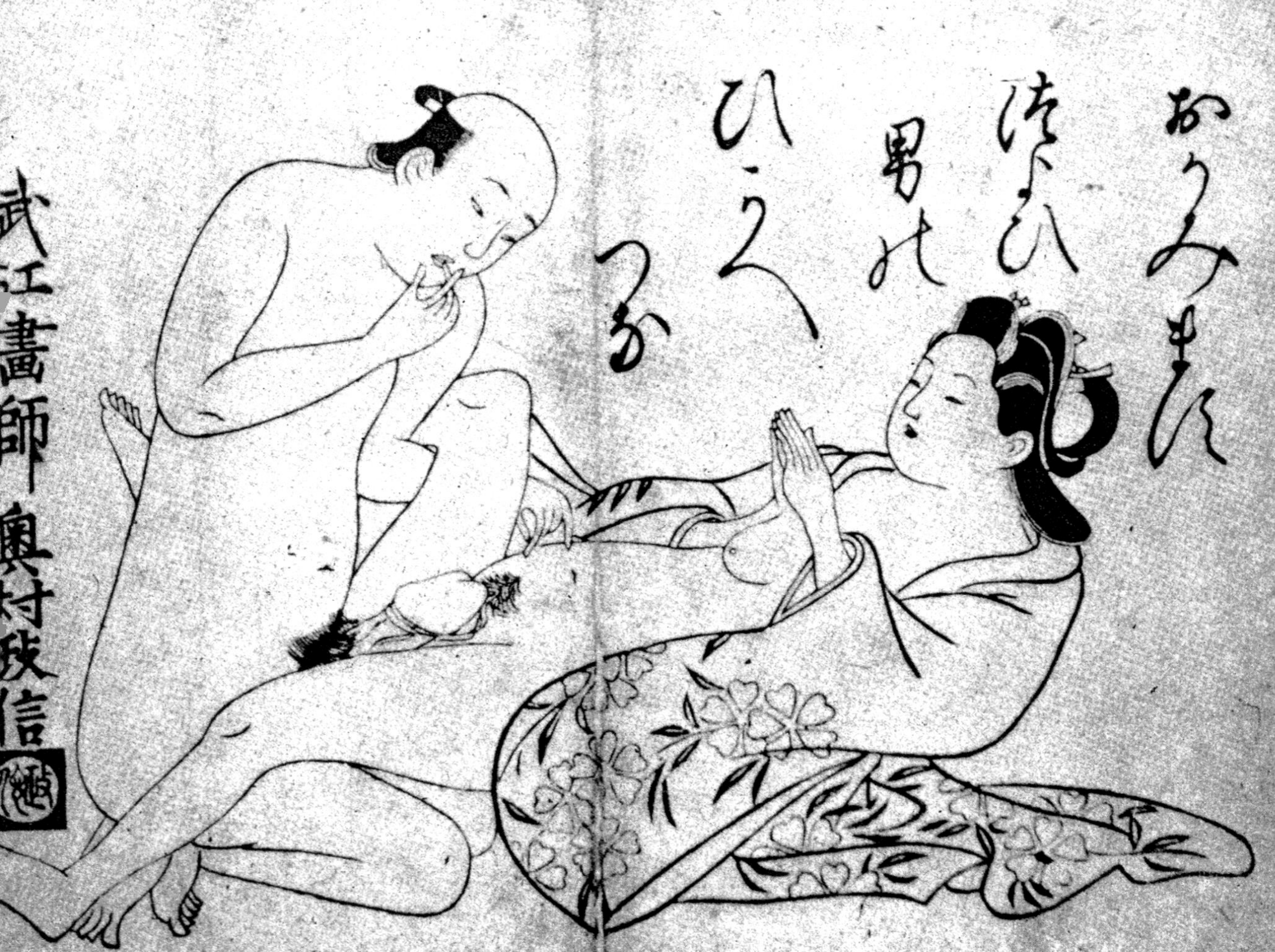

▌處女羞怯怕痛，哀求男子做愛時輕緩溫柔些。（日人奧村政信浮世繪春宮）

男人的「幼齒癖」

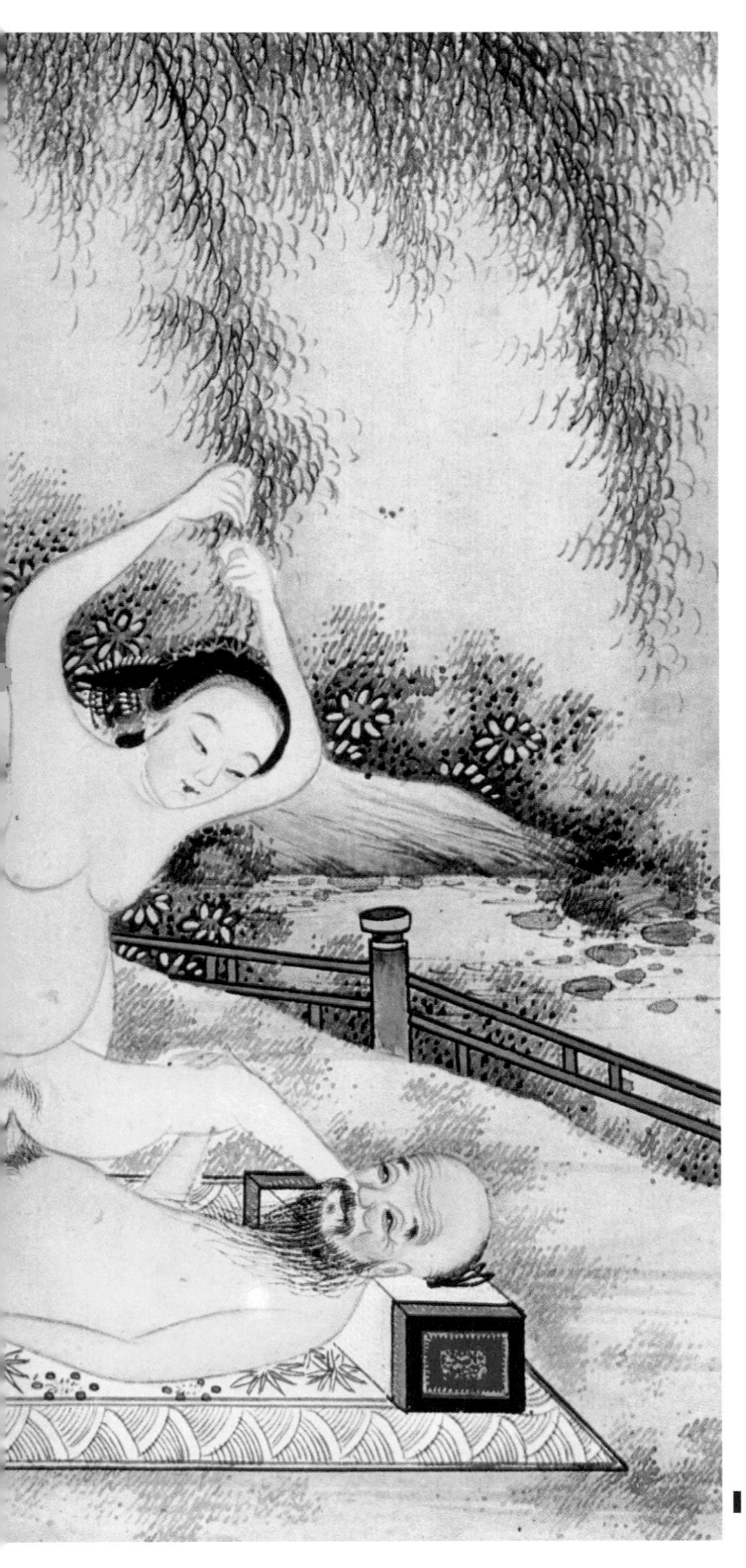

年輕少婦體態輕盈，把老男人伺候得十分滿意。（清中葉春畫）

很多男人都喜歡和年輕的少女交往，年紀愈大的男人愈喜歡年輕的辣妹；這就是男人的「幼齒癖」。

從古代皇帝每三年舉行一次的「選秀女」，要各地方官挑選年滿十六歲的美少女進貢入京，讓皇帝從當中選些最美麗的少女封為才人，而後就拉上龍床做愛；到前些年流行一時的少女援交，以青春的肉體換取中年男子的經濟支援，好買自己中意的名牌服飾，都是男人的幼齒癖在作祟。

男人在年輕時並不懂得欣賞、珍惜少女光滑鮮嫩的肌膚，錯以為女人永遠如此可愛；等年事漸長，閱歷增多後，才從交往的老妻和中年婦女身上得知，粉紅色的乳頭會變成暗褐色的；飽滿緊繃的乳房會鬆弛塌陷的；光滑而充滿彈性的肌膚會變粗變皺的，平滑的小腹會留下妊娠紋、剖腹產或割盲腸的刀疤，並且累積大塊的贅肉；纖腰不見了，渾身上下都拖掛著多餘的脂肪，再也談不上曲線玲瓏、婀娜多姿，昔日烏黑秀麗的長髮變白變枯，修長柔滑的小腿浮現屈張的靜脈。真是天壤之別、不堪回首啊！就連那神秘的私處也完全走樣了，像明朝一首笑話歌所嘲笑的——一個老妻對丈夫咏嘆自己變色變形變鬆弛的陰戶說：「紅焰焰，黑焰焰，嫩如出甑饅頭解（破裂之意）條線，自從嫁過你家來，日也⿰革亘（用陽具撐大），夜也⿰革亘，如今就像破門扇（蘇州土音讀「現」，押韻），東一片，西一片。」這真是情何以堪。

不管中年婦女身材走樣要歸誰來負責，中年男子這下總算弄明白了一件事：不是每個女人都永遠年輕鮮嫩的，年輕鮮嫩的少女真好；於是便出現了男人的幼齒癖，想盡辦法要和年輕的少女交往，和她們做愛。事實上，年輕小夥子是不懂得欣賞少女的內在美的，也只有中年以上的男人，年紀愈大了愈會欣賞少女肌膚鮮嫩之美。

從養生保健的考量來說，老男人的幼齒癖也有理論依據，獲得許多著名醫生的支持。中國自古以來的性學醫籍都記載說：老男人若想長生不老、延年益壽，最主要的一個捷徑就是多和少女做愛而盡量不要射精。

像六朝時的醫書《素女經》就記載著相傳活到八百歲的長壽仙翁彭祖，告訴向他請教延年益壽秘訣的采女說：「法之要者，在於多御（肏）少女而莫數瀉精，使人身輕，百病消除也。」原來老男人玩少女辣妹，是可以治病強身的呢！

隋朝性學大師張鼎也在他的《玉房秘訣》一書中說：「和女人做愛，應該挑選年輕的、還不曾懷孕哺乳的少女最好。」又說：「男人若想從性愛中獲得大益，最好是和處女做愛，其次是十四、五歲至十八、九歲未曾懷孕哺乳的少女；女人年紀在二、三十歲之間，又生過小孩的少婦，對男人就毫無助益了，超過三十歲的女人千萬別碰。」

以上說法，都為男人的幼齒癖提供了理論上的依據。難怪在古代春宮畫中，常見「老牛吃嫩草」、老男人和少女交歡的畫面。

老男人喜歡少女，少女卻不喜歡老男人，她們也喜歡年輕英俊、身強力壯的少年郎。男人上了年紀時，只有靠權勢和財富逼迫不喜歡老男人的少女乖乖就範了。作官的納妾討小，和年輕少女尋歡做愛，在古今中外都被視為風流佳話。清朝時，一個六十三歲、白髮蒼蒼的大官，娶了十六歲的少女為妾，洞房花燭夜，新郎拄著枴杖把新娘子擁上床，好友有詩記實道：

二八佳人七九郎，蕭蕭白髮對紅粧；
杖黎扶入銷金帳，一樹梨花壓海棠。

以梨花之白形容白髮蒼蒼的老男人，以鮮紅的海棠花形容年方及笄的少女，一樹梨花壓海棠，真是描摹逼真、引人遐思。

除了當官的老男人可以輕易滿足他的幼齒癖，社會上有錢的富豪，也可以用很便宜的價錢買窮人家的女孩回家當丫環，而主人與丫環發生性關係，更是理所當然的事，除非他的夫人吃醋反對，從中作梗。

我們看《金瓶梅詞話》裡山東省清河縣的土財主西門慶，收用五妾潘金蓮身邊的丫環春梅，就是只要潘金蓮

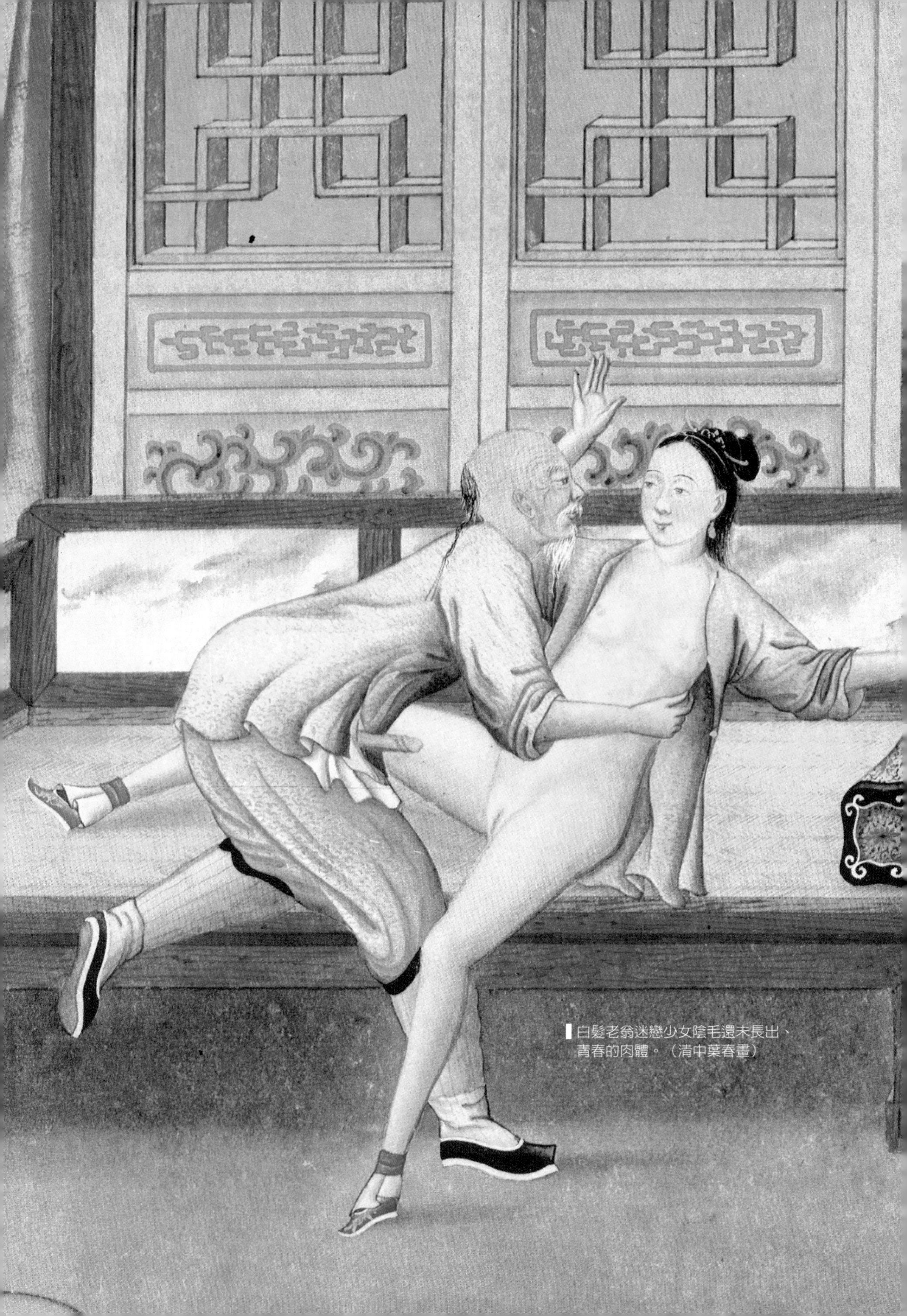

白髮老翁迷戀少女陰毛還未長出、青春的肉體。（清中葉春畫）

點頭，由不得春梅說不。書上第十回裡，西門慶在潘金蓮面前誇羨友人花子虛把老婆身邊兩個丫環都玩過了，好享受。金蓮說：「你想玩我的丫環春梅，玩就是了，何必繞圈子說話。明天我往後邊去，把空騰出來，你自己在房中叫她來，收用便了。」

書上說：「到次日，果然婦人（潘金蓮）往後邊孟玉樓房中坐了，西門慶叫春梅到房中。春點杏桃紅綻蕊，風欺楊柳綠翻腰，收用了這妮子。」

有時候，女主人為巴結丈夫或情夫，還主動命令丫環陪自己的男人睡。《金瓶梅詞話》第十四回說花子虛的老婆李瓶兒背著丈夫偷偷和西門慶幽會，為了籠絡情人，就把那兩個小丫環也讓西門慶睡了，丫環是毫無性自主權的女奴呀。

在《三續金瓶梅》（又稱《小奇酸志》）一書裡，作者訥音居士安排西門慶復活回家，與髮妻吳月娘、兒子孝哥團聚，又娶復活的春梅（書中也稱春娘）及其他四女為妾。二妾春梅身邊的兩個小丫環楚雲和玉香，就先後被西門慶收用了，以滿足他的幼齒癖。

書上第五回有一場風月好戲，是西門慶當著春娘的面搞丫環楚雲；替楚雲開苞後，又拉著春娘搞，玩起三P來。書上說：

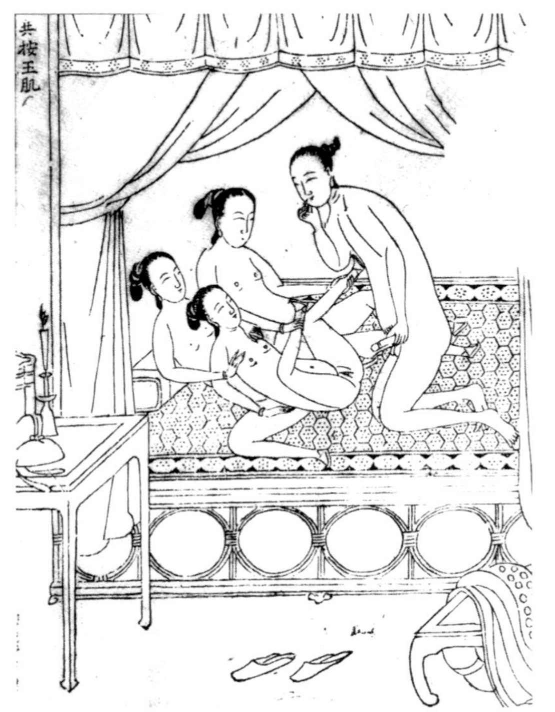

▌裸身的妻妾協助丈夫強姦處女。（明萬曆後期版畫）

西門慶睡至二更才醒了，楚雲（丫環）遞上茶來，燈下歡看，越顯得紅白，伸手拉住，望春娘說：「睡得我渾身發懶，我要與妳們打個官鋪（即打通鋪，大夥一床睡之意），妳依不依？」

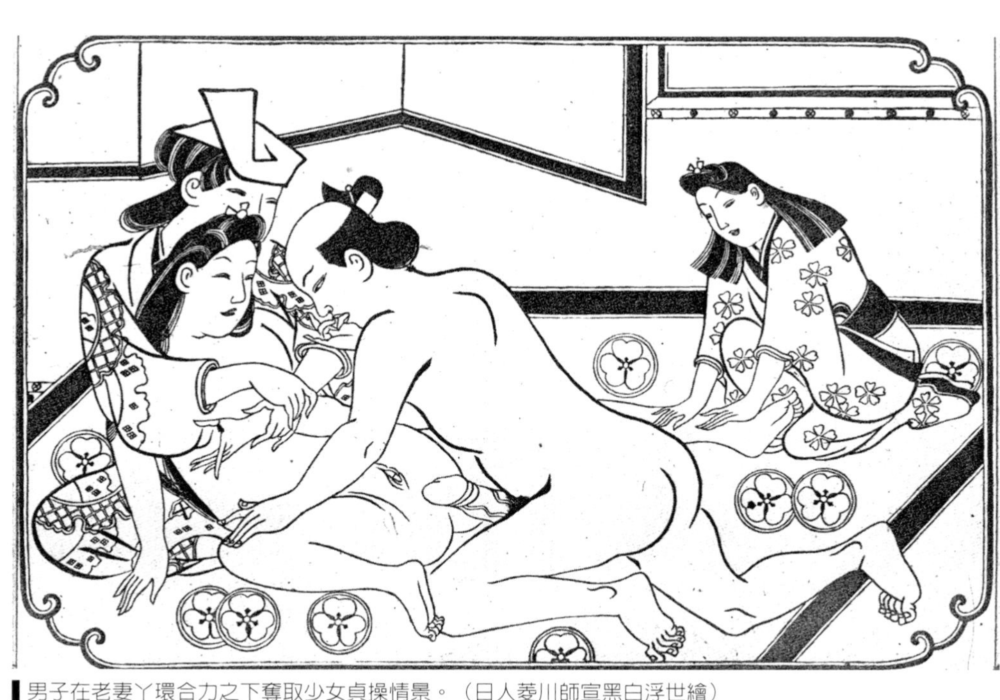

男子在老妻丫環合力之下奪取少女貞操情景。（日人菱川師宣黑白浮世繪）

春娘道：「怪行貨子（下流胚子），又無臉（不要臉）了，你要愛她（指楚雲），外邊睡去。」

西門慶道：「不能，不能。」

楚雲就要跑，官人揪住，一手拉著春梅，叫玉香（丫環）關門出去。不容分說，拉上床去，點著燈，一場雲雨。楚雲故作嬌痴（掙扎不從），官人叫春娘按著，曲盡于飛之樂；又把春娘推倒，鳳友鸞交，大作一回，直狂至五更才雲收霧散……。

西門慶肏小丫環楚雲時，要另一個丫環玉香出去，順手把門關上，不放楚雲逃走；楚雲羞怯不從，他就叫愛妾春梅幫忙按住楚雲的手腳；一償獸慾後，又回過頭來搞在旁觀戰、看得春心蕩漾、慾火中燒的春梅，真是玩得盡興。

玉香在這回裡是僥倖脫身了，但並不是說西門慶對她不感興趣，而是他分身乏術，覺得好東西不要一下子吃撐吃盡。到同書第十回時，西門慶就趁玉香洗澡時，硬闖進去把渾身白膩似玉、散發青春魅力的玉香也享用了。書上說：

西門慶……一覺睡醒了，只見一個人也無有，小丫頭也不知哪裡去了，滿樓上尋覓，並無踪影。信步進了躦山門，拐過碧紗櫥，走到套間門首，只聽得水響，慢慢的來到倒扎窗前，從板縫裡一看，見虛掩著門，玉香兒脫得精光，雪白一身嫩肉，在那裡洗澡。

官人也不言語，見她亂挽烏雲、手拿著湯布，上下大洗，把一件紫緞沿邊兒的抹胸兒捲起，高蹺一腿，將兩隻大紅花鞋都濕透了，越顯得嬌嫩細膩，只聞得水氣馨香。

西門慶哪裡按耐得住？推開門，把玉香嚇了一跳，見是大官人，忙抓衣不迭，把臉臊得大紅布一般，無處藏躲，蹲成一團。

官人說：「妳原來在這裡，羞什麼？我不是外人。這倒有趣，咱們一搭里（一塊兒）洗洗。」說著把衣服也都脫了。

玉香兒急了，說：「爹要洗，放我出去。」

官人說：「叫妳給我洗，往哪裡跑？小肉兒，我愛妳不是一日了。」

于是把玉香按在澡盆湯板上，不容分說，把個處子鬧得瓜破水紅。玉香先是半推半就，後漸得滋味，就不言語了，翻盆攪水，多時雲收雨散，玉香忙穿了衣服，不敢抬頭。官人說：「羞什麼？從今妳就是我的人了，與妳楚姐姐一樣看待。」拉著不撒手……

一般小市民、販夫走卒沒錢納妾討小妻、沒錢買丫環回家嘗鮮，便只有花少許錢，上妓院嫖妓，以滿足自己的幼齒癖。這也是為什麼人肉市場偏多年輕（不一定需要貌美）的雛妓的原因。一直到晚近流行的少女援交，都是老男人的幼齒癖作祟所造成的現象。

男人年紀愈大，愈覺得與死神貼近了，便想從少女身上沾些青春氣息，好抗拒衰老病死；可是，這難道不是緣木求魚的痴心妄想嗎？

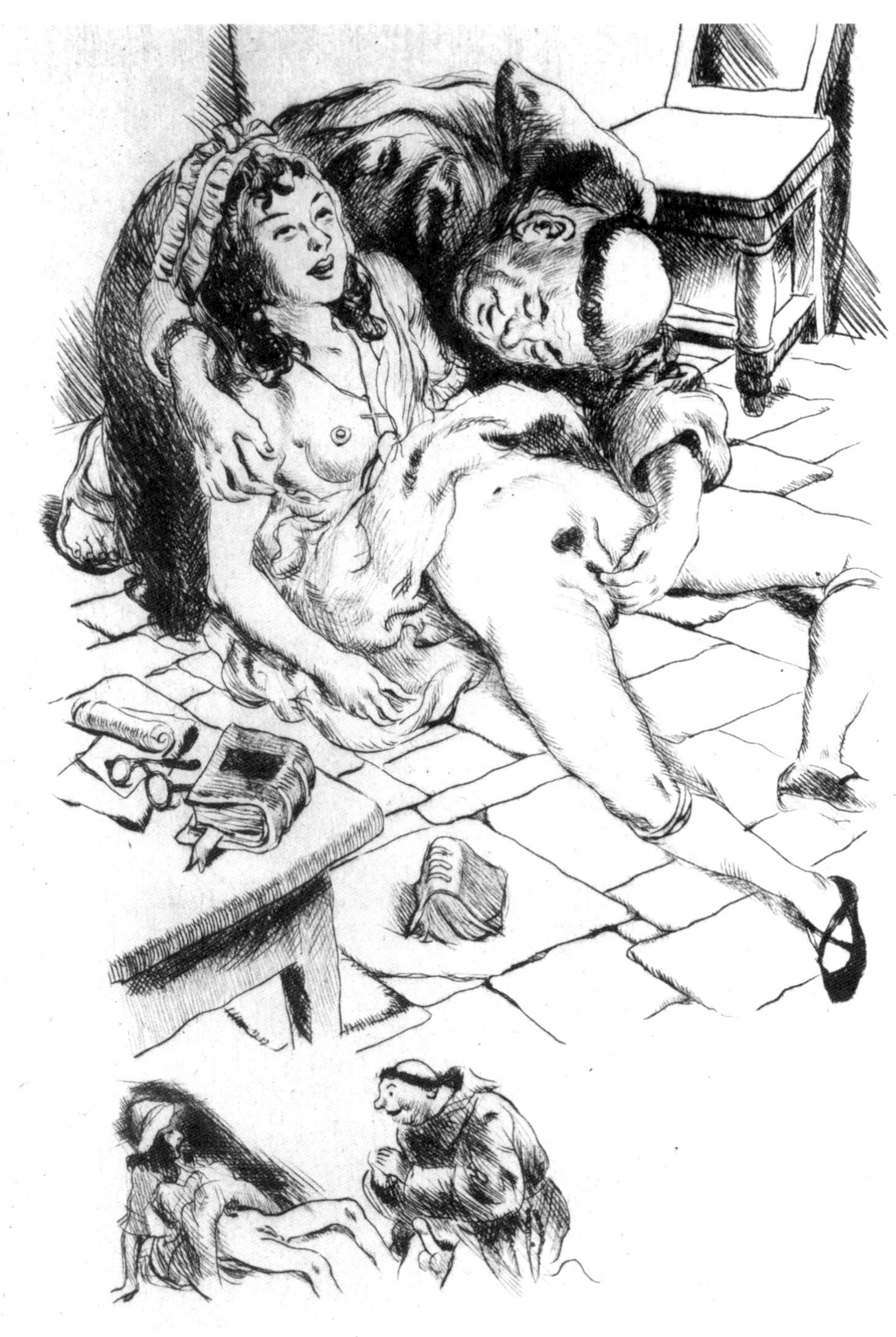

▌中年僧侶誘姦少女之情景。（1920年法國畫家Schem銅版畫）

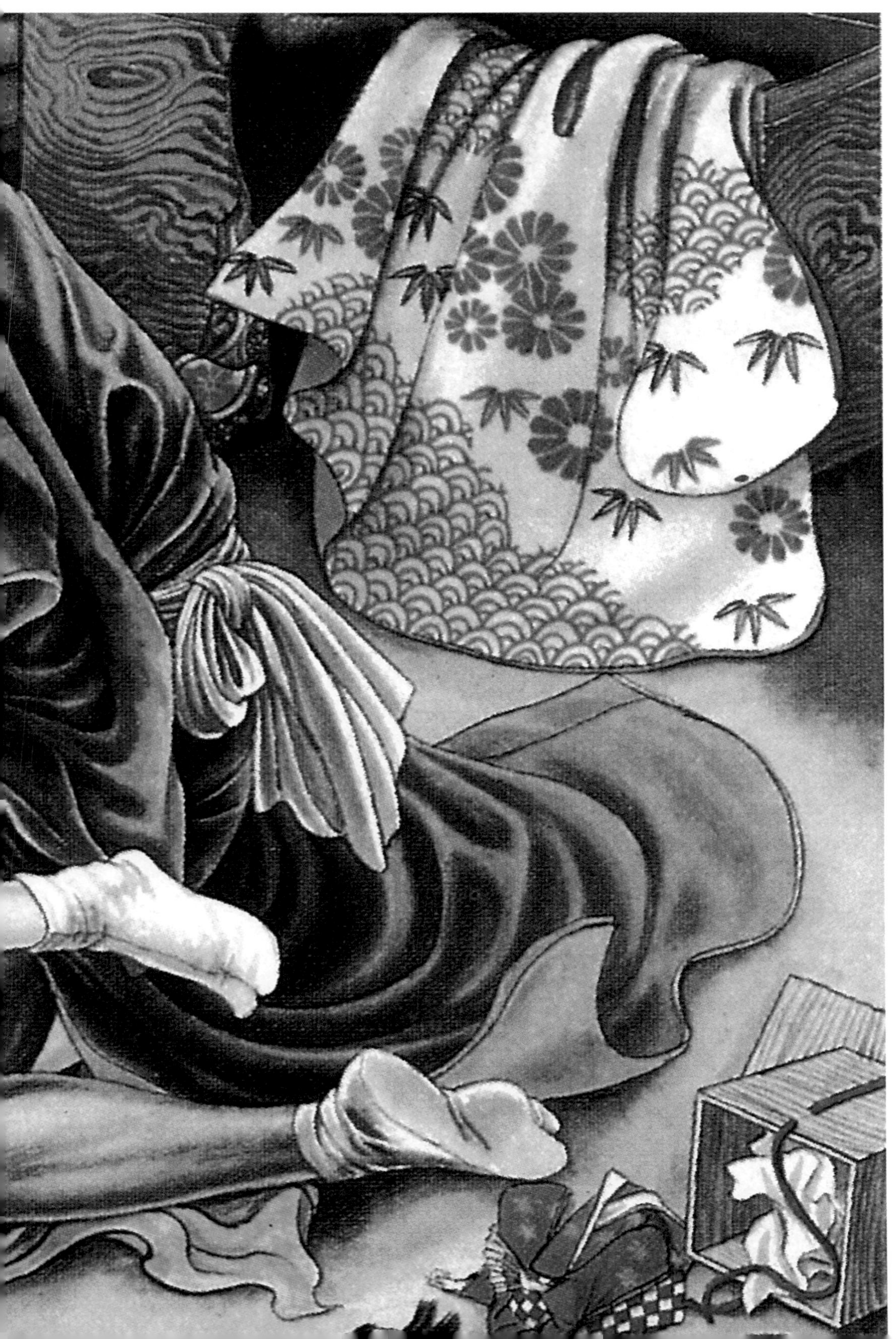

日本援交少女被大叔恣意凌虐。（幽狂山人畫）

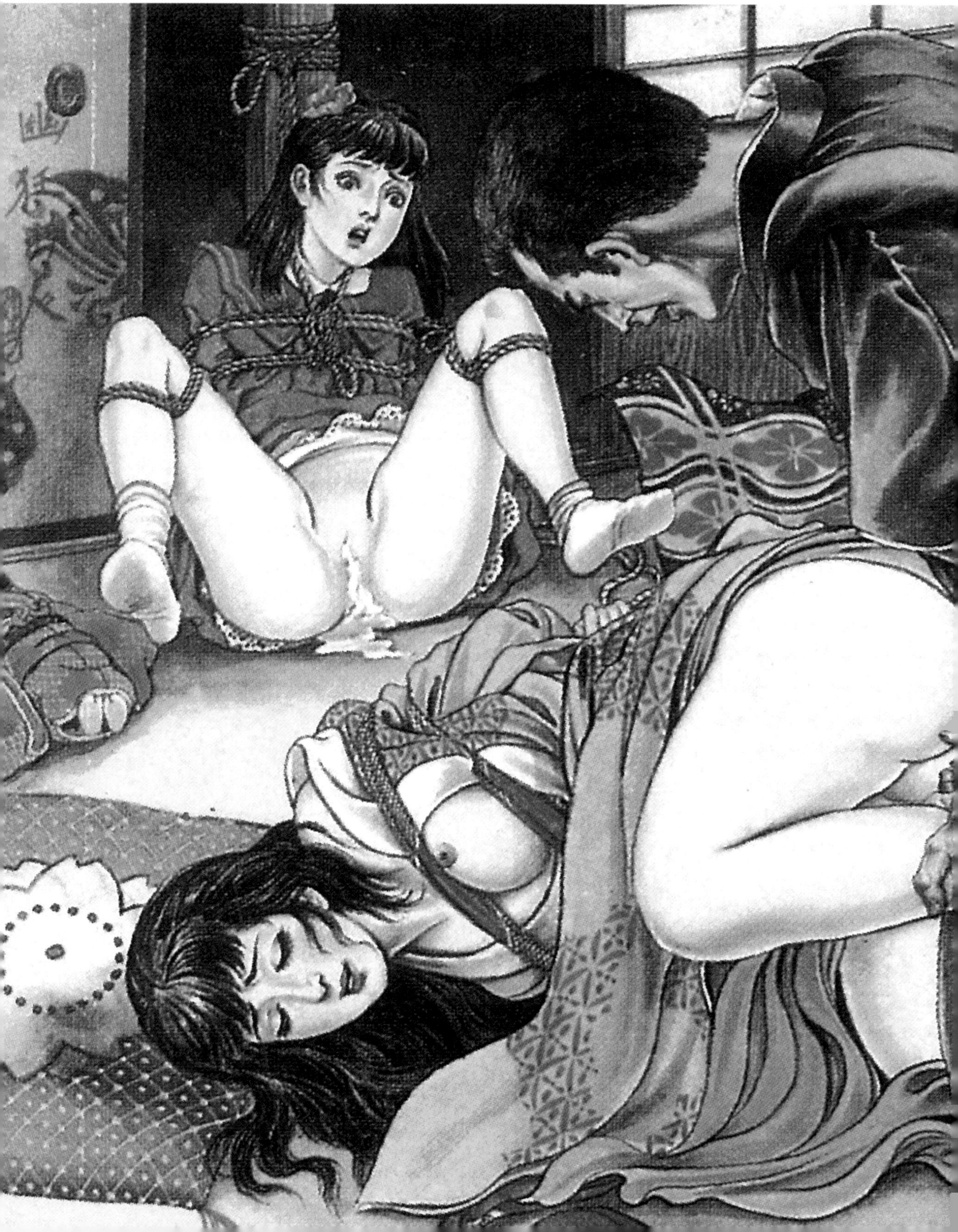

男人的「人妻癖」

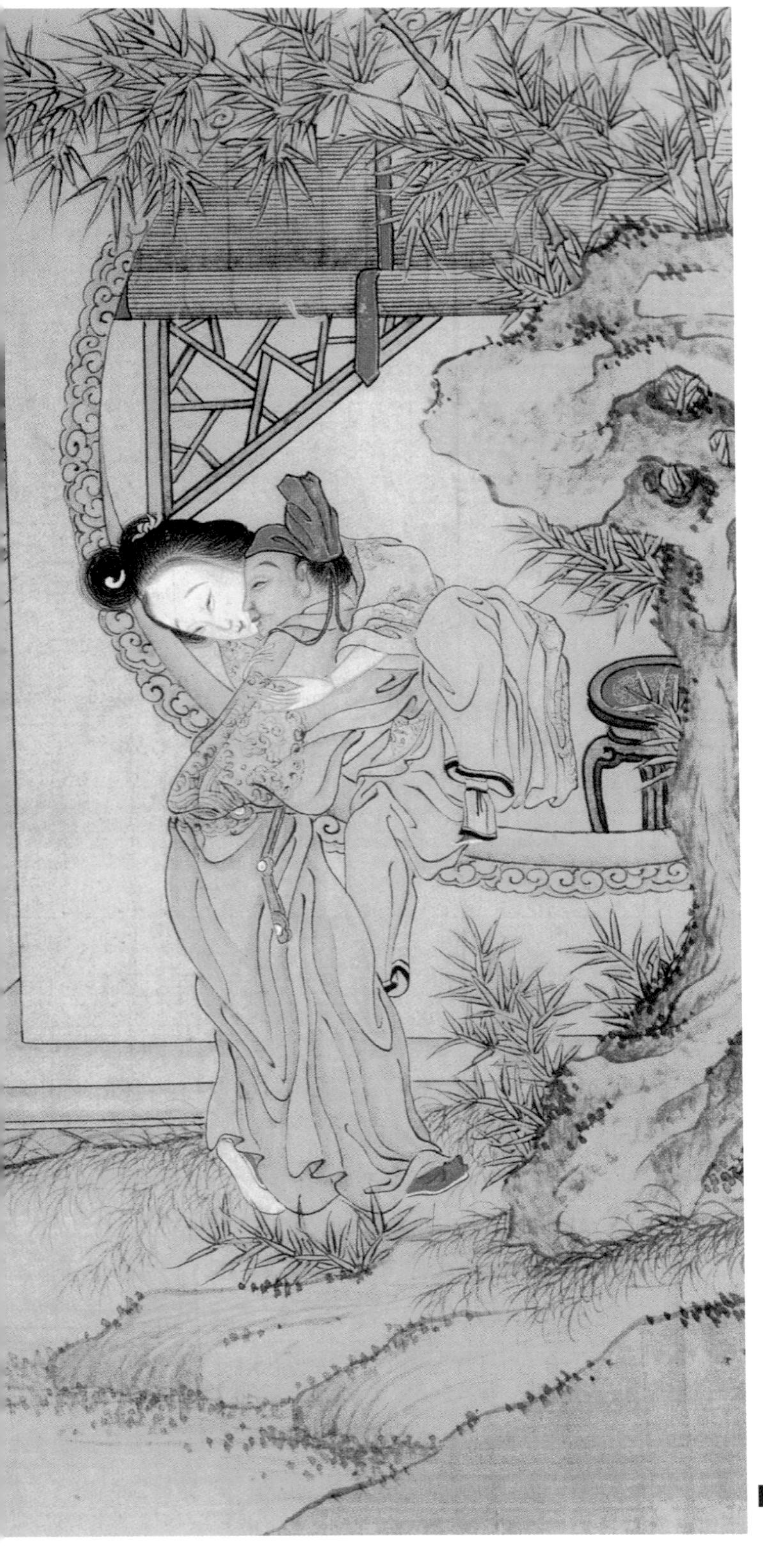

男子偷姦人妻，將她抱出窗外準備野合。（清朝春畫）

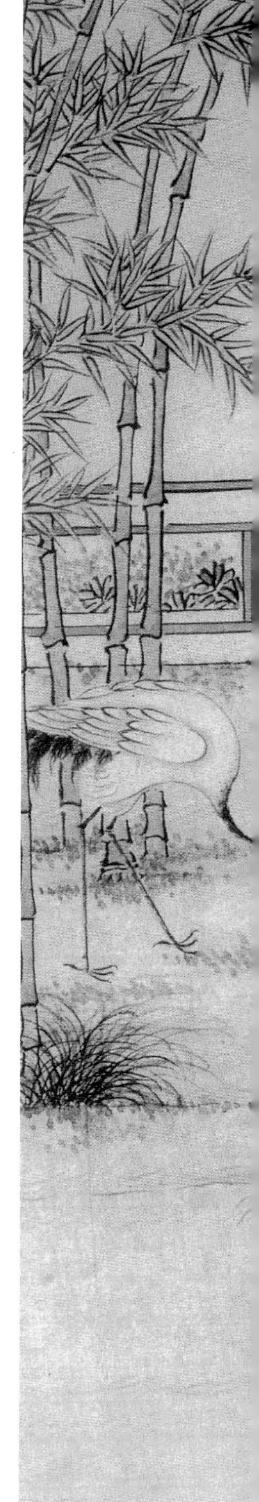

「人妻」是日本名詞，意指別人的妻子；「人妻癖」是指對別人老婆特感興趣的性癖好。

日本男人普遍有人妻癖。女作家劉黎兒在《純愛大吟釀》一書中有篇文章指出：在日本，美女寫真集賣得最好的是「人妻」系列，因為日本男性對別人的老婆永遠充滿了憧憬，想看她們脫光之後的模樣，何況寫真集裡還穿插有她們肌渴難耐的自慰鏡頭呢！

為了促銷雜誌，日本的一些半色情刊物如《週刊大眾》，幾乎每周都會找到許多所謂的「人妻」來拍裸照，或坦述自己的性愛生活，以滿足廣大讀者的人妻癖。

此外，「人妻」也是日本情色片的重要主題之一，製片商以重金誘惑年輕貌美的家庭主婦，在鏡頭前寬衣解帶，任由AV男優愛撫狎玩，最後雲雨巫山。女主角在過程中不免害羞緊張、動作生澀，而觀眾要看的，正是「人妻」非職業性嬌嫩 腆的素顏。

不光日本男人有「人妻癖」，中國男人一樣有；若非如此，婚外情不會如此氾濫；大家也不會說「老婆是人家的好」。

為什麼老婆是人家的好？因為別人的老婆看得見、吃不到，新鮮。男人總是喜新厭舊的，想嘗嘗老婆之外的女人的新鮮滋味，於是就想盡辦法製造機會搞婚外情，搞別人的妻子。

我們看明朝長篇色情章回小說《金瓶梅詞話》裡，男主角西門慶就是標準的人妻嗜好者。他偷紈袴子弟花子虛的老婆李瓶兒、偷賣炊餅的武大郎的老婆潘金蓮，偷家僕來旺的老婆宋惠連、來爵的老婆惠元、夥計韓道國的老婆王六兒、賁四的老婆葉五，還有小市民熊旺的妻子、到西門慶家來擔任奶媽的章四（如意兒）……，一偷就是一大串。

男人喜歡玩別人的老婆，嘗鮮之外多多少少還有些占人便宜的心理，以為跟自己老婆做愛是白費力氣，玩到別人的老婆才是賺到了。《金瓶梅詞話》第七十八回裡，西門慶玩熊旺的老婆章四時，與她的對話就充分顯示了這種心態。

書上說：西門慶叫道：「章四兒淫婦，妳是誰的老婆？」婦人道：「我是爹的老婆。」西門慶教與她：「妳說是熊旺的老婆，今日屬了我的親達達了。」那婦人回應道：「淫婦原是熊旺的老婆，今日屬了我的親達達了。」西門慶又問道：「我會合不會？」婦人道：「達達會合屄。」

不光是把人妻玩到手，還要聽她親口說自己是別人的妻子，現在給他隨便玩了，這樣才爽，除了占便宜之外，還顯示出男人好強爭勝的心理——人妻有老公了，還肯跟我睡，若不是我強過她老公，她怎麼會脫光了任我玩呢？

正因為男人有好強爭勝心、愛跟人妻的老公比較，所以人妻癖的嗜好者在玩別人的老婆時，常愛問人妻：「我比妳老公本事如何？」這樣的問話其實可笑，女人那裡會誇贊不在身邊的丈夫而貶損壓在自己身上正在做愛的情夫呢？果真情夫不如丈夫，她又何必紅杏出牆？男人愛問人妻他比她老公如何，徒然顯示他缺乏自信。

明朝西泠狂者《載花船》第六回裡，有個很好的例子作說明。故事說茹光先、倪碩臣、廖良輔三人是同窗好友，長大後各娶妻室，又合夥經營客店。茹光先勾引倪碩臣之妻葉芸娘，兩人時常找機會幽歡。一回，光先又利用碩臣帶客出門看貨的機會與芸娘偷歡。書上說：

光先道：「乖乖，可好麼？」

芸娘道：「不要多說，了事快去，莫被他回來遇著。」

光先道：「二弟同客看貨，到晚方歸哩。我問乖乖，兩人玉莖，還是誰的大些？行事那一個長久？」

芸娘笑而不答。

光先道：「妳不說麼？我便不幹了。」把（陽）具提出。

芸娘道：「怪忘八，如此騰弄人。你比兄弟又大又久，所以我真心愛你。」……

女人大多因為跟丈夫沒有感情才紅杏出牆，想另外找一個懂得憐香惜玉、真正愛她的男人；一般男人卻往往並不如此珍惜別人的老婆，總認為人妻是因為在家裡得不到性的滿足，才會出軌找刺激；因此男子在跟別人的老婆上床時，常會做一些過分的要求，或故意玩些特殊的花樣（尤其是人妻不曾和丈夫玩過的性愛），想讓她在新鮮的刺激下達到從未曾有的快感高潮，因而對自己戀戀不捨。

男子會把人妻用手銬或繩索綁起來玩，把人妻的雙眼矇起來玩，或者用電動假陽具、跳蛋來玩，或嘗試肛交等等，都能讓初嘗滋味的人妻留下永不磨滅的記憶。把良家婦女當娼妓玩弄，看她們在幾近屈辱的新鮮刺激下騷熊畢露，或許是「人妻癖」嗜好者的最大享受吧。

登徒子Paolo勾引人妻Francesca引來妬夫殺機。（1819年Angres油畫）

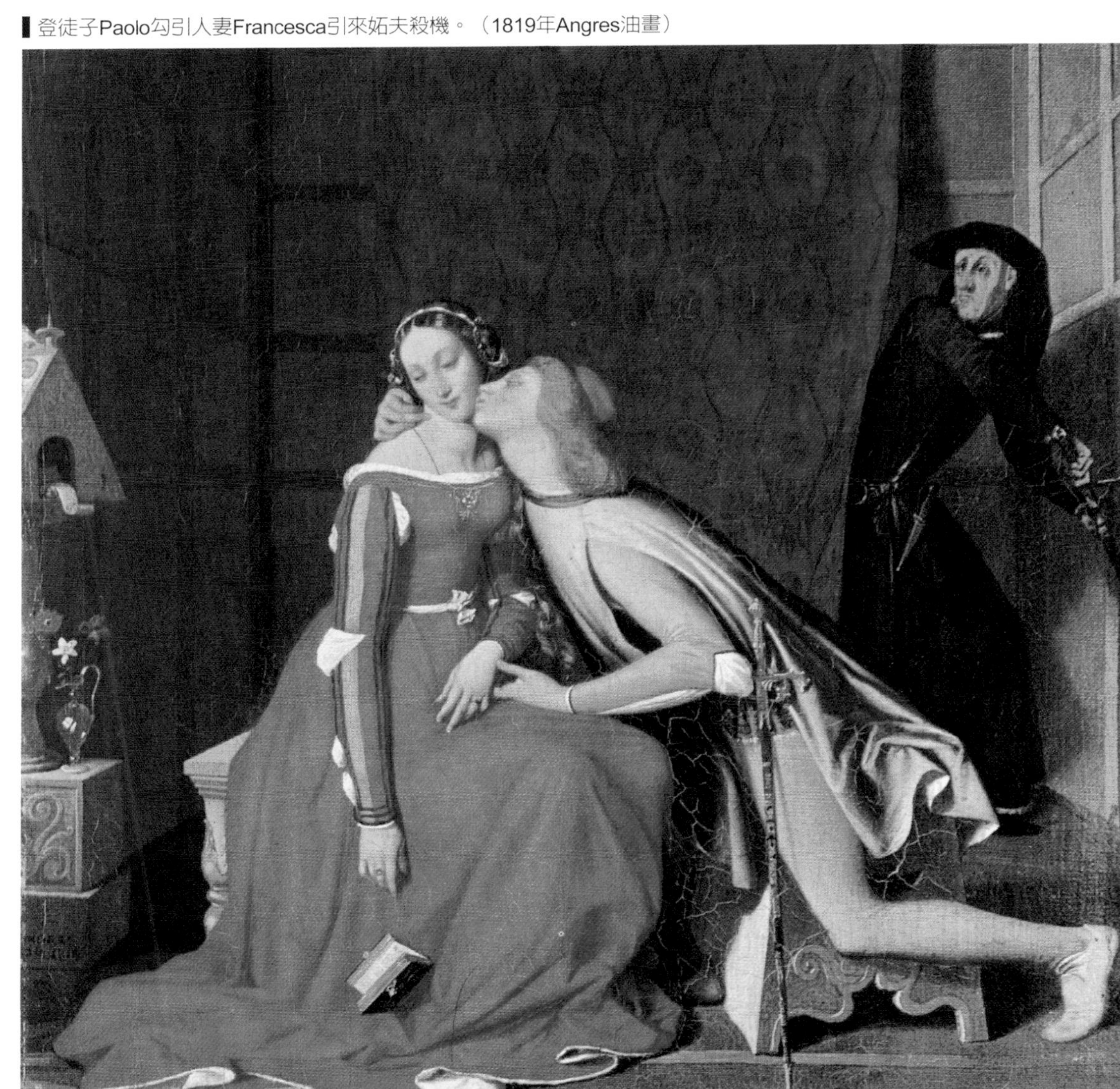

男人的「寡婦癖」

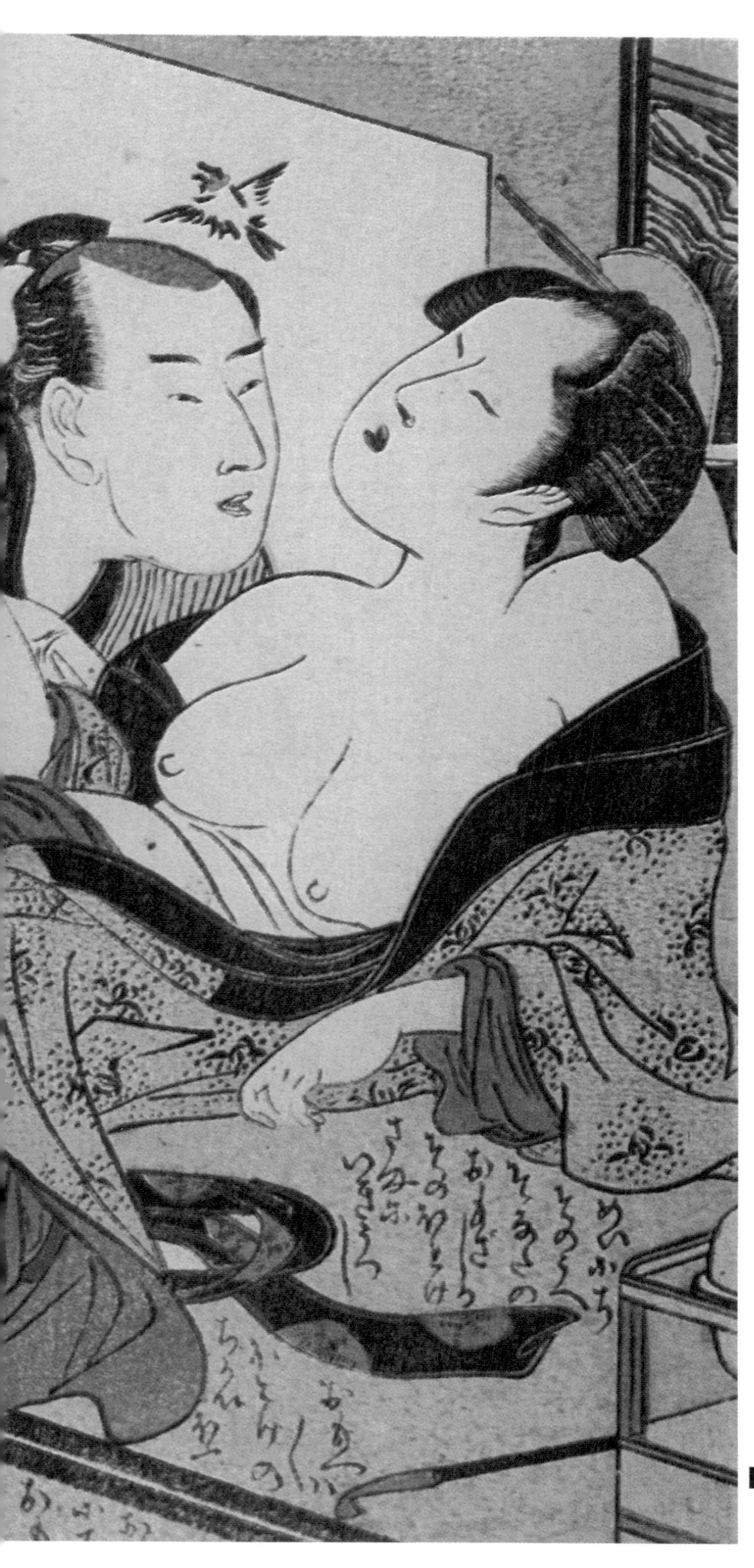

手持念珠的寡婦在亡夫去世周年念經時遭登徒子性侵。（喜多川歌麿作品）

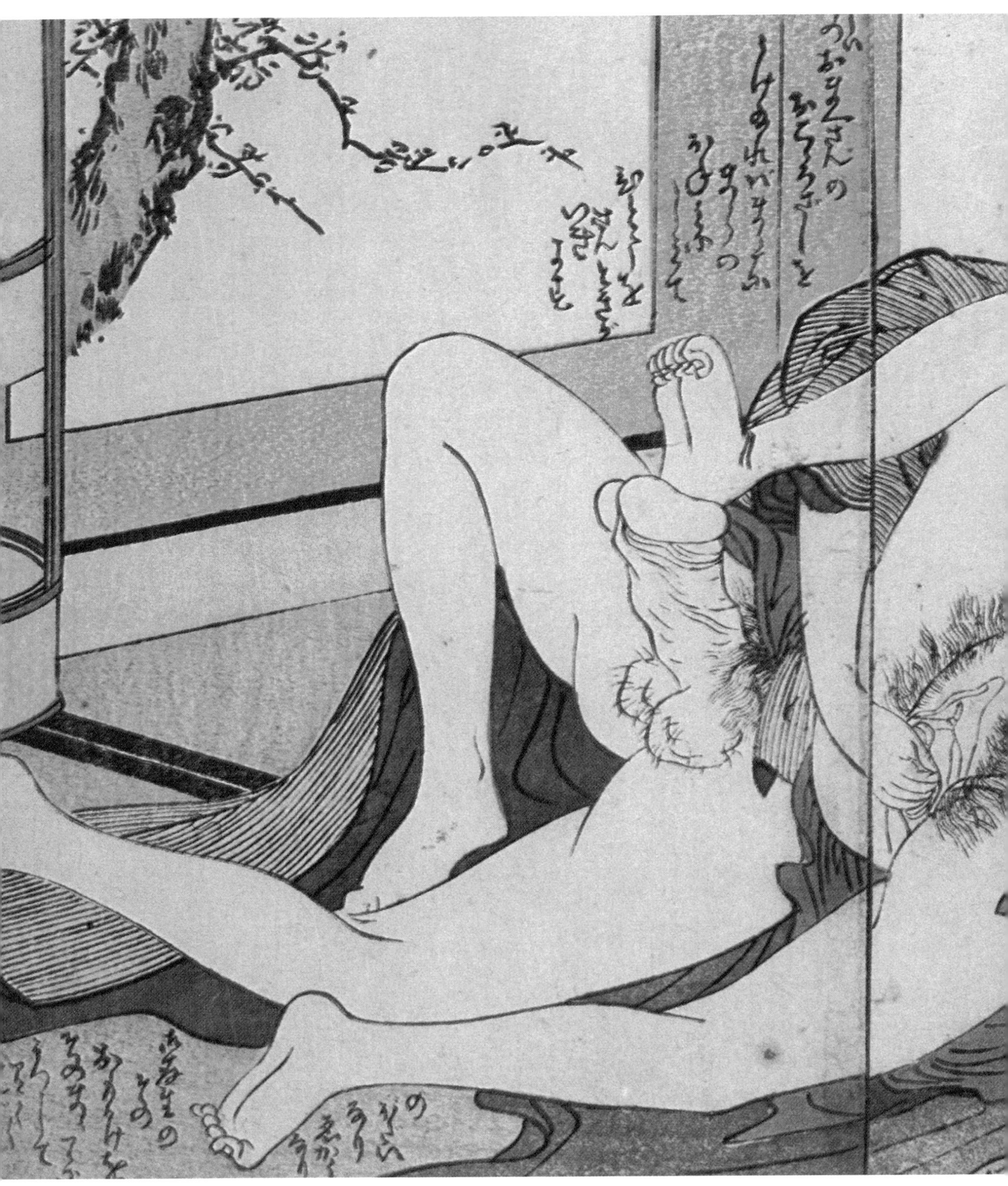

許多男人對死了丈夫的寡婦（尤其是年輕的寡婦）有特殊的興趣，有強烈的性衝動與占有慾。

想想看，一個已經懂得男歡女愛的滋味的女人，忽然在一夕之間死了丈夫，在強忍悲痛之餘，還要忍受孤衾獨眠、情慾飢渴之煎熬，真可憐啊；而可憐就是可愛，這樣熱情如火又楚楚可憐的女性，當然容易引起男人的垂涎了，難怪諺語說「（女人）若要俏，且戴孝」了。

此外，寡婦是嚐過魚水之歡、嚐過甜頭的女人，一旦失了丈夫、失去性愛之享受，當然會被無法滿足的情慾煎熬得朝思暮想，只要男人一勾引，還有不輕易上勾的嗎？

寡婦因性飢渴而熱情似火的獻身、因感恩圖報在做愛時百般奉承的溫柔，都是一般女性難以比美的特殊魅力，難怪會引得男人垂涎三尺而趨之若鶩了。

翻開歷史，許多故事都說明了男人對寡婦的特殊癖好。像春秋時代，鄭穆公的女兒夏姬，在十八歲那年嫁給陳國的司馬（相當於今日的國防部長）夏御叔，夫妻恩愛十三載後，夏御叔病死了，守寡的夏姬就成了陳靈公、大臣孔寧、儀行父等人爭相追求的目標，先後作了夏姬的入幕之賓。

俗話說「女人三十如狼，四十似虎，站著吸風，坐著吸土，對著牆洞吸老鼠。」三十出頭、如狼似虎吸老鼠的夏姬，硬是吸引了許多男人前仆後繼，這無非是男人的寡婦情結在作祟罷了。

再往後看，西漢時候四川大富商卓王孫的女兒卓文君，十五歲嫁給臨邛縣富豪鄭世茂的三子鄭耀，結婚不到半年就作了寡婦，回娘家守寡，結果引起文壇才子司馬相如的覬覦，彈琴勾引，硬勾引得小寡婦卓文君寅夜私奔、投懷送抱，讓司馬相如一償與風流寡婦風流的特殊滋味。

五代十國時，後周的開國君主郭威，更是先後共娶了四個寡婦當夫人——後唐莊宗駕崩後被遣放出宮的嬪妃柴氏、河北正定縣鄉民石光輔亡故後年輕守寡的妻子楊氏（是郭威帳下書記楊廷璋的姐姐）、太原武從諫守寡的兒媳婦張氏、契丹滅後晉時丈夫劉進超死於兵亂的董氏。郭威可以說是中國男人寡婦癖的最佳代表了。

宋朝以後，社會輿論鼓勵寡婦守節不再改嫁，剝奪了寡婦享受性愛之歡的基本人權，更助長了寡婦的性飢渴和男人與寡婦交往因犯忌而帶來的刺激。乾柴烈火、一觸即燃，那種快樂在明清豔情小說中有許多描述，充分滿足了

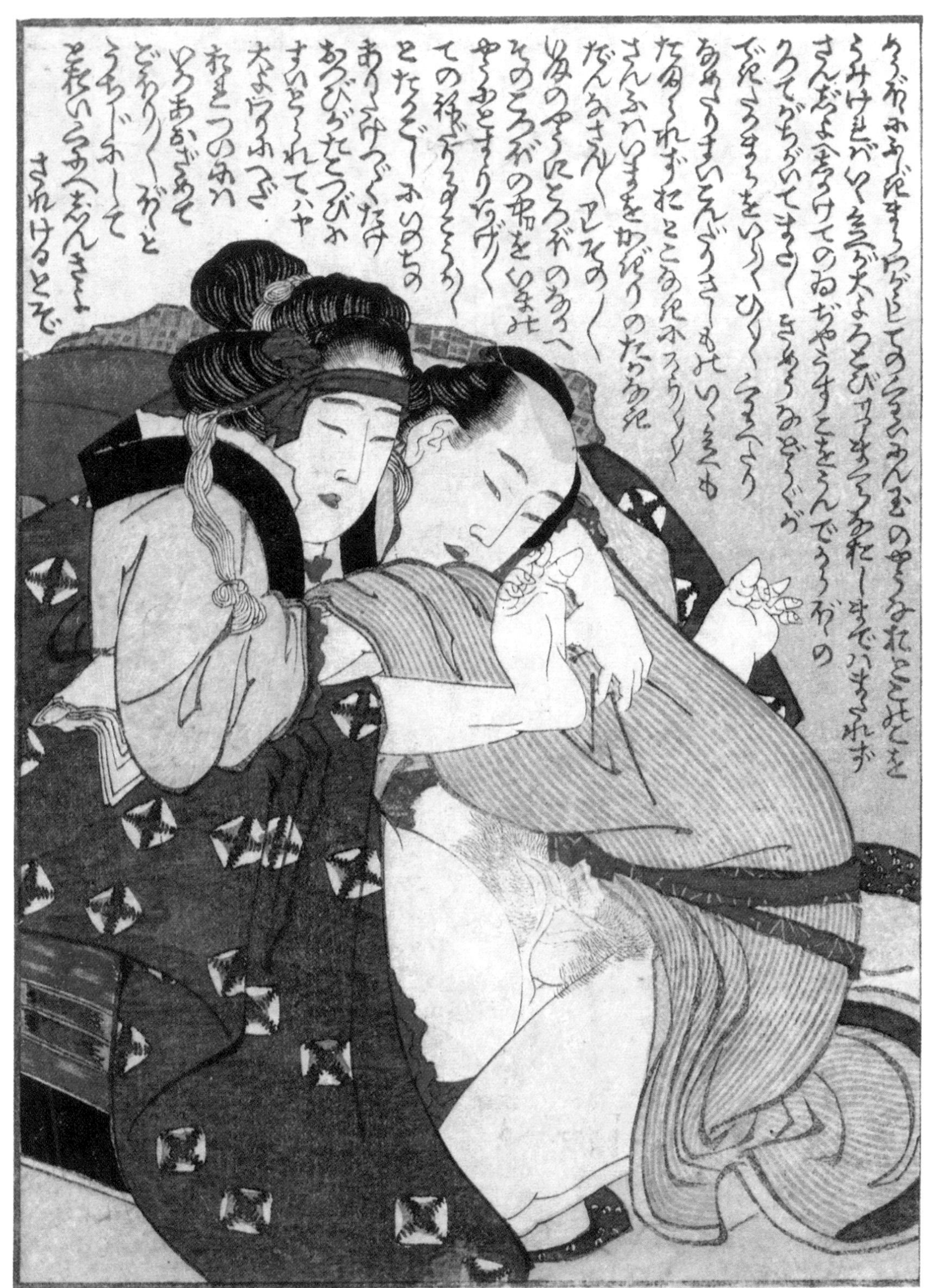

▍登徒子誘姦寡婦。（1821年葛飾北齋作品《萬福和合神》）

廣大男性讀者的寡婦癖。

看寡婦如何容易勾引上手。清初佚名作家《巫山豔史》第十三回說北宋末年，蘇州長州縣書生李芳赴南京應考，投宿寡婦江婉娘飯店，婉娘花容月貌、窈窕輕盈、丰姿綽約、妖妖嬈嬈，像畫上的美人兒，見李芳風流俊雅，就有了以身相許之意，晚上設筵擺酒，親自接風款待。書上說：

> 自古道「酒是色媒人」，江氏飲了幾杯，春心蕩漾、淫情畢露。公子笑問道：「尚未請教娘子芳名、韶華多少？令夫君何症而亡？良宵清淨，使小生為娘子抱恨不淺。」
>
> 江氏長嘆道：「多感郎君憐憫，妾年二十四歲，小字婉娘。先夫患痧症（今之霍亂）早逝。」說到此處，把公子看上兩眼，含笑勸酒。公子的慾心早動，假意失筯（筷子），丟在江氏腳邊，蹲下去拾，把她金蓮輕輕捏了一把。
>
> 江氏不禁春心搖曳、花魂無主，勾定公子親一個嘴道：「裡邊去罷。」自己先行。公子隨起身，一路捏奶親嘴，相摟相偎，同進臥房，脫衣上床。江氏仰臥，拱起花房受射，公子挺著傢伙，望陰門裡逐漸插將進去。婉娘淫風勃發，不顧騷狂，水流氾濫，一任顛迎……。

李芳不但白吃白喝，還白睡白嫖，誰教開店的江寡婦看上他了呢？

寡婦的久曠風騷，在清初豔情小說《桃花影》第二回中有如下的一段描述，說明成化年間，松江府華亭縣書生魏玉卿私通隔鄰寡婦卞二娘，在二娘丫環蘭英牽線撮合下，深夜輕扣卞二娘後門。書上說：

> 二娘悄悄起來，開門放進，只見玉卿卸除巾幘，身穿便衣，遂即攜手入房。二娘低聲道：「隔壁是小女臥房，幸勿揚言。」
>
> 玉卿于月光之下，把二娘仔細瞧看，果然丰龐俏麗，轉覺情興勃然，遂解除衣服，摟抱上床。玉卿先把陰門一摸，略有幾根細毛，高高突起，好似饅頭一般，只是慾火已動，陰精流濕，急把塵柄插

進，抽弄起來。

那二娘數年久曠，才經交合，便覺爽快難言，兼以陽具修偉，塞滿陰戶，急得二娘亂把臀尖湊起……。

此外，清初姑蘇痴情士的《鬧花叢》第五回裡，說明弘治年間，南京應天府上元縣宦家子弟龐文英有表姐桂萼，嫁王家，丈夫早逝，守寡在家。一天，桂萼邀文英之妹妹嬌蓮來家小住，嬌蓮剛好生病，文英便男扮女妝，冒充嬌蓮混進王家。夜晚時，兩人同睡一床。文英吹滅燈火，挨身進被，不由分說就爬到寡表姐身上，分開兩股，把玉莖緊緊頂進花心去了。書上說：

桂萼是個久曠的人，欲要忍耐，怎奈遍身火熱難熬，把那饞津屢嚥，更將三寸金蓮雙雙擱起，暗想道：可憐我這點點年紀便守了寡，我今日就志矢柏舟，從一而終，不為嗜慾所染，那貞潔牌坊便送與我麼？引得文英興發如狂，急急的盡根送之，為之盤旋頓挫者，約有五百餘抽。桂萼緊緊抱定下面臀兒，不住的亂顛相湊……。

寡婦也是普通人，有正常的性慾需要滿足，她們沒有丈夫，是自由之身，更比有夫之婦有資格任意挑選男人滿足性慾，所以在古時候、在宋明禮教控制不到的邊疆地區，人們對寡婦是採取放任的態度的，寡婦和未婚少女一樣，都享有充分的性愛自由，誰也不會去干涉。可是宋明理學發達後，輿論要求寡婦獨身守貞，一直到老死為止，不能再嫁，更不能與男人有任何瓜葛，於是寡婦——尤其是年輕美麗的小寡婦，在禁忌的刺激下，遂成了好色男人垂涎的特殊對象，寡婦癖就因而成形了。

在文化相似的日本，男人也有同樣的寡婦癖，有虐待狂的日本男人，尤其喜歡調戲虐待梨花帶雨、楚楚可憐的小寡婦，看為亡夫傷心落淚的貞潔寡婦如何在淫虐的愛撫調情下，轉變為如飢如渴的蕩婦，一邊落淚、一邊叫春。

日本浮世繪大師歌川豐國於西元一八二三年畫的三冊半紙本《開中鏡》，當中就有一幅描繪蕩子強姦寡婦，寡婦邊哭泣、邊張股承受的模樣。她摟著陌生男子脖子的右手，說明了生理上無法抗拒的需要。

明人蘭陵笑笑生《金瓶梅詞話》裡，富豪西門慶勾引武大郎的妻子潘金蓮，又叫潘金蓮把丈夫毒死，好把她占為己有。潘金蓮請六個和尚來家做水陸道場、唸經超度武大亡魂時，西門慶還到武大家，與守寡的情婦偷歡，西門慶肏這位年輕美麗的寡婦時，還在她牝戶上安放一個點燃的香馬兒，見她疼痛難忍為樂，結果被念經的和尚偷聽去了。書上說：

有一個僧人先到，走在婦人窗下水盆裡洗手，忽然聽見婦人在房裡顫聲柔氣，呻呻吟吟，哼哼唧唧，恰似有人在房裡交媾一般，……只聽婦人口裡嗽聲呼叫：「西門慶達達，你休只顧搧打（用手打她屁股）到幾時？只怕和尚來聽見，饒了奴，快些丟了罷。」西門慶道：「妳且休慌，我還要在蓋子（陰戶）上燒一下兒哩。」……

明明已是嘗過滋味的老情人了，日後還要娶回家作小老婆，卻偏要在她熱孝在身時，在靈堂邊恣意姦淫，這就是男人的寡婦癖。

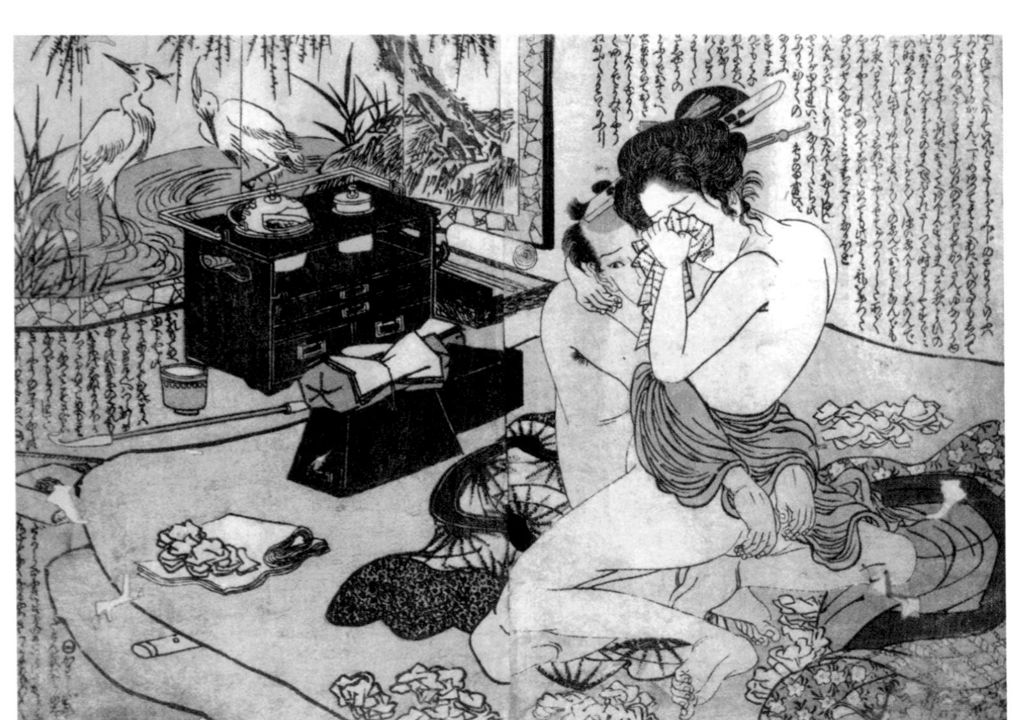

▌風流浪子喜歡強姦寡婦。（1823年日本浮世繪大師歌川豐國《開中鏡》豔本小說插圖）

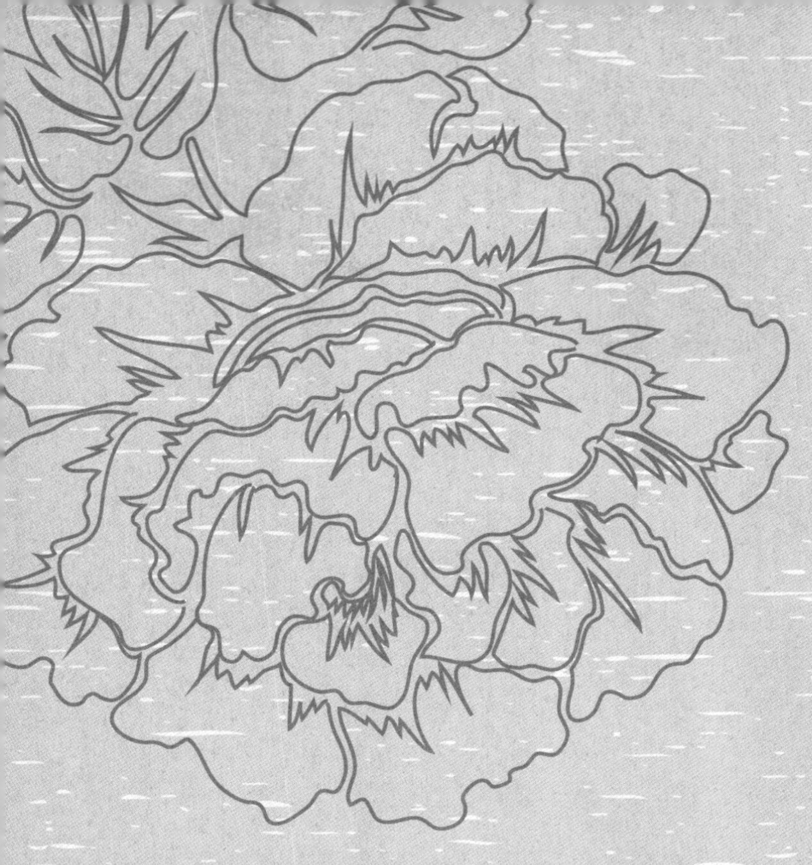

卷七　死亡與重生

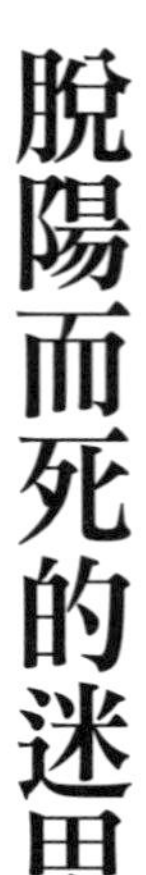

脫陽而死的迷思

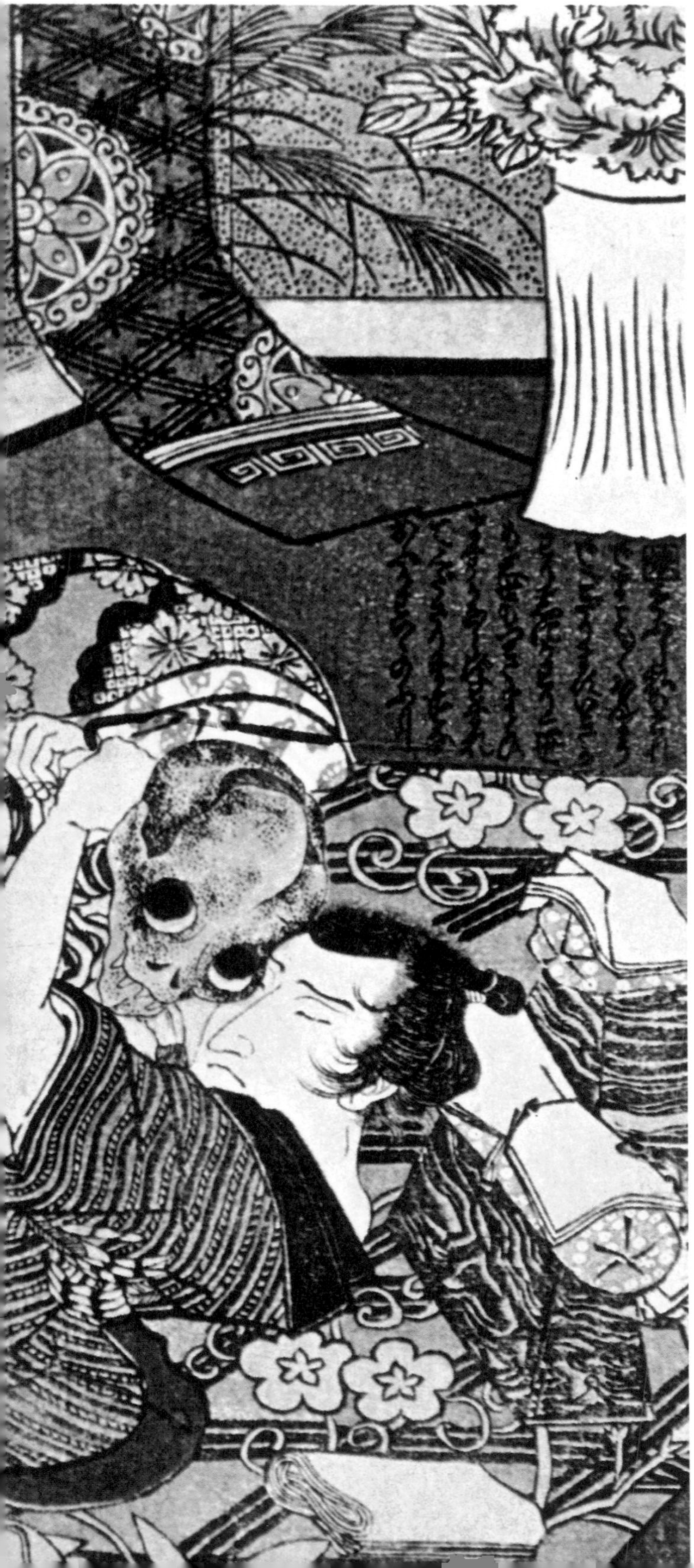

女色可怕令男子精盡人亡，脫陽而死可以作如是觀。（晚期浮世繪）

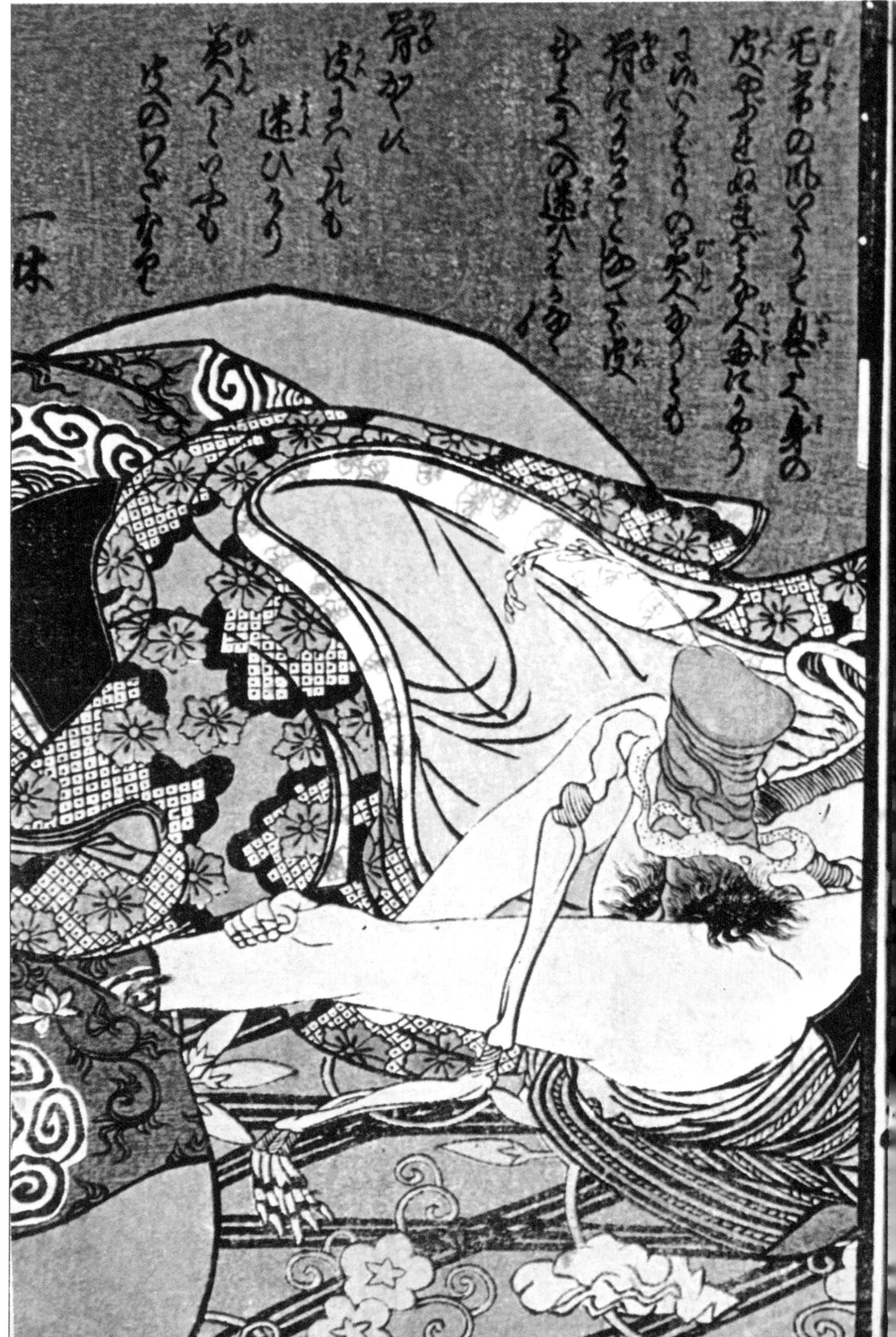

因做愛引起腦中風併發心肌梗塞而造成男子猝死，也就是俗稱的「脫陽」、「腹上死」或「馬上瘋」。在四季出版社於民國六十六年出版的《飲食男女事典》一書中說：

一般公認腹上死的第一原因是性高潮之際所引起的血壓急速上升。……有學者從三百三十件性愛暴斃屍體作解剖研究，發現心臟死為百分之七十二，腦出血佔百分之二十一，大動脈死更少，只占百分之七。所以，腹上死簡直可說是心臟病發作致死。

也就是說，性愛過度激烈，當事人過於興奮，心臟加速跳動以補充缺氧，導致血壓快速升高，衝破血管引起中風或心肌梗塞而死亡。

但古代中國人並不知道死因是心臟不跳了，只看到死人還在流精，以為是精液流個不停造成虛竭而死，就說這種死亡的原因是「脫陽」了，這是把結果當成了原因的講法。

清人丁耀亢《續金瓶梅》第七回上說：「春梅因貪淫好洩，死在姦夫身上，一洩而亡。男子謂之脫陽，女子謂之失陰。」這段話代表了一般中國傳統對性愛猝死的錯誤觀念。事實上，男女做愛不會因大量洩精而死，身體機能也不會讓人的精液流個不停，是血液快速流動、血壓升高造成血管破裂（腦中風）導致心臟麻痺或心肌梗塞而讓人一命嗚呼的。

一般而言，夫妻敦倫如家常便飯，是不會太過刺激興奮的，讓人太過興奮、太過激烈的是偷情或狎妓，所以旅館或妓院最常見「雲雨巫山驟斷腸」之案例。日人南喜一原著、陳明誠翻譯的《耄耋聖談》一書就說：

暴死女性腹上的新聞，在風化區中可說時有所聞。玉之井車站附近的風化區約有五百家綠燈戶，經常有這類的命案發生。因此等不幸的事件蒙受災難最大者，莫如當事的妓女。為了要等法官臨場驗屍後，才能移動屍體，這種不幸的女子只好赤裸著身子，躺在屍體下面不敢動彈；有時恐怕屍體滾開，還得用手扶持或抱住不放，這實在是一種不人道的規定。

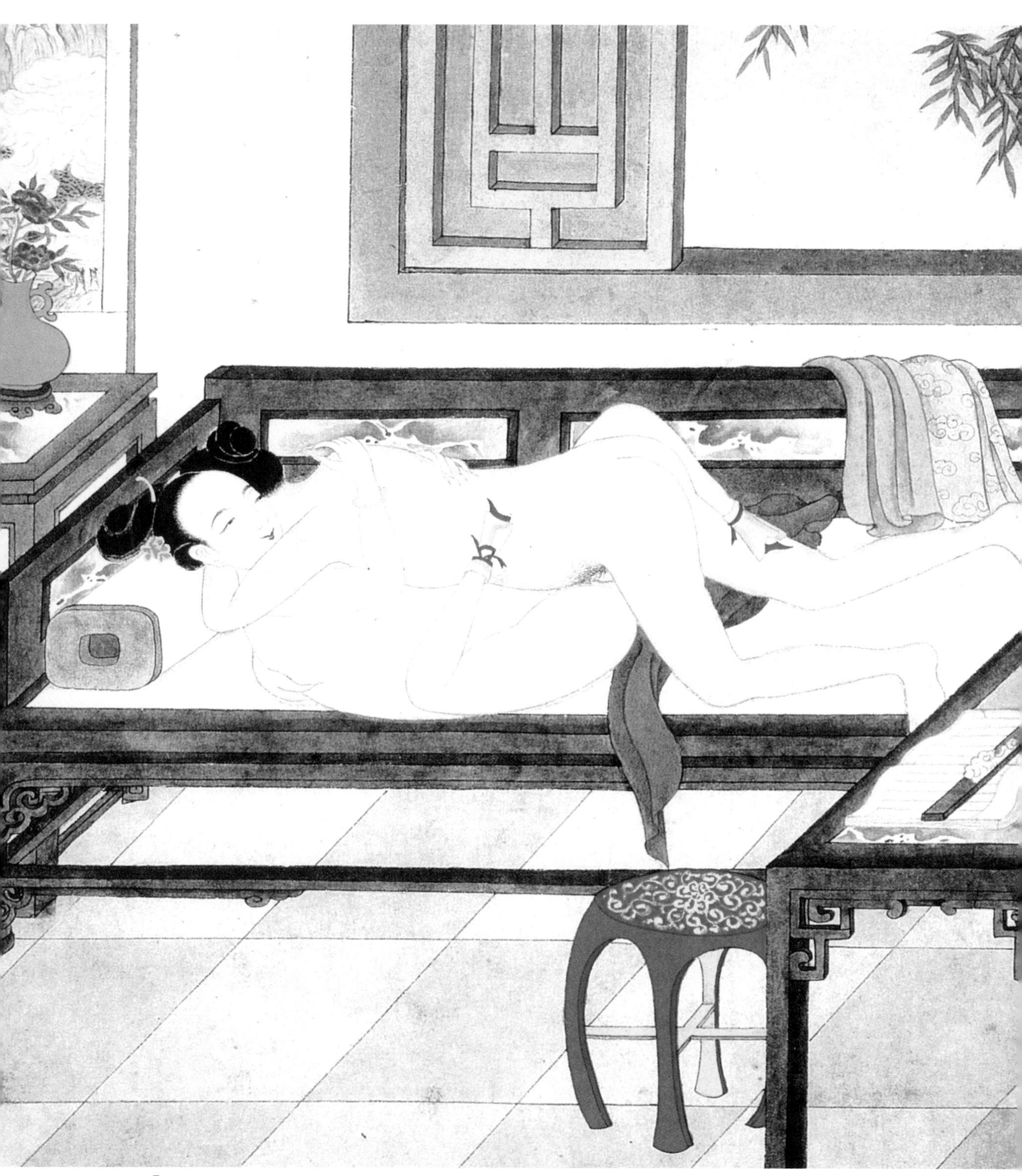

▌男子做愛時死在女人身上，俗稱「馬上風」（清朝春宮畫）

中國古時候也常見腹上死的記載。明人《幽草軒》一書中說：雲南金沙有個書生叫李太青，年輕時借住在姑姑家攻讀舉業；他看上了姑姑家的一個婢女，跟她發生了關係，允諾將來金榜題名作官了，就收她作妾。明思宗崇禎六年，李太青鄉試告捷，婢女開心地把私盟告訴他姑姑，姑姑很高興，就出錢為婢女準備嫁妝。崇禎七年李某進京會試，臨行前還與姑姑的婢女重申鴛盟。後來他高中進士，與髮妻商議納姑姑家丫環為妾之事；妻子非常生氣，堅持不允，還派人去姑姑家責怪她沒管好自己的丫環，那個丫環就上吊自殺了。

李太青考中進士後，另外納了良家少女為妾，並在京師的禮部任職。只要輪到李某入皇宮值夜班，他就要愛妾女扮男妝，扮成家僮混帶進宮，在漫漫長夜閒著無聊時做愛取樂。一晚值班時，他眼花看見姑姑家的丫環披頭散髮從面前走過，沒當回事，半夜正與妾交媾情濃時，太監忽傳旨說皇帝有事召見。李某一時心虛，以為攜妾入宮淫亂之事被皇上知道了，就脫陽死在妾的身上。大家都評論說是那冤死的丫環來索命了。

這是把單純的偷歡過激烈引發心臟病猝死的案例附會了因果報應的解釋。

清人曹去晶《姑妄言》第十三回裡，也有一個做愛猝死的故事，說窮家女汪氏貌美如花，嫁給形狀鄙猥、生性愚昧的于魯為妻。一日，汪氏自院內往門外潑倒殘水，不小心潑到路人，趕忙出來道歉。那人叫宋奇生，長得年輕標緻，穿一身華服，是有錢的花花公子哥兒。

宋奇生一見汪氏就遍體酥麻，笑著說：「沒關係，沒關係，若不嫌棄，不妨再潑些。」汪氏羞慚地笑著縮身進家了。宋奇生自此失魂落魄，每天不住地在汪氏家門口打轉，又托賣花翠的老婆子綽號「老蜜嘴」的密氏前往說項；但汪氏含羞不肯。密氏就叫宋奇生直接闖進她家去求歡，如果汪氏變臉叫罵，她再來打圓場。宋奇生終於得逞，最後卻因此而死。書上說：

> 次日（宋奇生）打扮光鮮，到老蜜嘴家打了照應，看看街上無人，竟走入婦人家來。
>
> 汪氏正坐在窗下做針指，忽見宋奇生推門進來，便道：「你這人非親非戚，到我家來做甚麼？」

宋奇生忙把門關上，到跟前雙膝跪下，低聲告道：「向日蒙妳垂愛，我為妳一病到今，性命幾乎不保。我料想也活不成了，今日特來見妳一面，死也甘心。妳肯與不肯，憑在妳的慈悲吧。」就一把摟住了她。

汪氏見他這光景，又可憐、又動了個愛字，也不怒，只紅著臉低聲道：「這如何行得？看我丈夫回來，快些出去。」

宋奇生見事無變局，就站起將她抱到後半間床上，便替婦人脫褲。汪氏雖用手擋拒，卻不作聲，被宋奇生糾纏多時，也就情動，手略稍鬆，便被他脫下。宋奇生也忙將鞋襪褲子脫去，……就上身交媾起來。汪氏含羞閉目，任其所為多時，只見他身子伏下，便不見動。汪氏以為是他洩了，也便由他。好一會，壓得受不得了，低聲道：「你下來罷。」也不見應。只得將他推下身來，定睛一看，原來宋奇生已送其生了。

轉頭看西方，當然也有不少在女人腹上死的例子，最知名的有三人。

一、西元五世紀時的匈奴王阿提拉（Attila the Hun）。他率軍橫掃歐洲，所戰皆捷，歐洲人稱他作「上帝之鞭」，意思是上帝派來懲罰世人的皮鞭。但阿提拉卻在西元四五三年與德國金髮美少女伊爾蒂蔻（Ildico）初夜交歡的性高潮中猝死。

二、羅馬梵蒂岡天主教教皇利奧八世（Leo Ⅷ）。他是西元九六三至九六五年擔任教皇，在與婦女私通時腦溢血而死。

三、十九世紀時的法國總統福爾（Félix Faure）。一八九九年福爾與情婦私通時，坐在特別設計的情趣椅上瘋狂追歡，在高潮時心臟病突發而亡。

做愛時碰到另一半猝死的狀況時，當事人該怎麼辦呢？清人採蘅子《虫鳴漫錄》一書卷二說：有個人跟表哥、表嫂住在一起，三個人都略通醫術，有一天深夜，表嫂突然大喊表弟，他趕到表兄嫂臥房外等開門，嫂嫂卻在裡面說：「你表哥危急，我不能離身，一離身就沒得救了。」

表弟一聽，知道表哥脫陽了，趕緊找艾草來，持草破窗而入，隔著被子用點燃的艾草去燙表哥屁股尾閭處，結果救了表哥一命。

倉促間找不到艾草，婦女會拔下髮際的金釵玉簪，用尖端刺男子的臀部，或猛咬男子的唇頰、猛掐他的人中，企圖讓他痛醒過來；有時用口度熱氣的方法施行人工呼吸，希望恢復他心臟的功能。最重要的是不可以驚慌起身，認為那樣子男陽會溢精不止、脫陽而死。

在日本晚期的浮世繪中，有一幅描繪青樓娼婦與嫖客交歡時，嫖客忽然脫陽猝死，娼婦趕緊喚女侍持一杯冷水來，以口噀之，企圖救醒客人。以冷水刺激昏死者，是和以釵簪刺他屁股的作用相同，只不過都沒有今日以手掌壓胸間肋下凹點的心肺復甦術更為有效罷了。

女人做愛在高潮來臨之際，常會忘情呻吟道：「我要死了！」，這就是俗話說的「欲死欲仙」；男人過了中年以後身體漸衰，性愛射精之際，也常會不由自主地自內心深處興起一股莫名的悲哀，原來性與死竟是如此地形影相隨。

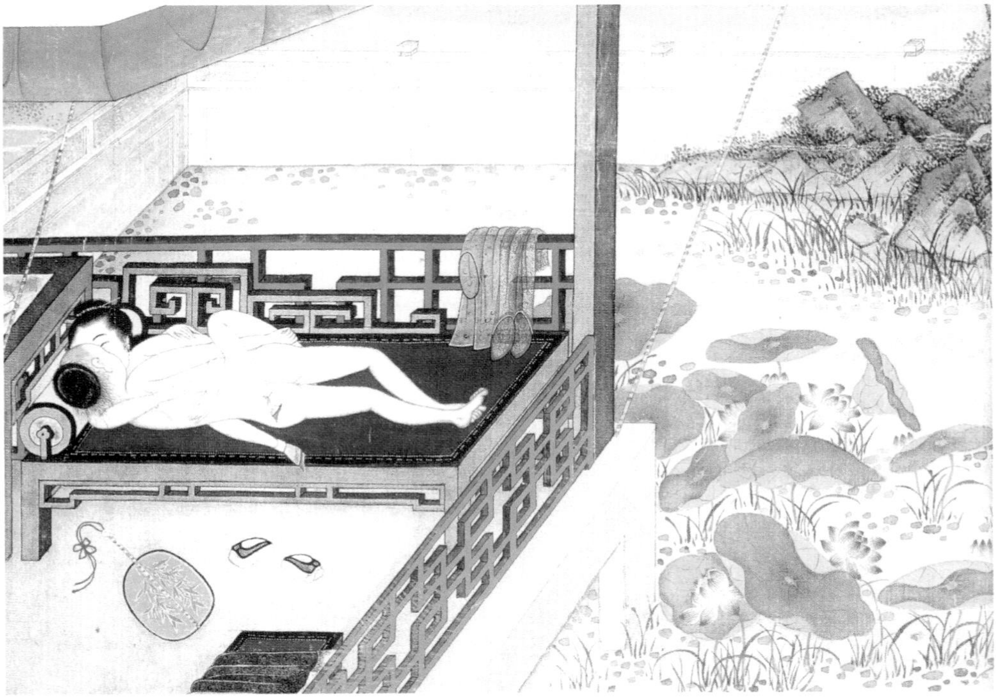

古代中國婦女用口度氣或以髮間金釵刺男子屁股搶救做愛時猝死之男人。

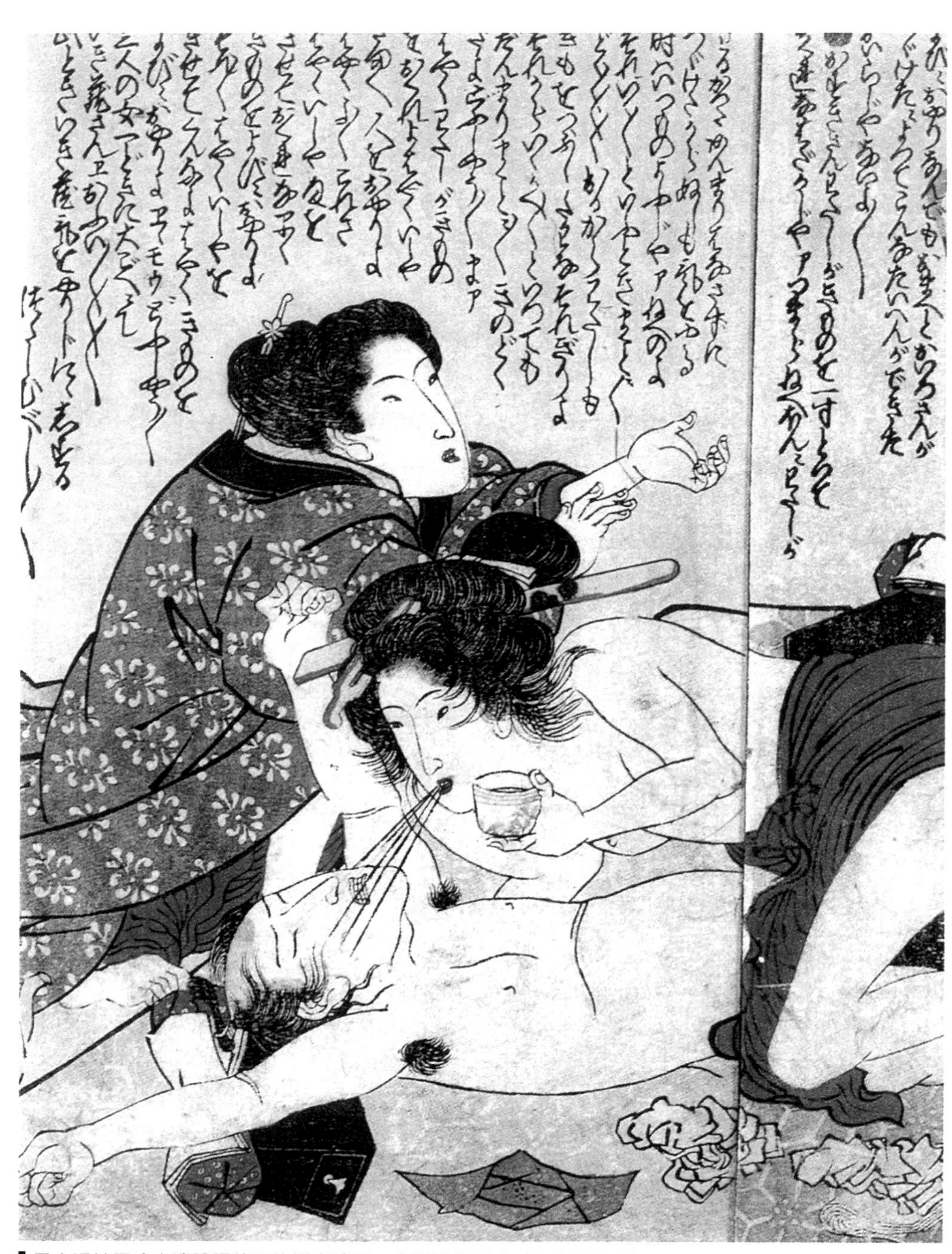

▌日本娼妓用冷水噴脫陽猝死的嫖客臉面，企圖搶救還魂（日本浮世繪）

天地交泰祈豐收
——古代的生殖崇拜

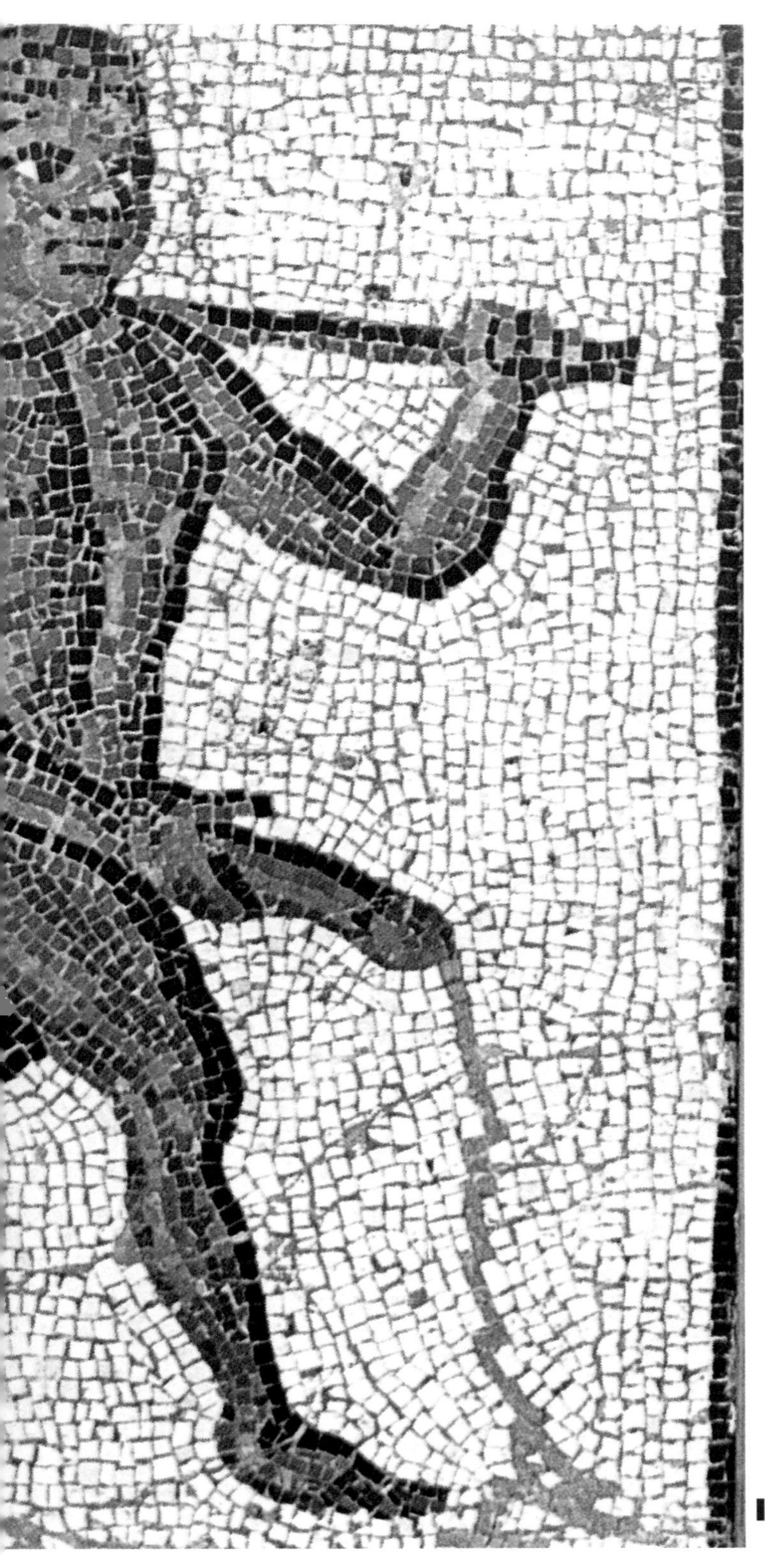

古羅馬農夫直接遺精於地祈求豐收。
（西元1世紀鑲嵌彩石畫）

台灣曾經發生過一件值得探索的有趣新聞，說專門查緝色情、努力維繫風化的警察，對街頭巷尾電子花車秀的辣妹們三點全露大跳豔舞的色情演出，採取有意規避、視若無睹的態度，放任脫光光的辣妹們公然作猥褻的表演，並不加以取締。結果惹來一大批欣賞表演的「土雞族」，在台下大飽眼福、直呼過癮。

衛道之士看不過去，問警察先生們為何放任電子花車美女清涼秀公然妨礙風化？警察回答說她們的表演並未違反「三點不露」的尺度，如果違反的話一定會取締。

有備而來的衛道之士取出他們先前用V8攝影機拍攝到的三點全露畫面質問警察，警察又改口說這是當地的風俗，不能加以干涉。

原來這些色情豔舞是在陰曆七月鬼月的普渡法會現場，表演給「好兄弟們」看的，如此一來，「好兄弟們」就會保佑農民耕種有好收成、漁民出海捕魚平安大豐收。如果警察取締，惹惱了「好兄弟們」，那收成收穫就泡湯啦！會惹起民怨的嚴重後果，警察單位承擔不起，所以只好放任電子花車美女清涼秀在鬼月公然猥褻啦！

「有傷風化才能豐收」這種講法獲得了警方的認同，所以電子花車美女清涼秀成了一種不能干涉的「風俗文化」；若以「妨礙風化」加以取締，反倒成了警察妨礙風（俗文）化啦，你說吊詭不吊詭？

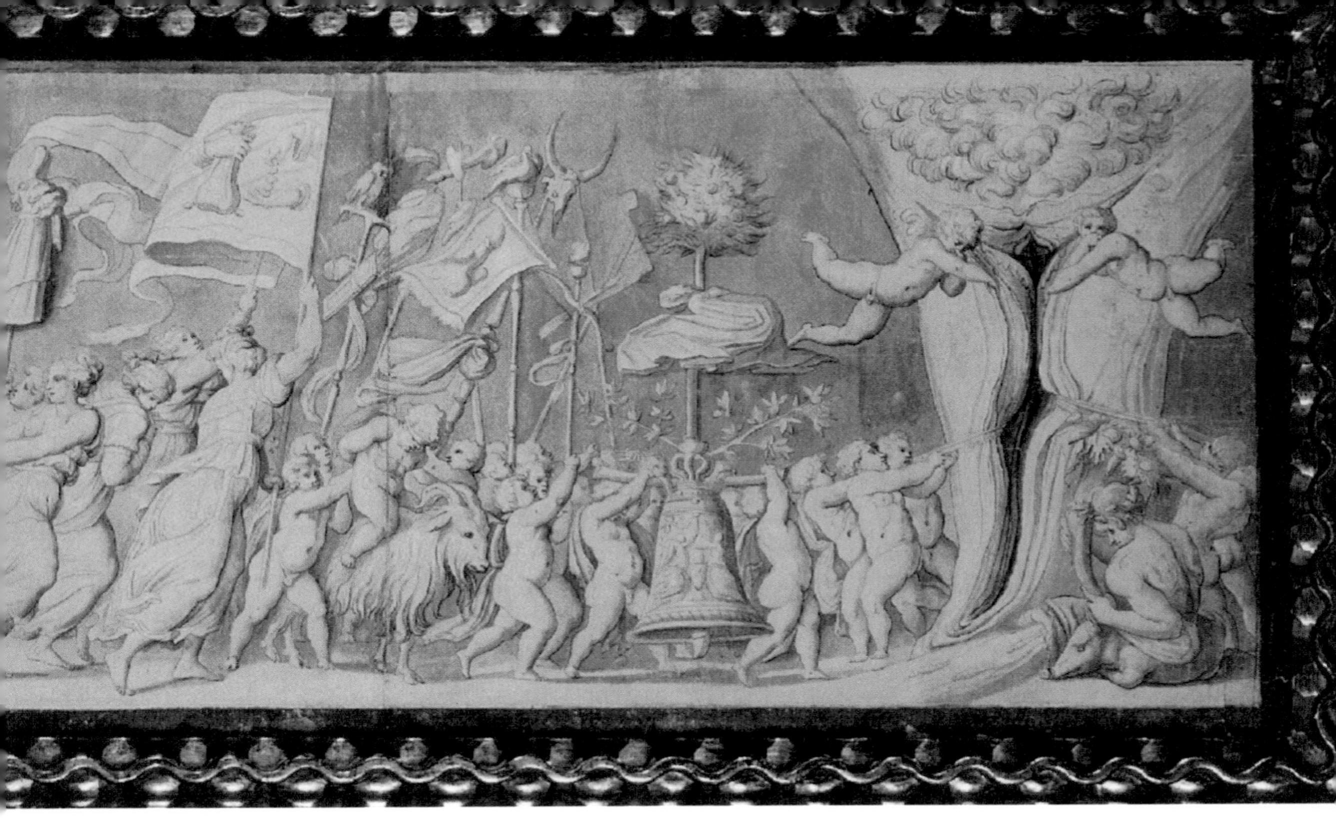

農漁民誓死捍衛他們雇請電子花車業在鬼月大跳豔舞的權力，認為此舉攸關他們的生計，這種說法有理沒理？或許很多看熱鬧的人會斥為荒唐、無稽，根本就是藉機妨礙風化、破壞社會善良風俗。但是以一個研究民俗學、研究歷史的學者看來，農漁民的這種說法是百分之百站得住腳的，絕對有其悠久的歷史文化背景。這是一種上古時代先民們「生殖崇拜」的遺痕。

讓我舉幾個例證加以說明，讀者們就可以恍然大悟了。

韓少功《馬橋詞典》一書，提到了湖南長沙北邊汨羅縣的馬橋一地的各種風俗，當中有一詞條「公地」，說馬橋人除了愛說吃而外，就最愛說下流話了，各種下流話可以大膽得讓你目瞪口呆魂飛魄散天旋地轉日月無光。尤其在地上下種的時候，他們說得更肆無忌憚，像：

姐姐攆我快步走，攆得我像滑泥鰍；

泥鰍最喜米湯水，鑽進米湯滑溜溜。

韓少功說這樣的歌在播種時節還算是文雅的呢！這類

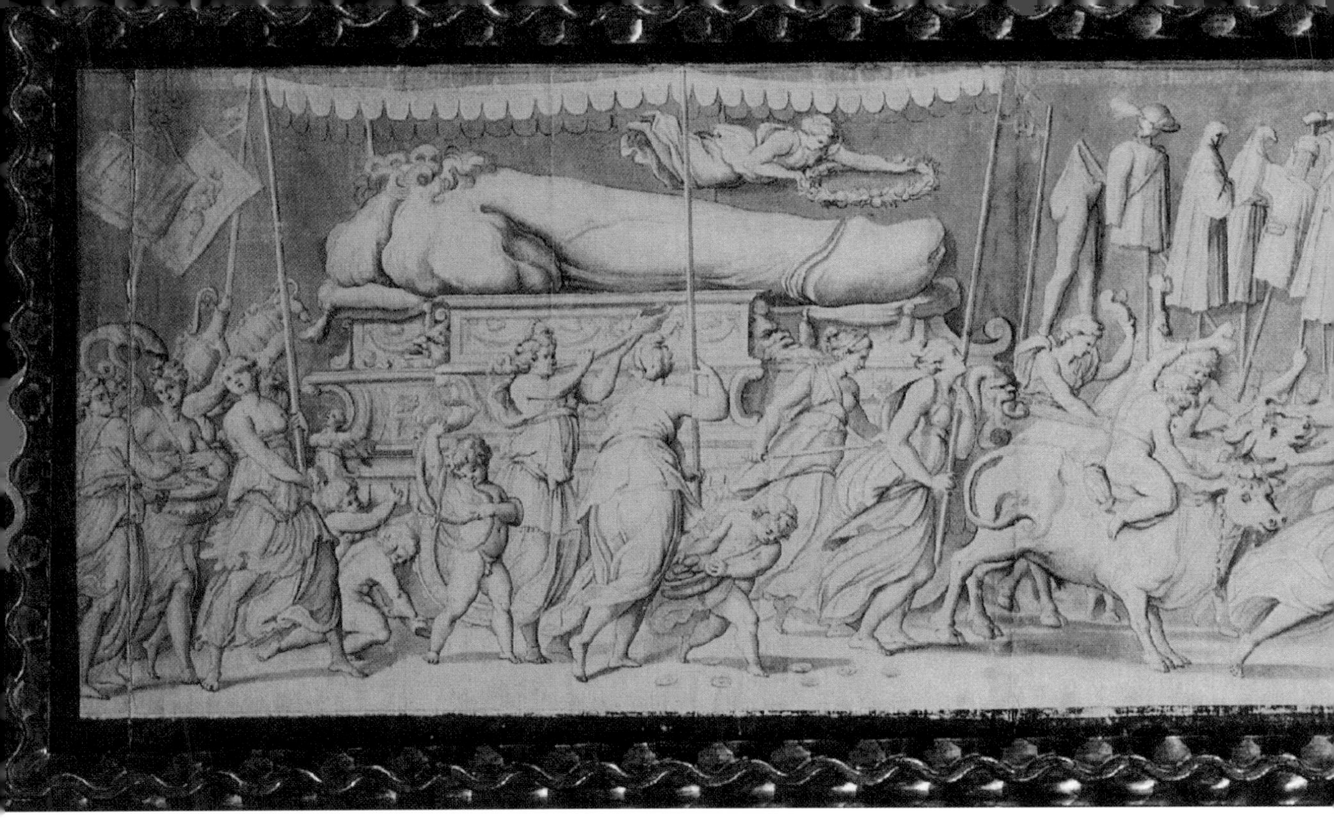

古希臘人抬著男陽神進入女陰神祈求收成豐饒的儀式。（16世紀義大利佛羅倫斯畫家薩爾維提二世作品）

歌謠在平時不能唱，政府禁止，但在下種時節則受到人們的鼓勵，幹部們也裝著沒聽見（一如台灣警察在鬼月裝著沒看見電子花車上美女三點全露的豔舞秀），當地人稱之為「朡地」。

馬橋人認為地是公的，在地上下種必須由女人播種；田是母的，在田裡播種必須由男人來做，這樣才能保證豐收。而播種時，如果不唱猥褻的歌謠或說下流的粗話來「朡地」（讓田地害臊之意），那田地是死地、冷地，是不肯長苗和結籽的。

韓少功在馬橋實地調查的「朡地」風俗讓我想起了宋朝一本筆記小說中類似的記載。宋朝有個和尚叫文瑩，寫過一本《湘山野錄》，書上說：有個人叫李退夫，帶著兒子到汴京，住在京城北郊的別墅中，過著晴耕雨讀的生活。有一天，李退夫雇請的園丁請主人親自播種芫荽（香菜）的種子，因為俗傳種芫荽必須由男主人親自播種，播種時還要不停的口說髒話（如「三字經」之類），才能保證芫荽會長得茂盛。

《湘山野錄》的這則記載，不正是當今馬橋人還在認真執行的「朡地」風俗嗎？北宋距今已上千年，風俗流傳

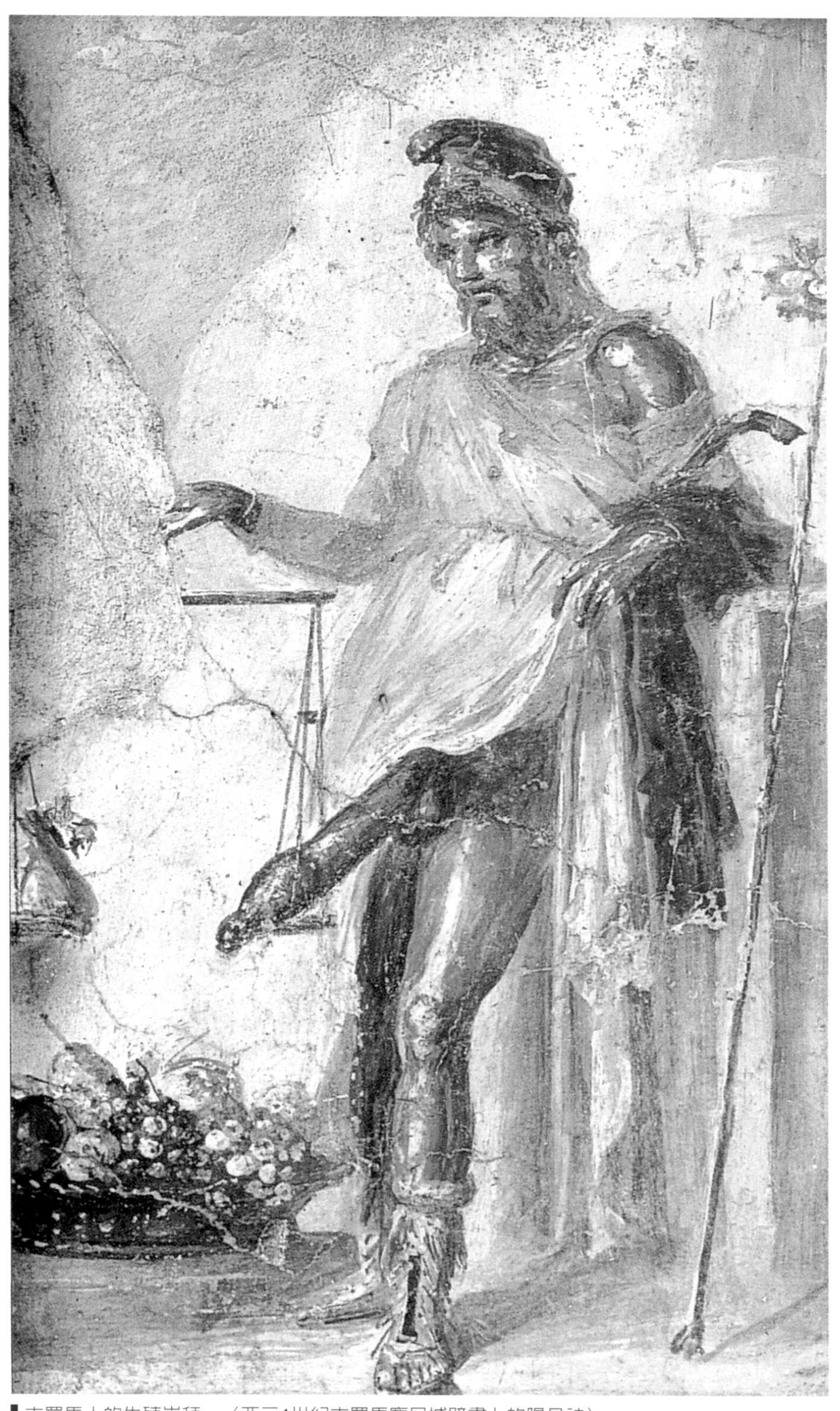

▌古羅馬人的生殖崇拜。（西元1世紀古羅馬龐貝城壁畫上的陽具神）

之久遠令人驚訝！更令人驚訝的是這種「妨礙風化以求豐收」的迷信在外國也能找得到例子。

民初雜文作家周作人在〈狗抓地毯〉一文中，引人類學家弗則來博士的《金枝篇》一書裡的研究說：「野蠻人覺得植物的生育的手續與人類的相同，所以相信用了性行為的儀式可以促進稻麥果實的繁衍。這種實例很多，在爪畦還是如此，歐洲現在當然找不到同樣的習慣了，但遺蹟也還存在，如德國某地秋收的時候，割稻的男婦要同在地上打幾個滾，即其一例。」

在日本，一直到今天還保有「傷風敗俗祈豐收」的遠古俗信。

日本秋田縣每年春秋二祭時，人們要抬著用淡紅色的布和竹枝紮成的巨大男陽模型巡街繞境，最後送到旭岡山神社祭祀女神，供女神享用，春天時，祈求女神保佑五穀豐收，秋天時答謝女神讓人們獲得豐收。

日本山梨縣的人們則用麵粉和糖搓製成男女性器官的模型，在蒸籠裡蒸熟後，拿到金山神社祭拜女神，祈求女神保佑人們的耕種順利、收穫理想。

山梨縣的人們在春秋二祭時，還要由兩個人戴了面具、穿上黑色衣服扮天狗，一個衣服上縫了一條棒棒，扮成天狗公，一個在衣服上縫了一個窩洞，扮成天狗姆，在鑼鼓誦經聲中，兩隻天狗展開肉搏戰，直至筋疲力盡而後止。這種祭神的儀式也是為了祈求豐收和答謝豐收。

日本浮世繪中，還有這種男陽女陰肉搏相撲的描繪，忠實記述了上古生殖崇拜的遺俗，說明了古時候民智純樸，看到一切生物的繁衍都來自兩性器官的交合，便自然對性器官和做愛產生崇敬之心，加以膜拜以祈求豐收，這種迷信在民俗學上有個專有名詞，稱為「交感巫術」或「模擬巫術」。

下次，你再看到台灣人鬼月的電子花車清涼秀，可別再大嘆「世風日下，人心不古」了，那種公然猥褻的表演，可是很古很古的人心的反映呢！

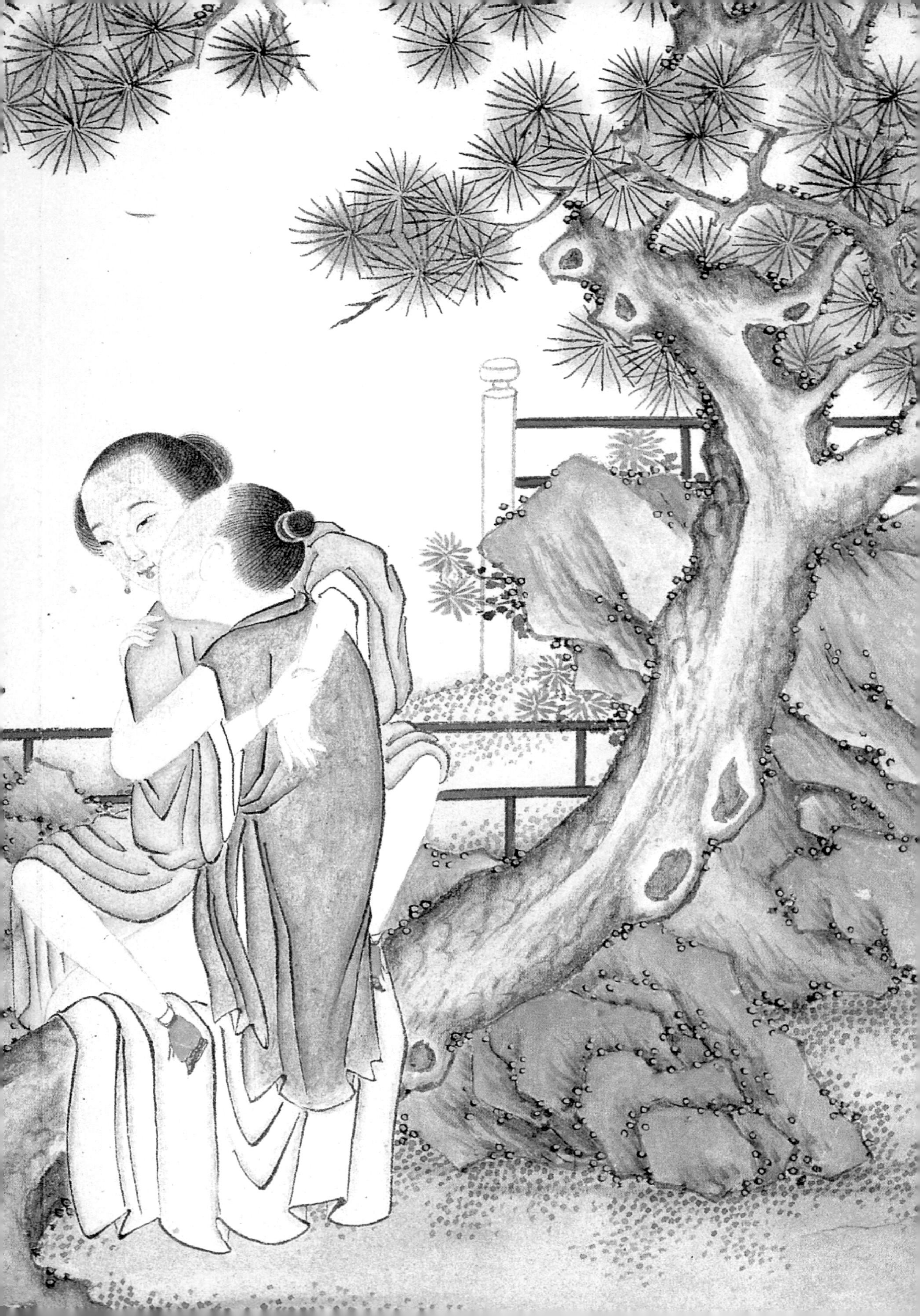

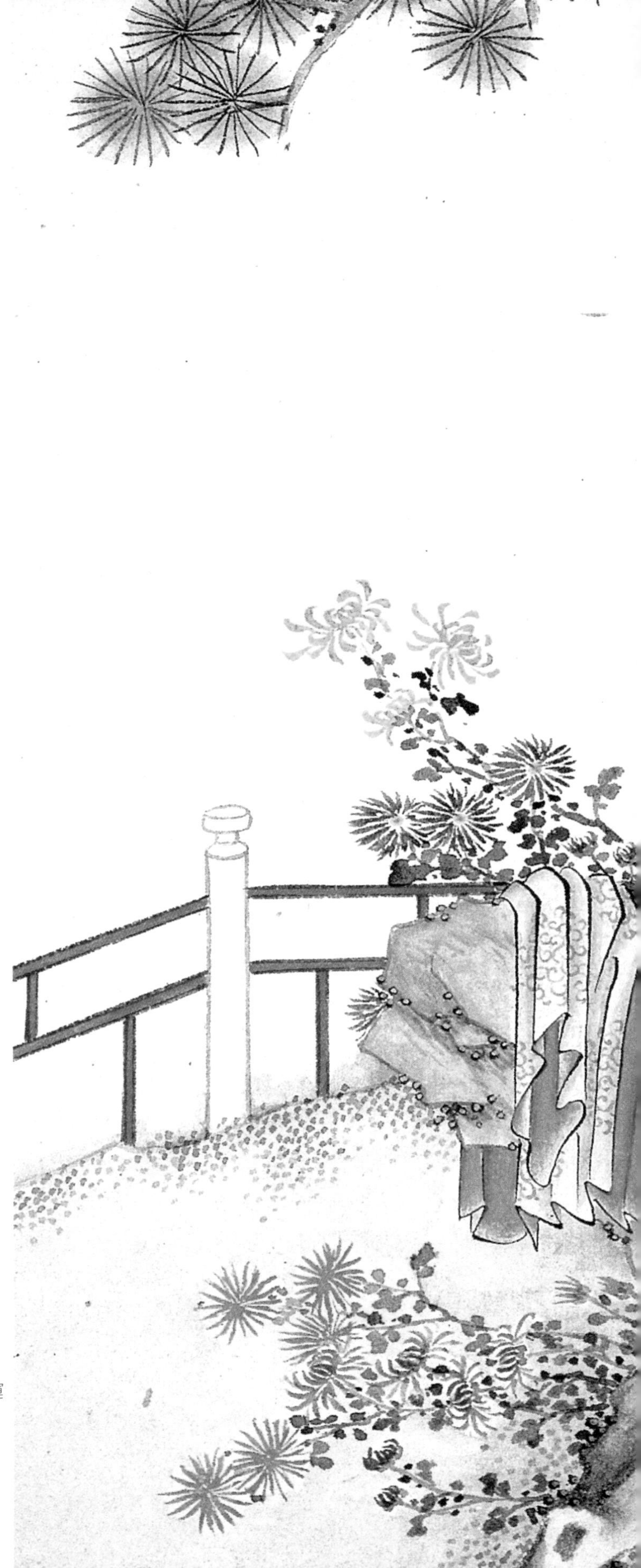

男女歡愛是符合大自然生生不息的運作，絕非有傷風化。（明朝春畫）

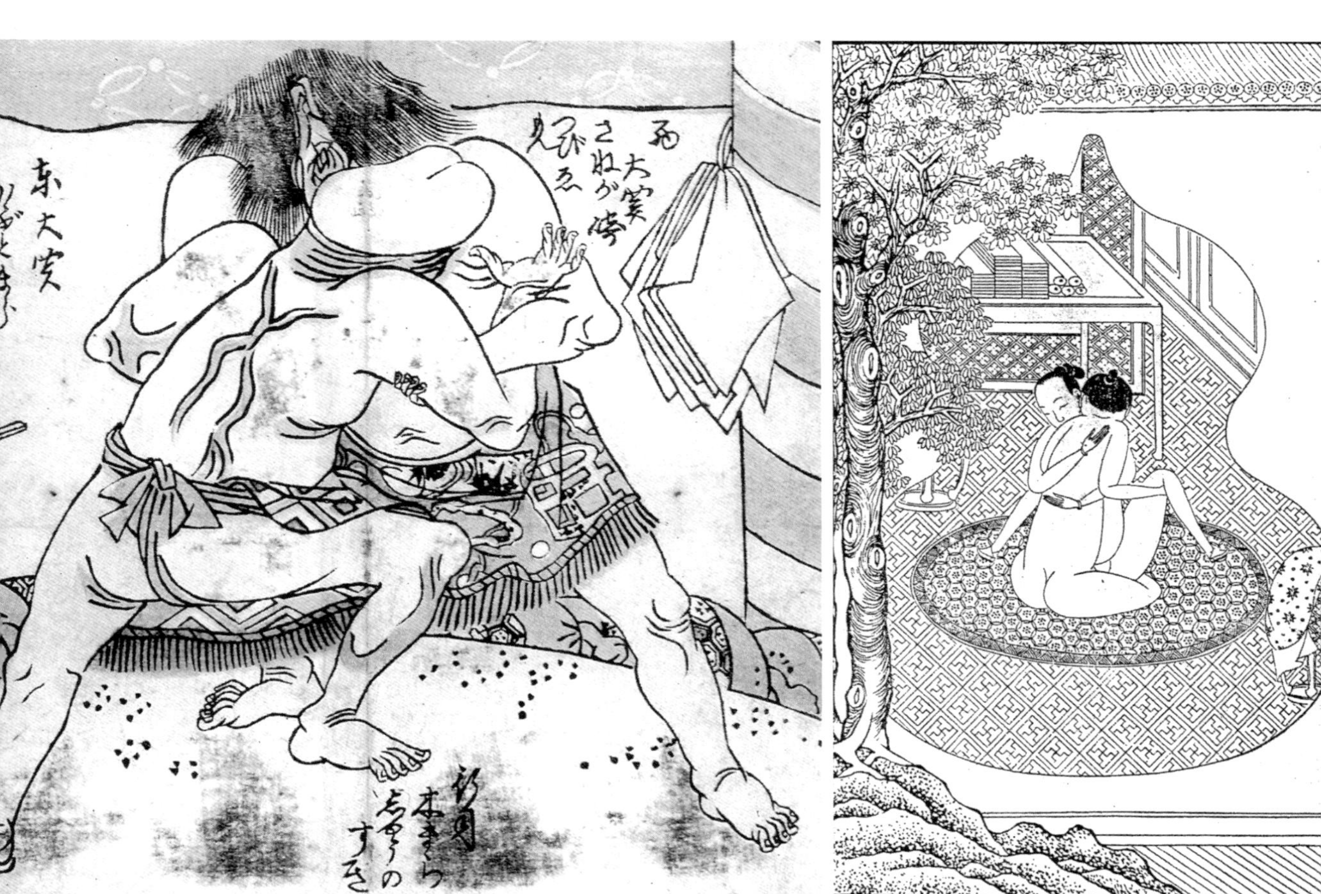

▌左：日本山梨縣人在春祭時，扮天狗公、天狗姆相撲以祈豐收。（18世紀末北尾正演浮世繪）
▌右：把男女交歡安排在象徵豐饒繁衍的壺蘆形窗洞內，充滿祈求豐收意味。（明朝木刻版畫）

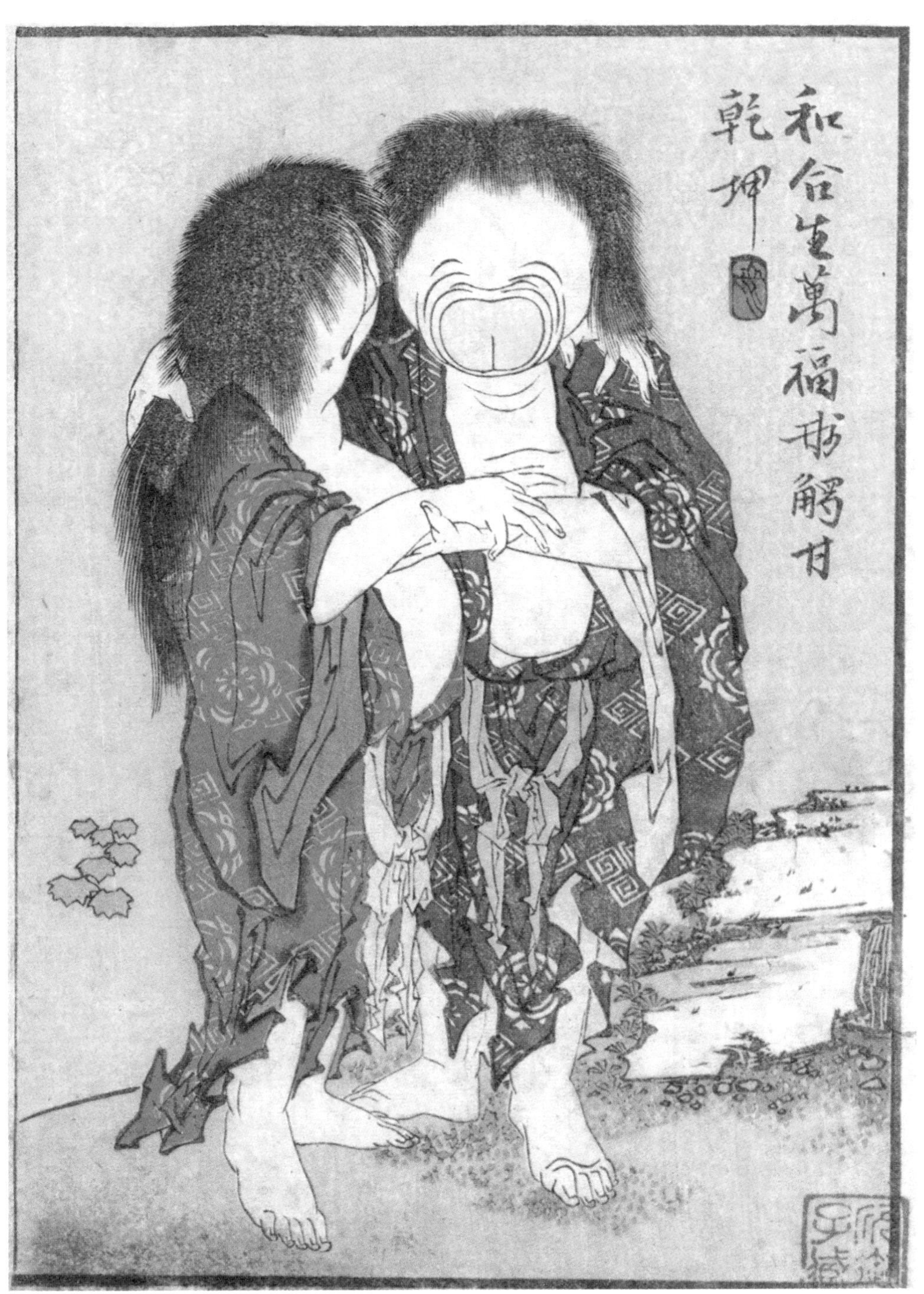

▌1821年日本浮世繪大師葛飾北齋《和合二仙圖》，題句「和合生萬福，形觸甘乾坤」。

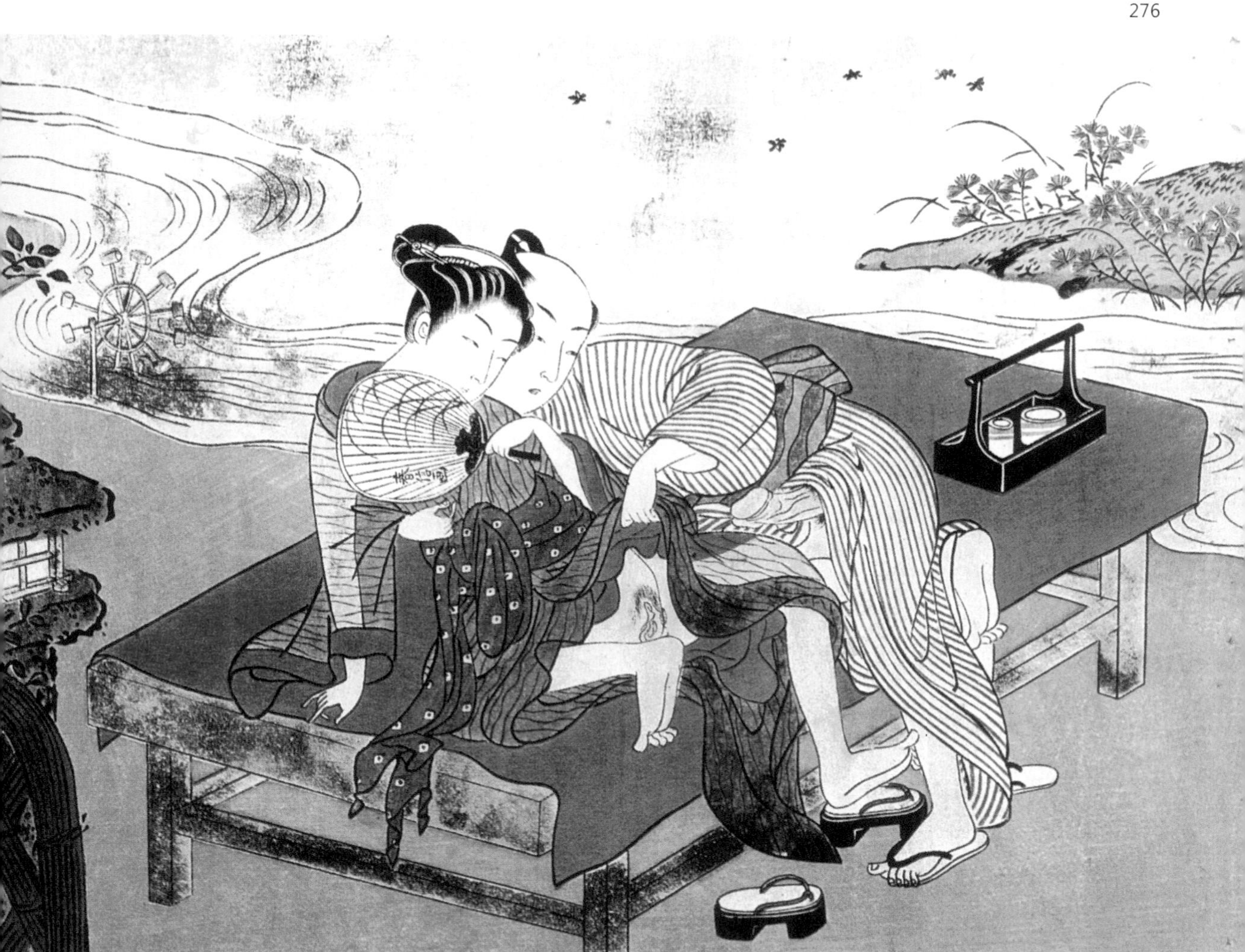

男女野合是天地交泰、天人合一的象徵，所以格外愉悅。（鈴木春信浮世繪《野合》）

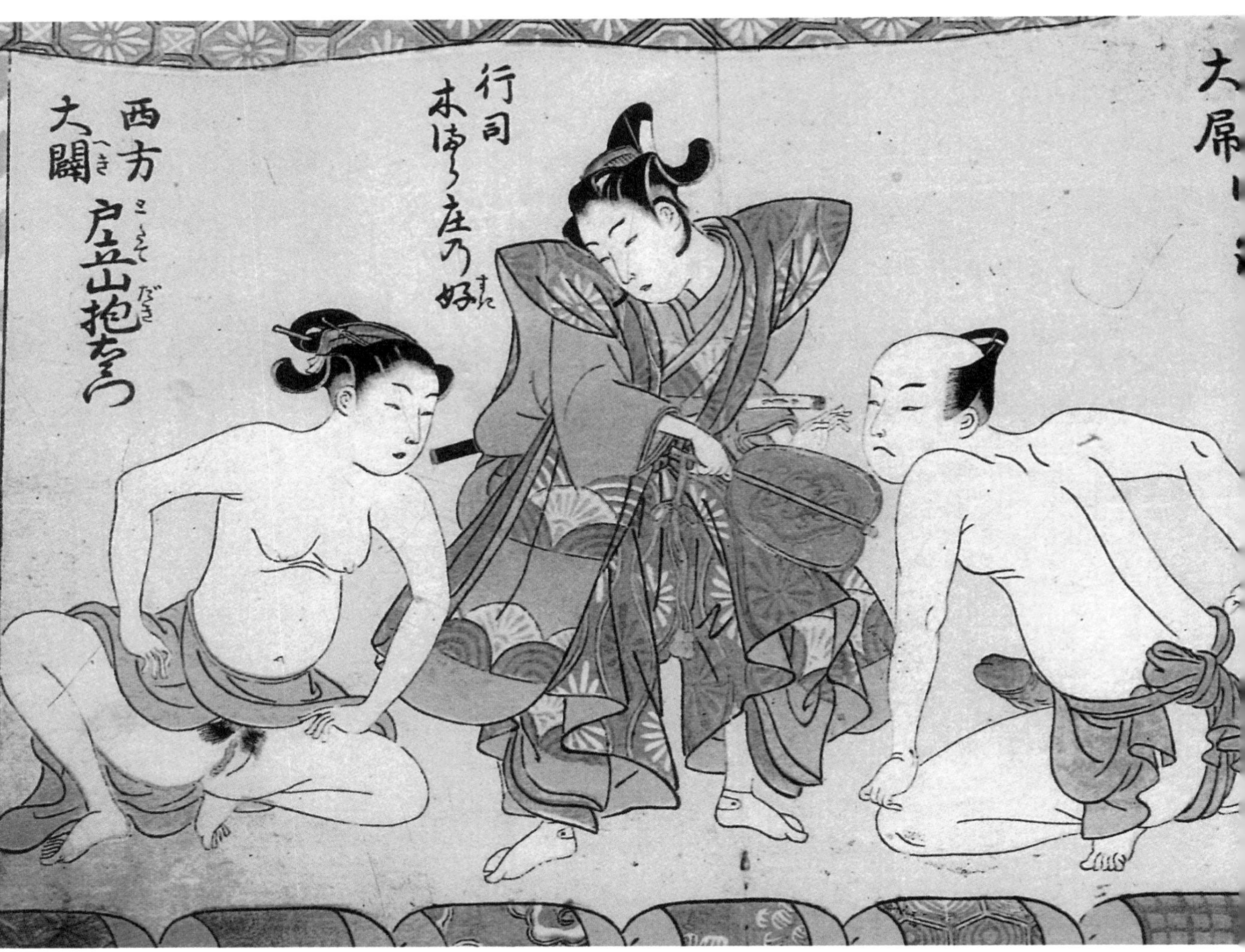

▌把男女交合比作角力。（18世紀下半葉的日人磯田湖龍齋《角力大全》）

Do藝術6　PH0217

歡

——古今中外的情慾故事

作　　者／殷登國
責任編輯／獨立作家編輯部
圖文排版／楊家齊
封面設計／王嵩賀

出版策劃／獨立作家
發 行 人／宋政坤
法律顧問／毛國樑　律師
製作發行／秀威資訊科技股份有限公司
地址：114 台北市內湖區瑞光路76巷65號1樓
電話：+886-2-2796-3638　傳真：+886-2-2796-1377
服務信箱：service@showwe.com.tw
展售門市／國家書店【松江門市】
地址：104 台北市中山區松江路209號1樓
電話：+886-2-2518-0207　傳真：+886-2-2518-0778
網路訂購／秀威網路書店：https://store.showwe.tw
國家網路書店：https://www.govbooks.com.tw

出版日期／2024年5月　BOD一版　定價／1500元

|獨立|作家|
Independent Author
寫自己的故事，唱自己的歌

讀者回函卡

歡 : 古今中外的情慾故事 / 殷登國著. -- 一版.
-- 臺北市 : 獨立作家, 2024.05
面 ;　公分. -- (Do藝術 ; 6)
BOD版
ISBN 978-626-97999-3-0(精裝)

1.CST: 情色藝術 2.CST: 繪畫 3.CST: 畫冊

947.5　　113004604

國家圖書館出版品預行編目